AU PRISME DU MANUSCRIT

Au prisme du manuscrit

Regards sur la littérature française du Moyen Âge (1300-1550)

Édité par
Sandra Hindman
Elliot Adam

BREPOLS

Première de couverture : Maître de la Chronique scandaleuse, *Anne de Graville recevant le livre* ; début du Prologue. Annius de Viterbe, traducteur anonyme, *Histoires Chaldéennes*, Paris, vers 1507-1510. Abu Dhabi, Louvre Abu Dhabi, inv. LAD 2014.029, f. 2v-3 / Photographie Les Enluminures, Paris.

Quatrième de couverture : Maître de la Chronique scandaleuse. Annius de Viterbe, traducteur anonyme, *Histoires Chaldéennes*, Paris, vers 1507-1510. Abu Dhabi, Louvre Abu Dhabi, inv. LAD 2014.029, f. 36, détail / Photographie Les Enluminures, Paris.

D/2019/0095/117

ISBN 978-2-503-56635-1

Printed in the E.U. on acid-free paper

Table des matières

Entre manuscrits et imprimés

Avant-propos

En mai 2014, j'ai organisé à Paris un colloque autour de la littérature en langue vernaculaire. L'occasion consistait en la publication par ma galerie *Les Enluminures* d'un catalogue intitulé *Flowering of Medieval French Literature :* « Au parler que m'aprist ma mere ». La plupart des seize manuscrits écrits en langue française qui y étaient rassemblés ont désormais trouvé leur nouvelle demeure dans des collections publiques ou privées du monde entier. La qualité des contributions présentées lors du colloque m'a incitée cependant à en publier les actes. La majorité d'entre elles sont réunies dans le présent volume. Afin d'étendre le champ des investigations, j'ai sollicité quatre nouveaux textes ainsi qu'une introduction d'ensemble. Les douze essais que rassemble ce volume se concentrent sur des manuscrits copiés et des livres imprimés en langue française entre le début du XIVe siècle et le milieu du XVIe siècle, c'est-à-dire entre le début de la large diffusion de la langue française comme langue écrite et la mise en place d'une culture de l'imprimé.

Ce projet consacre mon intérêt de longue date pour l'art et la littérature de la France médiévale. Des années de recherche sur Christine de Pizan m'ont introduite au monde des manuscrits enluminés écrits en langue française par celle qui fut appelée la première « femme de lettres de France ». J'ai ensuite remonté le fil du temps pour me pencher sur les manuscrits enluminés de Chrétien de Troyes et de Marie de France. Dans toutes ces études, l'idée qui m'a particulièrement intéressée est celle du « *whole book* », c'est-à-dire la façon dont différents facteurs œuvrent au sein d'un manuscrit pour influencer la façon dont il sera lu et reçu par une plus large audience. Dans son introduction, Deborah McGrady décrit bien la façon dont les essais réunis dans le présent volume abordent le livre-objet comme une sorte de prisme – notre titre – qui reflète activement les procédés de création, de production et de réception du livre. Nous lui sommes reconnaissants de la clarté de la vision qu'elle apporte à cette collection.

Je suis reconnaissante à Elliot Adam, doctorant à la Sorbonne, de s'être joint à moi dans ce projet sur le chemin de sa publication. Ce volume est le fruit d'un véritable travail d'équipe.

Sandra Hindman

Présidente et fondatrice, Les Enluminures
Professeure émérite, Northwestern University

Introduction

« Entre forme, fonction et sens symbolique »

Deborah McGrady

Les diverses approches de ce recueil ont pour dénominateur commun le fait de considérer l'objet-livre comme un véritable prisme, capable à la fois d'absorber et de réfracter le savoir aussi bien que de distinguer les nuances de son spectre afin d'en permettre l'étude détaillée et approfondie. De la même manière qu'un prisme décompose la lumière blanche, l'objet-livre devient un outil permettant aux chercheurs de décomposer la matrice complexe des processus intellectuels, culturels et matériels qui le structurent. Ce concept du livre-prisme reflète les travaux de Donald F. McKenzie, pour qui il est si vrai que « la forme influence le sens » qu'on ne peut négliger « le rapport entre forme, fonction et sens symbolique » dans l'étude d'une œuvre[1]. C'est dans cet esprit que les auteurs de ce recueil, loin de considérer le livre comme un réceptacle passif, y voient plutôt le support d'un savoir débordant son contenant. Au fil de leurs analyses, les différents contributeurs montrent combien cette approche de l'histoire du livre se démarque des études classiques, d'abord en ce qu'elle permet une approche critique plurielle avec des effets de prisme, c'est-à-dire avec une prise en compte de la variété des médiations et des interactions, ensuite en ce qu'elle reprend les étapes du cycle de la vie d'un livre (création, production, réception) pour mieux rectifier certaines idées reçues. Notons qu'une attention particulière est aussi accordée à la capacité qu'a l'objet-livre de parfois déformer le message, par la traduction, la compilation, le changement de forme, ou en réponse à des forces externes telles que des préoccupations intellectuelles, culturelles, esthétiques ou commerciales.

Le volume comprend quatre sections qui explorent chacune un problème particulier. La première, consacrée à « l'artiste et l'écrivain », revient sur la primauté de l'auteur sur l'artiste et de l'écrit sur l'image. Les deux auteurs présentent une série d'exemples importants où l'image est privilégiée par les écrivains et les lecteurs comme le meilleur mode de communication, dans un champ chronologique allant du XIIIe au XVe siècle. La deuxième partie s'attache à évaluer les modes de survivance d'un livre après son premier public, soit comme objet collectionné, soit réutilisé à travers les siècles. Dans ce dernier cas, le changement de contexte physique et intellectuel donne aux textes anciens une nouvelle fonction symbolique. La troisième partie aborde la question du rôle des lecteurs dans la production du sens en se concentrant sur la fonction de femmes créatrices, mécènes, collectionneuses et lectrices. Enfin, la dernière section revient à la question importante de l'impact de la forme sur le sens avec trois études sur la manière dont le choix du support, qu'il soit manuscrit ou livre imprimé, affecte à la fois le texte et sa réception.

Thomas Le Gouge ouvre le recueil avec une étude de *L'Image du monde* de Gossuin de Metz datant de la fin des années 1240. Cette œuvre, selon Le Gouge, représente une synthèse du savoir scolastique sur la géographie, retravaillée pour un public laïc afin de mieux comprendre notre position dans le monde. Gossuin ne soumet pas simplement une explication abstraite mais il s'appuie sur des images qu'il explique avec une grande précision. Les centaines de manuscrits qui témoignent de trois versions différentes en langue vernaculaire, datent de la même époque et reproduisent souvent sous forme d'images ces descriptions verbales. Toutefois, Le Gouge précise que ces images ne sont pas des cartes au sens moderne du terme mais plutôt des schémas utilisés comme outils mnémoniques pour aider le lecteur à développer un savoir géographique visuel du monde matériel. Nicholas Herman pour sa part, présente plusieurs cas au tournant du XVIe siècle où le rapport normatif entre texte et image est remis en question et où se manifeste une « surprenante parité sociale » entre l'écrivain ou l'imprimeur et l'artiste. Il termine par une série d'exemples défendant la prédominance de l'image sur le texte, parmi lesquels on trouve Jean Perréal, peintre du roi dont la notoriété est bien documentée, et Godefroy le Batave, l'enlumineur principal de François Ier sollicité par les écrivains afin qu'il les aide à susciter l'intérêt du roi quand les mots n'y parviendraient pas.

La deuxième section se focalise sur les paramètres qui permettent la survivance du livre après ses premiers lecteurs. Patricia Stirnemann renverse l'approche traditionnelle en posant la question de l'accès des lettrés aux livres qui les ont influencés. Consciente de sa dépendance aux hypothèses, Stirnemann s'intéresse d'abord à la manière dont Hélinand de Froidmont et Jean de Meun ont eu accès au *Policraticus*. Ensuite, en s'appuyant sur une similarité formelle entre l'écriture d'une table des matières ajoutée au célèbre manuscrit de Rutebeuf et celle de Charles d'Orléans, elle avance l'idée que ce manuscrit pourrait avoir fait partie de la bibliothèque du prince-poète malgré son absence dans l'inventaire. Enfin, elle authentifie sur une copie du *Roman de la Rose* qui date du XIVe siècle la devise de Pierre Sala, auteur du XVIe siècle qui avait l'habitude d'inscrire sa devise sur les livres de sa bibliothèque. La contribution de Marie-Hélène Tesnière se tourne vers un sujet plus classique, à savoir la bibliothèque de Charles V. Cependant, elle n'emprunte pas le sentier battu de la création ou du contenu de cette bibliothèque de renom, mais se penche sur les motivations du frère du roi, Louis d'Anjou, connu pour avoir emprunté plusieurs livres à la collection du roi après la mort de ce dernier en 1380. Selon Tesnière, le choix du duc d'Anjou se serait porté d'abord sur des livres dont la possession lui transférait un pouvoir et une réputation symboliques. Ensuite, ayant été choisi comme héritier de la reine de Naples, il aurait à nouveau pris de la bibliothèque royale plusieurs livres de droit nécessaires pour gouverner ses nouveaux territoires. Ainsi, Tesnière en vient à poser la question de la capacité d'un livre à signifier autrement à travers le temps, selon les ambitions et les intérêts de ses possesseurs. Les deux études suivantes se penchent sur deux collectionneurs qui, en dépit de leurs statuts différents, signalent l'importance symbolique des textes anciens. La première étude, celle de Mathieu Deldicque présente une nouvelle biographie d'Anne de Graville qui laisse de côté la fascination provoquée par son mariage controversé avec son cousin germain, pour dresser un portrait inspiré par les livres qu'elle a soigneusement collectionnés. Il montre que c'est Anne qui a pris possession d'une grande partie de la collection de son père, Louis Malet de Graville, grand bibliophile de la Renaissance, grâce au procès qui a réinstauré ses droits à l'héritage et grâce à son engagement à vie pour récupérer les livres passés dans d'autres collections. Deldicque fournit en appendice le premier inventaire de la bibliothèque d'Anne de Graville qui compte trente-et-un manuscrits et un livre imprimé. Dans la contribution suivante qui insiste sur la traduction des textes anciens, Maxence Hermant s'intéresse au nombre impressionnant de traductions d'œuvres anciennes appartenant à la bibliothèque de François Ier. Son analyse s'attache aux influences qui ont pu éveiller l'intérêt du roi pour les traductions de textes anciens, et elle donne une importance particulière à Charles V mais surtout à la mère du roi, Louise de Savoie. La dernière partie de l'étude explique cependant comment le roi a su s'émanciper de ses guides en choisissant des traductions de Plutarque et d'Homère aussi bien que des versions françaises des œuvres de Pétrarque et de Boccace qui reflétaient ses goûts propres ainsi que ceux de son époque.

Les auteurs de la troisième section s'intéressent aux femmes du Moyen Âge et de la Renaissance qui auraient eu un certain rapport à la culture livresque. Anne-Marie Legaré aborde l'histoire du livre « au prisme du féminin » et souligne les contributions des femmes à toutes les étapes de sa constitution. Face à une discipline qui, selon l'auteure, continue de rester aveugle face à l'influence féminine, Legaré dresse une liste des nombreuses femmes qui y ont contribué en tant qu'écrivaines, artistes, mécènes et collectionneuses. C'est ensuite Olga Karaskova-Hesry qui examine la dynamique complexe à l'œuvre entre Marie de Bourgogne et son historiographe officiel, Jean Molinet pour signaler en premier lieu dans les portraits de la duchesse l'emploi par l'auteur de tropes stéréotypés. Toutefois, au lieu de considérer Molinet comme un auteur misogyne, Karaskova-Hesry dévoile combien une collaboration subtile entre les deux bénéficiaires apparents de ces stéréotypes, l'auteur et le mécène, loin de réduire le pouvoir de la duchesse, a au contraire renforcé son autorité et l'ont rendue plus lisible pour son public. En se fondant sur les différents portraits littéraires dressés par Molinet et le comportement public de la duchesse, l'article lui associe les modèles de féminité adoptés au fil des années, en commençant par la pucelle impuissante en besoin de protection pour passer à la femme féconde dans l'esprit de la Vierge Marie après son mariage et pour terminer par l'image d'une mère protectrice du peuple. L'article d'Elizabeth L'Estrange revient vers Anne de Graville mais il s'agit cette fois d'étudier un livre clé de sa collection : une œuvre commandée par son mari pour lui plaire. Réfutant la supposition commune selon laquelle cette œuvre reflète plus les intérêts du donateur que ceux de la destinataire, L'Estrange considère *Les Histoires Chaldéennes*, œuvre d'adaptation du texte latin d'Annius de Viterbe, comme représentative des intérêts d'Anne pour la traduction, intérêts qui se reconnaîtront plus tard dans ses propres écrits aussi bien que par les livres qu'elle collectionne. De plus, L'Estrange cite des adresses directes du mari d'Anne où il loue les talents de sa femme en tant qu'écrivaine et traductrice aussi bien que sa passion pour les copies d'œuvres anciennes, bien avant qu'elle n'en témoigne par ses actes. Sur ce point, le livre-don du mari, signe d'encouragement pour les capacités et les goûts intellectuels de sa femme, semble représenter une étape clé dans le développement littéraire et bibliophilique d'Anne.

La dernière section revient sur la question du rapport entre manuscrit et livre imprimé pour étudier l'effet du support sur le texte et sur sa survivance. Maria Colombo Timelli s'intéresse aux textes qui sont reconnus pour avoir été mis en prose pendant la seconde moitié du XVe siècle et dont trente-huit sur soixante-dix-huit ont été imprimés. Parmi eux, un peu plus de la moitié semble avoir pris forme uniquement en imprimé tandis que dix-huit autres témoignent d'une « tradition mixte ». L'étude de ce *corpus* prend en compte le lieu de publication, les motivations commerciales et la manière dont l'imprimé permet des additions aux textes (spécifiquement dans le domaine du paratexte). Ensuite, Delphine Mercuzot examine le cas d'un seul texte médiéval qui n'a pas beaucoup circulé avant de passer à l'imprimé. Elle attribue cette renaissance du texte à Louis de Bruges qui aurait encouragé l'imprimeur Colard Mansion à produire une nouvelle version de la *Vita Adae*. Mercuzot examine les sources possibles, les traductions manuscrites et les versions latines imprimées pour ensuite signaler les libertés poétiques prises par Mansion, sans doute poussé par un intérêt commercial. En s'appuyant sur les goûts et les croyances de ses contemporains, Mansion aurait privilégié une lecture misogyne du rôle d'Ève dans le péché originel aussi bien qu'une série de techniques littéraires liées au succès de textes apocryphes à l'époque. La dernière contribution au recueil s'intéresse au mystérieux écrivain Guillaume Alecis dont la mort en 1486 coïncide avec l'apparition de son œuvre imprimé. Sylvie Lefèvre s'intéresse surtout à l'influence de l'imprimé sur la retranscription des fragments biographiques, aux acrostiches faussés et aux commentaires métatextuels insérés lors du passage à l'imprimé.

La richesse de cet ensemble d'études réside dans les perspectives nouvelles apportées à la discipline de l'histoire du livre. Ainsi les spécialistes du livre y trouveront les possibilités d'une meilleure compréhension du rôle des manuscrits et des livres à une époque importante mais malheureusement trop souvent négligée. De même, les spécialistes de la littérature reconnaîtront à ce recueil le mérite de replacer des œuvres dans leur contexte intellectuel, culturel et commercial en prenant en considération les intérêts et les ambitions qui ont pu pousser une communauté à produire, promouvoir et préserver certains textes.

NOTES

1. D. McKENZIE, *Bibliography and the Sociology of Texts*, Cambridge/New York, 1999, p. 10 et 13.

I

L'écrivain et l'artiste

gne qui les depce ance
est clamee la droite li-
gne de midi.

Et ce pouez nos prou-
ver par ces .iij. figures
q̃ vous veez a desouz.

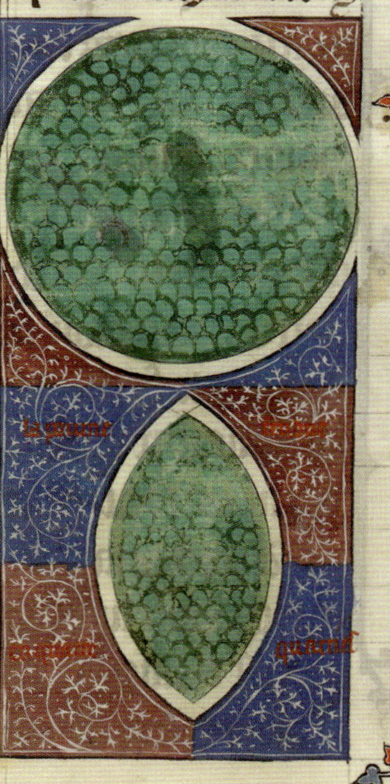

Et en la fin de ceste
ligne, si comme ele
vait a ligne droite-
ment poons veoir une
cite qui a non Arion.
Ele siet el milieu du
mõde. & fu toute rõde
faite. La fu trouvee a-
stronomie premierem̃t.
p grant maistre & par
grant sens. Cil lieus
est diz li droiz midis.
Car il est assis en mi

Voir la Terre. *L'Image du monde* de Gossuin de Metz

Thomas LE GOUGE

« Mais pour ce qu'il nous est avis, ci la ou nous soumes, qu'ele est granz, si la deviserons, si comme nous savrons, briefment[1]. »

À son avis, à Gossuin de Metz, ici là où il est, la Terre (c'est d'elle dont il s'agit) est grande. Son avis n'engage sans doute pas que lui, ce genre de concession ayant plutôt le caractère d'une évidence : la Terre, puisque trop grande, d'ici là où nous sommes, ne peut être observée dans sa totalité, mais seulement *avis* ou à-vue – et peut être seulement même, si j'ose dire, dans son for intérieur, car la Terre, dans toute sa grandeur, qui l'a déjà vue ? Mais puisqu'elle est grande, poursuit-il, il faut la *deviser* brièvement, c'est-à-dire, tout à la fois, la décrire succinctement et la diviser dans ses grandes lignes. Telle se présente la géographie singulière de *L'Image du monde*, ce livre d'astronomie que Gossuin de Metz rédigea en langue vulgaire à la fin des années 1240 et que je souhaiterais exposer dans le présent article, à travers l'analyse d'une suite d'images, ou plutôt de schémas, qui n'ont jusqu'ici fait couler que trop peu d'encre.

Ici là où est Gossuin, mais où ? Sur la Terre, cette grande sphère parfaitement ronde « comme une pomme », nous dit-il un peu plus loin. Mais cette terre, « n'est habitée qu'en i quartier tant seulement, si comme li philosophe l'enquistrent qui i mistrent grant painne et grant estuide[2] ». La terre est ronde et seul un de ses quartiers est habité : voici le fait simple et bien connu que Gossuin voudrait exposer à son lecteur, un fait qui remonte aux *philosophes* et qu'il se garde bien de discuter. Écrite en langue vernaculaire, s'adressant à un public peu habitué aux spéculations scolastiques, *L'Image du monde* transmet un savoir plus qu'elle ne le produit. Il concerne pourtant tout un chacun, et non simplement les savants, qui veut comprendre où il se situe par rapport à l'immensité cosmique et divine, où il *habite*, et comment s'orienter, en vue d'un voyage ou d'un pèlerinage, réel ou fantasmé.

Nous allons voir que la description que fait Gossuin de Metz, et surtout la suite d'images ou de schémas qui l'illustrent, donnent des informations fondamentales sur ce qu'on appelle une « image » et la « terre » au XIIIe siècle. Mais avant de l'exposer et d'en donner une interprétation, nous allons tenter de nous prémunir des anachronismes qui menacent notre compréhension de la géographie médiévale, en particulier à cause de notre méconnaissance de ces objets imaginaires très particuliers que sont les « diagrammes », « schémas » ou « cartes » : un regard contemporain n'arrive pas à les voir autrement que comme des « illustrations scientifiques » sans portée scientifique réelle. Mais savons-nous mieux nous orienter sur la Terre qu'au XIIIe siècle ? Rien n'est moins sûr[3].

Le caractère très vivant du texte et des images de *L'Image du monde* de Gossuin de Metz ne peut apparaître qu'à la condition qu'on en souligne la dimension contre-intuitive pour un lecteur contemporain. Le type d'espace pré-perspective et pré-cartésien qui sous-tend les descriptions de Gossuin de Metz nous est encore aujourd'hui très méconnu. Le développement sur la Terre et les terres habitées apparaît au début du deuxième chapitre de *L'Image du monde*. Dans son encyclopédie, Gossuin de Metz adopte ce regard

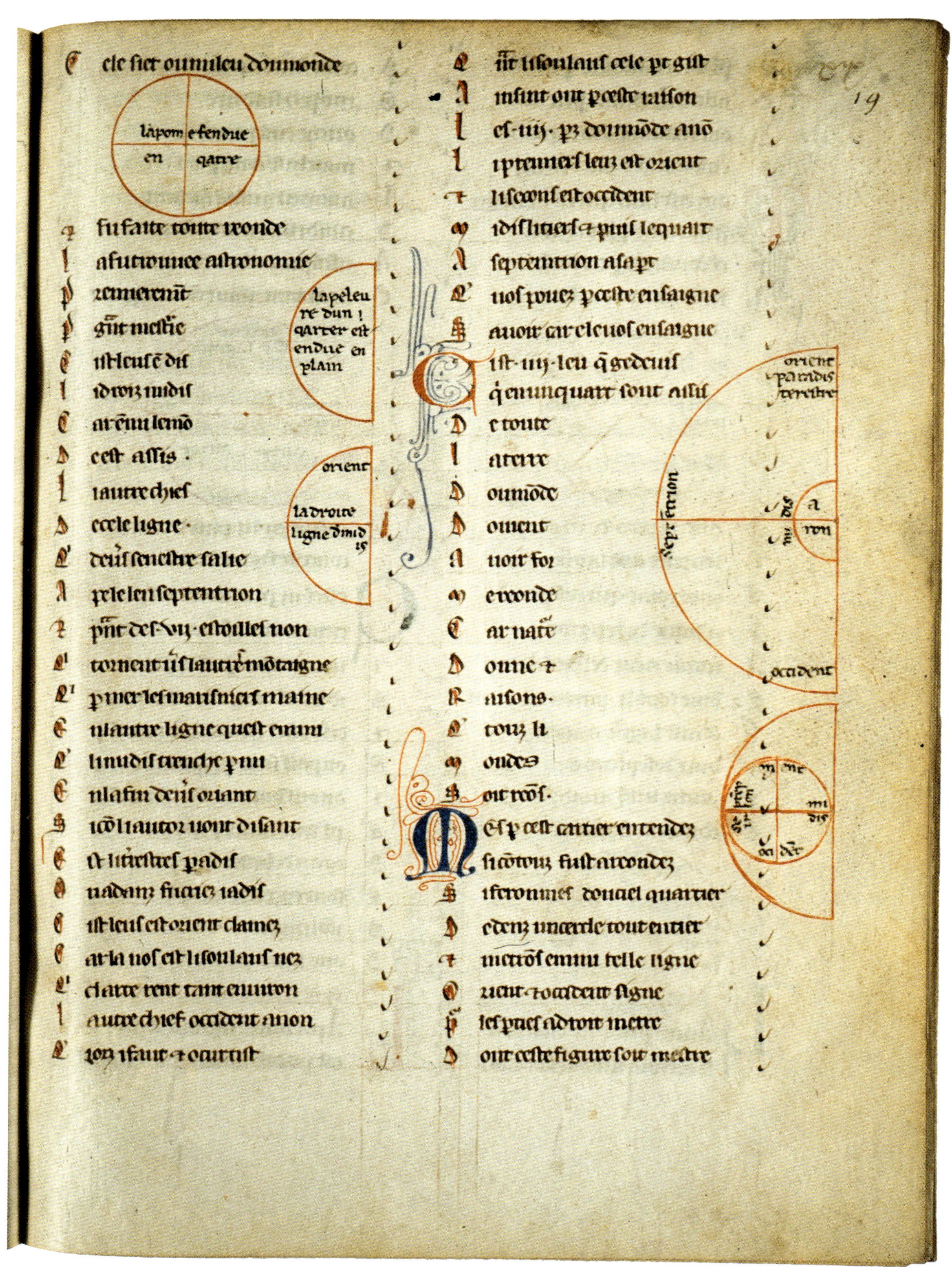

Fig. 1. Schémas 1 à 5, dans le sens de la lecture. Gossuin de Metz, *L'Image du monde*, première rédaction, fin du XIIIe siècle. Paris, BnF, ms. Français 2173, f. 19.

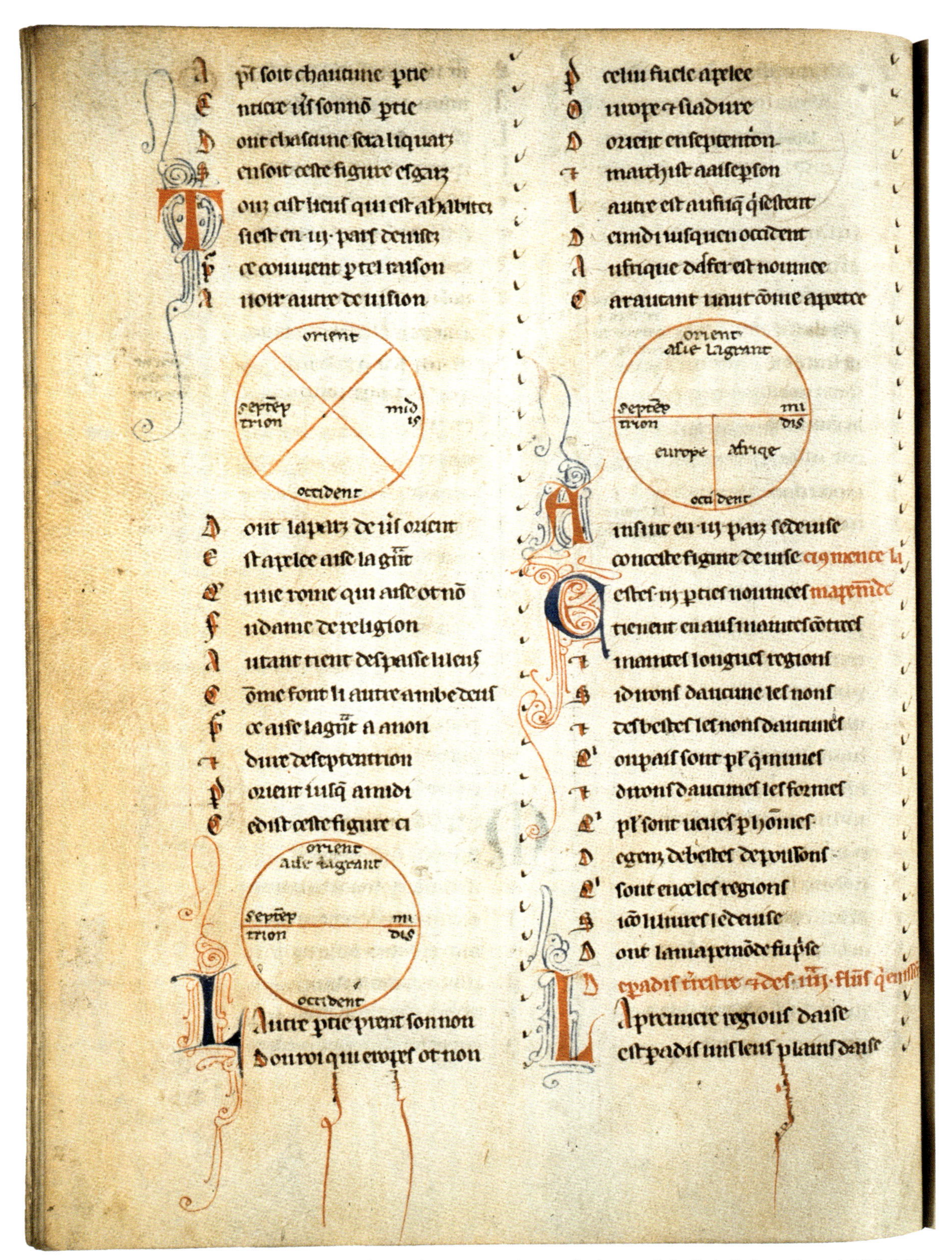

Fig. 2. Schémas 6 à 8. Gossuin de Metz, *L'Image du monde*, première rédaction, fin du XIIIe siècle. Paris, BnF, ms. Français 2173, f. 19v.

nouveau sur l'univers qui s'installe à partir de 1200, regard de loin sur la sphère, à partir de son dehors[4]. Ainsi, après avoir dans le premier chapitre décrit la structure et les différents lieux de l'univers, du plus lointain au plus proche de nous (le firmament en périphérie, puis les quatre éléments et la Terre au milieu), il en vient au « quart habité » de la Terre, l'endroit sur la Terre où l'homme habite. Dans le deuxième chapitre, il dresse une longue liste de noms de villes et de pays en les situant sur le « quart habité », divisé en trois continents (Europe, Asie et Afrique). Enfin, au troisième chapitre, Gossuin de Metz traite de phénomènes particuliers, tels que le jour et la nuit, les éclipses, les phases de la lune, les signes du zodiaque. La description de la Terre qui nous intéresse se trouve ainsi entre la situation astronomique des différents lieux structurant l'univers et la géographie, qui se présente, conformément à une tradition bien établie depuis Isidore de Séville, comme une liste de noms.

Résumons succinctement l'argument de Gossuin en regardant les huit schémas tels qu'ils se présentent dans le manuscrit Français 2173 de la BnF, daté de la fin du XIIIe siècle, folios 19v et 20 (**Fig. 1**, où sont figurés les cinq premiers schémas, et **Fig. 2**, où sont figurés les trois derniers). Gossuin de Metz entame sa description par une comparaison, en prenant un objet familier : la Terre, ronde, est comme une pomme. Or, comme chacun sait à cette époque, seul un quart du globe terrestre est habité : coupons donc la pomme en quatre, en longueur et en largeur ; premier schéma, sur lequel est écrit « la pome fendue en qatre ». Pelons ensuite un quartier et étendons la pelure sur notre main : « tant est de la terre habitée » ; deuxième schéma, où on peut lire : « la peleure d'un qarter estendue en plain ». Inscrivons,

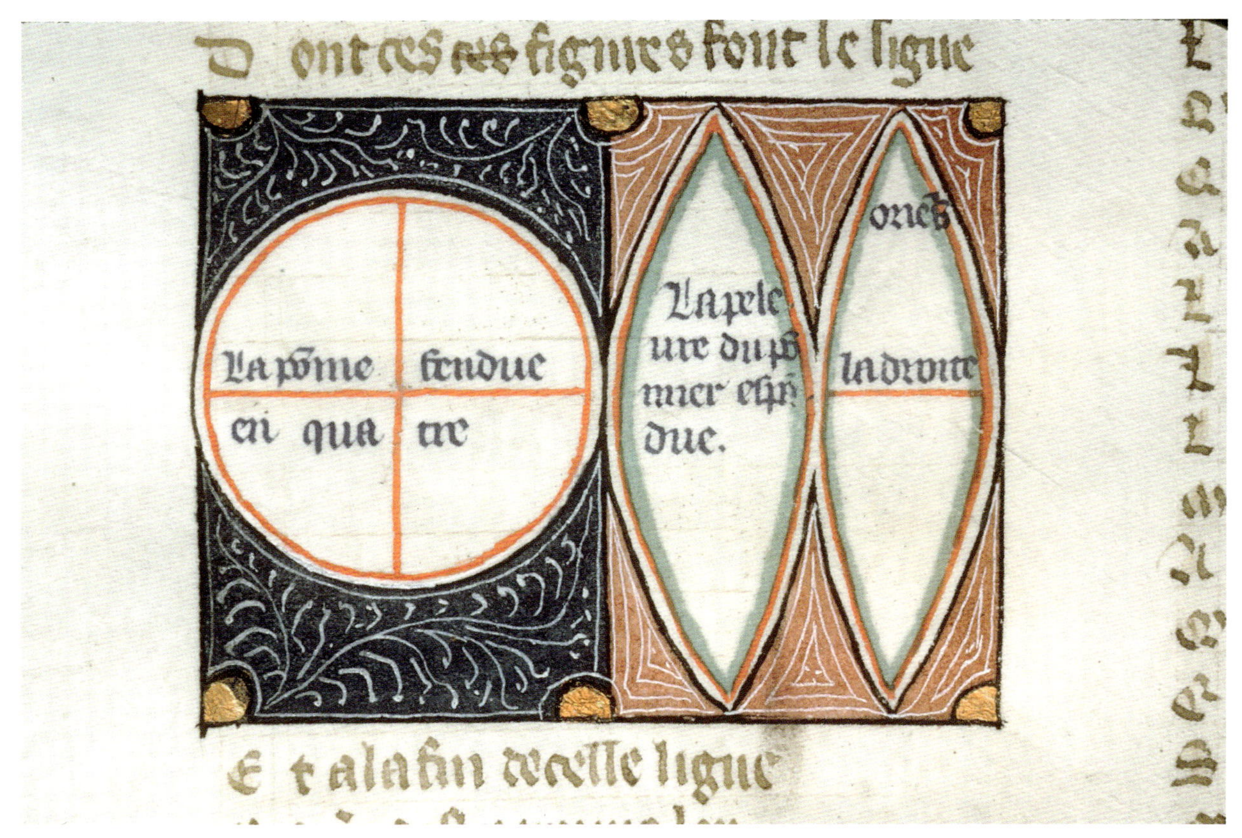

Fig. 3. Schémas 1 à 3. Gossuin de Metz, *L'Image du monde*, deuxième rédaction, Paris, vers 1360. Tours, Bibliothèque municipale, ms. 947, f. 37v, détail.

poursuit Gossuin, l'Orient dans une moitié, l'Occident dans l'autre et au milieu la « droite ligne de midi » : troisième schéma (sur lequel le copiste du manuscrit Français 2173 a omis d'écrire « Occident »). Enfin, complétons notre dessin des deux points cardinaux restants : le Nord, où se trouvent les étoiles du Septentrion « qui guident les marins », l'Orient, au bout duquel s'étend le Paradis terrestre. À la fin de la « droite ligne de midi », on inscrit la cité d'Arin, « ville où fut inventée l'astronomie et qui est au centre du monde ». L'Occident est là où le soleil se couche, il n'est donc pas besoin d'autre repère. Ainsi les terres habitées sont-elles divisées en quatre : Orient, Occident, Midi et Septentrion ; quatrième schéma, sur lequel le copiste n'a pas fait de faute, hormis celle d'écrire « aron » au lieu d' « arin ». Ainsi s'achève la première partie de l'argument.

Mais ce n'est pas tout. Gossuin de Metz poursuit : quatre lieux sont désormais inscrits sur la pelure d'un quartier de pomme. Or la Terre a une forme ronde, « car raisons et nature donne que toz li mondes soit reonz » : faisons donc de ce quartier un cercle rond et entier, divisé en deux moitiés, l'Orient d'un côté, l'Occident de l'autre ; cinquième schéma. Tournons ensuite chaque partie vers son nom, dont chacune sera le quart : sixième schéma. Enfin, on inscrit sur notre carte les continents, l'Asie, septième schéma ; puis l'Europe et l'Afrique : huitième schéma.

Il s'agit donc pour Gossuin de Metz de nous donner une image de la Terre. Or, on appelle « terre » ce sur quoi on pose les pieds, et qu'on ne voit donc jamais en entier. Comment donc s'en donner une image ? Gossuin de Metz, après un court apologue, nous invite à prendre une pomme et à la découper, puis à faire toutes sortes de manipulations, pour aboutir à deux

Fig. 4. Schéma 4. Gossuin de Metz, *L'Image du monde*, deuxième rédaction, Paris, vers 1360. Tours, Bibliothèque municipale, ms. 947, f. 37v, détail.

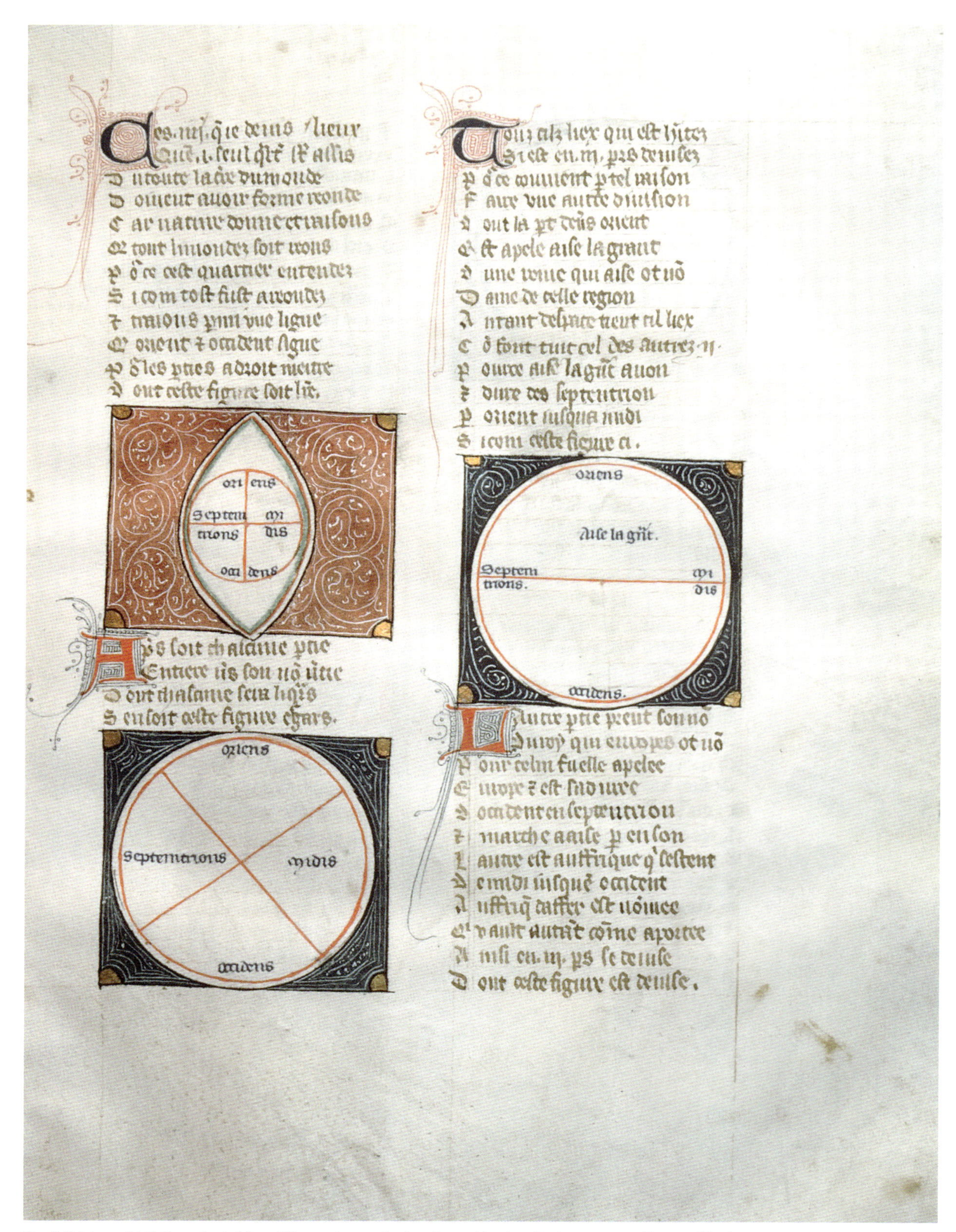

Fig. 5. Schémas 5 à 7. Gossuin de Metz, *L'Image du monde*, deuxième rédaction, Paris, vers 1360. Tours, Bibliothèque municipale, ms. 947, f. 38.

Fig. 6. Schéma 8. Gossuin de Metz, *L'Image du monde*, deuxième rédaction, Paris, vers 1360. Tours, Bibliothèque municipale, ms. 947, f. 38v, détail.

« cartes » : la première, en forme de demi-cercle, place les points cardinaux et des repères faciles à situer ; la deuxième, en forme de cercle, situe les trois continents, afin d'aboutir à un schéma très répandu au Moyen Âge, la carte dite « en TO », puisque les limites circonscrivant les trois continents sont dessinées par un T, à l'intérieur du O des terres habitées. Posons le problème le plus simplement : pourquoi avoir dessiné deux cartes ? Quelle est au juste la forme du quart habité ? Où est le « lieu de notre habitation » ? Où sommes-nous sur la Terre ?

Ces variations dans le dessin de la Terre pourraient être comprises comme le caprice d'un copiste, mais ce n'est pas le cas. Pourtant l'étude de la tradition manuscrite de *L'Image du monde* et de l'évolution des illustrations complique d'abord le problème. Conservé dans plus de cent témoins, le texte de Gossuin de Metz a été réécrit trois fois, deux fois en vers et une fois en prose, à la fin des années 1240. Pour le développement sur la Terre et son quart habité qui nous intéresse, les illustrations ne sont pas toujours identiques. On peut en effet distinguer trois grandes tendances, les plus souvent reproduites, et qui apparaissent dès la fin du XIIIe siècle, que nous illustrons par les manuscrits suivants, choisis pour leur lisibilité : le manuscrit Français 2173 qui a servi de modèle à notre résumé (**Fig. 1** et **Fig. 2**), le manuscrit 947 de la Bibliothèque municipale de Tours (daté de 1360 ; **Fig. 3**, **Fig. 4**, **Fig. 5** et **Fig. 6**), et le manuscrit Français 574 de la BnF (daté de 1320 ; **Fig. 6**, **Fig. 7** et **Fig. 8**)[5].

On remarque que les différences les plus visibles apparaissent au quatrième schéma, qui figure le quart habité de trois manières différentes (schéma 4, **Fig. 1**, où il apparaît sous la forme d'un demi-cercle, **Fig. 4**, en forme de mandorle, et **Fig. 8**, où il a la forme d'un cercle). La carte des terres habitées a-t-elle la forme d'un demi-cercle, d'une amande, ou d'un cercle ? Si l'ambition de ces schémas est bien de représenter une réalité unique (les terres habitées, occupant un quart du globe terrestre), on ne voit pas très bien comment elles pourraient prendre plusieurs formes. Or non seulement la forme des terres habitées varie d'une solution à l'autre, mais dans les manuscrits Français 2173 et Tours 947, au schéma 4 (schéma 4, **Fig. 1** et **Fig. 4**), on passe d'une carte ayant la forme d'un demi-cercle, ou d'une amande, à des cartes ayant toujours la forme d'un cercle au huitième schéma (schéma 8, **Fig. 2** et **Fig. 6**). Ce qui signifie qu'un copiste peut bien commencer par dessiner la carte des terres habitées en lui faisant prendre la forme d'un demi-cercle ou d'une amande, pour en dessiner une deuxième qui aura cette fois-ci la forme d'un cercle. Or, insistons, ce changement de forme est tout à fait surprenant dans le cadre d'une représentation aussi normative qu'une carte géographique. Certes, compte tenu des connaissances soi-disant limitées de la géographie de la Terre dont disposaient les hommes à la fin du Moyen Âge, et du ton presque enfantin de

gne qui les depart ançois
est clamee la droite li
gne de midi.
Et ce pouez nos prou
uer par ces .iij. figures
que vous vez a desouz.

Et en la fin de ceste
lingne si comme ele
vait a lingne droitte
ment pons veoir une
cite qui a non aaron.
Ele siet el milieu du
monde: et fu toute reonde
faite. La fu trouuee a
stronomie premierement
par grant maistre et par
grant sens. Cil lieus
est diz li droiz midis.
Car il est assis en mi

Fig. 7. Schémas 1 à 3. Maître du Roman de Fauvel, Gossuin de Metz, *L'Image du monde*, rédaction en prose, Paris, vers 1320-1325. Paris, BnF, ms. Français 574, f. 47v.

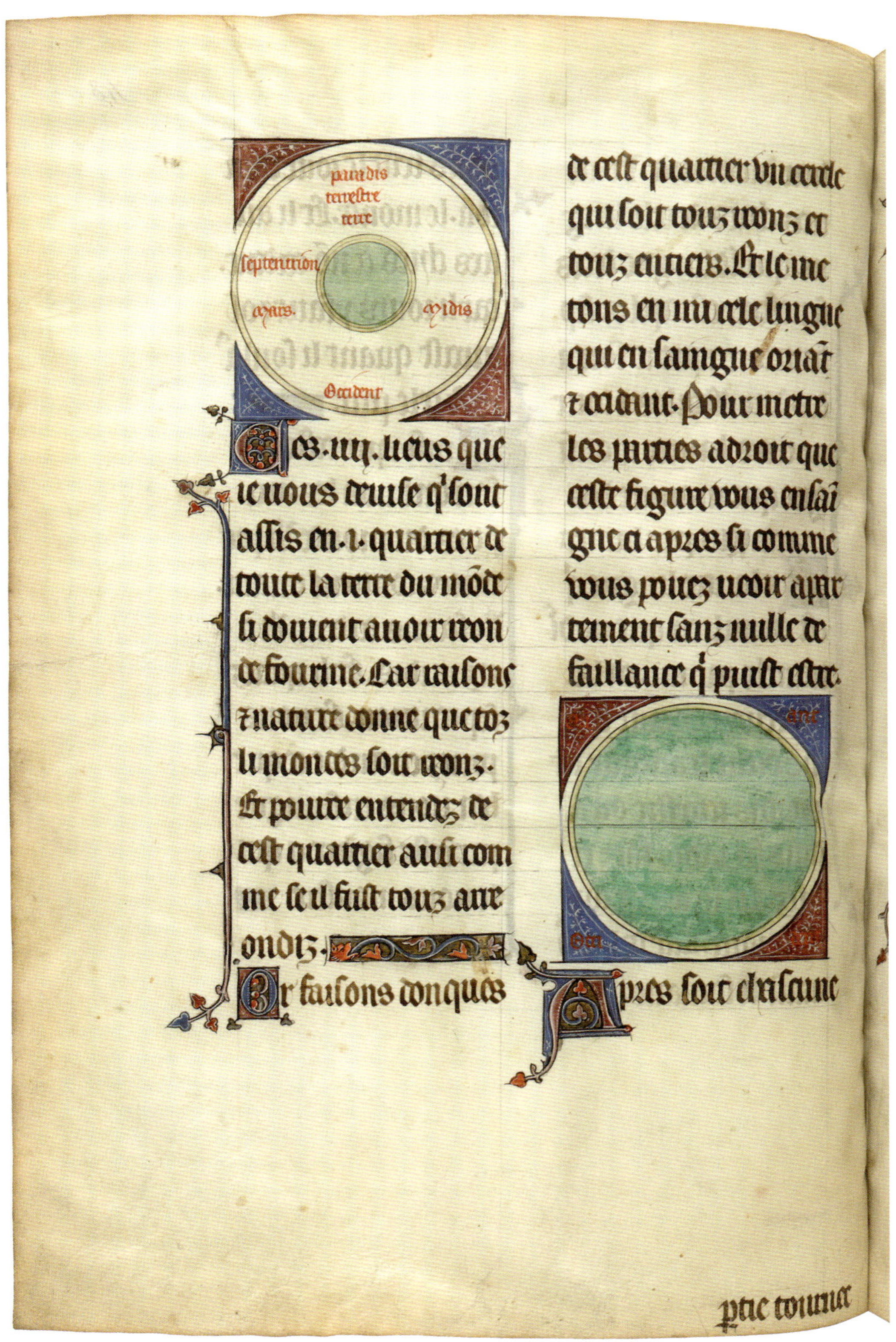

Ces .iiij. lieus que
ie vous devise q'sont
assis en .i. quartier de
toute la terre du mõde
si covient avoir reon
de fourme. Car raisons
& nature donne que toz
li mondes soit reonz.
Et pour ce entendez de
cest quartier ausi com
me se il fust touz aree
ondiz.
Or faisons donques

de cest quartier un cercle
qui soit touz reonz et
touz entiers. Et le me
tons en .iiii. cele lingne
qui en samgne orient
& occident. Pour metre
les parties adroit que
ceste figure vous ensai
gne et apres si comme
vous pouez veoir apar
tement sanz nulle de
faillance q' puist estre.
Apres soit chascune

ptie tournee

Fig. 8. Schémas 4 et 5. Maître du Roman de Fauvel, Gossuin de Metz, *L'Image du monde*, rédaction en prose, Paris, vers 1320-1325. Paris, BnF, ms. Français 574, f. 48v.

ptie tournee vers son
non en tre dont chascu
ne sera la quarte ptie.
Si en soit ceste figure
ensaingnement et de
moustrance certainne
et veraie.

Tresdouz li lieus q
est habitez el monde: e
deuisez en .iiii. pties. Et
pour ce couvient il par
ceste raison une autre
deuision faire. Dont la

partie qui est vers ori
ant soit aise la grant
apelee. Et est dite aise
dune royne qui fu da
me de cele region qui
ot a non aise. Et autre
tant tient celui lieu de
pace comme font les
autres .ii. Et pour ce est
ele apelee aise la grant.
Et dure des septentri
on iusques a midi si
comme ceste figure le
vous moustre ici.

Fig. 9. Schémas 6 et 7. Maître du Roman de Fauvel, Gossuin de Metz, *L'Image du monde*, rédaction en prose, Paris, vers 1320-1325. Paris, BnF, ms. Français 574, f. 49.

Fig. 10. Schéma 8. Maître du Roman de Fauvel, Gossuin de Metz, *L'Image du monde*, rédaction en prose, Paris, vers 1320-1325. Paris, BnF, ms. Français 574, f. 49v.

Gossuin de Metz, on pourrait bien accepter que les terres soient circulaires, ovales, ou pourquoi pas carrées ou triangulaires. Mais il paraît en revanche inacceptable, même en tenant compte du contexte, que la même étendue, le même espace, soit compris dans des limites à la fois ovales, circulaires, carrées et triangulaires. On se demande bien comment quiconque pourrait s'orienter dans un espace dont la forme ne cesse de varier.

Mais à étudier de près la tradition manuscrite de *L'Image du monde*, nous sommes amenés à reconsidérer ce qui apparaît d'abord comme une aberration : la persistance de cette série de schémas, sa constance à travers les différents manuscrits, et ce du XIIIe au XVe siècles, autant que certains traits stylistiques, permettent d'émettre l'hypothèse d'un sens à cette sérialité. Non seulement les formes en sont stables, mais encore elles participent pleinement au dispositif ornemental du manuscrit : assorties de couleurs (**Fig. 11** et **Fig. 12**), ou de motifs – ici un château au milieu du quatrième schéma (**Fig. 13**), là une sorte de muraille (**Fig. 14**) – ces figures sont, de bien des manières, des images. Il suffit d'aller consulter un manuscrit de *L'Image du monde*, pour se rendre compte que les schémas de Gossuin, peints ou simplement dessinés, ont une force de suggestion qui n'a pas d'égal dans ce qu'on appelle aujourd'hui des illustrations scientifiques ou des diagrammes.

Un certain nombre d'indices matériels montre donc que les images de *L'Image du monde* méritent d'être appréhendées comme des images, et non comme de simples dessins mal exécutés ou des illustrations scientifiques sans profondeur. Or toute définition de l'image engage une certaine manière de l'appréhender.

On appelle communément une image d'une partie de la Terre sur laquelle sont inscrits les points cardinaux et les continents, une carte géographique. Sur une carte, on dessine les contours réels ou supposés réels de la partie de la Terre en question, en les réduisant, par un système de projection plus ou moins élaboré, à une échelle qui permet de les inscrire sur la page d'un livre. Voilà une manière de définir nos images qui pose plus de problèmes qu'elle n'en résout, mais qui peut nous servir un temps de repoussoir.

En définissant nos images comme des cartes géographiques, on est en effet obligé de conclure à leur incohérence, et ce d'au moins trois manières. C'est supposer d'abord que les schémas de *L'Image du monde* sont construits à partir de la technique de la projection. Les changements de forme intempestifs dans la représentation de l'espace des terres habitées manifesteraient alors une tentative infructueuse, des difficultés insurmontables et, en fin de compte, l'impossibilité pour Gossuin et ses copistes de représenter la projection d'une sphère en trois dimensions sur un plan (à savoir la page, qui n'a bien que deux dimensions). Un demi-cercle ou une amande comme des perspectives de quartier de pomme un peu ratées, le retour au cercle comme un aveu d'impuissance. Les copistes de *L'Image du monde* auraient fait preuve d'un manque de technicité patent dans la réalisation des illustrations. Mais la technique de la perspective géométrique, lentement élaborée à partir du début XVe siècle, a-t-elle une quelconque pertinence dans ce contexte ? Et plus encore, l'idée même de projection sur un plan comme idéal d'une représentation cartographique, s'est-elle vraiment imposée avant le XVIe siècle ? N'est-elle pas elle-même une projection ?

C'est supposer ensuite que les contours et la forme des schémas de Gossuin de Metz *ressemblent* aux contours et à la forme réels ou supposés réels de la Terre. Il est vrai que le choix de la pomme, qui a forme ronde, semble se référer à la forme réelle de la Terre. De même qu'un quartier de pomme pourrait plus ou moins se référer à l'étendue des terres connues à la fin du Moyen Âge (de l'océan occidental à la lointaine Asie). Mais Gossuin de Metz aurait alors été un bien piètre géographe, qui se serait contenté d'approximations fort peu scientifiques. Cela a-t-il alors un sens de vouloir superposer les schémas de Gossuin à la surface de la Terre ? Gossuin et ses copistes ont-ils vraiment voulu faire un dessin de la Terre qui *ressemble* à son original ? Rien n'est moins sûr.

C'est supposer enfin que nos schémas sont des images puisqu'elles *représenteraient* leur objet, la Terre et sa partie habitée. Mais si l'on considère par exemple le sixième schéma, identique dans tous les manuscrits, qu'aucun scribe n'a mal exécuté, composé d'un cercle barré de la lettre chi : *représente*-t-il les terres habitées, ou même un quelconque objet ? N'est-ce pas plutôt une lettre à l'intérieur d'un cercle ?

Appellera-t-on cela encore une image, un dessin de la Terre dessiné sans projection, qui ne ressemble pas à son objet, voire qui ne le représente pas ? Le terme « image », pour Gossuin de Metz, ne semble pas désigner les figures de la Terre qu'il dessine dans son livre, mais le livre lui-même, *L'Image du monde*, ou un type de texte, les *imagines mundi*, qui eurent un certain succès au XIIIe siècle.

Reprenons maintenant l'argument et les schémas de Gossuin, en essayant de dégager sa valeur descriptive.

> « Mais pour ce qu'il nous est avis, ci la ou nous soumes, qu'ele est granz, si la deviserons, si comme nous savrons, briefment[6]. »

L'argument part de ce constat très simple : d'ici là où nous sommes, la Terre est trop grande pour être vue. Qu'on s'imagine : la Terre, comme chacun le savait au XIIIe siècle, est tout au milieu du ciel, au milieu d'un ciel lui aussi sphérique, « comme une pelote », dit Gossuin un peu plus tôt. Il est vu de la Terre, dans cette situation géocentrique, d'un côté la voûte ou la coupole du ciel, de l'autre un horizon qui sépare en deux le ciel et la Terre, comme le montre un schéma qui circule beaucoup depuis la fin du XIIe siècle, en particulier dans le *De sphaera* de Sacrobosco (**Fig. 15**)[7]. Et la Terre elle-même ? Essayons d'imaginer là encore, ce qu'on peut voir de la Terre, d'ici là où est Gossuin, dans une Europe quelque peu étendue, mais délimitée par des frontières *naturelles*, qu'il faudrait un exploit pour traverser : à l'ouest un immense océan, au sud un désert aride, au nord une région glaciale et à l'est, dans l'Orient lointain, paraît-il, une barrière de feu infranchissable[8]. De là où est Gossuin, il ne peut jamais voir du ciel ou de la Terre que des parties.

Le ciel et la Terre ne peuvent pourtant pas avoir ce caractère partiel. Pour Gossuin, au commencement Dieu prit son grand compas, traça l'immense cercle du monde et mit tout à l'intérieur. Ce monde qu'il compassa est parfait, complètement achevé, rien n'en dépasse, il contient tout[9]. Il a une forme circulaire car c'est la plus ample, celle qu'« il se peust miex accomplir et amplir de toutes pars[10] », qui ne tolère aucun vide, qui tourne nuit et jour, etc. Bref, le monde est une totalité, qui contraste radicalement avec l'expérience partielle que je peux faire du ciel et de la Terre. Or si l'on veut comprendre les œuvres de Dieu, le « vrais astronomiens[11] », il faut tenter l'expérience de cette totalité, à partir d'ici là où on est, c'est-à-dire dans une de ses parties. Tel est le paradoxe de tout discours cosmologique au Moyen Âge, qui se déploie dans différents types de textes. L'intérêt de *L'Image du monde* ne réside pas dans l'élégante solution qu'elle donnerait à cet insoluble problème, à l'image de je-ne-sais quelle spéculation scolastique, mais dans la manière dont elle le pose d'une manière très concrète.

Comment représenter une unité, qui est aussi totalité, à savoir ce que Gossuin appelle « ciel » ou « terre », qu'il est impossible de voir ? Dieu, habitant aux confins de l'univers, quelque part dans la dernière des sphères, l'a certes peut être déjà vue. Mais qui a déjà vu ce que Dieu a vu ? Il faut donc se rendre à cette conclusion : la Terre, cet objet que personne n'a jamais vu, ne se présente à personne. Si c'est un objet qui ne se présente pas, il ne se représente pas. Comment alors en faire une image ?

Gossuin de Metz ne se contente pas de poser un problème, il fournit une méthode : la « devision », qu'il illustre par une série de six schémas. On a vu que les quatrième et huitième schémas ne peuvent être définis comme des cartes qu'avec beaucoup de précautions, mais qu'ils occupent néanmoins des places stratégiques, à l'hémistiche et à la rime, pour ainsi dire. Les schémas 1, 2, 3 et

Fig. 11. Schéma 8. Gossuin de Metz, *L'Image du monde*, première rédaction, XIVe siècle. Berlin, Staatbibliotheek, ms. Hamilton 577, f. 193, détail.

Fig. 12. Schéma 4. Gossuin de Metz, *L'Image du monde*, rédaction en prose, XVe siècle. Bruxelles, Bibliothèque royale, ms. 9822, f. 17v, détail.

5, 6 et 7 constituent donc la genèse de ces deux « cartes » : la première indique les quatre pôles et leurs repères ; la seconde, en TO, indique l'emplacement des continents par rapport à la mer Méditerranée, le Tanaïs (ou la mer Noire) et le Nil (figurés schématiquement par un T), et permet de situer les noms des pays et des villes dont Gossuin de Metz dressera la liste dans l'ensemble du deuxième chapitre. Par rapport aux critères modernes qui président à la réalisation d'une carte géographique, tels l'exactitude et la précision des données rassemblées, les schémas 4 et 8 ne peuvent apparaître que comme des représentations trop simples pour être prises au sérieux.

Mais il y a un autre critère qui fait d'emblée apparaître leur pertinence, celui de la mnémotechnie. Si, à travers les schémas de Gossuin, on cherche à mémoriser des repères afin de s'orienter (schéma 4) et à mémoriser un ensemble de noms de villes et de pays (schéma 8), les deux cartes présentent un résultat d'une efficacité rarement égalée. Tentons d'interpréter la série de schémas ponctuée par ces deux « cartes » comme un *parcours mnémotechnique*, en donnant à chacun d'entre eux sa fonction dans cette mémorisation. Ces schémas ne seraient donc pas des images ressemblant à la carte de la Terre, mais différentes pièces, ou lieux, à remplir de repères et de noms.

L'argument de Gossuin commence par une comparaison : « Vous pouvez prendre essample, se vous voulez, par une pomme qui seroit partie par mi en iiii quartiers tout droit de lonc et de lé par moitiez[12] ». Une pomme donc, cet objet quotidien et familier, que Gossuin nous propose de couper en quatre. L'exemple est bien choisi, qui fait de la Terre une sphère miniature, et par là, ne lui fait pas perdre son caractère de totalité. Les copistes ont souvent dessiné un cercle et une croix (schéma 1, **Fig. 1**, **Fig. 3** et **Fig. 7**). Ce cercle est une pomme coupée en quatre, et c'est la Terre. Ce n'est pas une représentation de la Terre, mais une pomme, ou la Terre elle-même, coupée en quatre.

Continuons : « et vous en pelissiez i quartier, et estendissiez la peleüre, pour mieulz veoir et entendre la façon, en plainne terre ou en vostre main toute entiere : tant est de la terre habitée[13]. » Tous les schémas ne respectent pas scrupuleusement

Fig. 13. Schéma 4. Gossuin de Metz, *L'Image du monde*, première rédaction, fin du XIIIe siècle. Paris, BnF, ms. Français 14964, f. 38, détail.

les indications du texte (schéma 2, **Fig. 1**, **Fig. 3** et **Fig. 7**). Les plus proches semblent être les manuscrits Tours 947 et Français 574 (schéma 2, **Fig. 3** et **Fig. 7**), qui ont dessiné la pelure d'un quartier de pomme sous la forme d'une amande ou d'un pétale, ce qui semble être la forme la plus vraisemblable. Le copiste du manuscrit Français 2173 (schéma 2, **Fig. 1**) a choisi le demi-cercle, et a, semble-t-il, renoncé à peler le quartier, pour simplement dessiner un quartier vu de côté, ce qui présente des avantages significatifs pour la suite, nous allons y revenir.

Poursuivons : « Dont l'une moitiez est clamée oriant et l'autre ocident. Et la lingne qui les depart andeus est clamée la droite lingne de midi[14] ». La « droite ligne de midi » sert à construire l'opposition entre les deux pôles, Orient et Occident. Dans tous les manuscrits elle se manifeste par une ligne horizontale qui sépare les pelures de quartiers de pomme en deux parties égales. Pour Gossuin, il semblerait bien que ce soit simplement une ligne qu'on tire à partir du Midi, c'est à dire une sorte de méridien de référence. Mais pourquoi cette ligne serait-elle droite ? Il va de soi qu'à supposer que la Terre soit sphérique, un méridien doit épouser sa circonférence. Encore une fois, ce n'est pas tant le problème que se pose Gossuin, qui ne trace pas les « divisions » des terres habitées en imitant celles du globe terrestre. On inscrit donc « Orient » d'un côté, et « Occident » de l'autre, et on trace au milieu une ligne, qu'on appelle « droite ligne de Midi », parce qu'elle ne peut être autrement que droite et qu'elle va vers le Midi. Cette ligne permet de situer très simplement l'Orient et l'Occident, elle construit un rapport d'opposition et nous apprend que, quand je vais vers l'Orient et que je me retourne, je suis face à l'Occident.

Les manuscrits Français 2173 et Tours 947 ont conservé les formes du schéma précédent (schéma 3, **Fig. 1** et **Fig. 3**), tandis que le manuscrit Français 574 (schéma 3, **Fig. 7**) est repassé au cercle. Regardons le quatrième schéma avant d'interpréter ce changement. C'est en effet celui qui présente le plus de déformations d'un manuscrit à l'autre.

Ce dernier schéma de la première partie de l'argument entend donner un ensemble de repères afin de situer les pôles. Mais ces pôles n'ont pas tous la même valeur. Au sud « poons veoir une cité qui a non Aaron. Ele siet el milieu du monde, et fu toute reonde faite. La fu trouvée astronomie premierement par grant maistrie et par grant sens. » Cette cité « qui a non Aaron », mais qui est souvent orthographiée différemment dans les manuscrits (Arin, Arim, Aren, etc.), a le caractère quasiment mythique de se trouver au centre du monde[15]. Elle n'est pas située directement au pôle Sud, mais indique sa direction, une étape sur la route du Sud. A l'Orient, le paradis terrestre est un point de repère fixe mais que, bien entendu, personne n'a jamais vu et dans lequel personne ne s'est rendu. Il a donc une dimension quelque peu mystérieuse ou symbolique, ce que le scribe du manuscrit Tours 947 (schéma 4, **Fig. 4**) ainsi que ceux des manuscrits apparentés rend bien, me semble-t-il, par le dessin de cette petite auréole à l'endroit du paradis. Au Nord, on trouve les sept étoiles du Septentrion, « qui mainne les mariniers

Fig. 14. Schéma 4. Gossuin de Metz, *L'Image du monde*, première rédaction, 1340-1341. Montpellier, Bibliothèque interuniversitaire, section de Médecine, ms. H 437, f. 80v, détail.

par la mer ». Nous avons bien là un repère visible, du moins la nuit. L'Occident n'a pas besoin de repère, tout le monde sait où il se trouve.

On peut comprendre ce schéma comme une sorte de boussole, à la différence près qu'il faut nécessairement connaître la direction d'un des pôles pour connaître les autres, à moins, de nuit, de pouvoir apercevoir les étoiles du Septentrion. Si celui du manuscrit Tours 947 (schéma 4, **Fig. 4**), en forme d'amande et surmonté d'une auréole nous semble le plus convaincant, le demi-cercle du manuscrit Français 2173 (schéma 4, **Fig. 1**) est aussi efficace. Vu de côté et non épluché, le quartier de pomme conserve une forme sans ambiguïté, très harmonieuse, et encore pourvue de ses pépins, sur lesquels on situe la ville d'Arin, c'est-à-dire la direction du sud. Le quatrième schéma du manuscrit Français 574 (schéma 4, **Fig. 8**) est très fautif quant à ses inscriptions. Le scribe a écrit « terre » à la place d'Arin et « mars » à côté du Septentrion, sans doute en confondant avec les illustrations de la troisième partie de *L'Image du monde*. Le schéma du manuscrit Français 14964 (schéma 4, **Fig. 13**), construit sur le même modèle, est plus juste. Quant à sa forme, si les scribes ont décidé de passer du demi-cercle de terre en quartier de pomme au cercle (donc à une demi-pomme), cette transgression du texte de Gossuin donne néanmoins un résultat convaincant, puisqu'on se figure ainsi mieux la position du Sud (du Midi) à la périphérie du cercle, dont Arin n'est qu'une étape.

Ici s'achève la première partie de l'argument, qui aboutit à cette carte du quart habité avec les quatre pôles, construite à partir de cet objet familier, la pomme découpée en quartiers. Nous avons défini cette carte comme une image mnémotechnique, dont la pertinence ne se mesure pas à l'aune de sa supposée ressemblance avec ce qu'elle entendrait représenter, la Terre, mais de son

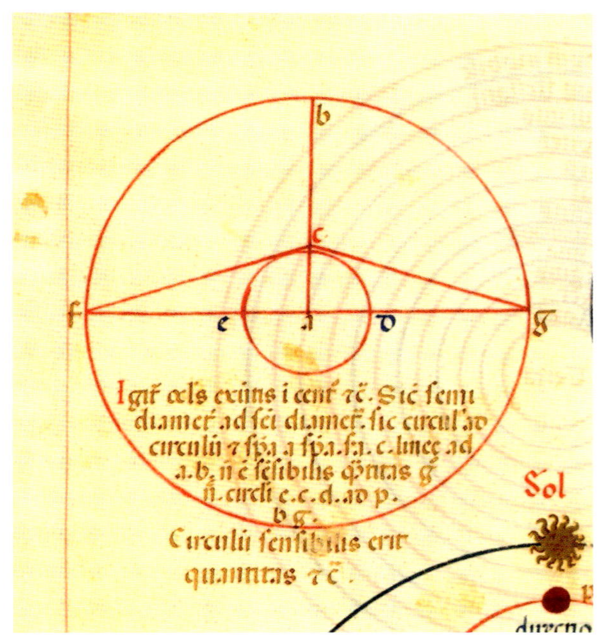

Fig. 15. Sacrobosco, *De sphaera*, vers 1460. Modène, Biblioteca Estense, ms. Lat. 209, f. 1, détail.

efficacité à donner une figuration simple et facile à mémoriser. Une image mnémotechnique permet d'apprendre des termes techniques, tels que « Orient », « Occident » ou « Septentrion », et de les appliquer à la réalité, à partir d'une image qui ne ressemble pourtant pas à cette dernière. Cette image est simple, efficace et frappante, peut-être plus que n'importe quelle autre carte. Gossuin de Metz est sans doute l'un de ceux qui aura le mieux réalisé ce type très particulier d'images, qui sont développées dans le courant du XIIIe siècle et qui contrastent avec celles du XIIe siècle, qui gagnaient en détail ce qu'elles perdaient en lisibilité.

Tout pourrait s'arrêter là, mais Gossuin de Metz veut maintenant proposer une seconde carte, celle des continents dite « en TO », qui apparaîtra à la fin de la séquence, carte qu'on ne peut manifestement pas inscrire dans celle des pôles, même quand elle est circulaire. Les chemins de la mémoire n'empruntent pas ceux du cartographe. Dans ce parcours mnémotechnique des terres habitées, si l'on ne veut pas tout confondre (les pôles et les continents), il faut introduire une véritable rupture, fonction que remplit à merveille le schéma 5, surtout dans les manuscrits Français 2173 (schéma 5, **Fig. 1**) et Tours 947 (schéma 5, **Fig. 5**). On comprend mieux ici comment fonctionne le récit géographique de Gossuin, qui a pour enjeu la mémorisation des pôles et des continents. Les schémas de la Terre sont en effet comme les pièces d'un château de la mémoire et ont pour but d'inscrire différentes informations, d'abord les pôles, ensuite les continents. Or, à la différence d'un château de mémoire, les schémas mnémotechniques se succèdent dans un parcours, ce qui risque d'entrainer beaucoup de confusions, par la superposition de plusieurs informations hétérogènes dans un même lieu. La solution de Gossuin et de ses scribes est de jouer sur les formes des lieux, en l'occurrence ici des schémas, plutôt que de prendre des pièces identiques dans un château. Le schéma 5 est bien un schéma de transition ou de rupture ; mais comment fonctionne-t-il ?

Il donne lieu à des formes assez curieuses, mais la logique semble être chaque fois la même. Les copistes ont en effet pris comme point de départ la forme obtenue au terme de la première partie et établie dans le quatrième schéma, dont ils ont extrait un cercle. Le texte emploie l'expression « arréondir ». On voit ici que pour tous les copistes des différentes solutions schématiques de *L'Image du monde*, « arréondir » signifie « rendre rond » non pas en un sens projectif, qui permet de représenter une sphère sur un plan, mais simplement dessiner un rond à l'intérieur d'une forme différente. On a en effet obtenu une description complète des terres habitées. Et on cherche désormais à s'intéresser à une autre réalité, celle des continents. Il s'agit donc de mettre de côté ce qui a précédé, et de se focaliser sur quelque chose d'autre. On met la forme du schéma 4 en toile de fond, et on se concentre sur la nouvelle, qu'on fait émerger en son sein sous la forme d'un cercle. Processus de focalisation donc, mais pas au sens où on « ferait le point » sur une réalité à l'intérieur d'un espace constitué qui resterait en fond, celui des terres habitées du quatrième schéma, mais focalisation au sens où on fait apparaitre une nouvelle forme des terres habitées, une nouvelle chose, une nouvelle *res*, bref, une nouvelle réalité, en oubliant l'ancienne. Phénomène plastique en fait très efficace, qui ne consiste pas à circonscrire un territoire au sein d'une étendue spatiale vide, mais à créer une nouvelle forme qui remplace la précédente. D'une manière générale, ce cinquième schéma met en évidence la dimension narrative de la géographie de *L'Image du monde*, qui se raconte plus qu'elle ne s'expose. Chacun de ces schémas a sa place dans la séquence et ils ne sont pas interchangeables.

Le sixième schéma va s'appuyer sur ce cercle (schéma 6, **Fig. 2**, **Fig. 5** et **Fig. 9**). Il est particulièrement frappant de remarquer qu'aucun copiste ne s'est trompé à cet endroit, le texte étant pourtant peu disert : « Après soit chascune partie tournée vers son non en terre, dont chascune sera la quarte partie[16] ». Tous ont inscrit la lettre chi dans un cercle. L'histoire des rapports entre ce symbole et les représentations astronomiques médiévales gagnerait à être mieux connue. Ce qu'on peut d'emblée souligner c'est qu'il produit une rupture plus qu'une transition dans notre séquence : il affiche un caractère plus symbolique que les autres, en s'éloignant encore un peu plus du régime de la représentation. Il ne se réfère en effet à aucun objet, pas même à une pomme. On ne le définira pourtant pas comme un symbole, car il n'est pas arbitraire, et ce pour deux raisons. La première concerne le statut de ce chi : ces deux lignes qui se croisent pourraient bien faire référence à un horizon et à un méridien de référence, ou bien à des divisions entre les parties de la Terre. Toutefois ces divisions sont pensées d'une manière très abstraite, si bien que s'il s'agit d'un méridien par exemple, on aura toutes les peines du monde à le faire traverser une ville réelle. La seconde concerne la forme circulaire de ces schémas, qu'on trouve dans tous les manuscrits : s'ils sont circulaires, c'est bien par référence à la forme du ciel ou de la Terre, qui ne peut être autrement que ronde, « car raisons et nature donne que toz li mondes soit reonz ». Dans le contexte de la cosmologie aristotélicienne, la rondeur de la Terre et du ciel ne se démontre pas, seulement se postule. Le sixième schéma montre donc la Terre dans son essence ou sa forme, nécessairement circulaire. Cette forme, il ne la représente pas, mais la présente.

L'avant-dernier schéma trace une nouvelle distinction horizontale, afin de situer l'Orient, où se trouve l'Asie (schéma 7, **Fig. 2**, **Fig. 5** et **Fig. 9**), et prépare l'ultime schéma, la carte « en TO » (schéma 8, **Fig. 2**, **Fig. 6** et **Fig. 10**), si souvent reproduite depuis les *Étymologies* d'Isidore de Séville. Et cet avant-dernier schéma n'a de sens qu'à être inscrit dans cet ordre. La distinction horizontale, là aussi très abstraite (même si elle se réfère bien sûr au supposé alignement du Tanaïs ou de la mer Noire et du Nil qui sépare l'Orient de l'Occident), rappelle celle du deuxième schéma, qui servait à créer un rapport d'opposition pour inscrire l'Orient. Elle vient donc nécessairement avant l'ultime distinction, celle de la barre verticale du T, se référant à la mer Méditerranée, qui sépare l'Europe de l'Afrique. Parfois, comme dans le manuscrit Français 574 (schéma 7, **Fig. 9**), les copistes n'ont pas jugé nécessaire de préparer la carte « en TO » par un schéma, et ont simplement dessiné deux cartes, en intervertissant toutefois les couleurs de l'Europe et de l'Afrique, pour ménager une progression, et achever ce parcours dans les terres habitées.

Nous ne savons presque rien de l'espace pré-cartésien et de la manière dont on se repère au milieu du XIIIe siècle, autrement dit ce que cela a pu signifier pour un corps humain d'être dans l'espace. Les schémas de *L'Image du monde*, diffusés tout au long du XIIIe, du XIVe et du XVe siècles, ne représentent certes pas le niveau le plus élevé des connaissances géographiques et astronomiques, mais témoignent du rapport qu'on a pu entretenir à l'espace terrestre à la fin du Moyen Âge. Or pour cela il faut apprendre à les voir, renoncer à nos critères scientifiques modernes, et les prendre au sérieux en tentant de les décrire. Chez Gossuin de Metz, voir la Terre ne signifie pas la jeter dans un espace « vide » et abstrait, mais la mettre en face de soi, et la diviser en fonction de lignes horizontales et verticales pensées à partir du corps de celui qui l'observe.

NOTES

1 O. PRIOR, *L'Image du monde de maître Gossuin, rédaction en prose, texte du ms. Bibl. nat. fr. 574*, Lausanne-Paris, 1913, p. 102. Il existe trois versions de *L'Image du monde*, deux en vers et une en prose, toutes trois écrites à la fin des années 1240. Seule la troisième version en prose de *L'Image du monde* a été publiée, raison pour laquelle toutes les citations y renvoient. Il faut toutefois remarquer que, concernant le passage que nous allons commenter, le texte, d'une version à l'autre, a très peu changé. Les deux versions versifiées n'ont pas été publiées, mais celle de la première rédaction a été préparée par Ch. CONNOCHIE-BOURGNE, *L'Image du monde de Gossuin de Metz, une encyclopédie du* XIII*e siècle : édition critique et commentaire*, thèse de doctorat, Paris, Paris-Sorbonne, 1999, et est en cours de publication. L'édition de la deuxième rédaction en vers a été préparée par S. CENTILI, *La seconda redazione in versi dell'*Image du monde*, edizione critica e traduzione*, thèse de doctorat, Florence, Università degli studi, 2002. Je remercie Sara Centili de me l'avoir communiquée, ainsi que son travail sur *L'Image du monde, La tradition manuscrite de l'Image du monde. Fortune et diffusion d'une encyclopédie du* XIII*e siècle*, thèse pour le diplôme d'archiviste paléographe, École nationale des chartes, Paris, 2005, et d'avoir enfin discuté une version antérieure de cet article.

2 *Ibid.*, p. 102.

3 Sur l'histoire des schémas et diagrammes au Moyen Âge, on consultera d'abord J. MURDOCH, *Album of Science : Antiquity and the Middle Ages*, New York, 1984, qui constitue encore aujourd'hui le panorama le plus complet et qui compte le plus grand nombre d'illustrations. On consultera ensuite les travaux de B. OBRIST, en commençant par *La cosmologie médiévale. Textes et images. I. Les fondements antiques*, Florence, 2004 (Micrologus Library, 11) ainsi que ceux de K. MÜLLER, en particulier *Visuelle Weltaneignung. Astronomische und kosmologische Diagramme in Handschriften des Mittelalters*, Göttingen, 2008. Sur l'histoire de la géographie médiévale et des représentations de la Terre, on consultera en premier lieu P. GAUTIER-DALCHÉ (éd.), *La Terre. Connaissance, représentations, mesure au Moyen Âge*, Turnhout, 2013 (L'Atelier du médiéviste, 13) et A. SCAFI, *Mapping Paradise : A History of Heaven on Earth*, Chicago, 2006. Les recherches sur les rapports entre les schémas et l'histoire structurale de l'image ont été introduites dans Br. HAAS, *Die ikonischen Situationen*, Paderborn, 2015, en particulier p. 118-155. La thèse que je rédige en ce moment porte sur les rapports entre les schémas et l'image médiévale entre le XIIIe et le XVIe siècles. Voir aussi, Br. HAAS et Th. LE GOUGE (éd.), *Mittelalterliche Bildgeometrie*, Florence, à paraître (Micrologus Library).

4 Je développe cet argument dans la thèse que je rédige et qu'il serait trop long de résumer ici. Pour se donner une idée de la rupture majeure qui sépare le XIIe et le XIIIe siècles dans le regard porté sur le ciel et la Terre, on peut penser par exemple à toute la différence qui sépare Alain de Lille de la nouvelle littérature vernaculaire au XIIIe siècle, où l'on voit se développer le motif du voyage dans la sphère, qu'on pense bien sûr au *Roman de la Rose* et à la *Divina commedia*, mais aussi au *Pèlerinage de la vie humaine* de Guillaume de Digulleville ou au *Chemin de longue estude* de Christine de Pizan. On peut aussi penser à l'évolution de l'iconographie de la Genèse où se développe, au début du XIIIe siècle, le motif du Dieu à côté de la sphère, voir par exemple dans la *Bible moralisée de Saint-Louis* un des premiers exemples de ce motif, qui s'est diffusé très rapidement dans les ateliers parisiens.

5 Le ms. Français 2173 est un manuscrit de la première version en vers, le ms. Tours 947 reproduit la deuxième version en vers, tandis que le ms. Français 574 correspond à la version en prose. Les trois tendances identifiées dans les illustrations ne correspondent pourtant que partiellement aux trois versions textuelles, en particulier pour la première version en vers dont les illustrations sont assez hétérogènes. Après l'étude de l'ensemble des manuscrits et d'après les résultats des travaux de Ch. CONNOCHIE-BOURGNE et de S. CENTILI, *op. cit.* (notre note 1), ces trois grandes tendances apparaissent comme les plus représentatives de la tradition schématique, même s'il y a des exemples qui s'en éloignent et sur lesquels il faudrait s'attarder, ce que nous renonçons à faire dans le cadre de cet article, de même qu'à présenter un *stemma* complet des illustrations.

6 PRIOR, *op. cit.* (notre note 1), p. 102.

7 Sur ce schéma et l'histoire de l'horizon, voir HAAS, *op. cit.* (notre note 3) ainsi que Th. LE GOUGE, « Charles de Bovelles et l'emblématique », dans Br. HAAS et Th. LE GOUGE (éd.), *Mittelalterliche Bildgeometrie*, Florence, à paraître (Micrologus Library).

8 Sur la question des frontières naturelles qui entourent le monde, on consultera GAUTIER-DALCHÉ, *op. cit.* (notre note 3).

9 Les références au compas comme outil ayant permis de tracer à l'origine le cercle du monde sont nombreuses dans *L'Image du monde*. L'image de Dieu avec un compas est un lieu commun de l'iconographie cosmologique à la fin du Moyen Âge, rendue célèbre par les enluminures en pleine page des Bibles moralisées (cf. par exemple le folio 0v de la *Bible française de Vienne*, Vienne, Österreichische Nationalbibliothek, Cod. 2554), mais dont on trouve de nombreux exemples dans des bibles de facture plus modeste.

10 PRIOR, *op. cit.* (notre note 1), p. 99, citation extraite du chapitre 13 de la première partie, « Pour quoi Diex fist le monde reont ».

11 *Ibid.*, p. 83.

12 *Ibid.*, p. 103.

13 *Idem.*

14 *Idem.*

15 La mention de cette cité est un lieu commun de la littérature géographique. Gossuin de Metz l'a peut-être reprise à Petrus Alfonsi, comme le suggère O. H. PRIOR : *Ibid.*, p. 71. Dans son *Dialogus contra Judaeos*, Petrus Alfonsi évoque en effet le cas d'Arin et intègre deux schémas, dont la comparaison avec *L'Image du monde* nous emmènerait bien trop loin. Sur Petrus Alfonsi, voir J. TOLAN, *Petrus Alfonsi and his Medieval Readers*, Miami, 1993. Sur Arin, voir GAUTIER-DALCHÉ, *op. cit.* (notre note 3) ; voir aussi F. HUDRY, « Le *Liber XXIV Philosophorum* et le *Liber de Causis* dans les manuscrits », *Archives d'histoire doctrinale et littéraire du Moyen Âge*, 59, 1992, p. 63-88, en particulier p. 80.

16 PRIOR, *op. cit.* (notre note 1), p. 106.

Le peintre et le rhétoriqueur : symétrie ou dissemblance ?

Nicholas HERMAN

Parmi les plus célèbres livres français manuscrits et imprimés du tournant du seizième siècle, il existe un bon nombre de copies dites de présentation offertes par leur auteur ou éditeur au souverain et illustrées d'images souvent dues aux plus talentueux artistes de l'époque. Ainsi, des médaillons et des portraits enluminés de Godefroy le Batave côtoient des textes du précepteur royal François Demoulins, des miniatures de Jean Bourdichon illustrent des écrits de Jean Marot et d'autres rhétoriqueurs préparés pour la reine Anne de Bretagne, et une image allégorique de Jean Perréal orne l'exemplaire de son propre texte rédigé pour François Ier, *L'Alchimiste errant*. Puisque nous disposons rarement de données concrètes quant aux circonstances spécifiques menant au dépôt de ces volumes dans les collections royales, nous sommes dans l'obligation de retracer minutieusement les mécanismes par lesquels de tels objets ont pu, dans un premier temps, être créés et, par la suite, être offerts au souverain. Les questions soulevées par une telle démarche touchent divers aspects du processus créatif et permettent de nuancer une conception simpliste d'un mécénat royal hégémonique, unifié et prémédité. Elles révèlent en effet l'existence d'un processus dynamique qui implique à la fois le compilateur du texte, le créateur des images, et le destinataire réel ou présumé.

Le propos de la contribution que nous présentons ici est alors double. D'abord, nous tenterons d'évaluer dans quelle mesure les copies de présentation témoignent d'une réelle coopération entre l'auteur ou l'éditeur et le peintre. Ce faisant, nous essaierons aussi de réévaluer la genèse de ces ouvrages trop souvent jugés comme de simples « miroirs du pouvoir » plutôt que comme le résultat d'échanges et de compromis entre les concepteurs visuel et textuel. Habituellement, ces objets sont présentés comme les produits d'une relation purement binaire entre destinataire et donateur. Mais, force est de reconnaître que l'objet, même avant sa donation finale, est déjà le résultat d'une négociation entre le protagoniste, que ce soit l'écrivain, le traducteur, l'éditeur ou le libraire, et une tierce partie détenant elle aussi un pouvoir d'action : le peintre-enlumineur. Car il s'avère que ce dernier, dont le travail est fréquemment considéré comme étant subordonné aux sources textuelles et à leurs auteurs, joue un rôle essentiel dans l'élaboration des copies de présentation. Parfois, nous le verrons, l'artiste lui même se révèle comme l'instigateur du projet. Ensuite, ayant abordé ces questions d'initiative et de collaboration, dans un deuxième temps nous reprendrons l'importante conclusion de Cynthia Brown au sujet des grands rhétoriqueurs ; celle qui, suivant les recherches de Paul Zumthor soulignant le caractère profondément politique de leurs écrits, a reconnu chez ces poètes de cour longtemps dédaignés une capacité d'affirmer leur propre contribution au maintien et au rayonnement de l'image royale[1]. Dans quelle mesure l'artiste de cour, suivant ce modèle, s'est-il rendu progressivement compte de sa propre utilité pour le souverain ? Comment cette épiphanie peut-elle infléchir la notion d'un « artiste moderne », autonome et conscient de sa propre capacité d'action, idée dont la genèse est souvent associée non aux confins de la cour princière mais à l'atmosphère libérale et mercantile des foyers urbains, civiques, voire républicains dans le sens burckhardien du terme[2] ? En répondant à ces questions, notre but ne consiste pas à dénombrer les maintes correspondances entre texte et image ou rhétoriques verbale et iconographique, déjà habilement abordées pour l'Italie quoique plus rarement considérées dans le contexte français[3], mais plutôt de révéler la surprenante parité sociale entre intellectuels et artisans qui se développait à la cour de France vers 1500.

Questions de collaboration

Les copies de présentation sont produites depuis le haut Moyen Âge et doivent être distinguées des volumes créés selon une commande préalable et définitive. Leur développement est intimement lié à la présence d'écrivains, de poètes et de théologiens autour de la figure du souverain. Ces divers auteurs, cherchant à faire remarquer leurs textes parmi tant d'autres, prennent souvent l'initiative de faire orner leurs travaux d'enluminures plus ou moins riches selon leurs moyens. Cette stratégie visait à inciter le destinataire à lire l'œuvre, ou simplement à lui rappeler le fait du don et ainsi augmenter les chances d'une récompense éventuelle. Pour le souverain, il ne s'agit nullement d'une commande spécifique mais plutôt d'un cadeau signifiant loyauté et respect d'un ordre hiérarchique, un acte d'abord fondé sur l'attente d'une action réciproque.

La procédure du don anticipatoire s'est systématisée à la cour des Valois, en premier lieu avec le rituel des étrennes en vertu duquel tout membre de l'entourage royal se voit obligé d'offrir un cadeau au souverain à l'occasion du nouvel an et ce, suivant un système de contrepartie bien codifié. Savamment étudié dans le contexte autour de 1400[4], ce système participe de la théorie de l'économie du don telle que développée par Marcel Mauss et Bronisław Malinowski dans les années 1920, et longuement élaborée par les sociologues depuis[5]. Fait intéressant, les dons de manuscrits s'avèrent plutôt rares entre les princes Valois eux-mêmes qui s'échangent plus souvent des joyaux dont les matériaux ont une grande valeur intrinsèque[6]. Le don d'un manuscrit se produit davantage dans les situations « asymétriques » qui sont généralement initiées par l'auteur lui-même ou par un membre de la cour particulièrement bibliophile[7].

Dès les années 1480, l'essor de l'imprimerie bouleverse la tradition des dons livresques. Plus tard, au cours du seizième siècle, l'échange et le don de livres imprimés deviennent plus communs dans une strate élargie de la société, un phénomène étudié à travers une littérature abondante[8]. Comme l'a remarqué Natalie Zemon Davis, tandis que des dons tangibles entre individus se multiplient, un don symbolique peut également être effectué au moyen d'une dédicace et des dons posthumes sont possibles grâce aux legs[9]. Cependant, en ce qui concerne les présentations directes de livres au roi ou à la reine, celles-ci deviennent plus fréquentes déjà au cours des règnes de Charles VIII et de Louis XII, encouragées par une bibliophilie croissante de la part des monarques. Ce phénomène s'accompagne d'une diminution des coûts pour le donateur, car la préparation d'une copie de luxe, bien que souvent imprimée sur vélin, ne représente qu'un seul exemplaire parmi tant d'autres : le succès financier de l'entreprise entière n'est pas en jeu et des copies de présentation peuvent être offertes à plusieurs hauts dignitaires parallèlement. Néanmoins, nous pouvons imaginer qu'un jugement favorable de la part du souverain ne peut nuire à la vente de copies supplémentaires. Cette situation rappelle les mots prononcés quelques décennies plus tard par Erasme au sujet du travail de l'un de ses contemporains : « Son ouvrage ne pouvant être vendu, il en fait, au cours de ses voyages, cadeau à des grands et le vend ainsi plus cher que s'il le vendait[10] ». Un tel procédé représente toutefois une variante du scénario typique, car la récompense est déplacée et ne dépend pas du destinataire, mais plutôt de l'entourage qui souhaite imiter les goûts du souverain, en faisant à son tour l'acquisition d'ouvrages du même auteur.

Au tournant du seizième siècle, ce sont les auteurs, éditeurs et compilateurs qui, pour éviter le refus ou la mise à l'écart de l'œuvre par ce premier destinataire déterminant, emploient de plus en plus fréquemment des enlumineurs de renom pour mettre en valeur leurs ouvrages et pour leur conférer l'apparence de manuscrits traditionnels, laborieusement décorés.

Libraire dynamique établi à Paris, Antoine Vérard est sans doute le plus habile fournisseur de luxueux exemplaires de présentation pour la bibliothèque royale[11]. Parmi les centaines d'éditions qu'il coordonne entre 1485 et 1515, il dédie une douzaine d'exemplaires de présentation à Charles VIII et un à Louis XII. Il en offre d'autres à des bibliophiles attestés comme Henri VII d'Angleterre, Anne de Bretagne et Anne de Beaujeu, ou encore Charles et François d'Angoulême, Louise de Savoie, Jean d'Albret et Georges d'Amboise[12]. En l'absence de documentation précisant l'achat ou la commande spécifique de la part de ces mécènes, ces objets doivent être considérés comme des dons[13]. Figure prolixe et ambitieuse, Vérard emploie lui-même des enlumineurs parisiens pour parachever ses copies de présentation. Souvent, les volumes bénéficient d'ajouts manuscrits qui prennent la forme de frontispices héraldiques ou de gravures soigneusement colorées et modifiées pour mettre en valeur l'iconographie et l'emblématique royale[14]. Dans tous les cas, Vérard n'est pas le véritable auteur des textes. Il joue le rôle d'un compilateur, organisant l'écriture du manuscrit ou sous-traitant son impression (il n'employa pas moins d'une douzaine d'imprimeurs), tout en ajoutant des dédicaces et en coordonnant la décoration du volume, modifiant ainsi subtilement le contenu. Dans un prologue introduisant un poème manuscrit anonyme sur la Passion du Christ (BnF, ms. Français 1686, f. 1, **Fig. 1**), il exprime l'importance des images au destinataire (une princesse non nommée, à identifier sans doute avec Louise de Savoie) :

J'ay entrepris ce traicté vous transmectre
Qui touche bien le salut nostre en mettre,
Et pour ce que signes font esmouvoir
Desirs ferventz plus que dicts mouvoir,
J'ay fait aussy par hystoires descrire
Ce que l'acteur c'est entremys d'escrire[15].

Dans ce cas, Vérard insiste sur sa contribution personnelle, bien que les « hystoires » auxquelles il fait référence ne sont autres que des gravures d'Israhel van Meckenem, soigneusement colorées au lavis. Pour ce libraire, le rôle de celui qui présente le texte est d'y intégrer des images préexistantes, visiblement à l'insu de leur créateur et écartées de leur contexte d'origine. Il s'agit d'un travail de coordination et de compilation, sans véritable tentative de coopération outre le recours aux services d'un scribe et d'un coloriste pour parfaire les gravures. Néanmoins, les mots de Vérard montrent à quel point les images sont considérées comme étant plus émouvantes que le langage et constituent sans doute un outil efficace pour capter l'attention du destinataire.

Outre cet exemple, nous avons peu d'indices relatifs aux relations qu'entretenait Vérard avec les artistes qu'il employait. Cependant, d'autres individus plus étroitement liés à la cour continuent d'offrir des copies manuscrites de leurs textes, qui ne font généralement pas l'objet d'une édition imprimée parallèle et ont souvent un caractère plus intime. François Demoulins, précepteur du jeune François Ier, adopte cet usage au début du règne de son bon élève. Plusieurs de ses remarques, insérées dans d'uniques textes de présentation écrits de sa propre main, offrent une idée des rapports étroits qu'il entretenait avec son enlumineur principal, Godefroy Le Batave. Exceptionnellement, l'identité de ce dernier nous est connue grâce aux signatures et initiales accompagnant les miniatures ornant les trois tomes des *Commentaires de la guerre gallique* de Demoulins, produits en 1518-1519 ainsi qu'une copie des *Triomphes de Pétrarque* plus tardive[16]. Une inscription latine plus longue, d'une paternité inconnue mais sans doute fiable, souligne le rôle de l'artiste dans la création de cartes géographiques conçues par l'astronome-théologien Albert Pigghe et insérées au début et

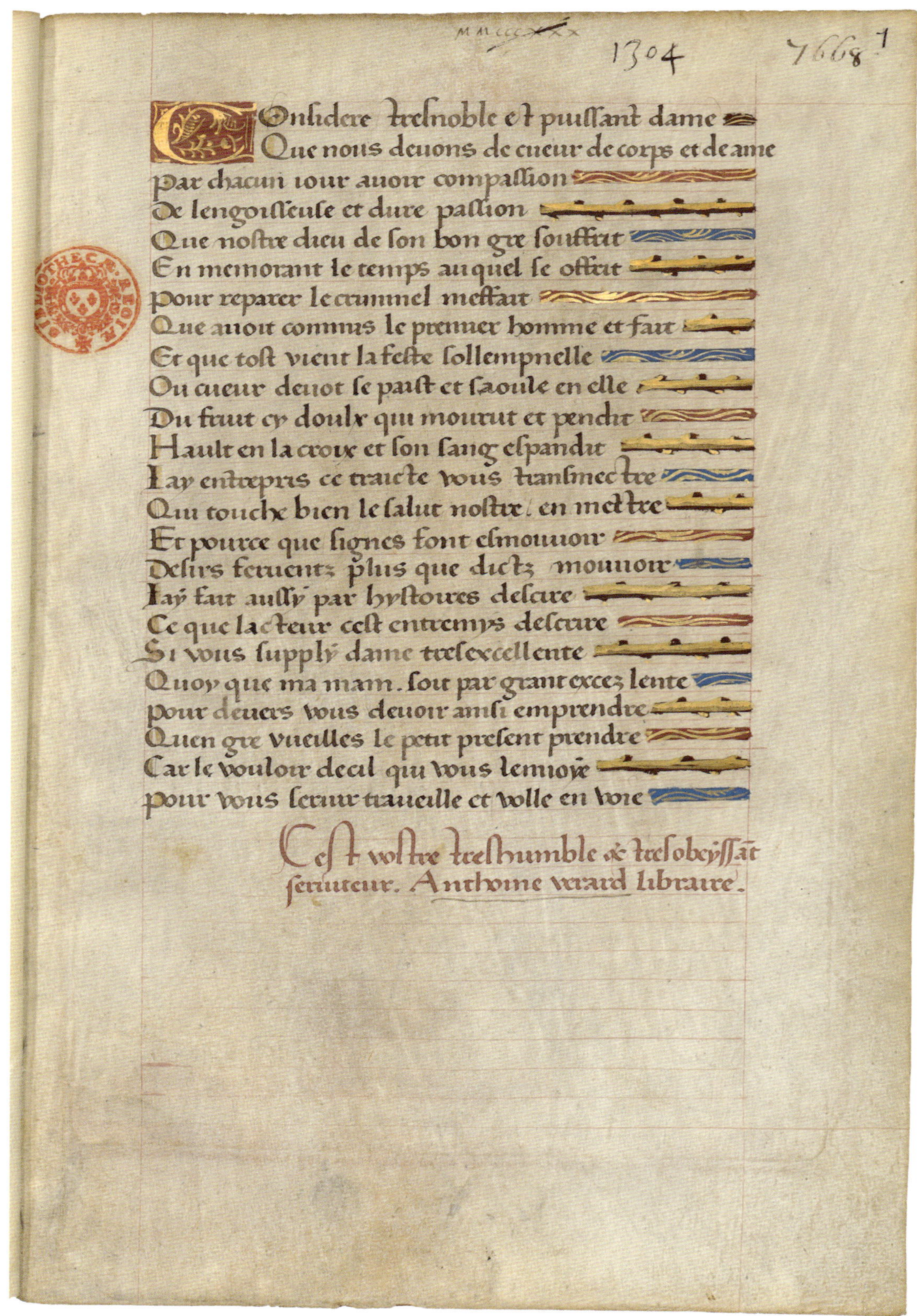

Considere tresnoble et puissant dame
Que nous deuons de cueur de corps et de ame
Par chacun iour auoir compassion
De lengoisseuse et dure passion
Que nostre dieu de son bon gre souffrit
En memorant le temps auquel se offrit
Pour reparer le crimmel meffait
Que auoit commis le premier homme et fait
Et que tost vient la feste sollempnelle
Ou cueur deuot se paist et saoule en elle
Du fruit cy doulx qui mourut et pendit
Hault en la croix et son sang espandit
Iay entrepris ce traicte vous transmectre
Qui touche bien le salut nostre : en mettre
Et pource que signes font esmouuoir
Desirs feruentz plus que dictz mouuoir
Iay fait aussy par hystoires descrire
Ce que lacteur cest entremps descrire
Si vous supply dame tresexcellente
Quoy que ma main soit par grant excez lente
Pour deuers vous deuoir ainsi emprendre
Quen gre vueilles le petit present prendre
Car le vouloir de cil qui vous lenuoye
Pour vous seruir trauaille et volle en voye

Cest vostre treshumble et tresobeyssant
seruiteur. Anthoine verard libraire.

Fig. 1. Antoine Vérard, Prologue dédicatoire. *La Passion Jhesuschrist*, Paris, vers 1503-1508. Paris, BnF, ms. Français 1686, f. 1.

à la fin du volume des *Commentaires* conservé à Chantilly : *Albertus Pichius auxilio Godofredi pictoris batavi faciebat praecipiente Francisco Molinio*. Le terme *auxilio* signale l'appui actif apporté par Le Batave au cartographe et rompt avec une classification traditionnelle des arts manuels au rang inférieur. L'emploi du terme *praecipiente*, également à l'ablatif, renvoie à la commande ou aux instructions fournies par Demoulins et révèle la création tripartite des ajouts cartographiques en question. Bien que l'œuvre finie fût destinée à Louise de Savoie, l'inscription nous rappelle que son élaboration est elle-même un processus de commande et de sous-commande.

Ailleurs, travaillant plus directement avec Le Batave, Demoulins commente ouvertement l'apport du peintre. Il tente d'excuser les erreurs commises par celui-ci, trahissant une certaine liberté quant à sa contribution. Dans une *Vie de la Madeleine* également produite à la demande de Louise de Savoie[17], les commentaires de Demoulins montrent qu'il n'exerçait pas un contrôle absolu quant au contenu des soixante-dix images dont l'objectif était de représenter les épisodes de la vie de Marie-Madeleine de manière particulièrement détaillée. Par exemple, dans le cas d'une scène introduisant la résurrection de Lazare où un sarcophage est représenté (**Fig. 3**), Demoulins explique à la Duchesse « que le paintre pourroit avoir failly. Car en lieu du tumbeau ou de sépulchre il devoit faire une fosse » (**Fig. 2**). Au feuillet suivant (**Fig. 4**), il nuance : « Entendez s'il vous plaist que en l'hystoire précédente j'ai blasmé le paintre de ce qu'il avoit faict… despuys en éstudiant j'ai trouvé le vénérable Bede qui dit que "spelunca" en cest endroit, c'est une pierre cavée, ou ung monument, ainsi donc le paintre est excusable. » Ces commentaires, aussi naïfs que francs, signalent un nouveau rapport texte-image. Rompant avec une tradition millénaire d'images apposées *post hoc* comme gloses textuelles, l'écrivain exprime ses opinions sur des images créées au préalable, à sa demande mais sans un contrôle rigoureux du contenu.

Il en va de même pour un autre opuscule de ce même auteur, *Le Livre du Fort Chandio*, où l'unique image (**Fig. 5**), représentant le triomphant capitaine militaire Louis de Chandio escorté par des figures allégoriques de Magnanimité et de Fortitude, est émargée par une inscription excusant l'artiste : « Pardonnez au paintre qui a ici mys l'effigie de Loys de Chandio. Car il n'a heu le loysir de myeulx faire. Aussi ce n'est que sur papier qui ne peut souffrir bonne paincture[18] ». L'auteur justifie les défauts de l'image en notant un manque de temps et de matériaux convenables. À l'instar des remarques dans la *Vie de la Madeleine*, il ne s'agit pas d'une phrase intégrée au texte principal, mais plutôt d'un commentaire ajouté qui expose la rupture entre le caractère panégyrique du texte et le rendu décevant de l'image, même si les défauts pour lesquels Demoulins absout le peintre ne nous paraissent pas évidents (la paternité du portrait en question a d'ailleurs suscité de vifs débats parmi les historiens de l'art). Cette situation est le signe d'une plus grande indépendance – mais aussi d'un danger d'errance accru – pour des peintres supposément étroitement liés aux auteurs et qui sont à différencier d'autres cas plus traditionnels, où les artistes suivent des programmes d'enluminure fixés définitivement par un texte préétabli[19].

Des témoignages de coopérations plus réussies, et peut-être aussi plus équilibrées que celle de Le Batave et Demoulins, nous sont aussi parvenus. Un lointain prototype d'une parité entre le peintre et l'auteur ou l'éditeur, la *Bible historiale* de Jean de Vaudetar complétée en 1372, est introduit par un fameux frontispice qui montre Vaudetar comme compilateur du texte et offrant son volume au roi (**Fig. 6**)[20]. Pourtant, la grandiose inscription dorée qui fait face à la scène loue uniquement Jean Bondol, l'artiste ayant réalisé cette illustration et peut-être le concepteur d'autres miniatures incluses dans le volume[21]. C'est donc le peintre qui est célébré par le biais du texte et le compilateur qui est commémoré à travers l'image. Il s'agit cependant d'un cas exceptionnel car, à la différence de l'auteur, le peintre a rarement le privilège d'être nommé dans le texte.

Au début du seizième siècle, les enluminures

Iesus
rursũ fremens in se
metipso. Cestadire expri
mãt laffection de sa pansee p
quelque souspir ou voix lamenta
ble vint au monument. Erat autẽ
spelunca, & lapis superpositus erat
ei. Pource entendez sil vous plaist q̃
le paitre pourroit auoir failly. Car en lieu
de tũbeau ou de sepulchre il deuoit faire
vne fosse. & vne pierre dessus. Aussi iesus
dist. Tollite lapidem. Et marthe p grãt
desir de voir son frere vif faisant to9
iours quelque difficulte en ce mi
racle, ne se peut tenir de dire.
Domine iã fetet quatri
duanus est.

Fig. 2. François Demoulins, *Vie de la Madeleine*, Val de Loire, 1517. Paris, BnF, ms. Français 24955, f. 37v.

Fig. 3. Godefroy le Batave, *Le Christ et la Madeleine au tombeau de Lazare*. François Demoulins, *Vie de la Madeleine*, Val de Loire, 1517. Paris, BnF, ms. Français 24955, f. 38.

Marthe
comme scauez dist a no
stre seigneur qui faisoit leuer
la pierre du monument. Domine
iam fetet quatriduanus est. Et il luy
respondit. Nonne dixi tibi quia si credide
ris videbis gloriam dei. Entendez sil
vous plaist que en lhystoire precedente iay
blasme le paintre de ce quil auoit faict vng
sepulchre. & disois quil deuoit faire vne
fosse en terre & vne pierre dessus. pource
quil est dit en leuangile. Erat autem spe
lunca. despuys en estudiant iay trouue le
venerable bede qui dit que spelunca en
cest endroit, cest vne pierre cauee. ou
vng monument. ainsi donc le
paintre est excusable

Fig. 4. François Demoulins, *Vie de la Madeleine*, Val de Loire, 1517. Paris, BnF, ms. Français 24955, f. 38v.

profanes de Jean Bourdichon, « peintre et valet de chambre du roy » de Louis XI, Charles VIII, Louis XII et François Ier, offrent une vision particulièrement rapprochée de celle des auteurs des textes qui les accompagnent, même si la mention du nom de l'artiste demeure toujours absente des ouvrages auxquels il contribue. Les deux chefs-d'œuvre propagandistes de ce peintre de talent, *Le Voyage de Gênes* (vers 1508) et *Les Épîtres des poètes royaux* (vers 1512), contiennent chacun une série de miniatures en pleine page qui illustrent les conquêtes militaires relatées dans le texte, tout en incluant des détails anecdotiques absents du récit écrit mais dont la véracité nous est confirmée par d'autres témoignages contemporains[22]. Ainsi, dans *Le Voyage de Gênes*, court ouvrage dithyrambique écrit par le poète et secrétaire royal Jean Marot (**Fig. 7**), des cardinaux prenant part à une procession montés sur des mules sont dépeints en arrière-plan de la miniature de l'entrée de Louis XII (**Fig. 8**), un détail qui n'est pas mentionné dans le texte[23]. Il faut conclure soit que Marot, qui avait accompagné l'expédition française en Italie, a entretenu un dialogue détaillé avec le peintre concernant l'illustration, soit que le peintre lui-même a fait sa propre recherche au sujet de ces événements récents. Dans un cas comme dans l'autre, de tels embellissements confirment le rôle du peintre comme interlocuteur actif à la cour, capable de modifier subtilement le contenu de ses

Fig. 5. Godefroy le Batave, *Louis de Chandio victorieux*. François Demoulins, *Le livre du Fort Chandio*, Val de Loire, vers 1513. Paris, BnF, ms. Français 1194, f. 6v-7.

images afin d'accentuer la véracité de la peinture au-delà du récit verbal. Comme Vérard avant lui, Marot a cependant l'avantage de pouvoir mettre en exergue sa propre contribution dans un prologue dédicatoire, chose impossible en peinture. Dans celui-ci, il exprime néanmoins que « tout bon serviteur se doit esvertuer à son pouvoir … de faire chose plaisante à l'œil, récréative a l'esperit, consolative au diuturnel travail de son maistre ou maistresse » (f. 1v). En admettant l'importance de l'expérience oculaire, Marot offre un peu de gloire à son peintre-collaborateur Bourdichon, sans pour autant le nommer ni préciser ses contributions visuelles originales au programme.

Bien que nous n'ayons pas de données précises quant aux conditions relatives à l'engagement du peintre pour l'illustration de tels ouvrages, pour Marot et ses contemporains la sélection d'un artiste de premier rang pour l'important travail d'enluminure d'un exemplaire de présentation était un choix réfléchi qui valait les coûts supplémentaires occasionnés. Claude de Seyssel, juriste, prélat de l'église et conseiller de Louis XII, a effectué plusieurs traductions de textes d'auteurs grecs et romains – Xénophon, Appien, Justin, Thucydide – tirés de volumes retrouvés dans la bibliothèque de Blois, traductions qu'il a ensuite offertes au souverain afin d'améliorer sa réputation, mais aussi dans le but de persuader le roi de son utilité en tant qu'officier[24]. Seyssel employait divers artistes pour décorer ces volumes de présentation. Il a réservé pour le plus talentueux d'entre eux une seule scène de dédicace dans une copie des *Gestes des romains* d'Appien d'Alexandrie (**Fig. 9**), que nous attribuons ici à Bourdichon en raison des similarités évidentes avec les miniatures de présentation des *Épitres des poètes royaux* et surtout du *Voyage de Gênes*

Anno domini millesimo
trecentesimo septuagesimo
primo istud opus pictũ fuit
ad preceptũ ac honorẽ illustri
principis karoli regis francie
etatis sue tricesimoquinto et
regni sui octavo · et iohãnes
de brugis pictor regis predicti
fecit hanc picturã propria
sua manu

Fig. 6. Jean Bondol, *Jean de Vaudetar présentant son livre à Charles V. Bible historiale* de Jean de Vaudetar, Paris, vers 1372. La Haye, musée Meermanno-Westreenianum, ms. 10 B 23, f. 1v-2.

(**Fig. 7**). Dans cette image introduisant le prologue, Seyssel est représenté agenouillé, offrant un imposant volume au souverain en la présence d'un valet tranchant et d'un groupe de conseillers. Si le peintre est censé figurer parmi ces derniers, sa présence ne se remarque pas explicitement, bien que cet endroit de la page ait subi des dommages ultérieurs. La miniature, qui exploite de nouveau tous les talents du peintre pour honorer l'écrivain et le souverain, est présentée face à une composition héraldique que nous pouvons également attribuer à Bourdichon, qui était d'ailleurs spécialiste d'ajouts emblématiques pour des livres figurant déjà dans la collection royale[25]. Peut-être en raison du prix exigé par ce peintre alors au sommet de sa carrière ou d'un simple manque de disponibilité, Seyssel a été contraint de limiter l'emploi des services de l'artiste : les deux miniatures suivantes sont peut-être fondées sur des croquis établis par le peintre tourangeau, mais les trois miniatures finales, tout comme celles se trouvant dans les autres volumes de traduction offerts au roi par l'auteur, sont dues à des artistes moins connus tels que le Maître de Spencer 6 et le Maître de Philippe de Gueldre[26]. Notons toutefois que le fait de commander uniquement les premières miniatures d'un ouvrage à un artiste de renom, une solution économique qui se concentre sur les parties les plus visibles du livre, est plus commune chez des peintres travaillant dans un milieu davantage commercial comme Jean Colombe ou encore Jean Fouquet[27]. Dans ces cas, il semble que ce soit le commanditaire qui, simultanément destinataire, désire inclure quelques exemples d'un pinceau prestigieux pour sa propre délectation. Pour Seyssel, par contre, la sollicitation d'un peintre de cour alors à l'apogée de sa carrière avait pour but de retenir l'attention du souverain lors d'une première ouverture du volume en présence d'autres membres de la cour.

En somme, ces exemples de collaboration entre le ou les responsables de la mise en forme du texte et les enlumineurs témoignent du dynamisme des interactions entre ces différents intervenants. Si le roi ou la reine demeurent les destinataires du produit final, ils n'en sont aucunement les véritables mécènes. Par conséquent, il devient périlleux d'interpréter ces œuvres, dans leur contenu textuel ou dans leurs images, comme des reflets fidèles de la volonté politique du souverain. La réalité est bien plus complexe, car il existe dans le cadre du processus de compilation d'un ouvrage un dialogue soutenu entre artiste et écrivain, bien que ce soit ce dernier qui semble en tirer le plus de capital social. Ce déséquilibre compensatoire est peut-être d'ailleurs ce qui motive certains compilateurs, notamment Vérard, à usurper à la fois l'identité de l'écrivain et celle des artistes qui contribuent au projet, qu'il s'agisse de lointains graveurs ou d'enlumineurs-coloristes locaux. Même chez de véritables auteurs comme Marot, l'artiste n'est jamais mentionné de façon explicite. Le cas de Godefroy le Batave, dont l'identité est signalée par des inscriptions dans certains ouvrages de Demoulins, demeure une exception, quoique l'auteur lui-même n'indique pas son nom directement. De plus, comme les étonnants commentaires de Demoulins le démontrent, le peintre a parfois une capacité d'action et d'interprétation inattendue qui peut par la suite être critiquée ou réaffirmée par le biais d'annotations postérieures. Dans tous les cas, il ne s'agit pas d'un artiste qui illustre un texte de façon mécanique, après coup et selon un programme préétabli, mais plutôt d'un interlocuteur qui contribue de façon originale à la mise en image des idées.

Vers un « peintre-rhétoriqueur »

Si l'élaboration du livre révèle un processus collaboratif et nuancé, pour ce qui est de la présentation de l'exemplaire – la cérémonie d'offrande ou de dédicace –, les récits nous signalent à quel point l'artiste semble là aussi absent de la procédure[28]. Tandis que l'élaboration du volume est le fruit d'une coopération, c'est l'auteur qui bénéficie de l'opportunité offerte par une présentation cérémoniale, telle que mise en scène dans la miniature de Bourdichon. Cependant, les peintres et enlumineurs ne jouent pas un rôle exclusivement subsidiaire dans la production d'œuvres improvisées ou non-commanditées dédiées à leur souverain. Ils créent eux aussi des œuvres originales qui s'inscrivent dans le même esprit que la « poésie de circonstance » des rhétoriqueurs dont les principes ont été élucidés par Zumthor[29]. En tant que membres de la cour, les artistes participent également au système de dons institutionnalisé et espèrent recevoir des récompenses ou encore une plus grande visibilité en contrepartie de leurs offrandes.

L'exemple le plus célèbre, mais peut-être aussi le plus intriguant, est celui d'un « livre contrefait d'une pièce de bois paincte en semblance d'un livre » offert au duc de Berry par les frères de Limbourg pour les étrennes de 1410[30]. Ce fait-divers documentaire a souvent été employé comme preuve d'une relation étroite entre les frères et leur mécène. Mais, si nous refusons la possibilité de dons « purs » et sans arrière-pensées, nous devons conséquemment imaginer les bénéfices espérés, consciemment ou non, par les trois peintres. En effet, l'octroi de propriétés terriennes et d'argent aux peintres par le duc dans ces mêmes années nous est bien connu. À l'instar du « livre contrefait », le don d'un objet relativement abordable de la part d'un artiste ou d'un artisan demeure la norme. Ainsi, par exemple, Jacob de Litemont, peintre du roi Charles VII au milieu du XVe siècle, reçoit une rémunération pour le don sur plusieurs années de suite de « belles targes », énumérées parmi des centaines d'autres cadeaux offerts par des membres de la cour dans la liste des étrennes annuelles[31].

Par contre, pour les artistes ne bénéficiant pas d'un soutien officiel, le don a plutôt le caractère

Fig. 7. Jean Bourdichon, *Jean Marot présentant son ouvrage à Anne de Bretagne*. Jean Marot, *Le Voyage de Gênes*, Val de Loire, vers 1508. Paris, BnF, ms. Français 5091, f. 1.

Fig. 8. Jean Bourdichon, *Entrée de Louis XII à Gênes*. Jean Marot, *Le Voyage de Gênes*, Val de Loire, vers 1508. Paris, BnF, ms. Français 5091, f. 22v.

d'un échantillon offert dans l'espoir de recevoir une gratification quelconque. Dürer, alors qu'il cherchait à faire reconduire sa pension impériale, admet sa déception pour le peu qu'il a reçu de Marguerite d'Autriche en échange de ses dons, qui comprenaient des gravures d'un coût toutefois minime ainsi qu'un portrait de l'empereur refusé par la régente[32]. Selon Vasari, les artistes italiens souhaitant l'approbation des rois de France offraient souvent des dons préalables : l'architecte Giuliano da Sangallo a été généreusement récompensé par Charles VIII pour une maquette de château, tandis que le médailleur Matteo del Nassaro et les peintres Andrea del Sarto et, plus tard, Rosso Fiorentino ont tous offert des dons à François Ier[33]. Pour sa part, Léonard, en proposant ses services au duc de Milan, préfère simplement décrire ses capacités[34]. Il n'en demeure pas moins que cette magnanimité typiquement italienne a probablement encouragé les activités des artistes français qui se trouvaient désormais confrontés à la concurrence de leurs collègues transalpins.

À la différence des rhétoriqueurs qui peuvent théoriquement employer des mots seuls pour exalter le monarque, l'artiste a le désavantage de devoir fournir son propre matériel pour l'élaboration de dons. Pour ceux bénéficiant d'offices et donc de gages annuels réguliers, l'endettement n'est pas forcément nécessaire. Mais, pour des artistes travaillant principalement pour le marché commercial, la mise en suspens d'un travail fiable et rentable afin d'entamer des projets spéculatifs engendre un risque. Pour un peintre-enlumineur, les coûts sont relativement peu élevés, mais pour des tapissiers ou des orfèvres un investissement initial considérable

Fig. 9. Jean Bourdichon, *Emblèmes de Louis XII* ; *Claude Seyssel présentant son ouvrage à Louis XII*. Claude de Seyssel, *Gestes des romains*, Val de Loire, vers 1508. Paris, BnF, ms. Français 713, f. Jv-K.

est requis. Il devient alors primordial de trouver un équilibre entre le potentiel de récompense et les coûts en main-d'œuvre et en matériaux. Pour les rhétoriqueurs, les frais encourus se résument principalement à une dépense temporelle, avec en sus les coûts de l'édition, qu'elle soit manuscrite ou imprimée. Cependant, pour les artistes, leur savoir-faire en termes d'*engin* et d'*artifice*[35] peut engendrer une plus-value dépassant de loin le prix des matières premières. C'est justement le cas du « livre contrefait » de Paul, Herman et Jean Limbourg : en employant toute leur ingéniosité pour créer un objet de facture et de coût modestes mais néanmoins captivant et hors du commun, les trois frères réalisent un gain considérable.

En plus d'un jeu d'esprit, le faux-livre des Limbourg était sans doute un commentaire ironique soulignant à la fois la dépendance de l'enlumineur au texte créé par un auteur et transcrit par un copiste, et la possibilité de s'émanciper de cette contrainte en fabriquant des objets ingénieux. Toutefois, quoique plus laborieuse, la coordination d'un véritable volume du début à la fin n'était pas une pratique inconnue des peintres-enlumineurs. Jusqu'à présent, nous avons considéré les cas de l'écrivain Demoulins qui présentait ses propres œuvres littéraires au souverain, du traducteur Seyssel qui offrait des adaptations de textes anciens ainsi que de l'éditeur Vérard qui proposait des compilations ou des copies de textes composés par d'autres auteurs. Mais qu'en est-il de la reproduction de textes qui existaient depuis longtemps déjà, à savoir des classiques de la littérature ancienne, des ouvrages théologiques ou encore des livres d'heures ?

Ces types de manuscrits peuvent faire objet d'une commande précise de la part du souverain ou encore lui être offerts par un tiers. Les éditions

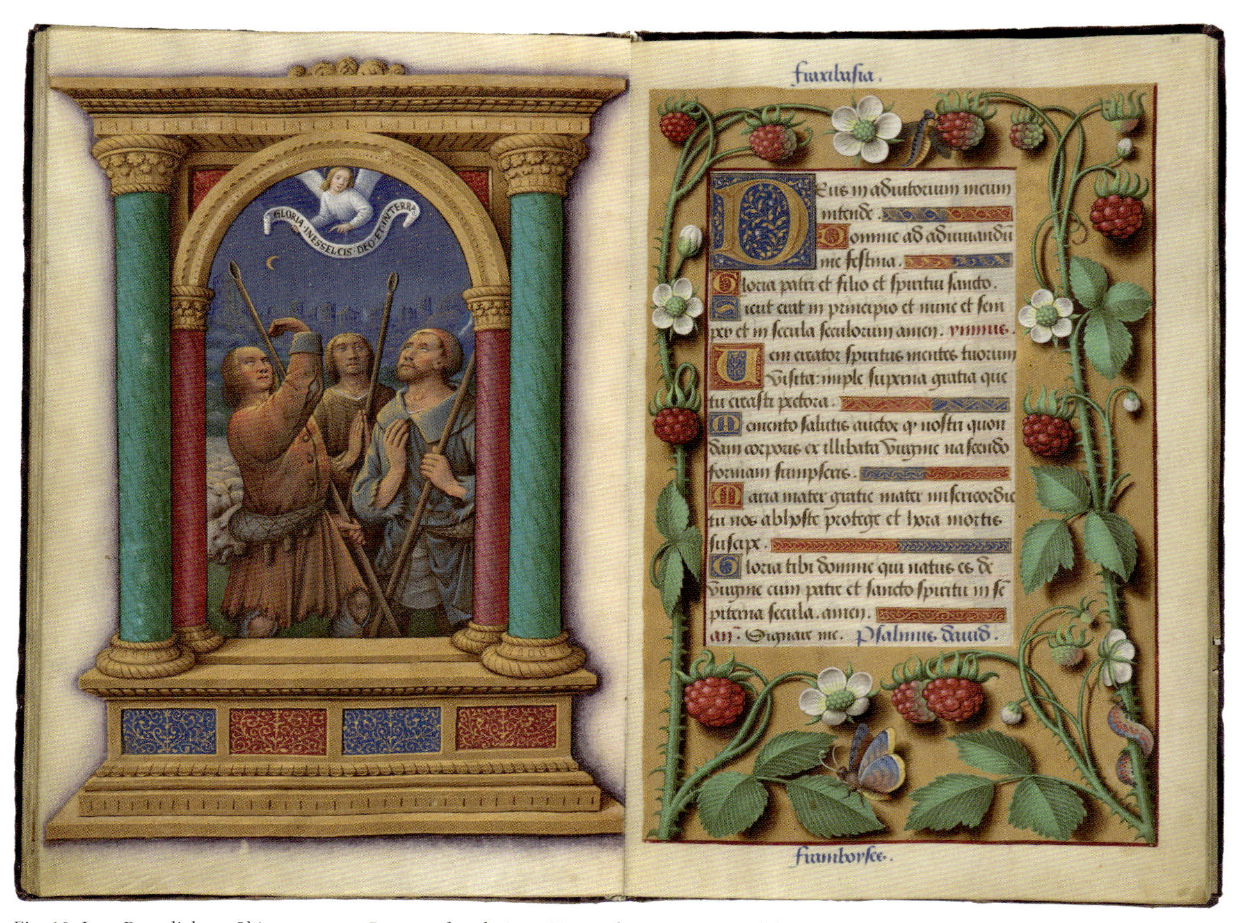

Fig. 10. Jean Bourdichon, *L'Annonce aux Bergers* ; framboises. *Heures de François Ier*, Val de Loire, vers 1515-1518. New York, Morgan Library and Museum, ms. M.732, f. 37v-38.

imprimées, comme dans le cas des ouvrages de Vérard, sont souvent données par l'éditeur dans une version de luxe imprimée sur vélin et ornée de gravures colorées à la main[36]. Mais il existe également des témoignages d'artistes faisant eux aussi « don et présent » de luxueux livres à leurs souverains, sans véritable commande préalable, à l'instar des « poésies de circonstance » chères aux rhétoriqueurs[37]. Ainsi, Bourdichon est rémunéré après-coup de 600 écus d'or pour avoir présenté un somptueux livre d'heures à François Ier, ouvrage que nous associons aujourd'hui avec un fragment conservé à la Morgan Library and Museum (**Fig. 10**)[38]. Le document d'archive qui mentionne ce travail souligne l'octroi de ce montant considérable à Bourdichon « pour le récompenser de partie de ses peines et fraiz qu'il a faits et souffers… pour l'escripture d'unes grandes heures en parchemin dont il a fait don et présent audit sire, et lesquelles il a enrichies et historiées », un travail requérant « plus de quatre ans entiers[39] ». Voici un cas explicite d'un enlumineur qui, de sa propre initiative, organise tout un projet comprenant à la fois la commande des cahiers chez un scribe ou libraire spécialisé et, bien entendu, ses propres efforts d'enluminure. Le chef-d'œuvre de ce célèbre peintre, les *Grandes Heures d'Anne de Bretagne* (**Fig. 11**), paraît lui aussi avoir été une sorte de don, car le mandement de paiement associé à cet objet alloue une somme semblable au peintre « pour le récompenser de ce que il nous a richement et sumptueusement historié et enlumyné : une grans heures pour notre usaige et service », pour lequel il a également « mys et employé grant temps[40] ». D'ailleurs, dans ses actions, Bourdichon semble à la fois s'inspirer et profiter des exhortations morales de Jean Meschinot, poète breton et maître d'hôtel de la jeune Anne de Bretagne, qui incite les lecteurs de ses *Lunettes des Princes* à une plus grande générosité : « de vos biens, beau don et présent faictes, à ceux qui le deservent[41] ». Pour chacun des deux livres d'heures documentés, il ne faut pas cependant envisager un don improvisé et impromptu, mais plutôt un processus d'élaboration prolongé, vraisemblablement incité par un souhait exprimé de façon plus ou moins informelle par le souverain et sans que l'artiste ait pu compter sur l'assurance d'un contrat officiel. On pourrait en outre imaginer qu'un scénario semblable ait accompagné la genèse du somptueux livre d'heures créé vers 1498 pour le prédécesseur de François Ier, Louis XII, même si aucune documentation connue n'accompagne ce volume aujourd'hui dépecé[42].

Hormis les livres d'heures, qui sont sans véritable auteur, un tel processus a-t-il aussi pu être à l'origine de la création par Bourdichon de la *Description des douze Césars abregées avecques leurs figures faictes et portraictes selon le naturel*, compact opuscule réalisé vers 1515-1520 en trois exemplaires ornés de somptueux portraits en profil des empereurs (**Fig. 12**)[43] ? Cette hypothèse nous paraît fort probable car les imposants médaillons qui illustrent cet ouvrage dépassent de loin l'intérêt du texte qui, en plus d'être plutôt terne, ne mentionne pas son auteur et ne comporte aucun prologue dédicatoire. Le trio de livrets aurait pu être conçu par le peintre comme un splendide don à son principal mécène, afin que ce dernier puisse, à son tour, les offrir à titre de cadeaux diplomatiques. L'accent placé sur le format du médaillon, la vivacité du coloris et la variation des physionomies incitent à penser que l'œuvre répond de manière visuelle à un défi intermédial, le fameux *paragone* ou la concurrence entre la peinture et la sculpture. Le succès qu'ont eu à la cour royale les médailleurs Jean de Candida et surtout Matteo del Nassaro – ce dernier étant alors récemment arrivé en France[44] – confère aux *Douze Césars* de Bourdichon le caractère d'un manifeste des pouvoirs du peintre face aux ambitions de nouveaux rivaux. Comme le petit portrait peint en *tondo* de Valerio Belli que Raphaël, un ami de ce médailleur, lui offrit en 1517, il s'agit d'un cadeau mais aussi d'une affirmation des capacités d'un médium choisi[45].

S'intégrant dans l'économie du don, ces types de prestation apportent des retombées différées qui demeurent toutefois réciproques. On note par exemple l'attribution de dots aux filles de Bourdichon par Charles VIII et Louis XII et un paiement substantiel fait à l'artiste par François Ier[46]. En ce sens, le temps considérable consacré par Bourdichon à ces projets signale le fait que, à l'aube du seizième siècle, l'artiste de cour français pouvait être confiant d'obtenir une récompense après l'achèvement d'un tel travail. Cette situation semble plutôt différente de ce qui peut être observé en Italie où Mantegna, par exemple, doit rappeler en 1491 à son mécène François Gonzague une promesse faite oralement de lui attribuer un terrain en guise de remerciement pour un portrait que le peintre lui avait offert[47]. Cette confiance, conjuguée à l'arrivée de nouveaux modèles italiens et à une situation internationale de plus en plus complexe, a permis aux artistes français de jouer un rôle plus visible dans l'exercice du pouvoir royal. En effet, l'exemple d'un contemporain de Bourdichon, le portraitiste-diplomate Jean Perréal, nous montre à quel point l'accès aux services d'un peintre loyal et fidèle entraînait de réels avantages géopolitiques pour ses mécènes.

La personnalité curieuse de Perréal se trouve à mi-chemin entre la figure littéraire et celle du praticien artistique. Documenté dès 1483 à Lyon, Perréal partagea l'office de « peintre du roy » avec Bourdichon après 1496, servant Charles VIII, Louis XII et François Ier en succession. Comme l'a souligné Charles Sterling lorsqu'il résolut définitivement la question de l'œuvre de ce personnage clé de la première Renaissance française, Perréal a pu, à travers son talent considérable pour l'autopromotion et ses habiletés

Fig. 11. Jean Bourdichon, *Anne de Bretagne en prière accompagnée de sainte Anne, sainte Ursule et sainte Hélène. Grandes Heures d'Anne de Bretagne*, Val de Loire, vers 1503-1508. Paris, BnF, ms. Latin 9474, f. 3.

épistolaires, accroître sa renommée au-delà de ce qu'elle mériterait sur des critères strictement stylistiques[48]. Fortement apprécié par Charles VIII et surtout Louis XII, il se trouva dans une situation précaire, comme tout artiste suivant la cour, suite à la transition du pouvoir en 1515. Souhaitant sans doute assurer la continuité de son emploi après l'avènement de François Ier, il a dédié au nouveau roi un traité intitulé *La Complainte de Nature à l'alchimiste errant*. La copie de présentation de ce texte est introduite par une miniature autographe et une préface en acrostiche, combinant ainsi les multiples talents de Perréal : peintre, concepteur, poète, auteur et savant (**Fig. 13**)[49]. Il n'est pas anodin que ce peintre, désirant capter l'attention du souverain, ait créé une voyante version manuscrite de son texte, qui ne fera l'objet d'une édition imprimée que plusieurs décennies plus tard. Était-ce un modèle de don fondé sur l'exemplaire des livres d'heures royaux de Bourdichon, analogue tourangeau du lyonnais Perréal ? Ou est-ce que l'artiste s'inspirait de ses amis humanistes qui dédiaient fréquemment des textes aux grands du royaume ? Faisant référence à la bataille de Marignan, événement militaire tout récent, l'épître dédicatoire de Perréal relate le récit fantaisiste de la prétendue découverte de l'*editio princeps* de l'Alchimiste errant dans un château dauphinois « fort antique et de vielle structure » et tente simultanément de confirmer le statut élevé du peintre et son intimité avec le souverain. Le peintre, déjà actif depuis plus de trois décennies, qualifie le jeune roi comme « bienfaicteur et tout l'espoir de ma vieillesse ». En réalité, les responsabilités et les rémunérations de Perréal vont s'amoindrir dorénavant, ce qui indique que la stratégie ne fut pas entièrement fructueuse. Néanmoins, l'adresse directe du texte et la visibilité de l'acrostiche confirment le rôle de l'artiste comme interlocuteur personnel auprès du souverain.

Mais Perréal n'était pas réduit uniquement à flatter le roi afin de retenir son attention. Il avait aussi un rôle crucial à jouer dans les manœuvres stratégiques du royaume. À plusieurs reprises, il a été sollicité pour de délicates missions diplomatiques. En 1514, suite à la mort d'Anne de Bretagne et au mariage à distance de Louis XII avec Mary Tudor, il avait été envoyé en Angleterre par le roi pour apprendre à la nouvelle épouse les mœurs françaises, avant qu'elle ne se rende en France. Dans une lettre à Thomas Wolsey concernant la « traduction et venue par deça de la Royne ma femme », le roi remercie le cardinal pour ses efforts dans « l'appareil des choses qui sont requises et nécessaires pour la dite venue » que lui avaient relatés le seigneur de Marigny et Perréal, tous les deux sur place en Angleterre[50]. Nous apprenons alors que le cardinal anglais avait retenu auprès de lui ces deux officiers français « pour ayder adresser le dite appareil à la mode de France », et que le roi français, content de cette disposition, s'engageait à communiquer aux deux hommes leur obligation d'obéir au cardinal. Il s'agissait d'une démarche d'acclimatation culturelle cruciale, car la lignée directe de la maison des Valois-Orléans dépendait du résultat de l'alliance entre le roi veuf et la princesse. À cette occasion, Perréal semble avoir apporté avec lui une de ses propres œuvres, un portrait du roi à un âge moins avancé, dont une version se trouve depuis au moins 1542 dans les collections royales anglaises[51]. Une autre visite à la cour anglaise, cette fois-ci pour peindre un portrait d'Henri VIII peu avant la rencontre sur le camp du Drap d'Or en 1520, est signalée par certains auteurs modernes, bien qu'on semble avoir perdu la trace documentaire de cet événement[52]. À une date indéterminée, le peintre a également pris part à une mission en Allemagne afin de peindre une beauté notoire à la demande du roi, comme le mentionne la sœur de François Ier, Marguerite de Navarre, dans son *Heptaméron*[53]. C'est aussi à ce même Perréal que Louis XII demanda, en 1507, l'envoi de dessins jusqu'en Italie afin de pouvoir les montrer aux dames de cette contrée, car, dans les mots du roi, « il n'en y a point pareilz[54] ». La qualité des dessins de Perréal, hélas tous disparus sauf quelques exceptions, devenait un élément digne d'orgueil dans la politique culturelle menée par le roi. Si l'on avait estimé lors des

Fig. 12. Jean Bourdichon, *Jules César* ; *incipit* du texte. Anonyme, *Description des douze césars*, Val de Loire, vers 1515-1520. Paris, BnF, ms. NAF 28800, f. 1v-2.

campagnes napolitaines de Charles VIII qu'aucun talent artistique français, y compris le célèbre Jean Fouquet, n'aurait été capable de cerner les beautés de Poggio Reale[55], il semble que, pour son successeur royal si passionné de l'art de la péninsule italienne, les artistes français primaient toujours en matière de portraits.

Perréal a donc su employer ses facultés remarquables de portraitiste afin d'obtenir des charges importantes pour l'avenir du royaume. Pourtant, disposant déjà de recettes civiques considérables à Lyon et pouvant également compter sur des relations étroites avec la cour de Marguerite d'Autriche, sa survie ne dépendait guère du revenu de ces missions diplomatiques. C'était plutôt le roi qui, dans une situation géopolitique toujours plus complexe, dépendait de plus en plus des talents d'un peintre habile et loyal. Cette fiabilité prisée dépassait la capacité de créer des ressemblances physionomiques convaincantes et s'étendait à d'autres domaines, telles que la représentation vraisemblable des exploits militaires lointains et la communication crédible de faits politiques. Dans une lettre d'août 1509 adressée à Claude Thomassin qui clôt la *Légende des vénitiens*, le poète et historiographe Jean Lemaire de Belges explique à cet officier royal que le retour du peintre en France après la bataille d'Agnadel était fortement anticipé[56]. Ce passage, d'une importance capitale pour la compréhension de la figure de Perréal et de la culture artistique en France au tournant du seizième siècle plus largement, est inclus dans la première édition imprimée de la *Légende des vénitiens* jointe à la *Plainte du désiré* du même auteur. L'extrait n'a que rarement été commenté et mérite d'être reproduit intégralement :

> « Mais, de vostre bon amy et mon singulier patron et bienfaiteur, nostre second Zeuxis ou Appelles en paincture, maistre Jehan Perréal de Paris, painctre et varlet de chambre ordinaire du roi, la louenge est perpétuelle et non terminable, car, de sa main mercurialle, il a satisfait par grant industrie à la curiosité de son office et à la récréation des yeulx de la très chrestienne majesté, en paignant et représentant à la propre existence tant artificielle comme naturelle, dont il surpasse aujourd'huy tous les citramontains : les citez, villes, chasteaulx de la conqueste et l'assiète d'iceulx ; la volubilité des fleuves ; l'inéqualité des montaignes ; la planure du territoire ; l'ordre et désordre de la bataille ; l'horreur des gisans en occision sanguinolente ; la misérableté des mutilez nagans entre mort et vie ; l'effroy des fuyans ; l'ardeur et impétuosité des vaincqueurs et l'exaltation et hilarité des triumphans. Et si les ymaiges et paincture sont muettes, il les fera parler ou par la sienne propre langue bien exprimante et suaviloquente. Par quoy à son prochain retour, nous en voyant ses belles œuvres ou escoutant sa vive voix, ferons accroire à nous mesmes avoir esté présens à tout[57]. »

Selon l'écrivain admiratif, et non sans évoquer ce qu'a exprimé Marot dans le prologue du *Voyage de Gênes*, la « récréation des yeulx » du souverain demeure une tâche primordiale pour le rhétoriqueur comme pour le peintre. Perréal applique ses forces à la « curiosité » de son office, expression qui verbalise les attentes variées occasionnées par le poste de peintre ordinaire, un statut nouveau à l'aube du seizième siècle. D'après Lemaire de Belges, l'éclipse des Italiens par Perréal résulte de ses talents évidents pour la représentation d'une grande variété d'objets d'ordres naturels et artificiels[58]. Ces facultés, jointes à ses capacités ekphrastiques louées ici et ailleurs par l'écrivain, renvoient au *paragone* entre les arts poétiques et visuels alors débattu encore plus couramment que celui qui dressait peinture contre sculpture[59]. L'éloge du rhétoriqueur en faveur du peintre, son propre « patron et bienfaiteur », se trouve répété ailleurs dans son œuvre et indique à quel point il considérait Perréal comme son égal ou même son supérieur. Pour Lemaire de Belges, c'est d'ailleurs la peinture qui prime sur la rhétorique en termes absolus : dans sa fameuse *Plainte du Désiré*, court texte composé en 1503 pour déplorer la disparition du comte Louis de Ligny, la confrontation entre les figures allégoriques de Rhétorique et de Peinture mène plutôt à la victoire de cette dernière. Devant Nature, Rhétorique admet que sa « douce sœur germaine » est le « vray miroir » du monde naturel, car c'est à travers elle que « notice avons des choses sans les voir[60] ». Nous retrouvons précisément ce même sentiment, privé du sens allégorique, dans les mots adressés à Thomassin par Lemaire de Belges. Pour ce dernier, le peintre a même le pouvoir d'inspirer des textes. L'écrivain mentionne dans sa dédicace du *Temple d'honneur et de vertus*, autre célèbre texte panégyrique de cette même année commémorant quant à lui le trépas de Pierre de Bourbon, qu'il n'aurait pas pu composer l'ouvrage sans les encouragements de Perréal[61]. Plus concrètement, Lemaire de Belges reconnaît les talents oratoires de Perréal et son accès privilégié aux mécènes en lui demandant, notamment dans sa préface pour *L'Épitre de l'amant vert*, de lire à haute voix le texte à sa destinataire, Marguerite d'Autriche : « à laquelle (s'il te plait) pourras faire ung petit et humble présent de la lecture du tout, tel qu'il est comme de ta chose propre, mieulx que mienne[62] ». Si les récits et images de présentation discutés dans la première partie de notre article semblent masquer l'apport du peintre, ici nous nous trouvons face à un retournement de la situation, où l'artiste se voit accorder un rôle surdimensionné par l'auteur.

Ainsi, en faisant revivre les moments glorieux du règne par ses images et ses commentaires, Perréal participe pleinement d'un « discours de la gloire » (pour reprendre la formulation de Zumthor)

Fig. 13. Jean Perréal, *L'alchimiste interrogeant Nature*. Jean Perréal, *Complainte de Nature à l'alchimiste errant*, 1516. Paris, musée Marmottan, collection Wildenstein, ms. 147, feuillet détaché.

comparable à celui des poètes et chroniqueurs qui l'entouraient. Répondant aux contextes politique et militaire, ses œuvres constituent aussi une « poésie de circonstance » qui peut néanmoins être manipulée par le créateur afin qu'il puisse en tirer le meilleur avantage. Bénéficiant de ses amitiés bien placées et disposant d'une apparente éloquence verbale inouïe, ce peintre se démarque par la quantité de témoignages littéraires à son propos, tout comme par la survivance d'une dizaine de lettres autographes[63]. Cependant, il ne faudrait pas prétendre que ses contemporains moins bruyamment loués, y compris Bourdichon et Le Batave, ne bénéficiaient pas d'une semblable réputation, du moins transmise oralement. De plus, bien que le contexte socioculturel en France avait connu des mutations significatives depuis le milieu du quinzième siècle, les témoignages considérés ici concernant les peintres de la période des invasions italiennes peuvent infléchir rétroactivement la considération des grands maîtres de l'ère de Charles VII et de Louis XI. En dépit des liens inextricables qui existent entre leurs enluminures et les textes qui les côtoient, des individus comme Jean Fouquet ou encore Barthélémy d'Eyck demeurent muets en raison du manque de témoignages littéraires à leurs propos.

En représentant de lointains événements de façon convaincante et des situations invraisemblables de manière plausible, le peintre de cour au seizième siècle acquiert le statut d'un rhétoriqueur et, comme l'a remarqué Roland Barthes au sujet de Giuseppe Arcimboldo, atteint même celui d'un magicien[64]. L'historiographie moderne, en se reposant à tour de rôle sur un républicanisme centré sur l'Italie ou sur une histoire du goût patricien, a voulu voir l'évolution progressiste des styles et la rémunération toujours plus conséquente des artistes soit comme le reflet de valeurs libérales et civiques, soit comme le résultat de choix délibérés et clairvoyants de nobles mécènes. La réalité, du moins dans le contexte français vers 1500, est toute autre : l'énorme succès socioéconomique que connaît le peintre, alimenté par le rayonnement des rhétoriqueurs et l'arrivée de nouveaux modèles transalpins, est principalement issu d'un long et patient travail d'affirmation de soi.

NOTES

* Je tiens à remercier Marie-Ève Marchand pour son aide et sa relecture attentive de ce texte.

1 C. BROWN, *The Shaping of History and Poetry in Late Medieval France. Propaganda and Artistic Expression in the Works of the Rhétoriqueurs*, Birmingham, 1985 ; P. ZUMTHOR, *Le masque et la lumière. La poétique des grands rhétoriqueurs*, Paris, 1978.

2 Pour une approche révisionniste voir l'introduction de M. WARNKE, *L'Artiste et la cour. Aux origines de l'artiste moderne*, Paris, 1989 [Cologne, 1985] ; mais aussi les analyses dans St. CAMPBELL (éd.), *Artists at Court. Image-making and Identity, 1300-1550*, Boston, 2004.

3 Voir l'article de J. SPENCER, « Ut Rhetorica Pictura. A Study in Quattrocento Theory of Painting », *Journal of the Warburg and Courtauld Institutes*, 20, 1-2, 1957, p. 26-44 ; Cl. HULSE, *The Rule of Art. Literature and Painting in the Renaissance*, Chicago, 1990 ; et aussi le célèbre texte de M. BAXANDALL, *Giotto et les humanistes. La découverte de la composition en peinture, 1340-1450*, Paris, 2013 [Oxford, 1971]. Pour la France, voir l'article de P. SHARRATT, « The Image of the Temple. Bernard Salomon, Rhetoric and the Visual Arts », dans J. KOOPMANS *et al.* (éd.), *Rhetoric – rhétoriqueurs – rederijkers*, Amsterdam, 1995, p. 247-268, et aussi les écrits de C. OCCHIPINTI : « I letterati francesi e il disegno tra Fouquet, Perréal e Leonardo », dans M. DERAMAIX *et al.* (éd.), *Les Académies dans l'Europe humaniste. Idéaux et pratiques*, Genève, 2008, p. 477-492 ; *Il disegno in Francia nella letteratura artistica del Cinquecento*, Florence, 2003.

4 Br. BUETTNER, « Past Presents. New Year's Gifts at the Valois Courts, ca. 1400 », *Art Bulletin*, 83, 4, 2001, p. 598-625 ; J. HIRSCHBIEGEL, *Étrennes. Untersuchungen zum höfischen Geschenkverkehr im spätmittelalterlichen Frankreich der Zeit Karls VI. (1380-1422)*, Munich, 2003 ; J. STRATFORD, « Les étrennes à l'époque de Charles VI et d'Isabeau de Bavière », dans *À ses bons commandements… La commande artistique en France au xve siècle*, actes du colloque de Lausanne (2002), éd. A. BRAEM et P.-A. MARIAUX, Neuchâtel, 2014, p. 121-133.

5 M. MAUSS, « Essai sur le don. Forme et raison de l'échange dans les sociétés archaïques », *Année Sociologique*, 1, 1923, p. 30-186 ; Br. MALINOWSKI, *Argonauts of the Western Pacific. An Account of Native Enterprise and Adventure in the Archipelagoes of Melanesian New Guinea*, Londres, 1922. Voir aussi Cl. MACHEREL, « Don et réciprocité en Europe », *European Journal of Sociology/Archives Européennes de Sociologie*, 24, 1, 1983, p. 151-166. De multiples perspectives historiographiques sont rassemblées dans A. KOMTER (éd.), *The Gift. An interdisciplinary perspective*, Amsterdam, 1996.

6 BUETTNER, *op. cit.* (note 1), p. 604.

7 F. JOUBERT, « L'appropriation des arts visuels par Christine de Pizan », dans *Poètes et artistes. La figure du créateur en Europe au Moyen Âge et à la Renaissance*, actes du colloque de Limoges (2004), éd. S. CASSAGNES-BROUQUET *et al.*, Paris, 2007, p. 103-120.

8 Voir notamment N. ZEMON DAVIS, *Essai sur le don dans la France du xvie siècle*, Paris, 2003 ; Sh. KETTERING, « Gift-Giving and Patronage in Early Modern France », *French History*, 2, 1988, p. 131-151.

9 N. ZEMON DAVIS, « Beyond the Market. Books as Gifts in Sixteenth-Century France », *Transactions of the Royal Historical Society*, 33, 1983, p. 69-88.

10 Lettre à Cuthbert Tunstall, le 22 octobre 1518. Desiderius Erasmus, *La correspondance d'Érasme*, éd. et trad. A. GERLO et P. FORIERS, Bruxelles, 1967, vol. 3, L. 886, p. 454. Cité dans ZEMON DAVIS, *op. cit.* (notre note 8), p. 69.

11 E. SPENCER, « Antoine Vérard's illuminated vellum incunables », dans J. TRAPP (éd.), *Manuscripts in the Fifty Years after the Invention of Printing*, Londres, 1983, p. 62-65 ; M. B. WINN, « Antoine Vérard's presentation manuscripts and printed books », dans J. TRAPP (éd.), *Manuscripts in the Fifty Years after the Invention of Printing*, Londres, 1983, p. 66-74 ; M. B. WINN, *Anthoine Vérard. Parisian Publisher, 1485-1512*, Genève, 1997 ; M. B. WINN, « "À ses bons commandemens". Le livre illustré imprimé autour de 1500 », dans *À ses bons commandements… La commande artistique en France au xve siècle*, actes du colloque de Lausanne (2002), éd. A. BRAEM et P.-A. MARIAUX, Neuchâtel, 2014, p. 275-292.

12 *Ibid.*, p. 284.

13 Situation bien formulée par Mary Beth Winn : « À ma connaissance il n'existe aucun document où le roi commande un livre à Vérard, ni de dépenses prévoyant un tel achat… en faisant à l'avance un don de livre, Vérard n'essaie-t-il pas de provoquer et de concrétiser une situation souhaitée ? La plupart du temps c'est bien lui qui semble prendre l'initiative de l'échange. » *Ibid.*, p. 276.

14 U. BAURMEISTER et M.-P. LAFFITTE, *Des livres et des rois. La bibliothèque royale de Blois*, cat. exp. (Blois et Paris, 1992-1993), Paris, 1992.

15 Cité dans WINN, 1983, *op. cit.* (notre note 11), p. 67.

16 Les trois volumes des *Commentaires* sont : Londres, British Library, Harley MS 6205 ; Paris, BnF, ms. Français 13429 ; Chantilly, musée Condé, ms. 764. Le Pétrarque est à la BnF, Arsenal, ms. 6480. Pour Godefroy le Batave, voir M. ORTH, « Godefroy le Batave, Illuminator to the French Royal Family, 1516-1526 », dans J. TRAPP (éd.), *Manuscripts in the Fifty Years after the Invention of Printing*, Londres, 1983, p. 50-61.

17 L'auteur fait référence à la commande au début de son texte, bien qu'il s'agisse plutôt d'une vague suggestion de la part de Louise de Savoie : « Madame il vous a pleu de voustre grace me commander que misse en histoire la vie de la belle & clere Magdelene. Ce que iay entrepris par grant desir de vous faire service. » Paris, BnF, ms. Français 24955, f. 1.

18 Paris, BnF, ms. Français 1194, f. 7.

19 D. BYRNE, « An Early French Humanist and Sallust. Jean Lebègue and the Iconographical Programme for the Catiline and Jugurtha », *Journal of the Warburg and Courtauld Institutes*, 49, 1986, p. 41-65 ; J.-B. de VAIVRE et L. VISSIERE, « Instructions de Guillaume de Caoursin pour réaliser le manuscrit enluminé de ses œuvres (vers 1483) », *Art de l'enluminure*, 40, 2012, p. 60-87.

20 La Haye, musée Meermanno, ms. 10 B 23, f. 2.

21 S. PERKINSON, « Rethinking the Origins of Portraiture », *Gesta*, 46, 2007, p. 135-158, en particulier p. 151 ; S. PERKINSON, *The*

Likeness of the King. A Prehistory of Portraiture in Late Medieval France, Chicago, 2009, p. 208-214.

22 Les deux manuscrits sont, respectivement, Paris, BnF, ms. Français 5091 et Saint-Pétersbourg, Bibliothèque nationale russe, ms. Fr.F.v.XI.8.

23 M. HEARNE, « *Le Voyage de Gênes*. The Queen's Perspective », dans J.-L. KORZILIUS (éd.), *Art et littérature. Le voyage entre texte et image*, Amsterdam, 2006, p. 68-85, en particulier p. 73.

24 P. CHAVY, « Les traductions humanistes de Claude de Seyssel », dans A. STEGMAN et V.-L. SAULNIER (éd.), *L'Humanisme français au début de la Renaissance*, Paris, 1973, p. 361-376 ; A. DIONISOTTI, « Claude de Seyssel », dans M. CRAWFORD et C. LIGOTA (éd.), *Ancient History and the Antiquarian. Essays in memory of Arnaldo Momigliano*, Londres, 1995, p. 73-89 ; R. BOONE, « Claude de Seyssel's Translations of Ancient Historians », *Journal of the History of Ideas*, 61, 4, 2000, p. 561-575.

25 N. HERMAN, « Bourdichon héraldiste », dans *Tours 1500 : Art et société à Tours au début de la Renaissance*, actes du colloque de Tours (2012), éd. P. CHARRON et M. BOUDON-MACHUEL, Turnhout, 2016, p. 129-146.

26 Fr. AVRIL et N. REYNAUD, *Les manuscrits à peintures en France, 1440-1520*, cat. exp. (Paris, 1992-1993), Paris, 1993, p. 178-181, 345.

27 Pour Jean Colombe et son atelier, voir Chr. SEIDEL, « Tradition and Innovation in the Work of Jean Colombe. The Usage of Models in Late 15th Century French Manuscript Illumination », dans M. MÜLLER (éd.), *The Use of Models in Medieval Book Painting*, Newcastle Upon Tyne, 2014, p. 137-166 ; M. JACOB, *Dans l'atelier des Colombe (Bourges 1470-1500). La représentation de l'Antiquité en France à la fin du xve siècle*, Rennes, 2012. Pour l'insertion de miniatures de Fouquet et de son atelier dans des livres d'heures autrement dus à d'autres enlumineurs, voir S. CLANCY, « The Illusion of a "Fouquet Workshop". The Hours of Charles de France, the Hours of Diane de Croy, and the Hours of Adelaide de Savoie », *Zeitschrift für Kunstgeschichte*, 56, 2, 1993, p. 207-233.

28 Ceux-ci ont été recensés intelligemment dans E. INGLIS, « A Book in the Hand. Some Late Medieval Accounts of Manuscript Presentations », *Journal of the Early Book Society*, 5, 2002, p. 57-97.

29 ZUMTHOR, *op. cit.* (notre note 1).

30 Paris, A.N., KK 258, f. 162v. Voir HIRSCHBIEGEL, *op. cit.* (notre note 4), p. 479, n° 1537, avec bibliographie précédente.

31 *Compte des deniers ordonnez pour le fait des estrennes.* Paris, BnF, ms. Français 10371, f. 10, 24 et 35 (1452, 1453 et 1454). Voir Ph. LORENTZ, « Un peintre eyckien en France au milieu du xve siècle. Le "Maître de Jacques Coeur" (Jacob de Litemont ?) », dans *Kunst und Kulturtransfer zur Zeit Karls des Kühnen*, actes du colloque de Berne (2008), éd. N. GRAMACCINI et M. SCHURR, Berne, 2012, p. 177-202, en particulier p. 196.

32 Albrecht Dürer, *Journal de voyage aux Pays-Bas : pendant les années 1520 & 1521*, éd. et trad. S. HUGUE, Paris, 1993, p. 111, 118-121. Il est à noter également que Marguerite d'Autriche refusa de donner à Dürer la boite à pigments en forme de livre qui avait appartenu au feu Jacopo de Barbari.

33 Giorgio Vasari, *Le vite de' più eccellenti pittori, scultori e architettori nelle redazioni del 1550 e 1568*, éd. R. BETTARINI, Florence, 1966. Pour Matteo del Nassaro : vol. 4, p. 623-625 ; Giuliano da Sangallo : vol. 4, p. 142 ; Rosso Fiorentino : vol. 4, p. 486.

34 J.-P. RICHTER (éd.), *The Literary Works of Leonardo da Vinci*, New York, 1970, vol. 2, p. 325-327.

35 Pour ces deux concepts, voir S. PERKINSON, « Engin and Artifice. Describing Creative Agency at the Court of France, ca. 1400 », *Gesta*, 41, 1, 2002, p. 51-67.

36 WINN, 1997, *op. cit.* (notre note 11) ; BAURMEISTER et LAFFITTE, *op. cit.* (notre note 14).

37 Voir la discussion du « don et présent » dans DAVIS, 2003, *op. cit.* (notre note 8), p. 25.

38 New York, Morgan Library and Museum, ms. M.732. Voir N. HERMAN dans M. HERMANT (éd.), *Trésors royaux : la bibliothèque de François Ier*, cat. exp. (Blois, 2015), Rennes, 2015, p. 224-225.

39 Paris, A.N., KK 289, f. 389-389v. Voir *Catalogue des actes de François Ier*, t. 5, Paris, 1892, p. 377, n° 16620.

40 *Mandement de la reine Anne de Bretagne pour le payement à Jean Bourdichon de 600 écus d'or pour l'enluminure de ses grans Heures*, Paris, BnF, ms. NAF 21192. Voir, avec bibliographie précédente, P.-G. GIRAULT dans B. de CHANCEL-BARDELOT *et al.* (éd.), *Tours 1500, capitale des arts*, cat. exp. (Tours, 2012), Paris, 2012, p. 49.

41 Voir, pour la première édition imprimée : Jean Meschinot, *Les Lunettes des princes auecques aulcunes balades*, Nantes, 1493, f. e2v.

42 Th. KREN et M. EVANS (éd.), *A Masterpiece Reconstructed : The Hours of Louis XII*, Los Angeles, 2005.

43 Paris, BnF, ms. NAF 28800 ; Baltimore, Walters Art Museum, ms. W.467 ; Genève, Bibliothèque de Genève, ms. CL 258. Voir N. HERMAN dans B. de CHANCEL-BARDELOT *et al.*, *Tours 1500, capitale des arts*, cat. exp. (Tours, 2012), Paris, 2012, p. 366-367.

44 A. HEISS, « Jean de Candida, médailleur et diplomate sous Louis XI, Charles VIII et Louis XII », *Revue numismatique*, 3e ser., 8, 1890, p. 453-479. Pour Matteo del Nassaro, voir G.-M. LEPROUX, *La Peinture à Paris sous le règne de François Ier*, Paris, 2001, p. 17-18.

45 Voir Chr. GARDNER VON TEUFFEL, « Raphael's Portrait of Valerio Belli : Some New Evidence », *Burlington Magazine*, 129, 1015, 1987, p. 663-666.

46 Pour l'octroi des dots, *Recueil de copies de pièces et de formules d'actes : Actes de Louis XII*, Paris, BnF, ms. Français 5085, f. 85v-86v, voir H. OMONT, « Un document nouveau relatif à Jean Bourdichon », *Bibliothèque de l'École des chartes*, 73, 1, 1912, p. 581-583. Pour le don de François Ier, énuméré dans les *Mémoriaux de la Chambre des Comptes*, t. 3, 1516-1559, Paris, A.N., PP 111, f. 20v, voir *Catalogue des actes de François Ier*, t. 7, Paris, 1896, p. 513, n° 26287.

47 Voir P. KRISTELLER, *Andrea Mantegna*, Berlin, 1902, p. 550, doc. 112.

48 Ch. STERLING, « Une peinture certaine de Perréal enfin retrouvée », *L'Œil*, 103, 1963, p. 2-15.

49 La copie de présentation se trouve à Paris, Bibliothèque Sainte-Geneviève, ms. 3220. La miniature découpée, identifiée comme telle par Sterling, se trouve dans la collection Wildenstein à Paris, musée Marmottan, ms. 147. La signature en acrostiche avait été employée par Antoine Vérard en 1505 dans un manuscrit des *Louanges à nostre Dame* destiné à Louis de Savoie (BnF, ms. Français 2225, f. 31v-32), et dans d'autres manuscrits de présentation et éditions imprimées. Voir M. B. WINN, « "Louenges" envers Louise. Un manuscrit enluminé d'Anthoine Vérard pour Louise de Savoie », dans *Livres et lectures de femmes en Europe entre Moyen Âge et Renaissance*, actes du colloque de Lille (2004), éd. A.-M. LEGARÉ, Turnhout, 2007, p. 119-131 ; WINN, 1997, *op. cit.* (notre note 11), p. 427-436.

50 La lettre de Louis XII, envoyée d'Étampes le 2 septembre 1514, est conservée à Londres, British Library, Cotton MS Caligula D VI, *Records and correspondence concerning England and France, 1475-1517*, n° 46, f. 140. Cet événement est également mentionné dans le *Fasciculus temporum omnes antiquoruum* dont le texte, écrit dans un premier lieu par Werner Rolevinck, avait été augmenté lors de sa publication à Paris, par Jean Petit, en 1524 (f. xciii pour la mention de Perréal).

51 Windsor Castle, Royal Collection, inv. RCIN 403431. Le tableau est documenté comme « a Table with the picture of Lewise the Frenche kynge » dans l'inventaire des biens d'Henri VIII réalisé en 1542 : Londres, British Library, Harley MS 1419, f. 126. Voir A. WILSON, « Correspondance de Londres », *Gazette des Beaux-Arts*, 24, 1868, p. 504-508, en particulier p. 507 ; et aussi D. STARKEY et Ph. WARD, *The Inventory of King Henry VIII. Society of Antiquaries MS 129 and British Library MS Harley 1419*, Londres, 1998, p. 238, n° 10644. Récemment, Cécile Scailliérez a proposé qu'un portrait en médaillon de dimensions modestes, conservé en Angleterre dès le XVIIe siècle, ait été une version autographe de cette image apportée par Perréal lui-même. Voir C. SCAILLIÉREZ, « Quelques propositions pour Jean Perréal et le portrait français autour de 1515 », dans *La France et l'Europe autour de 1500. Croisements et échanges artistiques*, actes du colloque de Paris (2010), éd. G. BRESC-BAUTIER, Th. CRÉPIN-LEBLOND et É. DELAHAYE, Paris, 2015, p. 179-192.

52 *Ibid.*, p. 180.

53 « [le Roy], ayant parlé de la beauté de la dame, envoya son peintre nommé Jean de Paris, pour lui rapporter au vif ceste dame, ce qu'il feit, après le consentement de son mary ». Marguerite d'Angoulême, *L'heptaméron des nouvelles de la princesse Marguerite de Valois, royne de Navarre, remis en ordre par Claude Gruget*, Paris, 1559, f. 120. Ce texte a été publié après la mort de Marguerite, mais pourrait avoir été rédigé déjà vers 1516.

54 « Quand la chanson sera faicte par Fenyn et vos visaiges pourtraits par Jehan de Paris, ferez bien de les m'envoyer, pour monstrer aux dames de par deça, car il n'en y a point pareilz ». BnF, ms. Français 2915, f. 17 (lettre autographe envoyée par le roi d'Asti). Publié dans R. de MAULDE-LA-CLAVIÈRE, « Jean Perréal et Pierre de Fénin. À propos d'une lettre de Louis XII », *Revue de l'art français ancien et moderne*, 3, 1886, p. 1-7.

55 Voir ce sentiment exprimé par un anonyme, proche du roi, dans un opuscule de 1495 accompagnant des lettres envoyées par le roi à Pierre de Beaujeu : BnF, Rés. 4° Lb[28] 24. Voir Fr. AVRIL (éd.), *Jean Fouquet. Peintre et enlumineur du XVe siècle*, cat. exp. (Paris, 2003), Paris, 2003, p. 421, doc. II, n° 3.

56 Pour Jean Lemaire de Belges, voir P. JODOGNE, *Jean Lemaire de Belges, écrivain franco-bourguignon*, Bruxelles, 1972 ; Jean Lemaire de Belges, *Œuvres*, éd. J. STECHER, Louvain, 1882.

57 Jean Lemaire de Belges, *La légende des Venitiens, ou autrement leur cronicque abbregée*, Lyon, 1509, f. aa2v. Voir E.-M. BANCEL, *Jehan Perréal, dit Jehan de Paris. Peintre et valet de chambre des rois Charles VIII, Louis XII et François Ier*, Paris, 1885, p. 124 ; Jean Lemaire de Belges, *op. cit.* (notre note 56), t. 3, p. 406.

58 Les deux catégories ou modes invoquées par Lemaire de Belges rappellent une distinction primordiale effectuée à l'époque, notamment chez Pasquier Le Moyne qui en 1515 décrit le pain dans *La Cène* de Léonard comme donnant l'impression d'être « naturellement fait et non artificiellement ». Pasquier Le Moyne, *Le couronnement du roy François premier de ce nom*, Paris, 1520, f. o4. Voir aussi J. SNOW-SMITH, « Pasquier Le Moyne's 1515 Account of Art and War in Northern Italy : A Translation of His Diary from "Le Couronnement" », *Studies in Iconography*, 5, 1979, p. 173-234.

59 À titre d'exemple, voir le « parallèle » établi entre « peincture et parolle » dans le fameux *Petit Livre d'amour* de Pierre Sala (Londres, British Library, Stowe MS 955), agrémenté d'un portrait de cet écrivain fait par son ami Perréal.

60 Jean Lemaire de Belges, *La Plaincte du désiré, cestadire la Déploration du tréspas de feu monseigneur le conte de Ligny*, Lyon, 1509, f. dd2. Jean Lemaire de Belges, *op. cit.* (notre note 56), t. 3, p. 169.

61 « Je me suis adventuré par l'impulsion de exhortaire de Jehan de Paris, paintre du roy vostre bien voulu ». Jean Lemaire de Belges, *Le temple d'honneur et de vertus*, Paris, 1504, f. a3v. Jean Lemaire de Belges, *op. cit.* (notre note 56), t. 4, p. 190.

62 Jean Lemaire de Belges, *Les Illustrations de Gaule et singularitez de Troye*, Lyon, 1510, f. a1. Jean Lemaire de Belges, *op. cit.* (notre note 56), t. 3, p. 2.

63 P. PRADEL, « Les autographes de Jean Perréal », *Bibliothèque de l'École des chartes*, 121, 1, 1963, p. 132-186.

64 R. BARTHES, « Arcimboldo ou Rhétoriqueur et Magicien », *L'Obvie et l'Obtus*, Paris, 1982 [Milan, 1978], p. 122-138.

II

Bibliothèques, traduction et circulation des textes

Incipit prologus Policratici de nugis curialium et uestigiis philosophorum.

Iocundissimus cum in multis tum in eo maxime est litterarum fructus, quod omnium interstitiorum loci et temporis exclusa molestia amicos sibi inuicem presentiam exhibent, et res scitu dignas situ aboleri non patiuntur. Nam et artes perierant, euanuerant iura, fidei et totius religionis officia queque corruerant, ipse quoque recti defecerat usus eloquii, nisi in remedium infirmitatis humane litterarum usum mortalibus diuina miseratio procurasset. Exempla maiorum que sunt incitamenta et fomenta uirtutis nullum omnino erigerent aut seruarent, nisi pia sollicitudo scriptorum et triumphatrix inertie diligentia eadem ad posteros transmisisset. Siquidem uita breuis, sensus hebes, negligentie torpor, inutilis occupatio nos paucula scire permittit, et eadem iugiter excutit et auellit ab animo fraudatrix scientie inimica et infida semper memorie nouerca obliuio. Quis enim Alexandros sciret aut Cesares, quis Stoicos aut peripatheticos miraretur, nisi eos insignirent monumenta scriptorum? Quis apostolorum et prophetarum amplexanda imitaretur uestigia, nisi eos posteritati diuine littere consecrassent? Arcus triumphales tunc proficiunt illustribus uiris ad gloriam, cum ex quibus causis et quorum sint impressa docet inscriptio. Liberatorem patrie, fundatorem quietis tunc demum inspector agnoscit, cum titulus triumphatorem quem nostra Britannia genuit indicat Constantinum. Nullus enim umquam Constantini gloria claruit, nisi ex suo uel scripto alieno. Eadem est arcuum et cuiusuis imperatoris pro modicum tempus gloria, nisi quatenus memoria alicuius scriptorum beneficio protenditur. Quot et quantos arbitraris fuisse reges de quibus nusquam sermo est aut cogitatio? Nihil ergo consultius est captatoribus glorie quam litteratorum et scribentium maxime gratiam promereri. Inutiliter enim eis geruntur egregia perpetuis tenebris obducenda, nisi litterarum luce clarescant. Quicquid fauoris aut preconiorum aliunde contrahitur, perinde est ac si Eccho quam audis in fabulis plausus accipiat theatrales. Desinit enim cum cepit. Ad hec in dolore solacium, recreatio in labore, in paupertate iocunditas, modestia in diuitiis et deliciis fidelissime a litteris mutuatur. Nam uiciis redimitur animus et suauitate quadam etiam in aduersis iocunditate reficitur, cum ad legendum uel scribendum utilia mentis intendit acumen. Nullam in rebus humanis iocundiorem aut utiliorem occupationem inuenies, nisi si forte diuinitus compuncta deuotio orando diuinis instat colloquiis, aut corde per caritatem dilatato Deum mente concipiat et magnalia eius apud se quasi quadam meditationis manu pertractet. Experto crede quia omnia mundi dulcia huic collata exercitio amarescunt, eo quidem magis quo cuique sensus integrior et ratio incorrupta iudicii purioris uiget acumine. Noli ergo mirari quare aliquem gradum scale que nunc sola nouit ascensum per quem quandoque monuisti non ascendo, quare maioribus me non ingero curiis; cum enim Isocratis responsurus sim uerbo, qui interrogatus ab amicis quare non in forensibus negotiis uersaretur, respondit: Que locus hic callet ego nescio; que ego calleo locus hic nescit. Ego enim contempno que illi ambiunt, et que ego ambio illi contempnunt. Mirare magis quare non perdo aut rumpo funem, si aliter solui non potest, qui me in

De bouche à oreille. La bibliothèque de l'écrivain

Patricia STIRNEMANN

Depuis quelques années, je mène des études sur le *Policraticus* de Jean de Salisbury et sur les manuscrits d'origine française en langue latine et romane de la seconde moitié du XIIIe siècle. Celles-ci ont débouché sur quelques trouvailles là où je ne les attendais pas : la découverte d'un petit nombre de manuscrits ayant appartenu aux lettrés. La bibliothèque de l'écrivain érudit ou littéraire est un sujet fuyant. Parfois, elle révèle un manuscrit qui éclaire vivement un aspect inconnu de la pensée de son propriétaire ; plus souvent elle se réduit à une liste ou à un inventaire de titres et de cotes, peu parlant. D'ailleurs, les inventaires des bibliothèques d'écrivains sont assez rares, hormis celles des universitaires ; citons pourtant les exemples de Jean de Salisbury, Richard de Fournival, Richard de Bury, Pétrarque, Boccace, Charles d'Orléans. Les marques de propriété le sont presque autant. Cependant, il est évident que l'essor de la littérature vernaculaire au Moyen Âge est lié à la lecture et à la possession de livres. Pour savoir ce qu'un auteur a lu, nous sommes souvent réduits à rechercher ses sources dans ses écrits, tout comme on déduit quels livres étaient dans une bibliothèque princière à partir des dédicaces. Mes recherches sur celle d'Henri le Libéral m'ont toutefois appris que les souvenirs laissés par les dédicaces repérées dans les différents ouvrages par rapport aux véritables manuscrits dans une bibliothèque personnelle représentent deux mondes entièrement différents. Pour les auteurs littéraires, on peut essayer d'aller plus loin, afin de mieux comprendre comment la nouvelle passe de l'un à l'autre, comment on sait au Moyen Âge où se trouve un texte rare ou un livre à vendre, même si l'on n'arrive pas toujours au but. Les quatre cas qui suivent sont tous circonstanciels, très suggestifs, et invitent à la réflexion.

Notre premier exemple concerne les retombées des recherches que j'ai menées sur le *Policraticus* de Jean de Salisbury[1]. Il y a quelques années, je me suis rendu compte que le manuscrit aujourd'hui à Soissons (ms. 24) était l'exemplaire personnel de Jean, copié en Angleterre vers 1160 à Cantorbéry et comportant ses notes et corrections (**Fig. 1**). Le manuscrit a plusieurs couches d'annotations et de notes de propriétaires entre les XIIe et XVIIe siècles qui indiquent que son importance et sa qualité ont été reconnues par plusieurs auteurs et érudits à travers les siècles. Ceci dit, le *Policraticus* n'a jamais attiré un très grand lectorat, plutôt un petit lectorat de qualité. Au XIIIe siècle, par exemple, le texte sombre dans l'oubli. En France, il n'est pas copié de nouveau avant le XIVe siècle et il n'est cité que par trois auteurs : Hélinand de Froidmont, Vincent de Beauvais et Jean de Meun. Où ont-ils lu le *Policraticus* ? Pour le savoir, j'ai recherché autant de manuscrits que possible dans la tradition textuelle, qui comporte plus d'une centaine de témoins. Deux découvertes en ont résulté. La première concerne les manuscrits du XIIe siècle. Selon les précédents chercheurs, on a dénombré neuf manuscrits de ce siècle, dont trois conservés dès le XIIe siècle en France : l'exemplaire personnel de Jean, déposé à sa mort à Chartres, un exemplaire fait à Pontigny et un autre réalisé en France pour Signy, près de Reims, tous les deux alentour de 1190-1200[2]. Or, caché sous une datation erronée du XIVe siècle, un manuscrit de la BnF, le Latin 6418[3], s'avère également être une

Fig. 1. Jean de Salisbury, *Policraticus*, Cantorbéry, vers 1160. Soissons, Bibliothèque municipale, ms. 24, f. 1.

copie de la fin du XIIe siècle et d'origine anglaise, que le roi Richard Cœur de Lion a sans doute faite exécuter à Saint-Alban ou à Cantorbéry pour Bonport, en Normandie, une nouvelle abbaye royale cistercienne qu'il fonda en 1189. Les initiales ornées dans le manuscrit de Bonport sont inspirées du style londonien qu'on retrouve, par exemple, dans l'exemplaire du *Policraticus* fait pour l'abbé Simon vers 1171 et corrigé par Jean de Salisbury lui-même[4]. L'abbaye de Bonport est située près d'Évreux, et l'abbaye cistercienne de Froidmont, où se trouve Hélinand, est à côté de Beauvais. Cent kilomètres, deux jours de voyage, les séparent. Les liens courtois et d'amitié entre Richard Cœur de Lion et Philippe Auguste, tous deux bienfaiteurs de la nouvelle abbaye, et la grande amitié entre Hélinand et Philippe de Dreux, évêque d'Évreux et cousin de Philippe Auguste, me semblent suffisants pour expliquer comment Hélinand, et ensuite Vincent de Beauvais, ont eu connaissance de ce texte.

Passons maintenant à Jean de Meun. Jusqu'ici je n'ai trouvé qu'un seul manuscrit du *Policraticus* copié en plein XIIIe siècle, c'est-à-dire après la première décennie. Il s'agit d'un manuscrit conservé à la Médiathèque de Troyes, le manuscrit 787 (**Fig. 2**). Au XVe siècle, le volume a appartenu à Jacques Branlard, président de la Chambre des Enquêtes, qui l'a légué à la cathédrale de Châlons-en-Champagne, d'où il fut prélevé par Pierre Pithou, qui l'a légué à l'Oratoire de Troyes. Le manuscrit est datable du troisième quart du XIIIe siècle, et c'est son contenu qui nous retient autant que sa datation. Ses cinq textes sont : **1**) le *Policraticus*, écrit par deux copistes, **2**) suivi par les treize dernières lignes de la lettre en vers par Nigel Wireker (dit également Nigel de Longchamp), moine de Christ Church de Cantorbéry, adressée

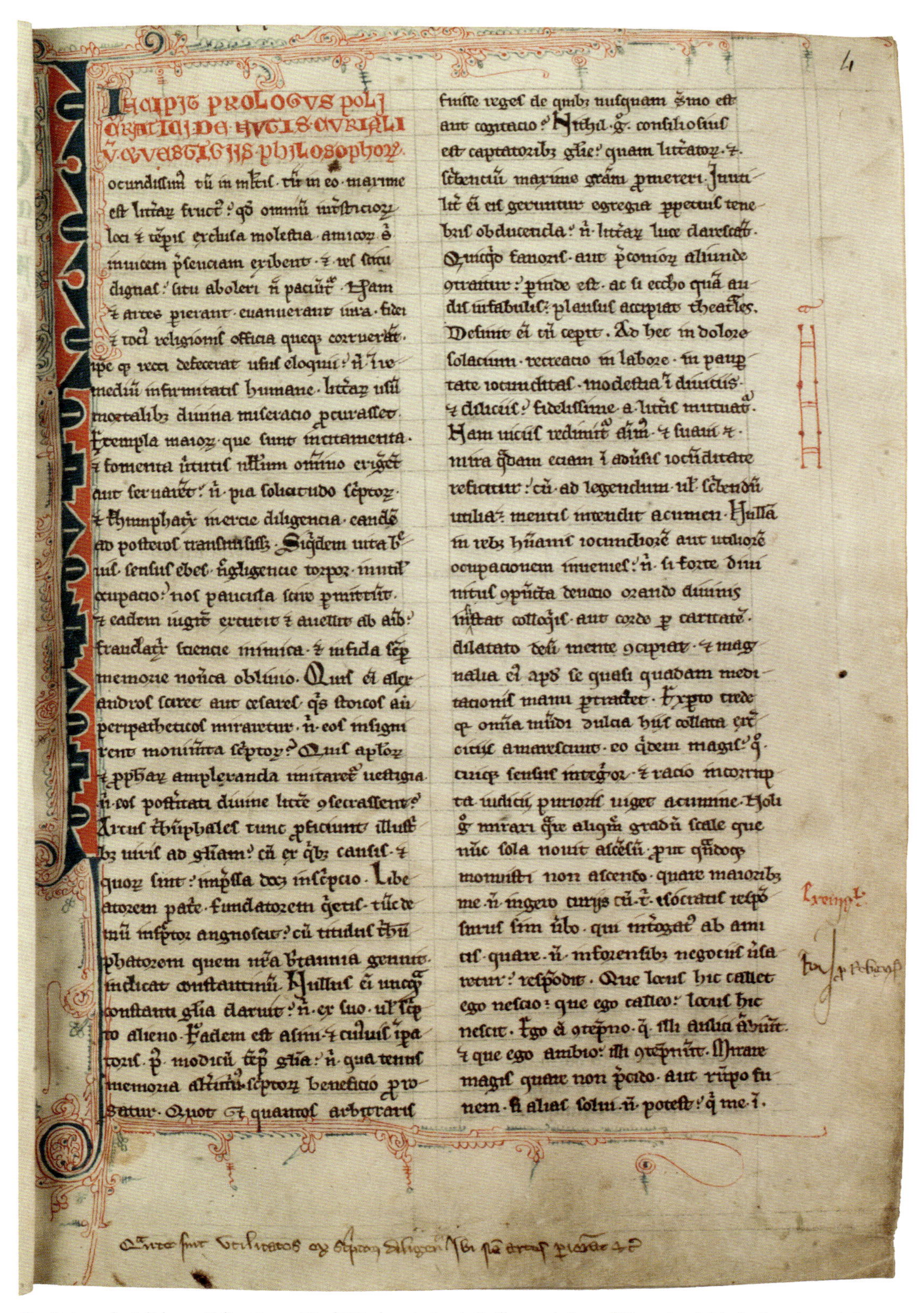

Fig. 2. Jean de Salisbury, *Policraticus* ; Nigel Wireker, *Lettre à Guillaume évêque d'Ely*, qui précède le *Speculum stultorum* ; Hildebert, *Altercatio spiritus et carnis* ; Bernard Silvestre, *Cosmographia* ; Gautier Map, *Dissuasio Valerii ad Rufinum*, Angleterre, XIIIe siècle. Troyes, médiathèque, ms. 787, f. 1.

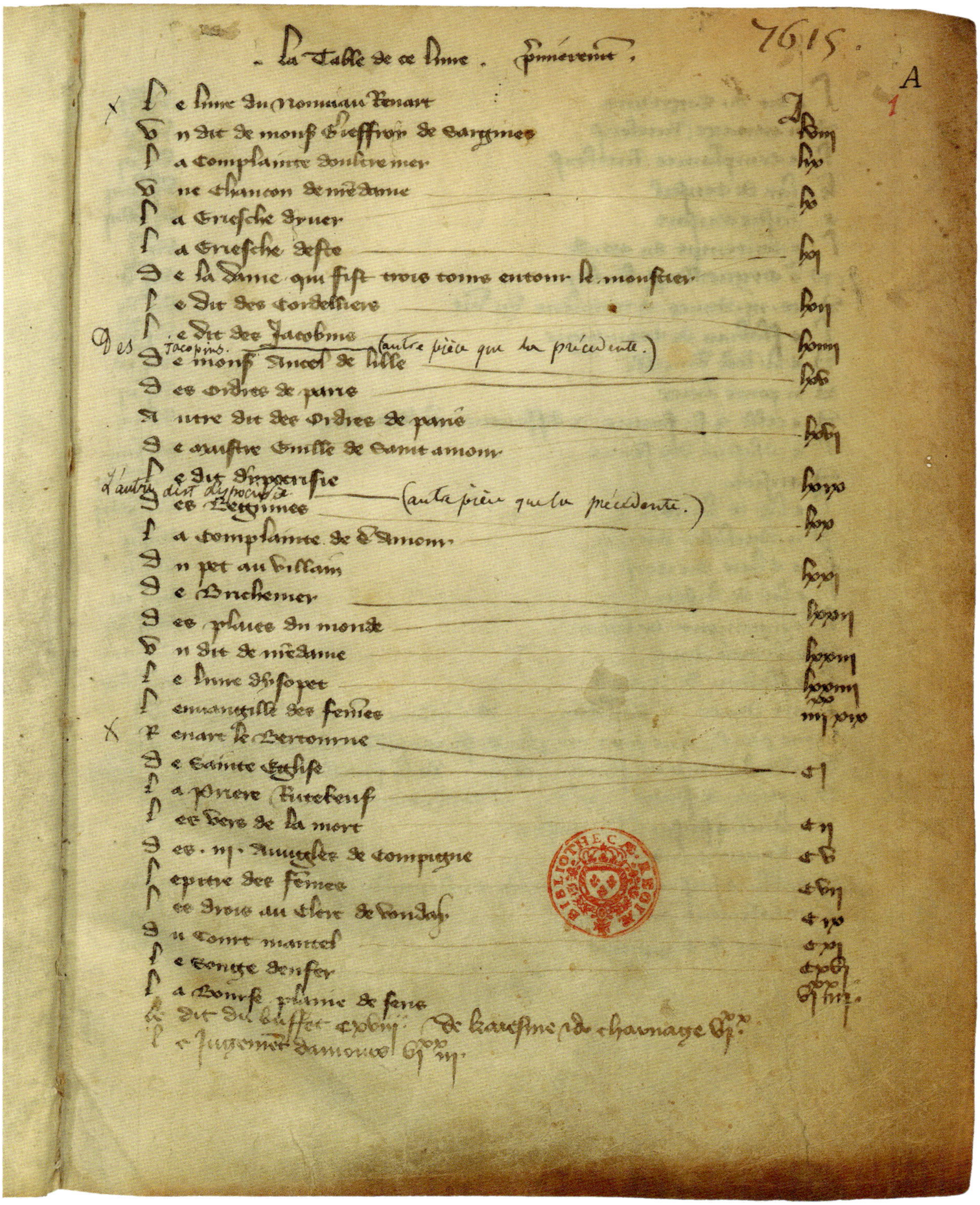

Fig. 3. Charles d'Orléans, Table des matières. Rutebeuf, *Recueil de poésies*, Paris, vers 1290. Paris, BnF, ms. Français 1593, f. 1.

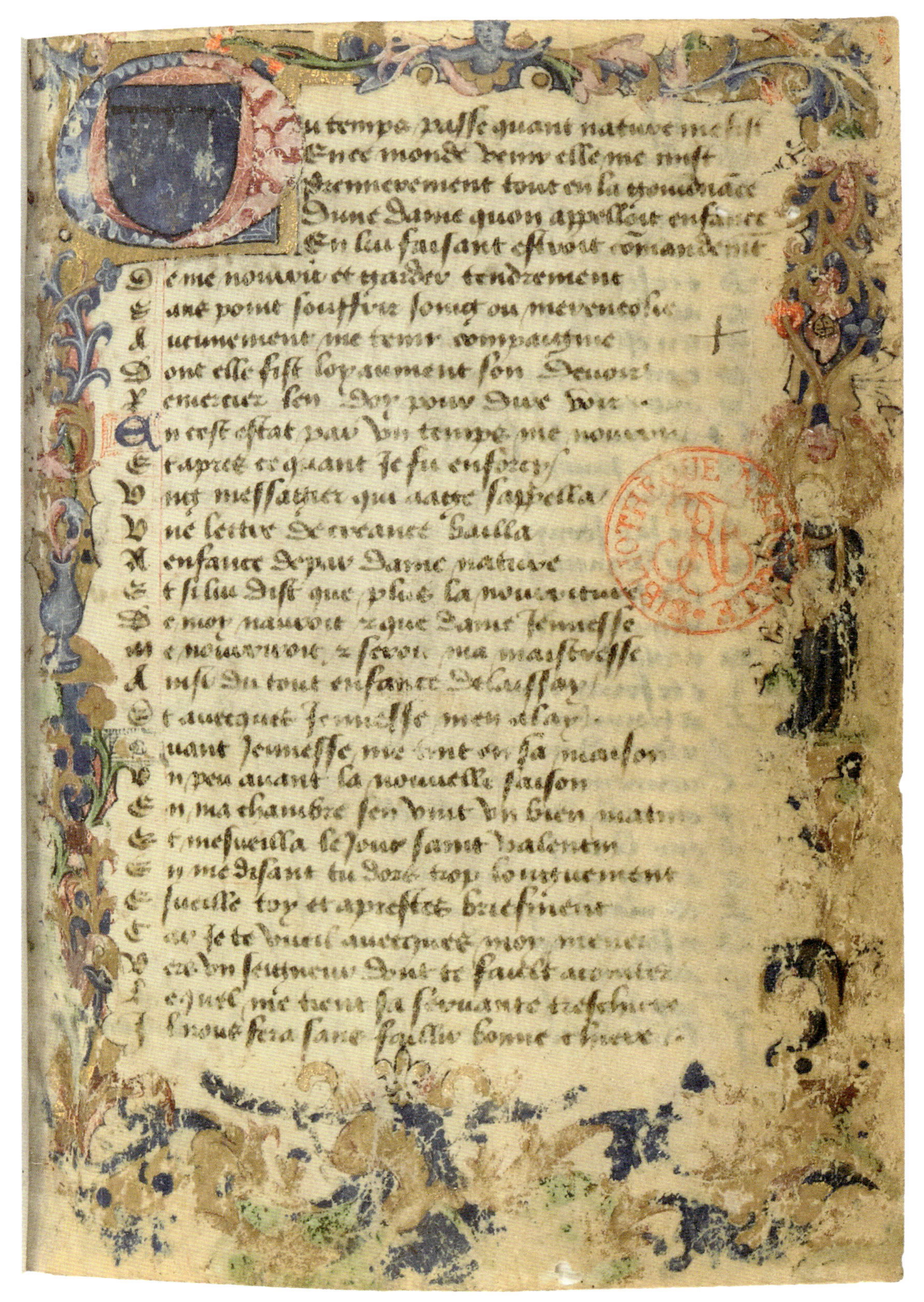

Fig. 4. Charles d'Orléans, *Recueil de poésies*, Angleterre, vers 1439-1440. Paris, BnF, ms. Français 25458, f. 1.

vers 1180 à William de Longchamp († 1197). En 1189, ce dernier paya 3000 livres pour devenir *Lord Chancellor* et *Chief Justiciar* de Richard I ; peu après, il fut nommé évêque d'Ely et légat pontifical. La lettre versifiée de Wireker, qui normalement précède son *Speculum stultorum*[5] et lui sert de prologue, explique l'allégorie de son poème, une satire cuisante sur les prétentions intellectuelles d'un clergé régulier cherchant l'avancement et une vie sans peine ni privation. Les feuillets précédents ont été arrachés, y compris le dernier paragraphe du *Policraticus*. Sur le même feuillet que la lettre de Wireker, il y a un changement de scribe ; le troisième copiste rédige **3**) l'*Altercatio carnis et spiritus* de Hildebert du Mans, un poème connu par une trentaine d'exemplaires et dont ce manuscrit appartient à la meilleure famille ; **4**) ensuite, le même copiste reproduit la *Cosmographia* de Bernard Silvestre et **5**) la *Dissuasio Valerii ad Rufinum ne uxorem ducat*, un chapitre misogyne tiré du *De Nugis curialium* (Dist. IV, c. 3) de Gautier Map. Deux des textes, le *Policraticus* et la *Dissuasio Valerii ad Rufinum*, sont utilisés dans le *Roman de la Rose* et l'ombre de la *Cosmographia* plane sur l'œuvre de Jean de Meun. Par ailleurs, l'*Altercatio carnis et spiritus* de Hildebert est un ouvrage moral construit comme la *Consolation de philosophie* de Boèce. Trois de ces textes sont d'origine anglaise : le *Policraticus*, la lettre de Nigel Wireker et la *Dissuasio* de Gautier Map. Ce n'est donc pas étonnant que le manuscrit soit d'origine anglaise, comme en témoignent les écritures, le décor (la forme de l'initiale puzzle, mélangeant les dessins arqués avec ceux en escalier, ainsi que les grandes boucles des filigranes) et la table du contenu tracée dans une écriture cursive de la chancellerie anglaise (notamment les traits épaissis, dits « en queue de castor » par les Anglais, et la lettre *r* plongeante). Au demeurant, le manuscrit de Troyes est lié étroitement au manuscrit de la Bodleian Library, Auct. F. 1. 8, un volume d'origine anglaise du début du XIIIe siècle[6].

Si le manuscrit a appartenu à Jean de Meun, ou lui fut prêté, comment l'a-t-il obtenu ? La même question entoure ses traductions de Giraud de Barri et d'Aelred de Rievaulx, textes d'origine insulaire quasiment inconnus sur le continent. J'observe qu'un *nota bene* assez singulier, orné de petites têtes à la façon des lettres juridiques utilisés par les notaires, figure dans le livre VIII du *Policraticus*, et je souligne qu'un seul feuillet (f. 162, chapitre 11 du livre VIII), contient toutes les références au *Policraticus* qu'on trouve dans le *Roman de la Rose*. Par ailleurs, un *nota bene* du XIIIe siècle, certainement français à mes yeux, remplit presque toutes les marges de la *Dissuasio*. Le texte de celle-ci circule indépendamment du livre de Gautier Map et en nombre ; il en existe plus de quarante copies en Angleterre, et au moins onze à la Bibliothèque nationale de France. Comme je l'ai suggéré dans mon article sur les circonstances de la composition du *Roman de la Rose*[7], je crois que la voie d'entrée à Paris des textes par les auteurs anglais a pu coïncider à partir des années 1275-1280 avec l'arrivée à Paris d'Edmond de Lancaster, dit Crouchback, frère du roi Edouard, qui épousa Blanche d'Artois, le couple résidant ensuite à Paris. C'est par lui que je crois qu'est venue l'idée de la traduction de *La Chevalerie* de Végèce. Le manuscrit de Troyes est-il arrivé avec Edmond ou avec quelqu'un de son entourage ou de sa chancellerie ? Le manuscrit de Troyes est-il celui que Jean de Meun a eu entre les mains ? J'en suis persuadée, mais pas absolument certaine.

Revenons au *Policraticus*. Peut-on identifier le manuscrit utilisé par Denis Foulechat pour la traduction qu'il acheva en 1372 pour Charles V ? Son éditeur, Charles Brucker, a remarqué les grandes similitudes entre le texte de Foulechat et le manuscrit de Soissons, et également avec celui provenant de Bonport. Or je crois que Foulechat a utilisé les deux. À la fin du *Policraticus* dans le manuscrit de Bonport, on découvre un poème sur les fourberies du monde : *Queritur a mundo quod totus non daret uni*. C'est le plus ancien témoin du texte, qui ne se retrouve que dans sept manuscrits des XIIIe et XIVe siècles, souvent en compagnie du *Policraticus*. Au XIVe siècle, ce poème est rajouté à la fin du *Policraticus* dans le manuscrit de Soissons (f. 322-322v) et la même main qui a joint le poème a inscrit de nombreuses notes explicatives dans les marges. Au même moment, une table des rubriques de chaque chapitre a été ajoutée à la fin du volume (f. 340-345v), et les rubriques ont été inscrites dans les marges de chaque chapitre correspondant. On notera le formalisme de l'écriture ainsi que l'initiale incorporant un poisson en tête de la liste (f. 340). Les seuls copistes à orner leurs lettres avec un poisson dans les années 1370 sont les notaires et juristes de la chancellerie royale[8]. Il me semble que le manuscrit de Chartres, collationné avec celui de Bonport, a servi comme manuscrit de base pour Denis Foulechat. Par ailleurs, je crois que c'est à ce moment que le manuscrit aujourd'hui à Soissons a quitté définitivement la bibliothèque de la cathédrale de Chartres[9].

Venons-en maintenant à notre troisième cas. Nous connaissons peu de choses sur le marché du livre d'occasion au Moyen Âge, et c'est un sujet qui touche de près les manuscrits en français. Les recherches sur les libraires à Paris et ailleurs ont assimilé leur profession à celle de producteurs de manuscrits, non pas à celle de vendeurs de livres d'occasion. Pourtant il faut les comprendre dans les deux sens, comme l'a fait Albinia de la Mare pour Vespasiano da Bisticci à Florence, lorsqu'elle a démontré que le libraire vendait des livres d'occasion et qu'il en avait fait faire d'autres[10]. Une note de Pétrarque dans un de ses manuscrits nous apprend que son père lui a acheté ce livre à Paris[11]. C'est le type d'information qui est rarement décelable dans un ancien inventaire. Le manuscrit, en revanche, peut être très parlant. Notre troisième cas en est une illustration. Il concerne un volume célèbre, le manuscrit Français 1593, qui contient un des plus grands recueils des poésies de Rutebeuf, copié à Paris dans les années 1290 par plusieurs scribes, dont un revient dans un autre recueil de fabliaux, Hamilton 257 à Berlin. Au XVe siècle, une table de contenu au début du volume (f. 1-1v) a été ajoutée dans une première écriture, et les titres de deux textes ont été complétés au bas de folio 1 dans une deuxième écriture (**Fig. 3**). Dans le premier texte du manuscrit, *Renard Nouvel* par Jacquemart Gielée[12], ces deux intervenants ont fait de nombreuses annotations marginales et complété la musique (f. 2-58)[13]. Les deux écritures me semblent très comparables à celles de Charles d'Orléans, dont on possède plusieurs spécimens qui illustrent leur variété (**Fig. 4**)[14]. Dans le premier inventaire des livres de Charles, celui de Blois en 1417, il y a sous le numéro 39 la mention « Les fables de plusieurs poètes[15] ». Mais l'inventaire rédigé après son retour en France dit « Les fables de plusieurs poètes notables, en latin, lettre de forme, couvert de velours noir, non historiees, à deux petits fermouers de cuivre ». Bien que l'enluminure de notre volume soit inachevée, l'inventaire est très précis sur la langue et l'écriture, donc cette référence ne semble pas pouvoir faire référence au manuscrit Français 1593. Cependant, Pierre Champion et Gilbert Ouy, dans leurs publications sur les bibliothèques de Charles et son frère Jean d'Angoulême, ont relevé plus d'une trentaine de manuscrits « hors inventaire », identifiés par des preuves matérielles directes ou indirectes. Je suis très tentée d'attribuer ce livre de fabliaux à la bibliothèque de Charles d'Orléans.

Le dernier cas est, à mon sens, encore plus intriguant. Pour le moment, il débouche sur davantage de constats que de conclusions, mais c'est parfois la lutte avec les constats et les anomalies qui nous permet de franchir les zones d'ombre. L'écrivain en jeu est Pierre Sala (1457-1529). Panetier du dauphin, valet de chambre et maître d'hôtel de Louis XII jusqu'à 1510, il rentre à Lyon en 1514 où il construit une maison, l'Antiquaille, sur la colline de Fourvière. Il y accueille François Ier en 1522. Pour résumer très brièvement sa carrière littéraire, il est connu par une quinzaine d'œuvres, certaines écrites en l'honneur de ses souverains, tels les *Prouesses de plusieurs roys*, pour François Ier ; un livre d'énigmes et de poèmes amoureux écrit et joliment enluminé pour sa femme ; les *Antiquités de Lyon* ; deux adaptations de romans de chevalerie, *Tristan* et le *Chevalier au lion* ; des fables en vers pour Louise de Savoie. Pierre fut ami de l'artiste Jean Perréal qui, lui aussi, était valet de chambre du roi, et il fréquentait les enlumineurs Guillaume II Le Roy

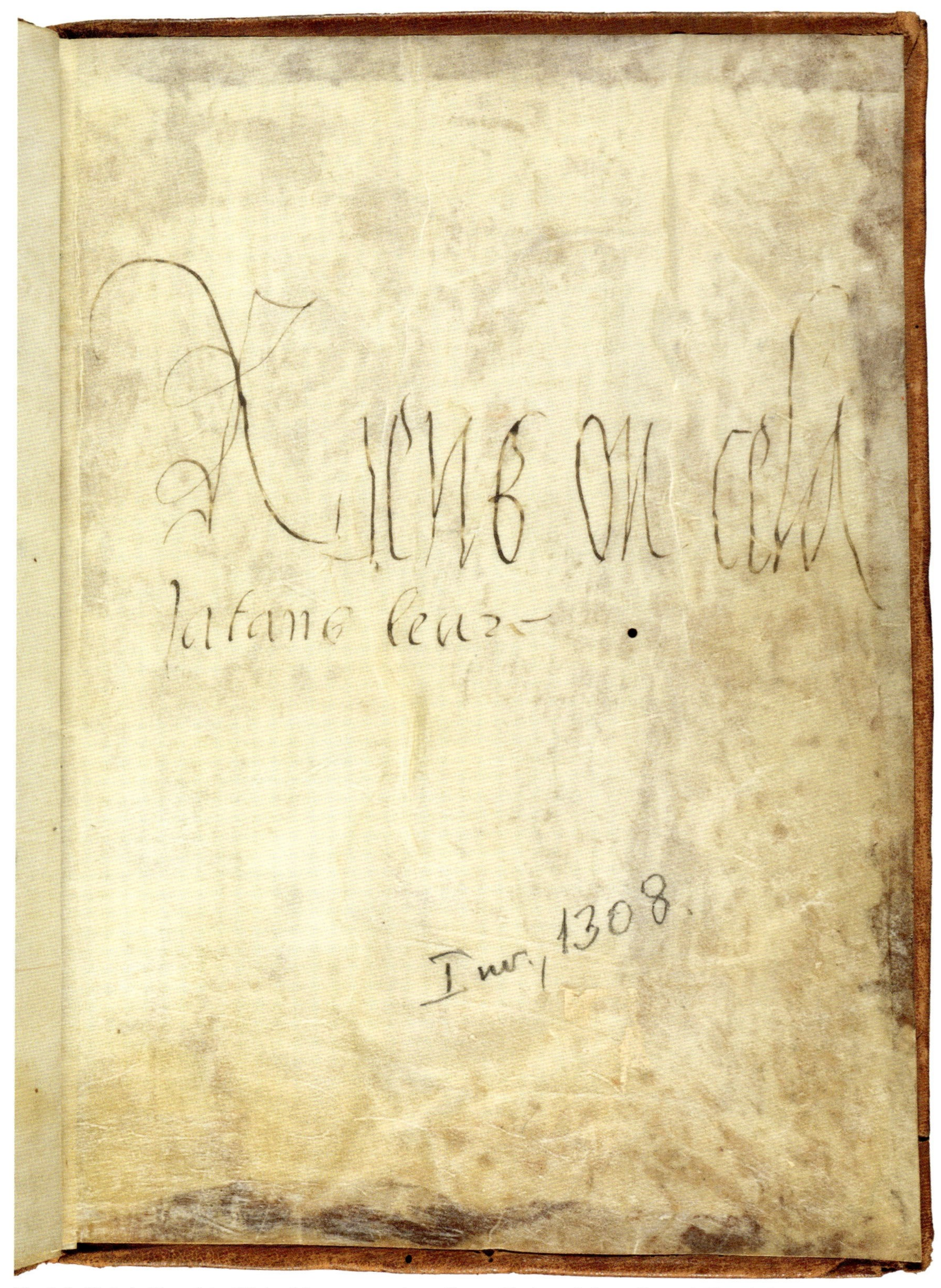

Fig. 5. Ex-libris de Pierre Sala. *L'Epitre faicte et composé aux Champs Elysée par le Preux Hector de Troye le Grant, transmise au tres chrestien roy de France Louis XII de ce nom*. Genève, Bibliothèque de Genève, ms. Fr. 179, contreplat supérieur.

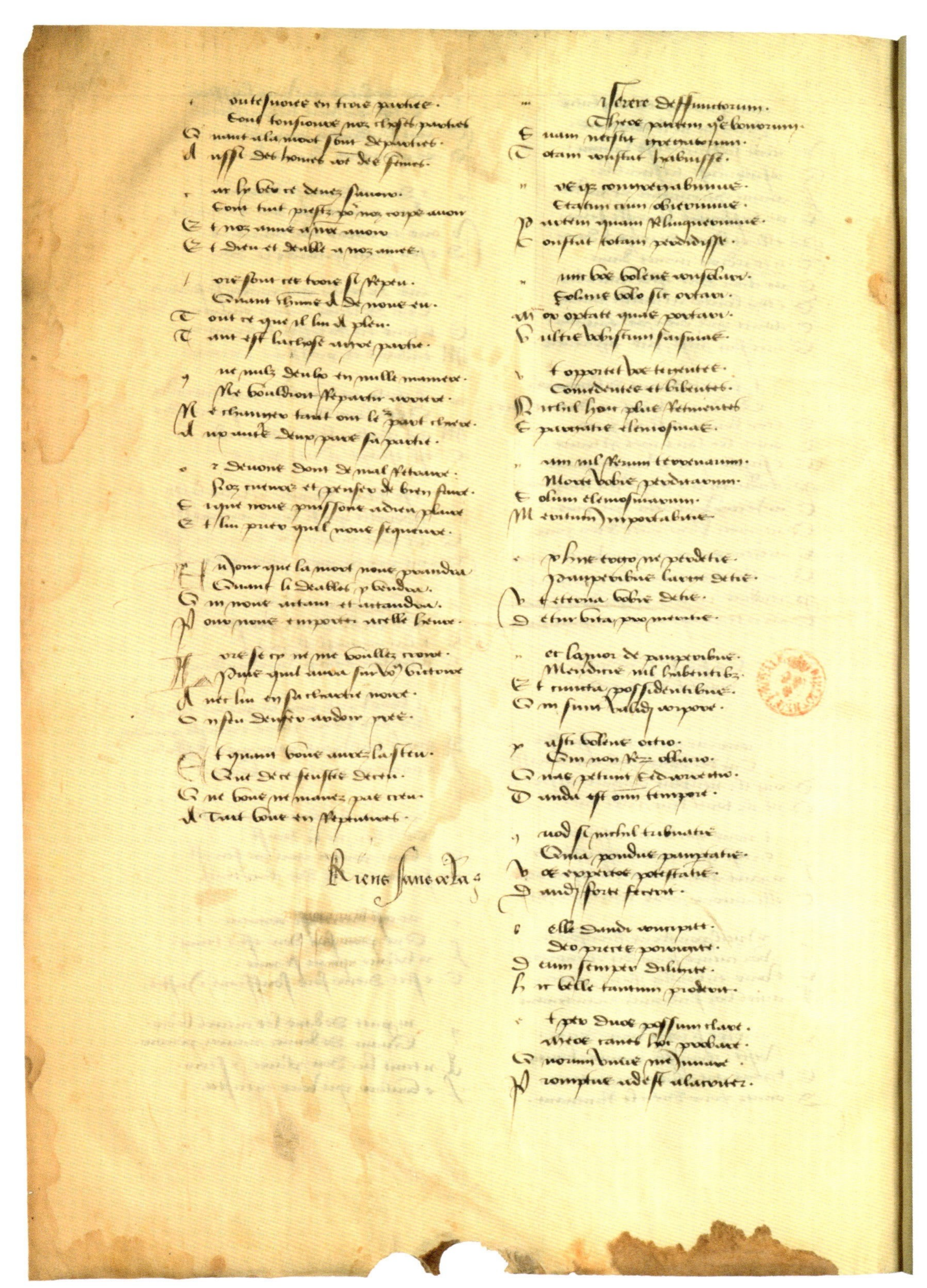

Fig. 6. Ex-libris de Pierre Sala. Jean de Meun et Guillaume de Lorris, *Roman de la Rose*, nord de la France, vers 1300. Paris, BnF, ms. Français 9345, f. 71v.

Fig. 7. Barthélémy d'Eyck, *Amour livrant à Désir le cœur du roi malade*. René d'Anjou, *Livre du cœur d'Amour épris*, Anjou-Provence, vers 1457-1470. Vienne, Österreichische Nationalbibliothek, Cod. 2597, f. 1.

et le Maître de la Chronique scandaleuse, qui ont décoré ses manuscrits. Ses écrits, qui conservent la forme manuscrite en plein essor de l'imprimé, sont d'ordre privé et destinés à sa famille, aux amis, au milieu royal[16].

Sur ses manuscrits personnels comportant ses propres œuvres, Sala a parfois inscrit sa devise et bien plus rarement ses armoiries. Sa devise, au plus complet, se trouve sur un manuscrit de la Bibliothèque de Genève, ms. Fr. 179, *l'Epitre faicte et composé aux Champs Elysée par le Preux Hector de Troye le Grant, transmise au tres chrestien roy de France Louis XII de ce nom* (**Fig. 5**). Elle comporte un jeu de mots sur son nom : « Riens ou cela / J'atens l'eure ». Ce qui paraît intéressant comme réflexion de la part d'un bourgeois qui côtoie les plus grands personnages du royaume, et fait penser à certains passages du *Roman de la Rose*.

La première partie de la devise, « riens ou cela », accompagnée du nom de Pierre Sala, est inscrite dans l'unique copie du fabliau de *Trubert* écrit par Douin de Lavesne, le manuscrit Français 2188, f. 51v-52. En bas du feuillet précédent, f. 51, on trouve la signature de son frère Jehan, qui semble avoir hérité de certains de ses manuscrits et livres. Ce manuscrit a été enluminé par le Maître de Méliacin, artiste septentrional qui arrive à Paris dans les années 1280 avec la noblesse artésienne et brabançonne, et travaille souvent pour elle.

Cette même devise et une très proche variante interviennent sur deux exemplaires importants du *Roman de la Rose*. Le premier est le manuscrit qui contient la seule copie de la *Rose* de Guillaume de Lorris antérieure à la continuation de Jean de Meun, le manuscrit Français 12786, f. 99. Il s'agit d'un recueil de la fin des années 1270, transcrit par un notaire ou juriste, et c'est un manuscrit qui aurait pu appartenir à Jean de Meun ou à Philippe de Beaumanoir[17]. Les autres textes qui tiennent compagnie à la *Rose* sont tout aussi signifiants pour cette décennie, et reflètent les balancements littéraires entre Paris et le croissant de villes et de cours dans le périmètre nord de Paris[18].

Le second manuscrit, le Français 9345, à la BnF, est une copie directe du manuscrit de la *Rose* au Vatican, BAV, ms. Urb. Lat. 376. Le manuscrit du Vatican est peint par le même artiste picard qui a enluminé le plus ancien exemplaire connu de la *Rose* avec la continuation de Jean de Meun, le manuscrit Français 378 à la BnF. Il a également illustré le premier exemplaire des *Coutumes de Beauvaisis* par Philippe de Beaumanoir, daté de 1283. Cet artiste n'est connu que dans ces trois manuscrits et dans un exemplaire des *Instituts* de Justinien en français (Montpellier, Faculté de médicine, ms. H 316). Il me semble possible de dater le manuscrit Français 9345 des environs de 1300 et d'en définir la rédaction et l'enluminure comme « locales ». Par cela, je veux dire qu'il a été produit probablement dans une cour seigneuriale ou dans une chancellerie de bailli, située de nouveau dans le croissant au nord de Paris délimité par Amiens, Clermont et Compiègne. Sur le premier feuillet de garde, Pierre Sala a inscrit une variante de sa devise : « Riens sans cela », dans la même écriture que sur le Français 12786 et sur le manuscrit de *Trubert* (**Fig. 6**). À la suite du *Roman de la Rose*, il a fait ajouter le *Codicille* de Jean de Meun, et à la fin du manuscrit, au feuillet 71v, il a répété sa devise, cette fois dans une écriture plus formelle, telle qu'on la voit sur un de ses imprimés, un Vincent de Beauvais de provenance lyonnaise[19]. Par ailleurs, les inscriptions encryptées au verso du premier feuillet de garde et en tête du premier feuillet du texte pourraient bien être les « jeux de Pierre », comme dans le manuscrit d'énigmes et poèmes amoureux (Londres, B.L., Stowe MS 955), destiné à sa femme.

Comment ces manuscrits, deux des plus anciens exemplaires de la *Rose*, si proches de l'auteur, du contexte et de l'aire d'origine du texte, sont-ils arrivés entre les mains de Pierre Sala ? Viennent-ils de la même bibliothèque, une bibliothèque qui aurait traversé deux siècles intacte ? Et le manuscrit de *Trubert* faisait-il partie de cette même bibliothèque ? Voici les énigmes que je vous lègue, rappelant que l'art est long, la vie courte, l'occasion fugace, l'expérience trompeuse et le jugement difficile[20].

Les histoires que l'on vient de raconter ont été tissées des bribes de plusieurs enquêtes, d'une accumulation d'observations éparses, dont une vie latente a été insufflée lors de leur déplacement dans un nouveau contexte, comme un oiseau qui vient de se poser sur la branche. D'un coup, on se sent plus proche de l'auteur ou de l'artiste, ou des deux. Prenons comme dernier exemple la miniature nocturne peinte par Barthélemy d'Eyck au début du livre *Le Cœur d'amour épris*, écrit par le roi René d'Anjou, et racontant la quête par le chevalier Cœur de sa dame idéale, Douce Merci (**Fig. 7**)[21]. À la différence de toute autre miniature médiévale, la lumière vient d'en bas à droite. C'est une lumière magique, provenant d'une lampe à bougie dangereusement placée sous un tabouret, et elle se répand sur les tapis d'Orient, caresse les jambes de Désir Ardent et monte sur le lit du roi. Récemment, j'ai enfin compris plus amplement le sens et la poésie de cette lampe lorsqu'un théologien particulièrement éloquent, Laurent Gagnebin, a terminé son prêche avec le verset 105 du Psaume 119 : « Ta parole est une lampe à mes pieds, et une lumière sur mon sentier. »

NOTES

1 L'étude sur l'exemplaire du *Policraticus* ayant appartenu à Jean de Salisbury sera publiée dans les actes du colloque de Metz (2015), « *Jean de Salisbury* : nouvelles lectures, nouveaux enjeux ».

2 Soissons, B.M., ms. 24 (Jean de Salisbury, Chartres) ; Montpellier, Faculté de médecine, ms. H 60 (Pontigny) ; Charleville-Mezières, B.M., ms. 151 (Signy).

3 Microfilm numérisé disponible sur Gallica. Le manuscrit est un descendant textuel du manuscrit de Soissons dans le stemma de R. GUGLIELMETTI, *La tradizione manoscritta del Policraticus di Giovanni di Salisbury. Primo secolo di diffusione*, Florence, 2005, p. 16, ms. P18.

4 Londres, British Library, Royal MS 13 D IV (Saint-Alban, pour l'abbé Simon), mais le texte est plus proche de Soissons (voir note précédente).

5 Nigel de Longchamps, *Speculum stultorum*, éd. J. MOZLEY et R. RAYMO, Berkeley et Los Angeles, 1960.

6 GUGLIELMETTI, *op. cit.* (notre note 3), p. 16.

7 « Jean de Meun : où et pour qui a-t-il écrit le *Roman de la Rose* ? », dans *Jean de Meun et la culture médiévale. Littérature, art, sciences et droit aux derniers siècles du Moyen Âge*, actes du colloque d'Orléans et Meung (2014), éd. J.-P. BOUDET, Ph. HAUGEARD, S. MENEGALDO et Fr. PLOTON-NICOLLET, Rennes, 2017, p. 107-119.

8 Gh. BRUNEL et O. GUYOTJEANNIN, *Images du pouvoir royal : les chartes décorées des Archives nationales*, Paris, 2005, p. 87, fig. 1, quittance datée de 15 mars 1375, p. 186 et 187, acte de 1372, p. 226-229, acte de 1376, p. 232-233, fig. 4 et détail, acte de 1376.

9 Pour une reconstitution plus complète des changements de propriétaire du manuscrit entre Chartres et Soissons, voir l'article *op. cit.* (notre note 7).

10 A. de LA MARE, « Vespasiano da Bisticci as Producer of Classical Manuscripts in Fifteenth-Century Florence », dans *Medieval Manuscripts of the Latin Classics : Production and Use*, actes du séminaire de Leyden (2005), éd. Cl. CHAVANNES et M. SMITH, Londres et Los Angeles, 1996, p. 166-207.

11 E. PELLEGRIN, *La Bibliothèque des Visconti et des Sforza, ducs de Milan, au XVe siècle*, Paris, 1955, A.100, p. 94.

12 Composé en 1289.

13 La première main a également retranscrit la fin de *Ysopet*, *L'Evangile des femmes* et *Renart le Bestourné*, f. 99-100 et f. 101bis-103.

14 P. CHAMPION, *La librairie de Charles d'Orléans*, Paris, 1910.

15 *Ibid.*, p. 44 et 45, et G. OUY, *La librairie des frères captifs. Les manuscrits de Charles d'Orléans et Jean d'Angoulême*, Turnhout, 2007, p. 38 et 43.

16 Fr. AVRIL et N. REYNAUD, *Les manuscrits à peintures en France, 1440-1520*, cat. exp. (Paris, 1992-1993), Paris, 1993, n° 208, p. 368-369 (notice de N. REYNAUD).

17 Les raisons pour une probable attribution de propriété à Jean de Meun ou à Philippe de Beaumanoir sont argumentées dans l'article cité à la note 7. Cet article explique également l'identification du copiste comme juriste, qui repose sur l'emploi de deux types d'ornements, d'une part, un bout-de-lignes en forme de « 2 », qu'on retrouve seulement dans les actes contemporains, d'autre part, les lettres juridiques, c'est-à-dire les majuscules ornées de jeux de plume, petits visages ou têtes d'animaux.

18 Par exemple, le *Roman de la Poire* : Paris, BnF, ms. Français 2186 (enluminé à Paris) et ms. Français 24431 (enluminé à Compiègne).

19 Lyon, B.M., Rés. Inc. 25-29, surtout Inc. 26.

20 Hippocrate.

21 Vienne, Österreichische Nationalbibliothek, Cod. 2597, f. 2.

2
P̄mier plogue du translateur
Cy cōmence le plogue
sur la translacion
dun liure appelle
policratiq compose
de tres excellent doc
teur maistre Jehan
de salisbery. le quel fut translate de
latin en francois. tresexcellent & puis
sant treschrestien & misericort prince
le tres noble Roy de france. Charles
quint de ce nom. lan de grace. m. ccc.
lxxij. et de son regne le. ixe. Et afin q
ceulx qui le dit liure translate lirōt
aient plus grāt desir de le lire & de le biē
mettre en leur memoire celui qui le
translata mist au commencement
Beat⁹ vn plogue a
hō q la recommendaci
inue on du liure
nit & du tres no
sapi ble roy qui le
enci fist translater
am et qui affluit prudencia. pu.
3. caplo. Ceste parole dit sa
lomōe est benoit qui treuue sapiēce
et qui afflue largement de prudē
ce. Le tres glorieus docteur mō
seigneur saint ambroise en con
siderant diuerses opinions de bea
titude et felicite que plusieurs gens
ont par le monde. et par especial
de tele cōme on la puet auoir en
BIBLIOTHEQUE DE SORBONNE

Les emprunts de Louis d'Anjou à la Librairie royale (octobre 1380-mai 1381)

Marie-Hélène TESNIÈRE

Le roi Charles V meurt le 16 septembre 1380, à Beauté-sur-Marne, à l'âge de quarante-trois ans. Le dauphin Charles, né le 3 décembre 1368, n'a pas encore douze ans. Se pose alors la question de la « régence » : ce sera la première « régence officielle » de la France. De fait, en raison d'une santé fragile, Charles V avait, dès l'été et l'automne 1374, organisé sa succession par une série de trois ordonnances. La première – solennelle « *lex edictalis* » – fixait la majorité du jeune souverain à treize ans révolus[1]. La deuxième confiait la régence au duc Louis d'Anjou « tant pour le grant bien, sens et vaillance de luy, comme pour la tres singuliere, parfaitte, loyal et vraye amour qu'il a toujourz eu a nous et a noz enfanz » ; le duc « a autorité et pleniere puissance de gouverner et deffendre le royaume », avec le pouvoir de créer des officiers, de percevoir les revenus et de les dépenser[2]. La troisième ordonnance organisait la tutelle des enfants de France : elle était confiée à la reine Jeanne de Bourbon, et, en cas de prédécès, aux ducs de Bourgogne et de Bourbon, assistés d'un nombreux conseil[3].

La reine Jeanne de Bourbon mourut le 6 février 1378, peu après la visite de l'empereur Charles IV. La régence aurait donc dû revenir à Louis d'Anjou, et la tutelle des enfants royaux aux ducs de Bourgogne et de Bourbon. Mais de multiples tensions s'élevèrent entre les oncles du dauphin, et il fut décidé en séance solennelle du Conseil, le 2 octobre, que, selon le vœu « secret » de Charles V, révélé par le chancelier Pierre d'Orgemont, le jeune prince serait déclaré majeur avant l'heure, et sacré et couronné le 4 novembre, à Reims ; Louis d'Anjou exercerait la régence jusqu'au jour du sacre ; puis, le royaume serait gouverné au nom du jeune roi « par le conseil et advis de ses oncles[4] », conseil dont les modalités d'exercice devaient être définies le 30 novembre 1380[5]. Ainsi, la régence qui était à l'origine réservée au seul duc d'Anjou, se trouvait-elle élargie aux oncles du roi et prorogée jusqu'à la majorité de celui-ci. À titre de compensation, « tous les objets précieux de la maison du roi » seront remis à la discrétion du duc d'Anjou, après qu'on en aura pris une part suffisante pour le roi. C'est ainsi qu'Yann Potin, dans un brillant article, justifie les « emprunts » que le duc d'Anjou fit à Librairie royale, d'une trentaine de manuscrits parmi les plus précieux, entre le 7 octobre et le 3 mai 1381[6].

Outre le fait qu'une partie non négligeable de ces manuscrits – dix – revint à la Librairie royale après la mort de Louis d'Anjou, à Bari, le 21 septembre 1384, la nature même de ce que l'on doit appeler plutôt des « prêts » semble justifier une hypothèse plus dynamique : le duc d'Anjou entend s'ériger en véritable dépositaire de l'autorité et du prestige de la monarchie, comme si à côté d'un pâle héritier, pourtant « vray et droiturier roy de France », c'était lui qui, en tant que fils de roi de France et aîné des oncles, portait l'autorité monarchique, la *regia auctoritas*, et était garant de la sauvegarde de la royauté, la *regia dignitas.* Car les livres « empruntés » le 7 octobre – pour l'essentiel des traductions commandées par Charles V – justifient et magnifient l'autorité monarchique et le prestige royal. Avec les traductions empruntées le 22 novembre, celles de l'ensemble du *Corpus juris civilis* en français, c'est évidemment à l'organisation administrative de ses nouveaux comtés et royaume que le duc pense. Avec les livres qu'il se fait encore « bailler » au printemps 1381 enfin, Louis d'Anjou se pose en détenteur de la sagesse royale (*sapientia*), en véritable continuateur de la politique culturelle du roi de France, sans doute, mais peut-être aussi, également de celle de ses prédécesseurs, les princes angevins de Naples. Nous ne présentons pas ici les manuscrits, pourtant exceptionnels, que Charles V prêta de son vivant au duc d'Anjou : la *Bible* de Jean de Vaudetar (La Haye, musée Meermanno-Westreenianum, ms. 10 B 23) ; l'*Apocalypse* en français, qui sera un des modèles de la tapisserie de l'Apocalypse d'Angers (Paris, BnF, ms. Français 403) ; le *Liber de proprietatibus rerum* de Barthélémy l'Anglais[7]. Voyons plutôt ceux, et non des moindres, que le duc emprunta à la Librairie royale, dans les huit mois qui suivirent la mort de son frère.

Les « emprunts » du 7 octobre 1380 : autorité monarchique et prestige royal

Alors que le 5 octobre 1380, le dauphin Charles emprunte à la Librairie royale le magnifique *Ordo du sacre*, dont les trente-huit miniatures illustrent le déroulement de la cérémonie du sacre à laquelle il se prépare (Londres, B.L., Cotton MS Tiberius VIII/2)[8], le duc Louis d'Anjou emprunte, le 7 octobre, seize des manuscrits les plus importants de la Librairie royale ; ils sont, pour la plupart, répertoriés dans le dernier tiers de la première chambre de la tour de la Fauconnerie, celle-là même qui, lambrissée du précieux bois « d'Irlande » abrite les livres d'autorité[9]. Comme si en entrant en possession de ces manuscrits, Louis d'Anjou voulait à sa manière revêtir le manteau de l'autorité royale, et se présenter en successeur effectif de Charles V.

Il y a là en effet les traductions des grands théologiens, conseillers écoutés de Charles V et champions de l'autorité monarchique, un Jean Golein, un Nicole Oresme, un Raoul de Presles, mais aussi la traduction du *Policratique* de Jean de Salisbury (**Fig. 1**), à sa manière un ouvrage essentiel de philosophie politique. On y trouve également – ce qui est moins connu – ces nouvelles éditions (organisation du texte et illustrations) des textes d'histoire biblique ou antique, le *Miroir Historial* traduit par Jean de Vignay, les *Décades* de Tite-Live traduites par Pierre Bersuire, qui inscrivent la monarchie française dans la lignée des royaumes prestigieux de l'Histoire. Copiés par les copistes attitrés du roi (Henri de Trevou, Raoulet d'Orléans), magnifiquement enluminés de peintures qui mettent en scène le roi dans sa fonction d'autorité, ces manuscrits portent fréquemment l'ex-libris du roi Charles V ainsi libellé : « Cet livre … est a nous, Charles le ve de notre nom, et le fimes tranlater, ecrire et tout parfere en l'an … ». Signe de leur caractère précieux et de leur valeur emblématique, ils sont généralement couverts d'une longue chemise de soie, et dotés de fermoirs d'argent aux armes de France.

Voici la liste des manuscrits « baillés [c'est-à-dire prêtés[10]] a monsseigneur d'Anjou », le 7 octobre, d'après l'inventaire rédigé par ou sous la direction de maître Jehan Blanchet le 6 novembre 1380, à la demande du duc de Bourgogne. Nous suivons ici l'exemplaire du garde de la Librairie que Léopold Delisle désigne par la lettre A (Paris, BnF, ms. Français 2700) ; nous signalons les variantes de l'exemplaire remis au roi, désigné par la lettre B (Paris, BnF, ms. Baluze 703).

- **A 171** – « *Cassien*, id est *Collationes patrum*, lequel traitte par semblable maniere comme la *Vie des saints peres hermites*, et la translata du commandement du roy frere Jehan Goulain, et est couverte de soye[11] ».

Il s'agit de la traduction du *De institutis cenobiorum* et des *Collationes* de Jean Cassien (vers 410-420) que Jean Golein acheva pour le roi en 1371 ; elle comporte en effet en conclusion, un hommage à Jeanne d'Évreux, la dernière épouse de Charles IV

Pmier plogue du translateur

Cy commence le plogue sur la translacion dun livre appelle policratiq compose de tres excellent docteur . maistre Jehan de salisbery . le quel fist translater de latin en francois . tresexcellent & puissant [illegible] & renomme prince le tres noble Roy de france . Charles quint de ce nom . lan de grace . m . ccc . lxxii . et de son regne le . ix^e . Et afin q ceulz qui le dit livre translate liront aient plus grant desir de le lire & de le bien mettre en leur memoire celui qui le translata mist [illegible]ement

Beatus homo qui invenit sapienciam et qui affluit prudencia . pu. 3. caplo.

Un plogue a la commendacion du livre & du tres noble roy qui le fist translater

Ceste parole dit Salomon est beneoit qui treuve sapience et qui afflue largement de prudence. Le tres glorieus docteur mon seigneur saint ambroise en considerant diverses opinions de beatitude et felicite que plusieurs gens ont par le monde . et par especial de tele comme on la puet avoir en

Fig. 1. Maître du Policratique, *Charles V dans sa librairie inspiré par la sagesse divine*. Jean de Salisbury, traduit par Denis Foulechat, *Policraticus*, Paris, 1372. Paris, BnF, ms. Français 24287, f. 2.

le Bel, décédée le 4 septembre 1371. On n'en conserve plus aujourd'hui qu'un seul exemplaire, datant du troisième quart du XVe siècle, le BnF, ms. Français 175, passé par la collection de Jacques d'Armagnac[12].

- **A 201** – « Un livre a une chemise de soie longue, nommé le *Racional de l'Eglise*, a .II. fermoers d'argent esmaillez, et le translata maistre Jehan Goulain[13] ».

Il s'agit de la traduction du *Rationale divinorum officiorum*, un ouvrage, en huit livres, commentant la symbolique de la liturgie chrétienne, que Guillaume Durand († 1296), évêque de Mende écrivit à la fin du XIIIe siècle (première rédaction en 1286, seconde rédaction après 1295) pour l'instruction des prêtres. À la demande de Charles V, Jean Golein en traduisit sept livres à partir de 1371 – « Je laisse le .VIII.e aux astronomiens qui ont a ce plus saine speculacion », et y ajouta un *Traité du sacre*, sorte de commentaire allégorique de l'*Ordo du sacre de Charles V* contenu dans le ms. Londres, B.L., Cotton MS Tiberius B VIII/2. C'est le manuscrit BnF, ms. Français 437 (**Fig. 2**), qui porte la signature de Charles V (f. 402v) et son ex-libris ainsi libellé : « Cet livre nommé Rasional des divins ofises est a nous, Charles le ve de notre nom, et le fimes tranlater, ecrire et tout parfere en l'an .MCCCLXXIIII. » (f. 403)[14]. Il réapparaît dans le surcroît de la première chambre, où il est ainsi décrit, en 1411, par Jean Lebègue (inventaire D, no 886, cf. Paris, BnF, ms. Français 2700, f. 127) : « le *Racionnal de divins offices*, tres bien escript, historié et enluminé, en françois, de lettre de forme et a deux coulombes, commençant ou .II.e foillet aprés les rebriches : *apert il de Ptholomee*, et ou derrenier : *-re par le commencement*, et est signé *Charles*, couvert d'une vieille chemise de soye, a courte queue, a deux fermoirs d'argent dorez, esmaillez, en l'un desquelz a escript *Racio* et en l'autre *nale* ».

- **A 202** – « Un livre a une chemise blanche de soie, nommé la *Vie des peres*, a .II. fermoers d'argent, donné au roy par Gilet[15] ».

L'intérêt bibliophilique et intellectuel que Charles V portait à l'accroissement de sa bibliothèque nous laisse supposer que ce manuscrit, intitulé *la Vie des pères*, que le garde de la Librairie, Gilles Malet, lui avait offert contenait une œuvre qui ne figurait pas dans la Librairie royale et/ou était de provenance prestigieuse. Il ne s'agissait donc pas de ce recueil de contes pieux ou « contes du salut » rimés, dont la Librairie comptait déjà au moins quatre exemplaires[16], ni de la traduction de Wauchier de Denain appelé dans l'inventaire, *Vie des saint peres hermites*[17]. Il pourrait s'agir de la traduction en prose des *Vitae patrum*, qu'un auteur champenois, resté anonyme, dédia à Blanche de Navarre, comtesse de Champagne († 1229)[18].

- **A 210** – « Un livre nommé *Polithiques* et *Yconomiques*, couvert de soie a queue, a .II fermoers d'argent haschiez des armes de France[19] ».

Il s'agit de la traduction française des *Politiques et Économiques* d'Aristote et du pseudo-Aristote établie à partir de sa traduction latine, due à Guillaume de Moerbecke vers 1270. Nicole Oresme l'achève en 1372, à la demande de Charles V. Le manuscrit se trouvait autrefois dans la collection du comte Van der Cruisse de Waziers[20]. De grand format (315 × 210 mm), et illustré par les Maîtres de la Bible de Jean de Sy, du Couronnement de Charles VI et du Livre du sacre de Charles V, il est l'exemplaire de la personne publique du souverain. Très proche, mais de format plus modeste (225 ×

Fig. 2. Maître du Rational des divins offices, *Onction royale*. Guillaume Durand, traduit par Jean Golein, *Rational des divins offices* ; Jean Golein, *Traité du sacre*, Paris, 1374. Paris, BnF, ms. Français 437, f. 44v.

150 mm), l'exemplaire de la personne privée du roi est aujourd'hui à la Bibliothèque royale de Belgique (ms. 11201-11202).

– **A 226** – « Les *Croniques de l'evesque de Burs*, translateez en françois par maistre Jehan Goulain, en deux volumes, couvers de soie ynde et blanche a queue, et fermoers d'argent[21] ».

Il s'agit de la traduction française des *Cronice ab origine mundi* écrites avant 1327 par l'évêque de Burgos, Gonzalo de Hinojosa, dont un exemplaire latin fut rapporté en France, lors des campagnes de Castille, entre 1365 et 1369 ; Jean Golein réalisa cette traduction entre 1373 et 1378. Le manuscrit est, selon Stéphanie Aubert, identifiable avec l'exemplaire de la British Library de Londres, Cotton MS Otho C IV, aujourd'hui malheureusement mutilé pour avoir brûlé dans l'incendie de 1731[22]. Écrit en gothique livresque, autrement dit en « lettre de forme », il compte cinquante-trois miniatures sur deux cent quatre-vingt-cinq feuillets. Il réapparaît dans le surcroît de la première chambre, où il est ainsi décrit, en 1411, par Jean Lebègue (inventaire D, n° 885, cf. Paris, BnF, ms. Français 2700, f. 128) : « Les *Croniques d'Espaigne* que fist l'evesque de Burs, translatees en françois par frere Jehan Goulain, en deux volumes tres bien escripz de lettre de forme et a deux coulombes, et tres bien historiez et enluminez, le premier volume commençant ou .II.e foillet : *Hercules fut mort son filz*, et ou derrenier : *le prefect fist*, et le second volume commençant ou .II.e foillet : *mais aprés il retourna*, et ou derrenier : *terre et gasta*, et est signé *Charles*, touz deux couvers de grans chemises de soye, d'asur et de blanc, a grandes queues, a .II. fermoirs d'argent dorez, esmaillez de France et tissuz de soye ».

– **A 227** – « *Policraticon*, translaté en françois par frere Denys Foulechat, couvert de telle soie [ynde et blanche] a queue, et fermoers d'argent[23] ».

Il s'agit de la traduction du *Policraticus sive De nugis curialium et vestigiis philosophorum*, un ouvrage de philosophie morale, tenant du miroir du prince et du livre de courtisan que Jean de Salisbury adresse en 1156 à Thomas Beckett, chancelier du roi Henri II Plantagenêt, dont il était le secrétaire. Le franciscain Denis Foulechat en achève, en 1372, la traduction pour le roi Charles V. Le nom du traducteur ne figure pas en clair dans le manuscrit, car à plusieurs reprises en 1365 et 1369, celui-ci avait dû rétracter certaines des positions qu'il tenait dans son commentaire des *Sentences*. Une petite poésie avant l'épilogue (f. 296) invite toutefois le lecteur à rassembler les initiales des paragraphes du Livre de l'*Enthetique* pour reconstituer son nom (f. 6v) : « DENIS FOULLECHAT ». Le manuscrit décrit dans l'inventaire, le BnF, ms. Français 24287, est non seulement l'exemplaire de dédicace au roi (**Fig. 1**), il présente également une version aboutie de l'œuvre, car le texte français a été annoté et corrigé[24].

– **A 229** – « Titus Livius en un grant volume, couvert de soie, a deux grans fermoers d'argent esmaillés de France[25] ».

Ce manuscrit devait être une version remaniée (mise en chapitres, modernisation du vocabulaire, illustrations) de la traduction des *Décades* de Tite-Live par Pierre Bersuire, comme le sont par exemple les manuscrits BnF, ms. Français 20312ter et Bibliothèque Sainte-Geneviève, ms. 777, datant du règne de Charles V[26]. Il est sans doute identifiable avec le manuscrit de Bersuire, portant l'ex-libris du roi Charles V, qui réapparaît dans le surcroît de la première chambre, où il est ainsi décrit, en 1411, par Jean Lebègue (inventaire D, nº 883, cf. Paris, BnF, ms. Français 2700, f. 127) : « un Titus Livius, tres parfaitement bien escript de lettre de forme, a deux coulombes et tres bien historié et enluminé, de la translacion du prieur de Saint-Eloy de Paris, contenant .XXIX. livres en trois decades, commençant ou .II.e foillet : *-nectes faisans grans sons*, et ou derrenier : *que en cellui an ordena l'en*, et est signé *Charles*, en un petit volume groz et court, couvert d'une chemise de soye vermeille et asuree, a grant queue, a .II. fermoirs d'argent dorez et une fleur de lis enlevee[27] ».

– **A 230** – « *De informatione principum* en françois, translaté par maistre Jehan Goulain, et est couvert de soie a queue[28] ».

Il s'agit du *Livre de l'information des roys et des princes*, la traduction française par Jean Golein, en 1379, d'un miroir des princes en latin, écrit dans la tradition augustinienne par un dominicain resté anonyme entre 1297 et 1314, pour le futur Louis X le Hutin, fils de Philippe le Hardi. C'est l'exemplaire de dédicace au roi, le manuscrit BnF, ms. Français 1950, qu'avait achevé d'écrire pour lui Henri de Trevou, « le juesdi XXII.e jour de septembre l'an mil CCCLXXIX » (f. 148)[29].

– **A 232** – « *De celo et mondo* [*sic*], en françois, translaté par maistre Nicole Oresme, evesque de Lixiex, couvert de soie vermeille a queue, a .II. fermoers d'argent dorés haschiés aus armes de France[30] ».

Il s'agit du *De Celo et mundo* d'Aristote, que Nicole Oresme traduisit en 1377 pour Charles V, le « plus bel » et « meilleur livre de philosophie naturele », propre à « animer, exciter, esmouvoir les cuers des jeunes honmes qui ont subtilz et nobles engins et desir de science[31] ». Comme le signalait déjà Albert Menut, notre manuscrit est identifiable avec le BnF, ms. Français 1082, le plus ancien et le plus luxueux des six exemplaires connus de la traduction, vraisemblablement l'exemplaire de dédicace, illustré par le Maître du Rational des divins offices, désigné ainsi d'après le manuscrit BnF, Français 437. Après la mort du duc d'Anjou, le manuscrit ne réintégra pas la Librairie royale mais entra dans la collection du duc Jean de Berry, où il figure en 1402 ; il en porte l'ex-libris (f. 209v), les armes et l'emblème, un cygne navré avec la devise « LE TEMPS VENRA » (f. 3)[32].

– **A 233** – « Vincent en .III. volumes, couvert de soie a queue, tres bien ystoriez, chascun .IIII. fermoers d'argent esmailliez[33] ».

Il s'agit de la traduction française du *Speculum historiale* de Vincent de Beauvais par Jean de Vignay réalisée entre 1315 et 1332, plus précisément autour des années 1320, pour un membre de la famille royale[34]. Les deux plus anciens manuscrits connus ont été faits pour la reine Jeanne de Bourgogne, épouse de Philippe VI de Valois (Paris, BnF, ms. Français 316 et Baltimore, Walters Art Museum, ms. W.140) et pour Jean, duc de Normandie (Leyde, Bibliotheek der Rijksuniversiteit, Vossius Gall. Fol. 3 A ; Paris, BnF, Arsenal, ms. 5080 ; Tours, Archives départementales, 2 I 2). La place de l'exemplaire à la fin de la première salle suggère qu'il est une commande de Charles V. Les trois volumes sont identifiables comme suit : le premier volume avec le BnF, ms. NAF 15939-15940-15941, comprenant les livres I à XIII ; le deuxième volume avec le BnF, ms. NAF 15942-15943-15944, comprenant les livres XIV à XXII ; du troisième volume, il ne reste plus que quarante-huit miniatures découpées : Londres, B.L., Additional MS 6416, art. 5[35]. Le manuscrit a appartenu

Fig. 3. Maître du Livre du sacre de Charles V, Succession des royaumes romains puis français ; lions de Charles V et armes de Jean de Berry. Vincent de Beauvais, traduit par Jean de Vignay, *Speculum historiale*, Paris, vers 1370-1380. Paris, BnF, ms. NAF 15943, f. 1.

à Charles V, dont il porte au début du Livre XX (Paris, BnF, ms. NAF 15943) l'emblème, deux lions encadrant les armes de France ; celles-ci furent complétées par la suite de la bordure de gueules propre aux armes du duc de Berry (**Fig. 3**). Les volumes sont copiés sur un parchemin très fin, inscrits sur deux colonnes bordées de demi-fleurs de lys ; ils sont presque entièrement écrits de la main du copiste attitré de Charles V, Henri de Trévou (à l'exception de Paris, BnF, ms. NAF 15943, f. 17-24v, ms. NAF 15944, f. 1-71v). Les volumes sont illustrés par le Maître du Livre du sacre de Charles V et son atelier d'un très grand nombre de miniatures (cinq cent soixante-quatre dans le premier volume ; cent quarante-quatre dans le deuxième volume ; cinquante-cinq restantes dans le troisième volume). Le manuscrit passa donc ensuite dans la collection du duc de Berry (ex-libris, Paris, BnF, ms. NAF 15944, f. 171), qui le donna à Jean de Montaigu, grand maître de France ; on le lui rendit quand les biens de ce dernier furent confisqués en 1409[36]. En 1413, le duc de Berry s'en dessaisit de nouveau au profit de son neveu Jean sans Peur. Et ainsi, le manuscrit passa dans la librairie des ducs de Bourgogne où il figure dans les inventaires après décès de Jean Sans Peur (Dijon, 1420) et de Philippe le Bon (Lille, 1469)[37].

– **A 234** – « La *Cité de Dieu*, en deux volumes, couvertede soie a queue, et fermoers comme dessus [d'argent esmailliez][38] ».

Il s'agit de la traduction du *De civitate Dei* de saint Augustin que Raoul de Presles commença, à la demande de Charles V, à la Toussaint de 1371 et acheva le 1er septembre 1375. C'est le manuscrit BnF, ms. Français 22912-22913, copié par Raoulet d'Orléans, et illustré par le Maître du Couronnement de Charles VI, assisté du Maître du sacre de Charles V et d'un des enlumineurs de la Bible de Jean de Sy. De petit format (280 × 190 mm), il est l'exemplaire de la personne privée du souverain[39]. Louis d'Anjou empruntera le 22 novembre l'autre exemplaire du roi (Angers, Bibliothèque municipale, ms. 162 et Cambridge, Harvard University, Houghton Library, ms. Typ. 201).

– **A 235** – « *Rusticanus de agricultura*, couvert de soie a queue, et fermoers comme dessus [d'argent esmailliez][40] ».

Il s'agit du *Liber ruralium commodorum*, un traité d'économie rurale, que le juriste bolonais Pier de' Crescenzi (1233-1321) dédia entre 1304 et 1309 au Général de l'ordre des prêcheurs, Aimerico Gigliani, et à Charles II d'Anjou, roi de Sicile et de Jérusalem[41]. Il est certainement à comparer avec le volume qui figure en 1402, dans l'inventaire de la Librairie du duc de Berry (no B 962, cf. Paris, BnF, ms. Français 11596, f. 73) : « Un autre livre en latin, du coultivement de la terre, enluminé au commencement d'un homme touchant ses beufs a l'airée, couvert de drap de soie vermeil, doublé de tiercelin azuré, a deux fermouers d'argent dorez touz plains et les tixuz de soie vert[42]. » Le manuscrit fut rendu à la Librairie royale. Il figure dans le surcroît de la troisième chambre, où il est ainsi décrit, en 1411, par Jean Lebègue (inventaire D, no 757, cf. BnF, Français 2700, f. 116) : « un livre *Ruralium commodorum*, que l'en dit *Rusticanus*, en latin, de lettre de note, a deux coulombes, commençant ou .II.e foillet : *de malis*, et ou derrenier : *lupinus impingandi*, couvert de cuir rouge plain, a .II. fermoirs de laton ». La commande d'une traduction de ce texte par Charles V en 1373 n'est à mon sens pas attestée[43].

– **A 236** – « *Ethiques*, en un volume, couvert de soie a queue, et fermoers d'or, tres bien ystorié[44] ».

Fig. 4. Perrin Remiet, *Les différentes « justices »*. Aristote, traduit par Nicole Oresme, *Éthiques*, Paris, 1372. Bruxelles, Bibliothèque royale, ms. 9505-9506, f. 89.

Il s'agit de la traduction française des *Éthiques* d'Aristote établie à partir la traduction latine, *Liber Ethicorum Aristotelis ad Nichomachum*, due à Robert Grosseteste, en une seconde rédaction de 1270 environ. Nicole Oresme en achève la traduction française en 1372, à la demande de Charles V. C'est le manuscrit Bruxelles, Bibliothèque royale, ms. 9505-9506, un exemplaire particulièrement raffiné, copié par Raoulet d'Orléans et illustré par le Maître de la Bible de Jean de Sy (**Fig. 4**). Manuscrit de grand format (318 × 216 mm), il est l'exemplaire de la personne publique du souverain[45]. Très proche, mais de format plus modeste (217 × 151 mm), l'exemplaire de la personne privée du roi est aujourd'hui à La Haye, musée Meermanno-Westreenianum, ms. 10 D 1. Outre son format qui suppose peut-être une lecture collective, l'exemplaire de la personne publique du souverain se différencie de l'exemplaire personnel par son cycle iconographique. Là où le manuscrit personnel mettait en lumière les relations de proximité entre le roi et son traducteur (Livre I), l'exemplaire de sa personne publique met en vedette la famille royale et l'obligation d'éducation que le roi porte à l'égard des enfants royaux (Livre I, f. 5). L'exemplaire de la personne publique expose en détail de manière très concrète les différentes formes de justice (Livre V, f. 84), l'exemplaire de la personne privée met l'accent à l'inverse sur les différentes formes d'amitié.

– **A 843** – « Un livre couvert de soie blanche, ou sont plussieurs *Heurez* et *Breviaire a l'usage de Romme*, la couverture de brodeüre a violetes yndez, d'un costé un .C. de l'autre costé un .J. couronnés, a .II. fermoers d'or esmaillez des armes de la royne[46] ».

On reste dans l'incertitude concernant ce manuscrit, dont la couvrure porte les initiales du roi Charles V et de la reine Jeanne de Bourbon, et qui réintégra la troisième salle de la tour de la fauconnerie après la mort de la reine. Il ne semble pas qu'on puisse l'identifier aux « Heures esquelles le roy Jehan … apprist a lire » que le fils de Louis Ier d'Anjou offrit en octobre 1407 à son oncle Jean de Berry[47]. On retrouve, selon Véronique de Becdelièvre, le même ordonnancement liturgique (psautier férial suivi de quelques offices) dans le *Livre d'heures de Yolande d'Anjou* (Paris, BnF, ms. Latin 9472, entre 1480 et 1484)[48].

À cet ensemble, il faut enfin ajouter enfin deux volumes que le confesseur du roi, Maurice de Coulanges a fait bailler à « monsseigneur d'Angiou, regent le royaume » à une date inconnue, mais qui est antérieure au 4 novembre 1380[49].

– **A 12** – « Un volume couvert de deux ais blanz, ouquel sont contenus aucuns des livres de la Bible en françois, c'est assavoir les .V. livres Sallomon, Ysaye, et de Jeheremye jusques au .XVIIIe. chappitre, et l'*Exposicion* sur yceulx, faite par maistre Jehan de Sy, du commandement du roy Jehan, dont Diex ait l'ame[50] ».

– **A 13** – « L'autre volume ainssi couvert [de deux ais blanz], ouquel sont contenus les .V. livrez de Moyse, Josué et le premier chapistre du livre des Juges[51] ».

Il s'agit de la nouvelle traduction de la Bible que le roi Jean le Bon commanda au dominicain Jean de Sy et qui était financée par l'argent pris sur les juifs. Elle fut reprise sous Charles V par le dominicain Jean Thomas qui traduisit les chapitres 17-30 de Jérémie. Deux volumes et soixante-deux cahiers (A 12, 23 et 268) figuraient dans la Librairie de Charles V.

La traduction fut poursuivie, au moins entre

1396 et 1398 à l'instigation de Louis d'Orléans, puis en 1410 de Charles d'Orléans, et parvint à son terme. Onze volumes se trouvaient en 1434 aux mains du duc de Bedford lorsque Gilles de Ferrières, son garde des coffres les confia, le 6 août, à la garde de Richart Selling, lieutenant du château de Calais[52].

Le premier volume, A 12, est identifiable avec un des onze volumes mis en garde à Calais. C'est le nº B-200 de l'inventaire édité par Jenny Stratford : « le .IIII. volume, couvert de cuir vermeille entre deux ais, commence en lettre vermeille "Exposicion sur les Proverbes Salomon". Et finist en le derrenier ligne du texte du derrenier feullet, "Et ne pourront il estre destorné" (cf. Jérémie 17, 27 [*ignis*] *devorabit domos Jerusalem et non extinguetur*) » : il contenait en effet les Proverbes, l'Ecclésiaste, le Cantique des cantiques, le Livre de la Sagesse, l'Ecclésiastique, Isaïe et Jérémie jusqu'au chapitre 17, 27 de la Vulgate[53].

Le deuxième volume, A 13, qui est, en fait, le début de la Bible, contenait les livres bibliques suivants : Genèse, Exode, Lévitique, Nombres, Deutéronome, Josué, Juges. Il correspond au manuscrit BnF, ms. Français 15397, auquel auraient été soustraits les livres de Josué et les Juges, car il s'arrête actuellement aux premiers chapitres du Deutéronome. Le manuscrit commence aujourd'hui à Genèse VIII, du fait vraisemblablement d'un mélange de cahiers[54]. Il ne figure pas parmi les volumes mis en garde à Calais. On le trouve en revanche dans les collections du duc de Berry dont l'ex-libris effacé se lisait autrefois[55].

Louis d'Anjou ne pouvait ignorer la valeur symbolique des manuscrits qu'il empruntait. Car toutes ces traductions - les *Collations* de Cassien, le *Rational des divins offices*, les deux exemplaires de la *Cité de Dieu, le Policratique* - magnifiaient la royauté française, en mettant l'accent sur sa nature divine, son caractère sacré, son autorité, sa sagesse. Ainsi, dans le prologue des *Collations*, Jean Golein n'invite pas seulement le roi à prendre modèle sur les « vertus des anciens preudommes, religieux hermites et moines » qui « ouvroyent vertueusement et enqueroient par quelles vertus l'en sert a Dieu », il lui recommande expressément de placer Dieu au premier rang de son royaume pour parvenir lui aussi, à son tour, à la perfection du « *Dominus virtutum* » (Psaumes 24, 10). En traduisant le *Rational des divins offices*, ce même Jean Golein ne se contente pas de répondre au vœu de Charles V d' « enquerir sagement tout le service divin et sa signifiance […] a greigneur devocion esmouvoir », il assimile la fonction royale à un véritable sacerdoce, ajoutant à ce manuel de liturgie chrétienne en latin, très prisé au Moyen Âge, un long développement sur la « consecracion des roys et par especial du roy de France et de sa precieuse onction[56] » ; deux peintures à pleine page de la famille royale (f. 1) et du sacre du roi Charles V (f. 44v) attestent l'importance majeure de ce manuscrit de dédicace (Paris, BnF, ms. Français 437). En se faisant prêter la traduction de la *Cité de Dieu* de saint Augustin dont le prologue constituait un véritable manifeste de la monarchie, explicitant le légendaire royal (fleurs de lys, oriflamme, guérison des écrouelles)[57], Louis d'Anjou revêtait implicitement le manteau de l'autorité monarchique ; corrigeant sa méprise d'avoir emprunté alors l'exemplaire personnel du roi, de petit format (Paris, BnF, ms. Français 22912-22913), il se fera remettre, un mois plus tard, l'exemplaire grand format du souverain. En empruntant le *Policratique* de Jean de Salisbury, dont la peinture frontispice représentait Charles V assis devant sa roue à livres, recevant de la main de Dieu la *sapientia*, la sagesse du gouvernant, Louis d'Anjou s'assimilait implicitement au roi sage (**Fig. 1**).

Le *Livre de l'information des princes*, les nouvelles « éditions » du *Miroir Historial* et des

Décades de Tite-Live ainsi que les *Chroniques de Burgos* évoquaient la dignité royale, ses fondements historique, géographique et son caractère universel. Car à la différence des autres miroirs des princes, en particulier celui de Gilles de Rome, construit comme une succession de traités sur la manière pour un roi de gouverner sa personne, sa famille, son royaume, le *Livre de l'information des princes* traitait des questions relatives à la fonction de roi, abordant successivement « la dignité royal et excellence », et « quel le roi doit estre » (première partie), le « fait et usage de la presidence royal », car « le roy ne regne mie souffisaument ne exerce le fait de regimen qui a roy appartient, s'il regne seulement de nom et n'a mie la verité du nom royal » (deuxième partie), « la lumiere de sapience qui doit resplendir en tout bon prince » (troisième partie), et enfin l'institution de la justice[58].

Avec la traduction du corpus aristotélicien par Nicole Oresme, Louis d'Anjou entrait au cœur des débats politiques qui inspirèrent le *Songe du Vergier*, mais également dans la réalité même de la succession dynastique - qui n'étaient pas sans lui rappeler la difficile « montée sur le trône » de son frère Charles à la mort de leur père, le roi Jean le Bon. Car dans son commentaire du chapitre 23 du Livre III de la *Politique*, Oresme défend tout à la fois l'idée d'une monarchie héréditaire élue et celle de l'unité de la royauté dans la continuité dynastique : « Princey [c'est-à-dire charge, fonction] royal n'est pas une possession privee ne une chose familiaire a laquelle l'en doie succeder par lignage selon les lays et les coustumes des heritages des citoiens, et ne est pas chose vendable ne partable ne de quoi l'en doie faire testament [...], mais princey royal est une noble office publique et une dignité et honorableté qui requiert excellence en vertu et prudence et en aucunes autres choses, et requiert industrie de bien gouverner le peuple ; et pour ce, de sa nature elle doit estre establie donnee ou distribuee par election de certaine personne a sa vie seulement, ou a sa vie et a ses successeurs par lignage[59] ». Et « La voie de succession est plus proceine et plus semblable que l'autre [celle de l'élection] au gouvernement universel de tout le monde duquel tient le princey Dieu qui tousjours est un. Ore est ainsi que aprés unité de personne mortel qui ne peut tousjours durer, l'en ne peut faire continuation que par celle qui est en succession de pere a filz et pour ce dist *l'Escripture Mortuus est pater illius et quasi non est mortuus*... » (Ecclésiastique 30, 4)[60]. Accessoirement, il évoque la question de la régence[61].

Les « emprunts » du 22 novembre 1380 : des motivations administratives et personnelles

Alors que le dauphin est sacré à Reims, le 4 novembre 1380, et que, le 6 novembre, Maître Jean Blanchet entreprend, à la demande du duc de Bourgogne, de récoler ou plutôt de « récoler et rédiger » l'inventaire de la Librairie royale, Louis d'Anjou emprunte de nouveau, le 22 novembre, douze manuscrits, conservés pour la plupart dans la première salle. Et particulièrement une série de six manuscrits de droit en français datant de la seconde moitié du XIIIe siècle (pour ceux que l'on a identifiés, **Fig. 5**) ; tous sont recouverts d'une couverture de soie « ynde et vermeille », c'est-à-dire bleu et rouge sombre, et dotés de fermoirs d'argent émaillés aux armes de France. Il s'agit là d'un rare exemplaire du *Corpus juris civilis* en français, accompagné de son commentaire par Azon et des *Décrétales* de Grégoire IX, également en français. Le duc se fait également remettre quelques autres traductions françaises.

Voici la liste de ces emprunts :

- **A 40** – « *Code* en françois, couvert de soie ynde et vermeille, et fermoers d'argent[62] ».

Il s'agit d'une traduction française du *Code* de Justinien (Livres I-IX), plus précisément de la traduction 1 de la première tradition traductive définie par Frédéric Duval dans la base « Miroir des classiques » de l'École nationale des chartes[63]. Le manuscrit réapparaît dans le surcroît de la première

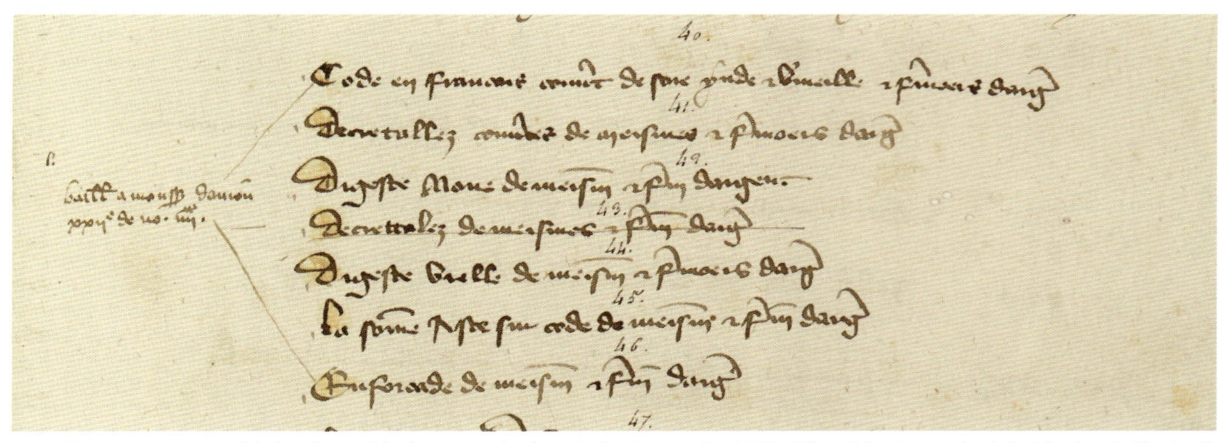

Fig. 5. Emprunt par Louis d'Anjou d'une série de manuscrits de droit, le 22 novembre 1380. Gilles Malet, *Inventaire de la Librairie de Charles V*, 1380. Paris, BnF, ms. Français 2700, f. 5, détail.

chambre où il est décrit en 1411 par Jean Lebègue (inventaire D, nº 877, cf. BnF, ms. Français 2700, f. 127) : « un *Code*, en françois, de lettre de forme, a deux coulombes, commençant ou .II.e foillet du texte : *de cest code venir*, et ou derrenier : *-cion je te doin ces honneurs*, couvert de soye inde et vermeille, a .IIII. fermoirs d'argent doré, a escuçon de France en chascun ». Il est identifiable avec le BnF, ms. Français 20120, un exemplaire parisien du milieu du XIIIe siècle, illustré par l'atelier de Bar (**Fig. 6**). Les prolongements marginaux des lettres filigranées portent de manière inhabituelle des dessins ou un décor héraldique ; on remarque en particulier un écu fascé de sept pièces (f. 235v), une tête de roi (f. 236v), un écu aux fleurs de lys (f. 240), une tête de reine (f. 242), qui laissent présager que le manuscrit a été réalisé pour l'entourage de Louis IX et Marguerite de Provence (les fasces remplaçant ici les pals) sinon pour les souverains eux-mêmes[64].

- **A 41** – « *Decretallez*, couvertes de meismes [de soie ynde et vermeille], et fermoers d'argent[65] ».

Il s'agit de la traduction française des *Decretales* de Grégoire IX et de Raymond de Pennafort (Livres I-V), postérieure à l'année 1234, date de la promulgation de cette collection[66]. Le manuscrit réapparaît dans le surcroît de la première chambre où il est décrit en 1411 par Jean Lebègue (inventaire D, nº 875, cf. Paris, BnF, ms. Français 2700, f. 127) : « Unes *Decretales*, en françois, escriptes de lettre de forme, a deux coulombes, commençant ou .II.e foillet du texte : *-tié qui abbes Joachin*, et ou derrenier : *chappitres de Xantonne*, couvertes de soye inde et vermeille, a .IIII. fermoirs d'argent dorez, a un escuçon de France et tixuz asurez, a une greue blanche ». Le manuscrit, qui n'a pas été retrouvé, devait être proche du manuscrit 193 de la Bibliothèque municipale de Boulogne-sur-Mer (troisième quart du XIIIe siècle, 294 × 215 mm) car son incipit du deuxième feuillet (« *-tié qui abbes Joachin* ») est identique à quelques mots près à celui du manuscrit de Boulogne (« *-bes Joachim fist contre* »), pour le texte suivant, « … le traitié que li abes Joachyn fist contre… », d'après BnF, ms. Français 413, f. 1v.

- **A 42** – « *Digeste nove*, de meismes [de soie ynde et vermeille], et fermoers d'argent[67] ».

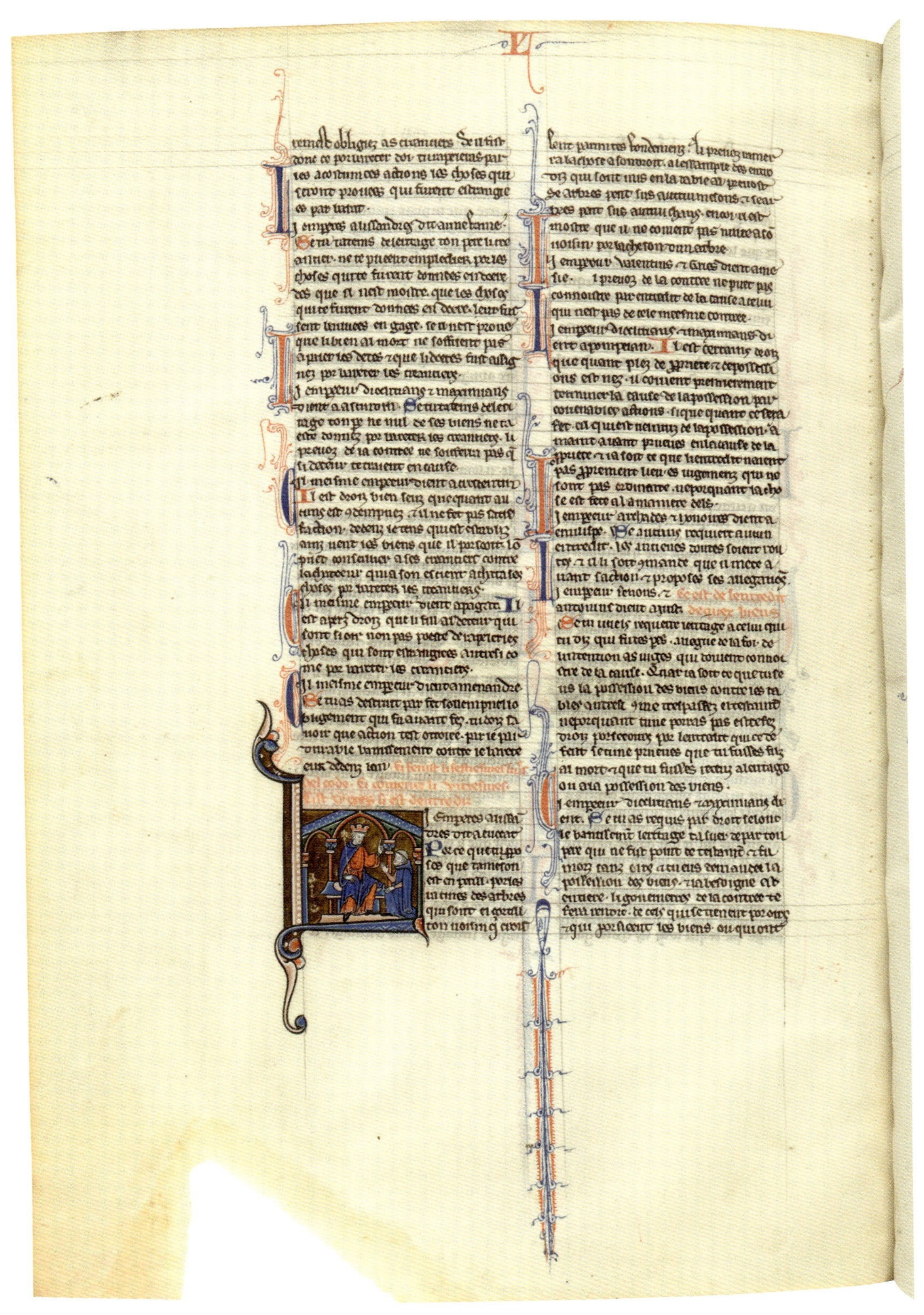

Fig. 6. Atelier de Bar, début du Livre VIII « sur les interdits ». Justinien, *Code*, traduit en français, Paris, vers 1260-1270. Paris, BnF, ms. Français 20120, f. 216v.

Il s'agit de la traduction française perdue (?) du *Digestum novum* de Justinien. Le manuscrit réapparaît dans le surcroît de la première chambre où il est décrit en 1411 par Jean Lebègue (inventaire D, n° 881, cf. Paris, BnF, ms. Français 2700, f. 127) : « *Digeste nove*, escripte, couverte et fermant comme dessus [couvert de soye inde et vermeille, a .IIII. fermoirs d'argent doré, a escuçon de France en chascun], commençant ou .II.e foillet : *estre octroiez*, et ou derrenier : *cil mesmes dist* ».

– **A 44** – « *Digeste vielle*, de meismes [couvert de soie ynde et vermeille], et fermoers d'argent[68] ».

Il s'agit d'une traduction française du *Digestum vetus* de Justinien, plus précisément de la traduction 3 de la seconde tradition traductive définie par Frédéric Duval dans la base « Miroir des classiques » de l'École nationale des chartes. Le manuscrit réapparaît dans le surcroît de la première chambre où il est décrit en 1411 par Jean Lebègue (inventaire D, n° 879, cf. Paris, BnF, ms. Français 2700, f. 127) : « Une *Digeste vieille*, en françois, escripte, couverte et fermant comme dessus [couvert de soye inde et vermeille, a .IIII. fermoirs d'argent doré, a escuçon de France en chascun], commençant ou .II.e foillet : *par vous tant seulement*, et ou derrenier : *ou mors se la femme* ». Il est identifiable avec le BnF, ms. Français 20118, un exemplaire parisien du troisième quart du XIIIe siècle[69].

– **A 45** – « La *Somme Ascé sur Code*, de meismes [couvert de soie ynde et vermeille], et fermoers d'argent[70] ».

Il s'agit de la traduction française anonyme - sans doute d'origine orléanaise - de la *Summa super codicem* que le juriste bolonais Azon rédigea entre 1208 et 1210. Le manuscrit réapparaît dans le surcroît de la première chambre où il est décrit en 1411 par Jean Lebègue (inventaire D, n° 878, cf. Paris, BnF, ms. Français 2700, f. 127) : « La *Somme d'Asse sur Code et sur Instante*, en françois, escript, couvert et fermant comme dessus [couvert de soye inde et vermeille, a .IIII. fermoirs d'argent doré, a escuçon de France en chascun], commençant ou .II.e foillet du texte : *session l'on entent*, et ou derrenier : *heritez par nom il n'a pas* ». Il est identifiable avec le BnF, ms. Français 22969, un exemplaire parisien du troisième quart du XIIIe siècle, qui contient également la *Somme aux Institutes* et aux *Extraordinaires* du même auteur[71].

– **A 46** – « *Enforçade*, de meismes [couvert de soie ynde et vermeille], et fermoers d'argent[72] ».

Il s'agit de la traduction anonyme française de l'*Infortiatum* de Justinien qui n'est connue aujourd'hui que par deux manuscrits (Rouen, Bibliothèque municipale, ms. 794, fin XIIIe siècle ; Bordeaux, Bibliothèque municipale, ms. 354, fin XIIIe-début XIVe siècles). Le manuscrit emprunté par Louis d'Anjou réapparaît dans le surcroît de la première chambre où il est décrit en 1411 par Jean Lebègue (inventaire D, n° 80, cf. Paris, BnF, ms. Français 2700, f. 127v) : « *Inforçade*, en françois, escript, couvert et fermant comme dessus [couvert de soye inde et vermeille, a .IIII. fermoirs d'argent doré, a escuçon de France en chascun], commençant ou .II.e foillet du texte : *se li cultiverres a selong*, et ou derrenier : *la possession des biens* ». Il n'est identifiable avec aucun des deux manuscrits conservés aujourd'hui.

– **A 119** – « Vegesse *De chevalerye*, emprose, en aiz[73] ».

La Librairie de Charles V ne comptait pas moins de dix exemplaires du *De re militari* de Vegèce en français, parmi lesquels figuraient au moins deux exemplaires de la traduction de Jean de Meun[74] et quatre de la traduction de Jean de Vignay[75]. La place du manuscrit emprunté par Louis d'Anjou au début de la première salle, juste après un manuscrit contenant une traduction du *De consolatione* de Boèce et le *Testament*, l'un et l'autre de Jean de Meun, suggère qu'il s'agissait de la version du *De re militari* traduite par Jean de Meun. On sait que ce texte fut commandé par Jean de Brienne, comte d'Eu, en l'honneur des fêtes du mariage et de la chevalerie du futur Philippe IV le Bel, les 14 et 15 août 1284. Placé dans la Librairie royale entre les manuscrits BnF, Français 25344 (L'*Image du Monde* de Gossuin de Metz) et Français 15213 (*Ysopet* et *Bestiaire d'Amour* de Richard de Fournival) le manuscrit devait, selon toute vraisemblance, dater, comme eux, du deuxième quart du xive siècle. On peut raisonnablement penser qu'il s'agissait d'un manuscrit offert pour la chevalerie d'un des princes de France, peut-être celle de Jean, le futur Jean le Bon, en septembre 1332.

– **A 143** – « Le *Seul parler* saint Augustin, couvert de soie vermeille et fermoers d'argent[76] ».

Il s'agit de la traduction française anonyme des *Soliloquia*, une œuvre du xiiie siècle attribuée à saint Augustin, qui s'inspire en particulier du *De arrha animae* d'Hugues de Saint-Victor et des *Confessions*. La Librairie de Charles V est la plus ancienne référence connue de cette traduction dont Christine de Pizan attribue la commande à Charles V. Elle semble se diffuser au tournant des xive et xve siècles ; on en connaît aujourd'hui trente-cinq manuscrits. Les plus anciens manuscrits, et particulièrement le BnF, ms. Français 1832, qui date du troisième quart du xive siècle, portent ce titre : « Le Livre de saint Augustin des seulz parlers de l'ame a Dieu » ; le texte des « Soliloques » y est suivi au chapitre XXVI, de la traduction de l'*Oratio ad sanctam Trinitatem*, puis de « Meditacions saint Augustin en pensant a Dieu[77] ». Dans un certain nombre de manuscrits des xive et xve siècles, les *Lamentations* et *Meditacions* saint Bernard précèdent les *Contemplacions* et les *Soliloques* (cf. BnF, ms. Français 19271, vers 1380-1390 ou ms. Français 22921, début xve siècle).

– **A 192** – « Un livre de la *Cité de Dieu*, en deux volumes tres grans, couvert de soie a queue, a .IIII. fermoers d'argent chascun[78] ».

Il s'agit de la traduction du *De civitate Dei* de saint Augustin que Raoul de Presles commença, à la demande de Charles V, à la Toussaint de 1371 et acheva le 1er septembre 1375. De grand format (486 × 233 mm), le manuscrit est l'exemplaire de la personne publique du roi, aujourd'hui dispersé entre la Bibliothèque municipale d'Angers (ms. 162), pour les Livres I à X, et la Houghton Library de Cambridge (ms. Typ. 201 en trois volumes) pour les Livres XI à XXII[79]. Le manuscrit de Cambridge est illustré pour l'essentiel par le Maître du Livre du sacre de Charles V (appelé ainsi d'après le ms. Londres, B.L., Cotton MS Tiberius VIII/2), assisté du Maître de la Bible de Jean de Sy et du Maître du Couronnement de Charles VI. Les deux volumes figurèrent un temps dans la Librairie du duc Jean de Berry, comme l'attestent ses armes portées au f. 2 du manuscrit de Cambridge, avant de prendre chacun « une route » différente. Le manuscrit d'Angers semble être passé par l'Espagne avant d'entrer à la Révolution à la Bibliothèque d'Angers ; le manuscrit de Cambridge circula quant à lui dans les collections des grands collectionneurs britanniques et américains Henri Yates Thompson († 1928), Alfred Chester Beatty († 1968) puis Philip Hofer († 1984).

- **A 206** – « Un *livre des Merveilles du monde*, nommé *Solin*, couvert de soie vert, a .II. fermoers d'argent dorez, donné au roy par Gilet[80] ».

Il est vraisemblable que figure sous ce titre une traduction des *Otia imperialia* de Gervais de Tilbury, appelé également *Liber de mirabilibus mundi*. Le garde de la Librairie Gilles Malet a-t-il offert au roi un exemplaire de la traduction de Jean de Vignay (vers 1320-1326), dont le roi avait déjà plusieurs manuscrits[81] ? En ce cas il devait être particulièrement luxueux ou de provenance prestigieuse (manuscrit de dédicace à Philippe VI de Valois ?). Ou bien, ce qui est plus vraisemblable, s'agit-il d'un manuscrit de la traduction faite à Saint-Jean d'Acre par Jean d'Antioche, attaché, en 1282, à l'hôpital Saint-Jean de Jérusalem ? On n'en conserve aujourd'hui qu'un exemplaire, datant de la fin du XVe siècle (Paris, BnF, ms. Français 9113)[82]. Il faut toutefois signaler qu'un manuscrit de la traduction des *Otia imperialia* par Jean de Vignay réapparaît dans le surcroît de la première chambre en 1411, mais sa description dénote un exemplaire modeste, prisé seulement 10 sous en 1424 (Delisle, *Recherches*, nº 776)[83].

- **A 225** – « Le *Pelerinage du monde, de l'ame, de Jhesus-Crist*, couvert de soie vert a queue, que donna au roy le conte de Harcourt[84] ».

Il s'agit de la trilogie des *Pelerinage de vie humaine*, *Pelerinage de l'ame* et *Pelerinage de Jesus Christ* que Guillaume de Digulleville, moine cistercien d'origine normande rédigea entre 1331 et 1358. C'est une version intégrale des *Pèlerinages*, encore peu diffusée dans les années 1370-1380, que le comte Jean VI d'Harcourt, beau-frère du roi lui offrit[85]. Ce chef de guerre courageux « toujours prêt à débeller les ennemis du royaume » reçut en contre-don un exemplaire de « *Meliadus* et du *Chevalier sans paour* que aucuns nomment le Brust, en tres grant volume, couvert de cuir blanc[86] ».

- **A 842** – « Un *Breviaire* que fist faire la dame d'Avaugour a l'usage des Freres meneurs, couvert de cuir rouge a empraintes et deux fermoers d'argent d'ancienne façon[87] ».

Il s'agit d'un Bréviaire franciscain que Jeanne de Penthièvre (1319-1384), comtesse de Penthièvre et de Goëllo, vicomtesse de Limoges, dame d'Avaugour, épouse de Charles de Blois (1319-1364), neveu de Philippe VI de Valois avait fait faire. Elle était la belle-mère de Louis d'Anjou qui avait épousé sa fille Marie, en 1360. La place du manuscrit dans la troisième salle laisse supposer qu'il avait été donné à la reine Jeanne de Bourbon. L'inventaire B (846) signale qu'avant d'être emprunté par Louis d'Anjou, l'ouvrage se trouvait entre les mains du comte Jean VI d'Harcourt, dont la femme Catherine était la sœur de feue la reine. Si l'on admet que Louis d'Anjou le rendit à sa belle-mère Jeanne de Penthièvre, le manuscrit pourrait être identifié avec « Le Breviaire de Madamme … a l'usage de Romme couvert de samit inde », qui figure dans son testament[88].

Des motivations d'ordre administratif et personnel semblent justifier les emprunts du 22 novembre. C'était en effet moins les questions de succession dynastique au royaume de France qui importaient désormais à Louis d'Anjou que ses nouvelles possessions dans le sud de la France et en Italie. Car, adopté le 29 juin 1380 par la reine Jeanne Ière de Naples, il était son héritier pour le royaume de Naples, les comtés de Provence, de Forcalquier et de Piémont, et devait de ce fait mettre en place une nouvelle administration – ce qu'il fit rapidement en nommant chancelier Jean Le Fèvre, un clerc expérimenté. Ainsi s'explique l'emprunt de la série particulièrement rare de ce *Corpus juris civilis* en français, datant du XIIIe siècle. Redécouvert à la fin du XIe siècle à Bologne, largement diffusé dans le sud de la France dès le second quart du XIIe siècle, le *Corpus juris civilis* est traduit en français à partir du milieu du XIIe siècle ; les différentes traductions souvent en plusieurs versions semblent avoir été élaborées dans la région d'Orléans où l'on enseignait le droit civil officiellement depuis 1235 et où venaient se former les praticiens du droit, et les clercs royaux ; les plus anciennes semblent être les *Institutes*, le *Digeste vieux* et l'*Infortiat*, certainement antérieures à 1260. Si les versions françaises du *Code* ou des *Institutes* étaient relativement bien diffusées, en revanche l'*Infortiat*, le *Digeste vieux* ne sont plus connus aujourd'hui qu'à un très petit nombre d'exemplaires ; nous ne conservons, à ma connaissance, aucun exemplaire du *Digeste neuve*[89].

Avec la traduction des *Otia Imperialia* de Gervais de Tilbury, le duc pouvait appréhender ses nouveaux territoires, en prenant connaissance des usages italiens de la cour de Sicile, des merveilles de la région d'Arles, des débats entre *regnum* et *sacerdotium* par lesquels l'ouvrage débute. Quant aux emprunts des *Pèlerinages* de Digulleville et du Bréviaire de la dame d'Avaugour, ils témoignent à l'évidence d'une démarche plus personnelle. C'est sans doute pour compléter un manuscrit de la première rédaction du *Pèlerinage de Vie humaine*, fait à Toulouse vers 1370 – actuellement Bibliothèque Vaticane, ms. Palatin Latin 1969 – que Louis d'Anjou et Marie de Bretagne avaient dans leur bibliothèque, que le duc emprunta un exemplaire complet des trois *Pèlerinages* à la Librairie royale[90]. C'est vraisemblablement à l'intention de sa belle-mère que Louis d'Anjou emprunta, ou plutôt « repris », le Bréviaire qu'elle avait fait faire.

Les « emprunts » du 6 et 7 mars et du 3 mai 1381 : la sagesse d'un roi

Au printemps de 1381, Louis d'Anjou emprunte encore cinq manuscrits, des textes de l'Antiquité classique en français et en latin et les cahiers en cours de traduction de la Bible de Jean de Sy. Sans doute entend-il continuer la politique culturelle de Charles V en faisant poursuivre sinon achever deux traductions alors en cours.

Le 6 mars 1381, il emprunte :

– **A 27** – « Ovide, en un volume, rymé, escript a .III. coulombez, bien ystorié ». L'inventaire B (27) précise les « …*Flabez* Ovide, en un volume grant[91]… ».

Il s'agit de l'*Ovide moralisé* en français, une traduction-adaptation et interprétation des *Métamorphoses* d'Ovide, rédigée par un franciscain à l'usage des clercs de son ordre. Elle pourrait avoir été composée pour la reine Jeanne de Bourgogne, entre 1317 et 1328 (?). Le volume est identifiable avec le manuscrit 5069 de la Bibliothèque de l'Arsenal, un exemplaire de grand format (447 × 320 mm), copié sur trois colonnes, illustré de trois cent deux miniatures dues au Maître de Fauvel et datable entre 1315 et 1325. On en veut pour preuve supplémentaire les fleurs de lys qui ornent le champ losangé de la lettre qui, au f. 60v, introduit le chapitre CXIX sur Bellérophon tuant la vermine de Sicile (**Fig. 7**)[92].

– **A 65** – « Les *Espistrez Seneque a son amy Lucile*, et en la fin du livre est la table de ce qui contenu y est, escripte de plus menue lettre[93] ».

Il s'agit de la première traduction française des *Épitres à Lucilius* de Sénèque, née dans l'entourage du roi Charles II d'Anjou († 1409). Elle fut commandée par Bartolomeo Siginulfo de Naples, comte de

Fig. 7. Maître de Fauvel, *Histoire de Bellérophon* ; lettre ornée à fleur de lys. *Ovide moralisé*, nord de la France, vers 1325-1350. Paris, BnF, Arsenal, ms. 5069, f. 60v.

Cazerte, grand chambellan du royaume de Sicile, à un italien qui n'était pas de la « langue françoise ». Elle lui est présentée entre fin septembre 1308 et octobre 1310[94]. Parmi les cinq manuscrits actuellement conservés, aucun ne comporte une table de plus petit module à la fin de l'ouvrage[95].

– **A 241** – « Valerius Maximus, couvert de soie vermeille a queue, tres bien escript et ystorié[96] ».

Il s'agit de la traduction des *Facta et dicta memorabilia* de Valère Maxime, confiée par Charles V à Simon de Hesdin, hospitalier de Saint-Jean de Jérusalem, un peu avant 1375. Celui-ci s'arrêtera au chapitre quatre du Livre VII. Le manuscrit a été identifié avec le BnF, ms. Français 9749, un exemplaire illustré par le Maître du Couronnement de Charles VI, qui porte au f. 1 l'emblème de Charles V, deux lions en grisaille entourant des armoiries (disparues, **Fig. 10**)[97].

Le duc d'Anjou emprunte encore le 7 mars 1381 :

– **A 866** – « Titus Livius qui fu maistre Raoul de Prairez, en .II. volumes, couvert de cuir jaune tout un[98] ».

Il s'agit d'un exemplaire latin des *Décades* de Tite-Live. L'inventaire B (869) signale qu'il s'était trouvé auparavant entre les mains de Simon de Hesdin. Or Simon de Hesdin ayant traduit les premiers livres des *Facta et Dicta Memorabilia* de Valère Maxime, il est très probable que ce manuscrit devait servir à vérifier les références pour continuer cette traduction. Ce manuscrit, que Raoul de Presles avait sans doute offert au roi, était particulièrement précieux, car il contenait les trois Décades alors connues de Tite-Live, et en particulier la quatrième alors très peu diffusée. Cela est d'autant plus probable que Raoul de Presles avait eu au début de sa carrière comme protecteur Jean d'Angerant, évêque de Chartres. Or on sait qu'il y avait à Chartres, à la bibliothèque du chapitre, un exemplaire comportant la quatrième Décade de Tite-Live (cf. *infra*).

Le duc d'Anjou emprunte encore le 3 mai 1381 :

– **A 268** – « .LXII. caiers de la *Bible* que commença maistre Jehan de Sy et laquelle faisoit translater le roy Jehan, dont Diex ait l'ame[99] ».

Il s'agit de soixante-deux cahiers non reliés de la traduction de la Bible que Jean le Bon commanda au dominicain Jean de Sy et dont deux volumes figuraient au début de la première salle, A 13 et A 12.

Il est vraisemblable que ces soixante-deux cahiers qui étaient conservés à la fin de la première salle correspondent pour partie à la traduction réalisée par le dominicain Jean Thomas en 1375, en particulier les chapitres 17 à 30 de Jérémie. Ils forment la suite du volume décrit au début de l'inventaire, à A 12. Ils correspondent à la première partie du volume décrit sous la cote « B 199 » dans l'inventaire des onze livres de la Bible de Jean de Sy mis en garde à Calais : « le tiers volume commence en la glose, lettre noire, "*Verbum quod factum est etc.*" et trois lignes au dessoubz en lettre vermeille. "Cy commence le .XVIIIe chapitre du livre de Jheremie le prophete", et finist en la glose de derrenier feullet, "Cy finist Ezechiel parfait par R. d'Orleance Mil.III^c IIII^xx XVI" ». Celui-ci contenait les livres de Jérémie à partir du chapitre XVIII jusqu'à Ézéchiel et était copié, au moins en partie, par Raoulet d'Orléans[100].

Louis d'Anjou avait sans doute l'intention de continuer la politique culturelle de Charles V en poursuivant les traductions que celui-ci avait faites entreprendre, en particulier celle de Valère Maxime qui avait été confiée à Simon de Hesdin et celle de la Bible commencée par Jean de Sy et confiée ensuite au dominicain Jean Thomas. Cela est d'autant plus plausible qu'un compte, daté du 13 mai 1378 nous apprend que le duc d'Anjou avait fait rémunérer Raoul de Presles pour des traductions de latin en français – on ne sait lesquelles – qu'il lui avait commandées[101].

Parmi les manuscrits empruntés au printemps 1381 figure en effet l'exemplaire de dédicace de la traduction de Valère Maxime, le BnF, ms. Français 9749, contenant les quatre premiers livres de cette traduction qui avait été commencée en 1375, et dont le deuxième livre se trouvait achevé en 1377 (cf. Paris, BnF, ms. Français 282, f. 131v). Ayant terminé le Livre V, en 1379 (cf. Troyes, Médiathèque, ms. 261, f. 205v), Simon de Hesdin poursuivra sa traduction jusqu'au quatrième chapitre du livre VII[102]. Figurait également au nombre de ces emprunts, un manuscrit conservé dans la troisième salle, les *Décades* de Tite-Live, en latin dans un exemplaire ayant appartenu à Raoul de Presles. Ce manuscrit exceptionnel contenait les trois *Décade*s alors connues de Tite Live, la première, la troisième et surtout la quatrième Décades, extrêmement rare à l'époque ; celle-ci n'était en effet alors connue qu'à travers les exemplaires dérivant du *Vetus Carnotensis* découvert à la cathédrale de Chartres par Landolfo Colonna, au début du XIVe siècle. Ce manuscrit avait en outre la particularité de présenter une division des Livres latins de Tite-Live en chapitres et en paragraphes. C'est évidemment de cet exemplaire que sont extraites les citations des *Décades* de Tite-Live illustrant la traduction commentée de la *Cité de Dieu* de Saint Augustin par Raoul de Presles[103]. C'est également à partir de cet exemplaire latin qu'a été composée la traduction des *Décade*s par Pierre Bersuire, puisque la même capitulation se retrouve dans les manuscrits de la première version de la traduction, les BnF, ms. NAF 27401 et Oxford, Bibliothèque Bodléienne, ms. Rawlinson C 447. C'est également sur cet exemplaire latin que Simon de Hesdin a vérifié les citations latines de la quatrième Décade de Tite-Live fournies par le commentaire de Dionigi de Borgo san Sepulchro[104] ; car comme le rappelait A. Vitale Brovarone, Simon de Hesdin, qui appréciait la langue latine, se référait à elle plutôt qu'à la traduction de Pierre Bersuire[105].

C'est sans doute également dans la même intention de faire poursuivre la traduction de la Bible entreprise par Jean de Sy, que Louis d'Anjou, après en avoir emprunté les deux premiers volumes le 7 octobre, emprunte le 3 mai 1381 les soixante-deux cahiers inachevés de cette traduction, qui est inventoriée dans les derniers numéros de la première salle. C'est peut-être donc à sa demande d'une part, que certaines esquisses tracées par le Maître de la Bible de Jean de Sy dans le BnF, ms. Français 15397, furent complétées en partie, avant d'être de nouveau arrêtées (**Fig. 8 et 9**)[106] ; et d'autre part que la traduction de la fin du livre de Jérémie et du suivant furent amorcées, jusqu'à ce que Raoulet d'Orléans les copie pour Louis d'Orléans. Les manuscrits mentionnés aux articles A 12 et A 268 semblent avoir réintégré la Librairie royale, bien qu'ils ne soient pas répertoriés dans les inventaires postérieurs, tandis que le manuscrit Français 15397, resta, sans doute en raison de son illustration dans les collections du duc de Berry, avant de passer à la famille des Arbaleste[107].

La circulation des manuscrits « empruntés »

Sans doute faut-il voir dans la bonne connaissance que Louis d'Anjou semble avoir de la bibliothèque royale l'influence du garde de la Libraire Gilles Malet, que le duc connaît bien, puisqu'il est le parrain d'un de ses enfants. On ne sait ce que les manuscrits empruntés par Louis d'Anjou devinrent lorsque le duc partit en Provence, puis en Italie, ni même après sa mort à Bari, le 21 septembre 1384. Toutefois un tiers d'entre eux, c'est-à-dire dix réintégrèrent la Librairie royale avant 1411, où ils furent répertoriés par Jean Lebègue. Dans le surcroît de la troisième et de la première chambre, ce sont les numéros 757, 875, 877, 878, 879, 880, 881, 883, 885, 886 et peut-être 916 de l'inventaire D ; ils sont en particulier reconnaissables aux fermoirs d'argent doré, émaillés aux armes de France qu'ils portent.

Certains des manuscrits empruntés par le duc d'Anjou restèrent groupés longtemps après la mort de celui-ci. C'est ainsi qu'en 1398 Louis d'Orléans paie 100 francs d'or à son libraire attitré Étienne Langevin pour qu'il rémunère les copistes et les enlumineurs qui ont travaillé pour lui à la copie de la *Cité de Dieu*, des *Éthiques*, des *Politiques*, *Du Ciel et du Monde*, des *Chroniques de Burgos*, de la Bible de Jean de Sy et d'autres manuscrits encore[108] :

> « Sachent tuit que je, Thevenin Angevin, confesse avoir receu de monseigneur le duc d'Orléans par les mains de Goefroy Lefèvre, varlet de chambre, la somme de cent frans d'or, pour acheter parchemins et pour payer les escripvains et enlumineurs qui escripsent et enluminent pour mondit seigneur les livres de *la Cité de Dieu*, *Ethiques*, *Politiques*, *Du ciel et du monde*, les *Chroniques de Burgues*, la *grant Bible glosée* et autres livres. En tesmoing de ce j'ay escript ceste cédule de ma propre main, le derrenier jour d'avril l'an mil .CCC. quatre vingt dix huit[109] ».

La copie de certaines de ces traductions, commandées par Charles V et empruntées par Louis d'Anjou le 7 octobre 1380, semble avoir débuté dès janvier 1396[110].

Les quatre manuscrits subsistants des *Chroniques de Burgos* en français, font apparaître que le texte a circulé depuis la librairie de Charles V via le duc d'Anjou, dans les collections de Louis d'Orléans, puis dans celles du duc Jean de Berry. Le manuscrit de dédicace, emprunté par le duc d'Anjou est en effet identifié par Stéphanie Aubert, pour sa seconde partie – la seule subsistante – avec le manuscrit Londres, B.L., Cotton MS Otho C IV, malheureusement très endommagé dans l'incendie qui ravagea la British Library en 1731[111]. C'est en effet le seul exemplaire connu de ce texte, écrit en lettres gothiques – ce qui correspond à la « lettre de forme » que mentionne l'inventaire ; il est également richement illustré – puisque les deux cent quatre-vingt-cinq feuillets conservés comportent cinquante-trois miniatures. Il rentra dans la librairie royale avant 1411, où il est décrit ainsi par Jean Le Bègue : « les *Croniques d'Espaigne* que fist l'evesque de Burs, translatees en françois par frere Jehan Goulain, en deux volumes tres bien escripz de lettre de forme et a deux coulombes, et tres bien historiez et enluminez, le premier volume commençant ou .II.ᵉ foillet : *Hercules fut mort son filz*, et ou derrenier : *le prefect fist* ; et le second volume commençant ou .II.ᵉ foillet : *mais aprés il retourna*, et ou derrenier : *terre et gasta*, et est signé *Charles*, touz deux couvers de grans chemises de soye, d'asur et de blanc, a grandes queues, a .II. fermoirs d'argent dorez, esmaillez de France et tissuz de soye » (inventaire D, nº 885, cf. Paris, BnF, ms. Français 2700, f. 128).

L'exemplaire que fit copier Louis d'Orléans est très vraisemblablement le manuscrit 1150 de la Bibliothèque municipale de Besançon ; il ne contient plus aujourd'hui, lui aussi, que la seconde partie des *Chroniques*, depuis le règne de Constantin jusqu'en 1327, date du mariage de Jayme II, roi de Majorque ; celle-ci est illustrée par le Maître de Virgile ; il appartint par la suite au comte de Foix, Jean de Grailly qui y fit inscrire sa devise « J'ay belle dame[112] ». Au début du xvᵉ siècle, le duc de Berry possédait deux manuscrits des *Chroniques de Bures* ; le premier, écrit de « lettre de court », c'est-à-dire en écriture cursive, qu'il acheta en février 1403 pour 200 écus d'or au libraire-enlumineur « Hanequin de Virelay » ; le second, également « escript … de lettre de court, bien historié et enluminé » qu'il paya 160 écus d'or comptant, le 29 octobre 1407, et qui est identifiable avec le manuscrit Royal MS 19 E VI de la British Library, illustré d'une peinture et de trente miniatures par le Maître de la Cité des dames[113].

On retrouve une circulation identique des textes, sinon des manuscrits, pour les *Éthiques*,

Fig. 8. Maître de la Bible de Jean de Sy, *Abraham renvoie Agar et Ismaël. Bible* de Jean de Sy, Paris, vers 1356-1360. Paris, BnF, ms. Français 15397, f. 33v.

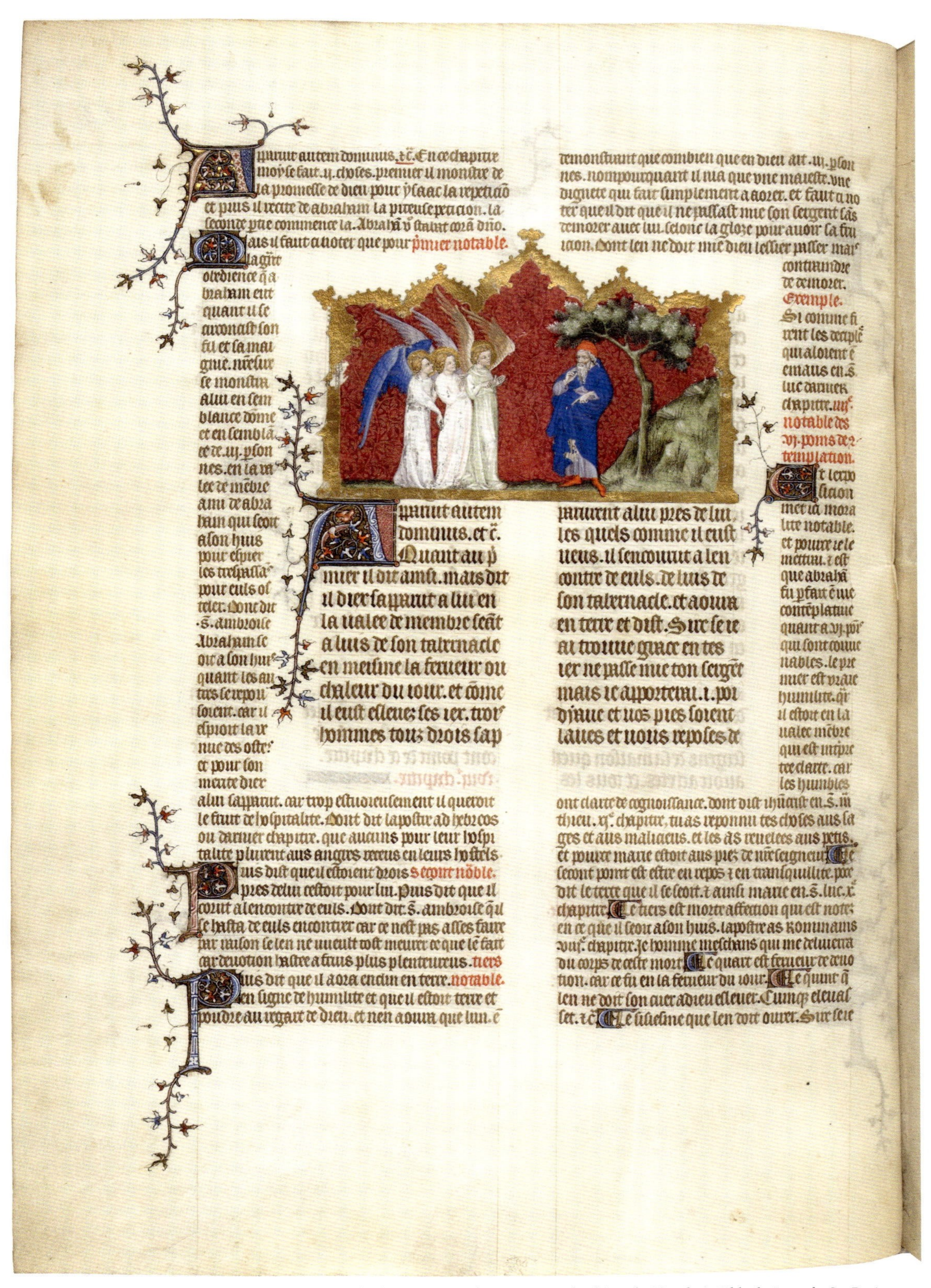

Fig. 9. Collaborateur de Jacquemart de Hesdin, *Abraham recevant les anges sous le chêne de Mambré*. *Bible* de Jean de Sy, Paris, vers 1380-1390 (?). Paris, BnF, ms. Français 15397, f. 24v.

Fig. 10. Maître du Couronnement de Charles VI, *Mariage chez les Romains*. Valère Maxime, traduit par Simon de Hesdin, *Dits et faits mémorables*, Paris, 1375-1379. Paris, BnF, ms. Français 9749, f. 76v.

Politiques et Économiques d'Aristote, en deux volumes. Albert Menut signale en effet dans son édition des *Politiques* – après Léopold Delisle[114] – que les deux manuscrits des *Politiques* du roi Charles V, son exemplaire personnel – le manuscrit Bruxelles, Bibliothèque royale, ms. 11201-11202 – et son exemplaire de souverain – autrefois dans la collection du comte Cruisse de Waziers – ainsi que le manuscrit copié pour Louis d'Orléans – le manuscrit BnF, ms. Français 9106 – présentent, et eux seuls, la même première version du texte[115]. Ce dernier est illustré en grisaille par un des artistes attitrés de Louis d'Orléans, Perrin Remiet, appelé aussi le Maître de la Mort[116] ; il porte au f. 379 l'ex-libris autographe du duc Jean de Berry. Il en est de même de l'exemplaire des *Éthiques*, celui de la personne publique du souverain – Bruxelles, Bibliothèque royale, ms. 9505-9506 – identique dans sa version textuelle à l'exemplaire de la personne privée du roi – La Haye, musée Meermanno-Westreenianum, ms. 10 D I – et à l'exemplaire copié pour Louis d'Orléans – manuscrit 277 du musée Condé à Chantilly. Celui-ci, également illustré par Perrin Remiet, porte les armes du duc Louis d'Orléans (d'azur à fleurs de lys d'or surmonté d'un lambel d'argent) soutenues par deux loups portant des clochettes (f. 3, **Fig. 11**) ; sur le premier feuillet de garde est inscrit l'ex-libris autographe du duc Jean de Berry. Et de fait, une mention de l'inventaire après-décès du duc de Berry (1416) signale que le duc d'Orléans avait donné avant sa mort à son oncle ses deux volumes du Livre d'*Éthiques* et de *Politique*, constitués par le manuscrit 277 du musée Condé de Chantilly et le BnF, ms. Français 9106 : « Item un livre d'*Ethiques* et *Polithiques* en deux volumes, escript en françoys, de lettre de fourme ; et au commancement du second fueillet du premier volume, c'est assavoir *Ethiques* a escript : *ces si comme* ; et au commancement du second fueillet de l'autre volume, c'est asavoir *Polithiques*, a escript : *et ceste communité* ; et sont couvers chascun de veluiau vermeil, a deux fermouers d'argent dorez, esmaillez, l'un aux armes de Monseigneur, et l'autre aux armes de feu monseigneur d'Orleans qui donna lesdiz deux volumes a mondit Seigneur[117] ». L'incipit du second feuillet du texte du premier volume commence en effet par « ces si comme des robes du pain et des autres choses » dans le manuscrit 277 du musée Condé de Chantilly, f. 4. L'incipit du début du deuxième volume figure au f. 1 du BnF, ms. Français 9106 (premier feuillet manquant) : « Et ceste communité c'est celle qui est appellee cité… »

Quant à l'exemplaire des *Éthiques, Politiques et Économique* de la personne publique du roi Charles V, qui avait servi de modèle à la copie du duc Louis d'Orléans, passé ensuite dans les collections du duc de Berry, il se trouvait, au tout début de l'année 1402, entre les mains du duc de Bourgogne, Philippe le Hardi. Richard le Comte établit en effet à cette date un mandement au profit de Dine Rapondi pour des draps de soie et de sandal destinés à couvrir certains livres du duc, dont celui-ci[118]. On retrouve ensuite les deux volumes (n° 66 et 67) dans l'inventaire après-décès du duc, qui recense les biens de l'Hôtel d'Artois à Paris, en mai 1404[119].

On peut s'interroger sur le rôle que joua Gilles Malet dans cette circulation des manuscrits de la Librairie de Charles V, dans le cercle restreint des princes de France, au tournant des XIVe et XVe siècles, lui qui cumulait les fonctions de garde de la Librairie du roi Charles VI et de garde de la Librairie du duc Louis d'Orléans, en son Hôtel de la Poterne, à partir de 1396 sans doute. Dans ce domaine, le duc Jean de Berry semble s'être attribué quelque prérogative, puisque cinq, sinon sept des manuscrits empruntés par Louis d'Anjou figurèrent dans sa Librairie[120].

Un autre ensemble de manuscrits resta groupé, celui composé des cinq livres de droit en français – par ailleurs très rares, comme nous l'avons vu – qui avaient été empruntés le 22 novembre par Louis d'Anjou. Ils figurent dans l'inventaire après-décès de Marguerite de Flandres, l'épouse de Philippe le Hardi, à Arras, en mai 1405 : n° 186-190, « Item .IIII. grans livres de droit civil, est assavoir .I. *Code*, une *Digeste vieles*, une *Digeste noeve* et

Fig. 11. Perrin Remiet, *Dédicace de l'œuvre* et *Félicité humaine*. Aristote, traduit par Nicole Oresme, *Éthiques*, Paris, 1396-1398. Chantilly, musée Condé, ms. 277, f. 3 bis.

.I. *Inforsade* », et n° 190 (voir aussi n° 40) « Item la *Somme d'Asse*[121] ». Les manuscrits furent prêtés par son fils, Jean sans Peur à son médecin Geoffroi Maupoivre[122]. Celui-ci dut les rendre à la Librairie royale de Charles VI avant 1411, car ils sont répertoriés par Jean Lebègue dans le surcroît de la première chambre.

Ainsi, c'est bien l'amour des lettres plus que la cupidité qui incita Louis d'Anjou à emprunter à la Librairie royale trente-cinq de ses plus beaux manuscrits. Il n'entrait sans doute pas dans ses intentions de gouverner réellement le royaume, puisque n'y figurent - pour ne citer qu'eux - ni l'exemplaire du *Songe du Verger* (Londres, British Library, Royal MS 19 C IV), ni celui des *Grandes Chroniques de France* (Paris, BnF, ms. Français 2813). Cette image d'un prince lettré, soucieux des exigences de l'autorité royale, attentif à se référer aux sources du droit, cherchant à imiter la sagesse de ses ancêtres - les princes angevins de Naples (Charles II d'Anjou, † 1309) - ou de ses proches parents - Jean le Bon ou Charles V - est conforme aux portraits qu'en tracent Christine de Pizan et le Religieux de Saint-Denis : « ce fu prince louable et digne de reputacion et mémoire, moriginé et apris en toutes choses qui a hault prince peuvent estre convenables » (Christine de Pizan)[123] ; « Je crois inutile de vanter en lui la magnificence et la courtoisie dont les nobles se montrent si jaloux. Il semblait tenir ses vertus en héritage de ses ancêtres, et il les pratiquait avec un zèle si parfait, que tous ceux qui venaient à la cour reconnaissaient en lui la majesté royale à cet air répandu en lui et dans toutes ses manières et dans toute sa personne » (Religieux de Saint-Denis, en traduction)[124]. Bien des recherches restent à mener pour mettre en lumière le rôle fondateur de la librairie royale de Charles V et des princes de France dans la diffusion d'un savoir en langue vulgaire. C'est à cette tâche que nous nous sommes attelés avec une équipe de chercheurs dont je coordonne et dirige les travaux à la Bibliothèque nationale de France et à l'Institut de recherche et d'histoire des textes (Françoise Fery-Hue, Monique Peyrafort-Huin, Véronique de Becdelièvre), qui aboutira à l'édition scientifique commentée des inventaires de la Librairie des rois Charles V et Charles VI.

NOTES

1 D.-Fr. SECOUSSE, *Ordonnances des roys de France de la troisième race recueillies par ordre chronologique*, t. 6, Paris, 1741, p. 26.

2 *Ibid.*, p. 45-49.

3 *Ibid.*, p. 49-54.

4 Fr.-A. ISAMBERT, *Recueil général des anciennes lois françaises*, t. 6, Paris, 1824, p. 538-540.

5 *Ibid.*, p. 549-551. De fait les actes royaux d'octobre sont passés « par monseigneur le regent » ou « per Dominum regentem », cf. SECOUSSE, *op. cit.* (notre note 1), p. 521, 522, 526 ; puis après le sacre, en particulier à partir du 16 novembre, ils sont passés « per regem in suo magno consilio », ou « par le roy en son Conseil », cf. SECOUSSE, *op. cit.* (notre note 1), p. 528, 532 et Fr. LEHOUX, *Jean de France, duc de Berry, sa vie, son action politique (1340-1416)*, Paris, 1966, t. 2, p. 11-13 et 20-22.

6 Y. POTIN, « Le coup d'État révélé : régence et trésors du roi (septembre-novembre 1380) », dans *Coups d'État à la fin du Moyen Âge : aux fondements du pouvoir politique en Europe occidentale*, actes du colloque international de Madrid (2002), éd. Fr. FORONDA, J.-Ph. GENET et J. M. NIETO SORIA, Madrid, 2005, p. 181-212, en particulier p. 197-199. Sur les emprunts de Louis d'Anjou, voir L. DELISLE, *Recherches sur la Librairie de Charles V*, Paris, 1907, t. 1, p. 135-136 ; A. COVILLE, *La Vie intellectuelle dans les domaines d'Anjou-Provence, de 1380 à 1435*, Paris, 1941, p. 13-16 ; Fr. AVRIL, « L'héritage : quelques livres des premiers Anjou », dans M.-E. GAUTIER (éd.), *Splendeur de l'enluminure, le roi René et les livres*, cat. exp. (Angers, 2010), Angers, 2010, p. 37-42, en particulier p. 38.

7 Deux de ces emprunts sont notés en marge de l'inventaire B – inventaire de la Librairie rédigé par Jean Blanchet, à la mort de Charles V, et remis à Charles VI (Paris, BnF, ms. Baluze 397) – mais ne figurent pas dans l'inventaire A – inventaire de la Librairie rédigé par Jean Blanchet, à la mort de Charles V et remis au garde de la Librairie, Gilles Malet (Paris, BnF, ms. Français 2700, f. 2-37). Ce sont B 261 : « une tres belle Bible, en un volume, qui vint de Jehan de Valdetar, tres bien ystorié, la pippe et .IIII. fermouoirs d'or garnis de gros saphirs balaiz et perlez, en un estui a fleur de liz garni d'argent. [En marge de gauche :] Baillee en prest a monseigneur d'Anjou » (cf. DELISLE, *op. cit.* (notre note 6), t. 2, n° 21, se trouvant dans les collections du duc de Berry, en 1416, la Bible est alors rendue au roi Charles VI) ; et B 255 : « le livre De proprietatibus rerum, en .II. volumez, couvert de soie a queue. [En marge de gauche :] Baillé comme dessus a monseigneur d'Anjou » (cf. DELISLE, *op. cit.* (notre note 6), t. 2, n° 442-443). Un autre de ces emprunts est noté seulement dans l'inventaire A : A 70, « L'Appocalipse en françois, toute figuree et ystoriee, et emprose. [En marge de gauche :] Le roy [Charles V] l'a baillee a monsseigneur d'Anjou pour fere fere son beau tappis » (cf. DELISLE, *op. cit.* (notre note 6), t. 2, n° 92-93 ; elle réintégra la Librairie sous Charles V).

8 DELISLE, *op. cit.* (notre note 6), t. 1, n° XXXII et t. 2, n° 230 et 232 ; Fr. AVRIL (éd.), *La Librairie de Charles V*, cat. exp. (Paris, 1968), Paris, 1968, p. 96-97, n° 170 ; C. O'MEARA, *Monarchy and Consent. The Coronation Book of Charles V of France : British Library MS Tiberius B VIII*, Londres, 2001 ; J. FRONSKA, « The Livre du Sacre of Charles V of France. A Reappraisal », dans K. DOYLE et S. McKENDRICK, *1000 Years of Royal Books and Manuscripts*, Londres, 2014, p. 113-130.

9 M.-H. TESNIERE, « La Librairie de Charles V : institution, organisation et politique du livre », dans J. DUCOS et M. GOYENS (éd.), *Traduire au XIVe siècle, Evrart de Conty et la vie intellectuelle à la cour de Charles V*, Paris, 2015, p. 363-378.

10 L'inventaire B précise en effet à plusieurs reprises « baillé en prêt ».

11 DELISLE, *op. cit.* (notre note 6), t. 2, n° 899.

12 Voir J. DELMULLE, « L'insuccès d'une œuvre latine à succès : les Institutions et les Conférences de Jean Cassien à travers leurs traductions médiévales », dans *Des lectures salutaires pour tous : les textes religieux les plus populaires au Moyen Âge, publics et modes de réception*, actes du colloque de Paris (2015), Turnhout, à paraître.

13 DELISLE, *op. cit.* (notre note 6), t. 2, n° 115.

14 Ch. BRUCKER et P. DEMAROLLE (éd.), *Le « Rational des divins offices » de Guillaume Durand. Livre IV. La messe, les « prologues » et le traité du sacre ». Liturgie, spiritualité et royauté : une exégèse allégorique*, Genève, 2010 ; Cl. RABEL, « L'Illustration du Rational des divins offices de Guillaume Durand », dans *Guillaume Durand, évêque de Mende (v. 1230-1296), canoniste, liturgiste et homme politique*, actes de la table-ronde de Mende (1990), éd. P.-M. GY, Paris, 1992, p. 171-181.

15 DELISLE, *op. cit.* (notre note 6), t. 2, n° 906.

16 *Ibid.*, t. 2, n° 901-904.

17 *Ibid.*, t. 2, n° 971.

18 E. PINTO-MATHIEU et M.-G. GROSSEL, « Vitae Patrum », dans Cl. GALDERISI (éd.), *Translations médiévales, cinq siècles de traductions médiévales en français au Moyen Âge (XIe-XVe siècles)*, t. 2, 1, Turnhout, 2011, n° 133, p. 316-319.

19 DELISLE, *op. cit.* (notre note 6), t. 2, n° 484.

20 AVRIL, *op. cit.* (notre note 8), p. 118, n° 203. C. SHERMAN, *Imaging Aristotle, Verbal and Visual Representation in Fourteenth-Century France*, Berkeley, Los Angeles et Londres, 1995, p. 317-320. Et en dernière analyse, C. VAN HOOREBEECK, « De la Librairie du Louvre à la Librairie de Bourgogne : les manuscrits des collections royales françaises conservées à la Bibliothèque royale de Belgique », dans J. DUCOS et M. GOYENS (éd.), *Traduire au XIVe siècle : Evrart de Conty et la vie intellectuelle à la cour de Charles V*, Paris, 2015, p. 445-460, en particulier p. 446-449.

21 DELISLE, *op. cit.* (notre note 6), t. 2, n° 1015.

22 S. AUBERT, « Jean Golein et les Chroniques de Burgos », dans *Histoire littéraire de la France*, 43, 2, Paris, 2014, p. 339-391.

23 DELISLE, *op. cit.* (notre note 6), t. 2, n° 501.

24 AVRIL, *op. cit.* (notre note 8), p. 119-120, n° 206. Ch. BRUCKER (éd.), *Le Policratique de Jean de Salisbury, 1372 : Livres I-III*, Genève, 1994 ; *Livre IV*, Nancy, 1985 ; *Livre V*, Genève, 2006 ; *Livres VI et VII*, Genève, 2013. On nous permettra de signaler également M.-H. TESNIÈRE, « Un cas de censure à la Librairie de Charles V : le fragment du manuscrit Paris, BnF, Français 24287 », *Cultura neolatina*, 65, p. 271-285.

25 DELISLE, *op. cit.* (notre note 6), t. 2, nº 978 et 980.

26 Voir M.-H. TESNIÈRE, « Les deux livres du roi Charles V », dans *Une histoire pour un royaume (XIIe-XVe s.)*, actes du colloque en hommage à Colette Beaune de Nanterre (20-22 septembre 2007), éd. A.-H. ALLIROT, M. GAUDE-FERRAGU, G. LECUPPRE, E. LEQUAIN, L. SCORDIA et J. VÉRONÈSE, Paris, 2010, p. 281-298 et p. 541-543. Voir M.-H. TESNIÈRE, « Un manuscrit exceptionnel des Décades de Tite-Live par Pierre Bersuire », dans *La traduction vers le moyen français*, actes du colloque de Poitiers (2006), éd. Cl. GALDERISI et C. PIGNATELLI, Turnhout, 2007, p. 149-164.

27 DELISLE, *op. cit.* (notre note 7), t. 2, nº 980. Voir aussi M.-H. TESNIERE, « Pierre Bersuire, traducteur des *Décades* de Tite-Live : Nouvelles perspectives », dans *Quand les auteurs étaient des nains : Stratégies auctoriales chez les traducteurs français de la fin du Moyen Âge (1350-1500)*, éd. O. DELSAUX et T. VAN HEMELRICK, Turnhout, 2019 (BITAM 7).

28 *Ibid.*, t. 2, nº 523.

29 O. MERISALO, « Jean Golein, clergonnet du roy : observations sur la traduction du *De informacione principum* attribuée à Jean Golein », dans J. DUCOS et M. GOYENS (éd.), *Traduire au XIVe siècle : Evrart de Conty et la vie intellectuelle à la cour de Charles V*, Paris, 2015, p. 327-336 ; O. MERISALO, S. HAKULINEN, L. KARIKOSKI, K. KORHONEN, L. LAHDENSUU, M. PIIPPO et N. VAN YZENDOORN (Équipe Golein), « Remarques sur la traduction de Jean Golein du *De informacione principum* », *Neuphilologische Mitteilungen*, 95, 1994, p. 19-30. J. KRYNEN, *L'Empire du roi. Idées et croyances politiques en France, XIIIe-XVe siècle*, Paris, 1993 (Bibliothèque des Histoires), p. 189-191. On connaît vingt manuscrits de cette traduction ; parmi eux, le BnF, ms. Français 1213 (fin XIVe-début du XVe siècle) fait pour Louis d'Orléans et le BnF, ms. Français 1210 (vers 1400) qui appartint au duc Jean de Berry. Ils ont, comme le remarque Outi Merisalo, des affinités textuelles avec le manuscrit de dédicace.

30 DELISLE, *op. cit.* (notre note 6), t. 2, nº 471.

31 A. MENUT, *Le Livre du ciel et du monde*, Madison, Milwaukee et Londres, 1968, p. 730, cf. BnF, ms. Français 1082, f. 203v. Voir aussi *Ibid.*, p. 32-33 ; les autres manuscrits sont : BnF, ms. Français 565 ; Berne, Burgerbibliothek, Cod. Bongars. 310 ; BnF, ms. Français 1083 ; ms. Français 24278 ; Paris, Bibliothèque de la Sorbonne, ms. 571. Voir aussi J.-P. BOUDET, « La science des étoiles dans la librairie de Charles V » dans J. DUCOS et M. GOYENS (éd.), *Traduire au XIVe siècle : Evrart de Conty et la vie intellectuelle à la cour de Charles V*, Paris, 2015, p. 379-411.

32 « Item un livre en françoys de l'Aristote, appellé *Du ciel et du monde* ; couvert d'un drap de soie ovré, doublé d'un viez cendal, a deux fremouers d'argent dorez, esmaillez aus armes de Monseigneur, assis sur tixuz de soie vermeille » (J. GUIFFREY, *Inventaires de Jean de Berry, 1401-1416*, Paris, 1894, t. 1, p. 230 (A nº 877), et 1896, t. 2, p. 128 (article B, nº 1003).

33 DELISLE, *op. cit.* (notre note 6), t. 2, nº 881.

34 L. BRUN et M. CAVAGNA, « Pour une édition du *Miroir historial* de Jean de Vignay », *Romania*, 124, 2006, p. 378-429, en particulier p. 398.

35 *Ibid.*, p. 403 et nº 67.

36 Le manuscrit est ainsi décrit dans l'inventaire des biens du duc de Berry, en 1413 : « le Mirouer historial de Vincent, en trois volumes, escripz en françoys, de bonne lettre de fourme paraille, tres bien et richement historiez et enluminez ; et au commancement du second fueillet du premier volume a escript : *la voye* ; au commancement du second fueillet du second volume a escript : *du prieur* ; et au commancement du second fueillet du tiers volume a escript : *temps* ; et sont couvers de drap de soye vert usé, chascun a deux fermoers d'argent dorez, rompus, esmaillez aux armes de Monseigneur ; et faillent les esmaulx en aucuns desdiz fermouers ; lequel livre fu de feu messire Jehan de Montagu auquel Monseigneur le donna en son vivant ; et depuis, aprés son trespassement, mondit seigneur l'a recouvré, c'est assavoir les deux derniers volumes de monseigneur de Guienne, et le premier volume du prevost de Paris, par don du roy nostre sire » (J. GUIFFREY, *Inventaires de Jean de Berry, 1401-1416*, Paris, 1894, t. 1, p. 258 (A, nº 972)).

37 Th. FALMAGNE et B. VAN DEN ABEELE, *Corpus Catalogorum Belgii, The Medieval Booklists of the Southern Low Countries*, t. 5, Louvain, 2016, p. 145 : « [3-152] Item ung autre *Livre du mirouer historial*, nommé *Vincent*, en trois volumes, dont le premier volume est escript en parchemin, de lettre ronde, a .II. colonnes, historié de .Vc IIIIxx et IIII. histoires, enluminé de rose et d'asur, commençant ou .IIe. fueillet : *la voye par quoy* (cf. BnF, ms. NAF 15939, f. 1), et ou derrenier : *mist en si grant*, couvert de drap de damas vert, a .II. fermouers d'argent dorez, esmaillez aux armes de monseigneur de Berry [madame a ces .III. livres en prest *in marg.*] » ; « [3-153] Item le second volume dudit livre, escript, historié et enluminé semblablement, et y a .CLI. histoires, commençant ou .IIe. fueillet : *d'Orient adont* et ou derrenier : *en l'an V*, couvert semblablement et a .II. fermouers semblable » ; « [3-154] Item le tiers volume dudit livre, escript, enluminé et historié semblablement et y a .LV. histoires, commençant ou .IIe. fueillet : *ans et apres* et au derrenier : *n'ara envie* (cf. BnF, ms. NAF 15944, f. 171), couvert semblablement, a .II. fermouers semblables ». Voir aussi *Ibid.*, p. 183, nº 5-152, 5-153, 5-154.

38 DELISLE, *op. cit.* (notre note 6), t. 2, nº 296.

39 AVRIL, *op. cit.* (notre note 8), p. 102, nº 177. Sur ce manuscrit voir notre notice de manuscrit parue dans O. BERTRAND (éd.), *La Cité de Dieu de saint Augustin, traduite par Raoul de Presles (1371-1375), Livres I-III*, Paris, 2013, en particulier p. 71-81 ; c'est le manuscrit P1, P2 de l'édition. En 1706, Roger de Gaignières acheta les deux volumes au sieur Ribou, libraire du quai des Augustins ; les volumes entrèrent en 1716 à la Bibliothèque du roi avec une partie du Cabinet de Gaignières.

40 DELISLE, *op. cit.* (notre note 6), t. 2, nº 854.

41 Sur Rusticanus, pris comme un titre et non comme un auteur voir H. NAÏS, « Traduction et latinismes, l'exemple du Rustican », *Cahiers de lexicologie*, 51, 2, 1987, p. 203-214, en particulier p. 203-207. On notera que le manuscrit 994 de la Bibliothèque municipale de Reims porte l'explicit suivant : « Expliciunt rubrice Rusticani commodorum ».

42 On ne peut toutefois pas l'identifier avec le manuscrit BnF, ms. Latin 9328, comme le propose DELISLE, *op. cit.* (notre note 6), t. 2, nº 187 et GUIFFREY, *op. cit.* (notre note 36), t. 2, p. 124 (B nº 962).

43 Le supposé prologue de dédicace à Charles V ne figure pas dans les deux plus anciens manuscrits de la traduction, Rouen, B.M., ms. 977 et Bruxelles, B.R., ms. 10227 ; le titre du plus

ancien de ces manuscrits (Rouen, début du xve siècle) confond Charles II d'Anjou et Charles V roi de France dans sa dédicace « Ci commence ce livre appellé Rustican lequel parle des ruraulx prouffiz des champs, lequel Pierre de Crescens, bourgoys de Bouloigne compila a l'honneur de Dieu tout poissant et du tres excellent et tres vaillant roy Charles le quint de ce nom », qui est la traduction d'un intitulé latin. Voir H. NAÏS, « Le Rustican, notes sur la traduction du traité d'agriculture de Pierre de Crescens », *Bibliothèque d'Humanisme et de Renaissance*, 19, 1957, p. 103-132.

44 DELISLE, *op. cit.* (notre note 6), t. 2, n° 481.

45 AVRIL, *op. cit.* (notre note 8), n° 202. SHERMAN, *op. cit.* (notre note 20), p. 309-311 *et passim*. Et en dernière analyse, VAN HOOREBEECK, *op. cit.* (notre note 20), p. 446-448.

46 DELISLE, *op. cit.* (notre note 6), t. 2, n° 248. Voir aussi M. PEYRAFORT-HUIN, « Une reine en sa bibliothèque : Jeanne de Bourbon et ses livres », *Bulletin du bibliophile*, 2017, p. 43-66.

47 GUIFFREY, *op. cit.* (note 36), t. 1, p. 257 (A n° 969).

48 V. LEROQUAIS, *Les Livres d'heures manuscrits de la Bibliothèque nationale*, Paris, 1927, p. 291-292. Fr. AVRIL et N. REYNAUD, *Les Manuscrits à peintures en France, 1440-1520*, cat. exp. (Paris, 1992-1993), Paris, 1993, p. 376-377, n° 214.

49 L'inventaire B (n° 12 et 13) signale que ces manuscrits ont été baillés au confesseur. On en déduit que les mentions portées en marge de cet inventaire B se réfèrent aux prêts faits du vivant du roi Charles V.

50 DELISLE, *op. cit.* (notre note 6), t. 2, n° 31.

51 *Ibid.*, t. 2, n° 31.

52 J. STRATFORD, *The Bedford Inventories, The Wordly Goods of John, Duke of Bedford, regent of France (1389-1435)*, Londres, 1993, p. 212-214, n° B 196-209, et p. 336-340. Cl. GALDERISI, *Translations médiévales, cinq siècles de traductions en français au Moyen Âge (xie-xve siècles)*, Turnhout, 2011, t. 2, 1, n° 42, p. 127-128. P. NOBEL, « Jean de Sy et la Bible anglo-normande », *Florilegium*, 24, 2007, p. 81-107.

53 STRATFORD, *op. cit.* (notre note 52), p. 213 et 339.

54 NOBEL, *op. cit.* (notre note 52), p. 84, n° 16.

55 STRATFORD, *op. cit.* (notre note 52), p. 212-214 et 337-339 et AVRIL, *op. cit.* (notre note 8), p. 71-72, n° 136.

56 Ainsi libellé dans la table des chapitres : « de la consecracion des roys, par especial du roy de France et de sa precieuse onction. Comment elle seurmonte toutes les consecracions d'autres princes en dignité. De la sainte ampole. Comment il fu ordené que les roys de France succedassent par lignie de hoir masle. Quant fu sacré le roy Charles le quint et Madame Jehanne de Bourbon, sa chiere espouse et compaigne. Comment les empereurs descendirent jadis de petit lignage. Pour quele cause le roy voult estre sacré le jour de la Trinité. Comment au retourner du sacre on li presenta le captal et plusieurs prisonniers pris en la bataille de Cocherel. Que signifie l'eschaufaut que l'en ordene pour le sacre. Comment le roy de France n'est subject a nulli senon a la loy divine, et en signe de ce nul de l'unniversité de Paris ne doit proposer devant lui s'il n'est docteur en theologie pour la reverence de divinité, a laquele loy il est subject et non a autre. Comment il tient son royaume de Dieu et de nul autre » (d'après Paris, BnF, ms. Français 437, f. III-IIIv).

57 Ph. CONTAMINE, « À propos du légendaire de la monarchie française à la fin du Moyen Âge : le prologue de la traduction par Raoul de Presles de la Cité de Dieu et son iconographie », dans *Texte et image*, actes du colloque international de Chantilly (1982), Paris, 1984, p. 201-214.

58 J.-P. GENET, « L'évolution du genre des Miroirs des princes en Occident au Moyen Âge », dans *Religion et mentalités au Moyen Âge, Mélanges en l'honneur d'Hervé Martin*, éd. S. CASSAGNES-BROUSQUET, A. CHAUOU, D. PICHOT et L. ROUSSELOT, Rennes, 2003, p. 531-541.

59 A. MENUT (éd.), « Maistre Nicole Oresme, Le Livre de Politiques d'Aristote », *Transactions of the American Philosophical Society*, nouv. ser., 60, 6, 1970, p. 153.

60 *Ibid.*, p. 154.

61 À la question de savoir ce qui se passe si le roi est trop jeune, et que les « tuteurs qui regentent pour lui » sont inutiles ou mauvais, Oresme répond : « je di que la lay doit pourveoir qui seroit regent, si comme seroit le plus proceinn du lignage, et se il estoit inutile, il convendroit faire autre proposition » (cf. *Idem*, Livre III, chapitre 23).

62 DELISLE, *op. cit.* (notre note 6), t. 2, n° 396 et 405.

63 Fr. DUVAL, « D'une renaissance à l'autre : les traductions françaises du *Corpus juris civilis* », dans Cl. GALDERISI et J.-J. VINCENSINI, *La traduction entre Moyen Âge et Renaissance. Médiations, auto-traductions et traductions secondes*, Turnhout, 2017, p. 33-41 [33-68]. Fr. Duval, *Miroir des classiques*, Paris : École nationale des chartes, 2007-, édition électronique : http://elec.enc-sorbonne.fr. La traduction 1 se différencie des autres traductions par le fait qu'elle mentionne les auteurs de la loi et la teneur de celle-ci.

64 AVRIL, *op. cit.* (notre note 8), t. 2, p. 76, n° 145. H. BIU, « La Langue d'oïl est-elle apte à dire le droit ; réflexions sur l'élaboration du lexique juridique français », dans Chr. SILVI et S. MARCOTTE (éd.), *Le Français et le latin, langues de spécialité au Moyen Âge*, Paris, 2014, p. 188-240, en particulier p. 195. M.-H. TESNIERE, « Les manuscrits de la Librairie de Charles V ont-ils été lus ? L'enseignement des tables », dans C. CROISY-NAQUET, L. HARF-LANCNER et M. SZKILNIK (éd.), *Les Manuscrits médiévaux témoins de lectures*, Paris, 2015, p. 47-63, en particulier p. 52-53.

65 DELISLE, *op. cit.* (notre note 6), t. 2, n° 417 et 425.

66 Fr. CAHU, *Un témoin de la production du livre universitaire dans la France du xiiie siècle : la collection des Décrétales de Grégoire IX*, Turnhout, 2013 (*Bibliologia : Elementa ad Librorum Studia Pertinenta*).

67 DELISLE, *op. cit.* (notre note 6), t. 2, n° 395 et 397.

68 *Ibid.*, t. 2, n° 386 et 390.

69 AVRIL, *op. cit.* (notre note 8), p. 76, n° 144. BIU, *op. cit.* (notre note 64), p. 195. TESNIERE, *op. cit.* (notre note 64), p. 53-54.

70 DELISLE, *op. cit.* (notre note 6), t. 1, n° LI et t. 2, n° 408 et 409.

71 H. BIU, « La Somme Acé : prolégomènes à une étude de la traduction française de la Summa Azonis, d'après le manuscrit

Bibl. Vat., Reg. Lat. 1063 », *Bibliothèque de l'École des chartes*, 167, 2009, p. 417-464.

72 DELISLE, *op. cit.* (notre note 6), t. 2, n° 391 et 394.

73 *Ibid.*, t. 2, n° 857.

74 *Ibid.*, t. 2, n° 858 et 856.

75 *Ibid.*, t. 2, n° 860, 861, 863, 865.

76 *Ibid.*, t. 2, n° 298.

77 G. HASENOHR-ESNOS, « Les traductions médiévales françaises et italiennes des *Soliloques* attribués à Saint Augustin », *Mélanges d'archéologie et d'histoire*, 79, 1967, p. 299-370. À compléter avec la liste des manuscrits de la base Jonas-IRHT.

78 DELISLE, *op. cit.* (notre note 6), t. 2, n° 295.

79 AVRIL, *op. cit.* (notre note 8), p. 102, n° 177 ; R. WIECK, « French illuminated manuscripts in the Houghton Library : Recent discoveries and Attributions », *Harvard Library Bulletin*, 31, 2, 1983, p. 188-198, en particulier p. 188-189, fig. 2. A. LABORDE, *Les Manuscrits à peintures de la Cité de Dieu de saint Augustin*, Paris, 1909, t. 1, p. 241-246, n° 7 et 8, pl. VI-IX. Et en dernière analyse, Fr. AVRIL dans *Beyond Words : Illuminated Manuscripts in Boston Collections*, cat. exp. (Boston, 2016), Boston, 2016, n° 91.

80 DELISLE, *op. cit.* (notre note 6), t. 2, n° 773.

81 *Ibid.*, t. 2, n° 773, 775.

82 Voir C. PIGNATELLI et D. GERNER, *Les Traductions françaises des* Otia imperialia *de Gervais de Tilbury par Jean d'Antioche et Jean de Vignay. Edition de la troisième partie*, Genève, 2006.

83 D 916 (LD 776) – « Item le Livre des oisivetez des emperieres, et parle des merveilles du monde, escript de menue lettre bastarde, en françois, a deux coulombes, commençant ou .II.e foillet : *cieulz et quelconque chose*, et ou derrenier : *et la devocion*, couvert de cuir blanc, a .II. fermoirs de cuivre ».

84 DELISLE, *op. cit.* (notre note 6), t. 2, n° 1155.

85 G. VEYSSERE, assistée de J. DROBINSKY et E. FREGER, « Liste des manuscrits des trois Pèlerinages », dans *Guillaume de Digulleville, Les Pélerinages allégoriques*, actes du colloque de Cerisy (2007), éd. Fr. DUVAL et F. POMEL, Rennes, 2008, p. 425-453.

86 DELISLE, *op. cit.* (notre note 6), t. 2, n° 1139.

87 *Ibid.*, t. 2, n° 151.

88 D. BOOTON, *Manuscripts, Market and the Transition to Print in Medieval Brittany*, Farnahm, 2010, p. 136-137 et 312-313. Sa sœur Marguerite d'Avaugour et son époux Hervé VII de Léon avaient fait faire la Bible historiale de la Bibliothèque Sainte-Geneviève, ms. 22, illustrée par le Maître de Fauvel.

89 H. VAN DE WOUW, « Quelques remarques sur les version françaises médiévales des textes de droit romain », dans *El Dret comúi Catalunya, Jus proprium – jus commune a Europa*, actes du colloque en hommage à André Ghouron de Barcelone (1992), éd. A. FERREIROS, Barcelone, 1993, p. 139-148, en particulier p. 140.

90 AVRIL, *op. cit.* (notre note 8), p. 37-42, en particulier p. 39.

91 DELISLE, *op. cit.* (notre note 6), t. 2, n° 1056.

92 C. LORD, « Three manuscripts of the Ovide moralisé », *Art Bulletin*, 57, 1975, p. 161-175. Si l'on pense que de nombreux manuscrits empruntés par Louis d'Anjou ont figuré par la suite dans la collection du duc Jean de Berry, on pourrait peut-être rapprocher ce manuscrit de l'Arsenal de cet article de l'inventaire du duc de Berry (en 1402) : « un livre escript en françois de lettre de fourme de Ovide *Metamorphozeos*, couvert de cuir vermeil empraint a deux fermouers d'argent dorez touz plains et tixuz de soye vermeille », il sera prisé 30 livres en 1416 (cf. J. GUIFFREY, *op. cit.* (notre note 36), t. 1, p. 229 (A, n° 873) et t. 2, p. 128 (B, n° 995).

93 DELISLE, *op. cit.* (notre note 6), t. 2, n° 490.

94 M. EUSEBI, « La piu antica traduzione francese delle Lettere morali di Seneca e i suoi derivati », *Romania*, 91, 1970, p. 2-47, en particulier p. 2.

95 BnF, ms. Français 12235 (Toscane, deuxième quart du XIVe siècle) ; Bruxelles, B.R., ms. 10546 (première moitié du XIVe siècle, avec table des chapitres en tête) ; BnF, ms. NAF 20545 (France, première moitié du XIVe siècle) ; Londres, B.L., Additional MS 15434 (Toscane, seconde moitié du XIVe siècle, avec table des chapitres en tête).

96 DELISLE, *op. cit.* (notre note 6), t. 2, n° 986.

97 AVRIL, *op. cit.* (notre note 8), p. 109, n° 190. Voir aussi en dernière analyse A. VALENTINI, « Entre traduction et commentaire érudit : Simon de Hesdin, « translateur » de Valère Maxime », dans *La traduction vers le moyen français*, actes du colloque de Poitiers (2006), éd. Cl. GALDERISI et C. PIGNATELLI, Turnhout, 2007, p. 353-368.

98 DELISLE, *op. cit.* (notre note 6), t. 2, n° 976.

99 DELISLE, *op. cit.* (notre note 6), t. 2, n° 32.

100 STRATFORD, *op. cit.* (notre note 52), p. 213 et 339.

101 Archives nationales, KK 542, 75, cité par COVILLE, 1941, *op. cit.* (notre note 6), p. 14.

102 A. DUBOIS, « Tradition et transmission ; un exemple de filiation dans les manuscrits enluminés de Valère Maxime », *Revue des archéologues et historiens d'art de Louvain*, 17, 1994, p. 51-60.

103 TESNIÈRE, 2007, *op. cit.* (notre note 27), p. 149-164, en particulier p. 153-154.

104 Ainsi au Livre V, 2, 26 de la traduction de Simon de Hesdin, le commentaire suivant : « Titus Livius, ou tiers livre de la tierce decade parle de celluy triumphe et de l'ordenance duquel je metais a present ; mais toutesfoiz il ne dit pas si comme Valerius fait yci, mais dit que les prisonniers rommains, lesquielx il avoit delivréz de servage, suyvirent son char les testes raises en signe de servitude ostee » (cf. P. A. MARTINA, sur le site http://www.pluteus.it dans la section « Testi ») se refère au texte latin de Tite-Live, XXXIV, 52, 2-12 « *secuti currum milites frequentes* [...] *praebuerunt speciem triumpho capitibus rasis secuti qui seruitute exempti fuerant* » et non à la traduction de Bersuire « Et si donnerent moult grant beauté et moult grant apparance a son triomphe, li chetif delivré de servitude qui le suivirent testouz a testez reses » (cf. BnF, ms. NAF 27401, f. 47).

105 A. VITALE BROVARONE, « Notes sur la traduction de Valère Maxime par Simon de Hesdin », dans « *Pour acquerir honneur et pris* », *Mélanges de Moyen Français offerts à Giuseppe Di Stefano*,

éd. M. COLOMBO-TIMELLI et Cl. GALDERISI, Montréal, 2004, p. 183-191, en particulier p. 186.

106 BnF, ms. Français 15397, les esquisses des feuillets 3, 12v, 14, 16v, 19, 20v, 22v, 24v, 27v, 32v ont été en effet complétées, selon François Avril, vers 1380-1390, par un collaborateur de Jacquemart de Hesdin, cf. Fr. AVRIL dans *Les Fastes du gothique : le siècle de Charles V*, cat. exp. (Paris, 1981), Paris, 1981, p. 325-326, n° 280 ; mais ce projet a été à son tour arrêté puisque les f. 41-42v et 47-48v n'ont reçu qu'une première couche de couleur.

107 Nous n'adhérons pas à l'hypothèse formulée par J. STRATFORD, *op. cit.* (notre note 52), p. 337.

108 Sur Étienne Langevin, voir R. et M. ROUSE, *Manuscripts and their Makers in Medieval Paris, 1200-1500*, Londres, 2000 (Studies in Medieval and Early Renaissance Art History, 25), t. 2, p. 27.

109 L. de LABORDE, *Les ducs de Bourgogne, seconde partie. Preuves*, t. 3, Paris, 1852 ; Chambre des comptes de Blois, n° 5820 (30 avril 1398), voir aussi n° 5868 (22 novembre 1398), p. 169-170.

110 *Ibid.*, n° 5762 et n° 5703.

111 AUBERT, *op. cit.* (notre note 22), p. 348-349.

112 A. CASTAN, « Les Chroniques de Burgos traduites pour le roi de France Charles V en partie retrouvées à la Bibliothèque de Besançon », *Bibliothèque de l'École des Chartes*, 44, 1883, p. 265-283. AUBERT, 2014, *op. cit.* (notre note 22), p. 343-344 et 346-348. Voir aussi E. MORRISON et A. HEDEMANN, *Imagining the Past in France : History in Manuscript Painting 1200-1500*, Los Angeles, 2010, p. 199-200, n° 30.

113 GUIFFREY, *op. cit.* (notre note 36), t. 1, p. 237, n° 913 et p. 251, n° 955. AUBERT, *op. cit.* (notre note 22), p. 345-346 ; M. MEISS, *French Painting in the Time of Jean de Berry : The Limbourgs and Their Contemporaries*, New York, 1974, t. 1, p. 379.

114 L. DELISLE, « Observations sur plusieurs manuscrits de la Politique et de l'Économique de Nicole Oresme », *Bibliothèque de l'École des chartes*, 30, 1869, p. 601-620.

115 MENUT, *op. cit.* (notre note 59), p. 34-35 et 39-42.

116 M. CAMILLE, *Master of Death : The Lifeless Art of Pierre Remiet, illuminator*, New Haven et Londres, 1996.

117 GUIFFREY, *op. cit.* (notre note 36), t. 2, p. 248, A 947.

118 P. de WINTER, *La Bibliothèque de Philippe le Hardi, duc de Bourgogne (1364-1404)*, Paris, 1985, p. 222-223, n° 17.

119 *Ibid.*, p. 141, n° 66 : « les livres appellez *Étiques* et *Pollitiques*, fermant a deux fermaux d'argent dorés, amoiez aux armes de mondit seigneur » ; et n° 67 : « le livre appellé *Pollitiques*, a deux fermaulx d'or, armoiez aux armes du Roy, et a ses deux livres a chacun une couverture de drap de soie doublée de sendal, et sont tous deux en ung estuy ».

120 Ce sont les numéros A 13, A 192, A 226, A 232, A 233 et peut-être A 27 et A 235.

121 *Ibid.*, p. 169-170.

122 Sur Geoffroi Maupoivre, médecin de Jean sans Peur depuis 1398, personnage essentiel de la cour ducale, mort en 1419, voir L. BAVEYE, *Exercer la médecine en milieu princier au xve siècle : l'exemple de la cour de Bourgogne*, 1363-1482, thèse de doctorat sous la dir. de B. SCHNERB, Université Lille-III, 2015, en particulier vol. 3, « Catalogue prosopographique des praticiens de la cour de Bourgogne », p. 358-363.

123 *Livre des fais et bonnes meurs du sage roy Charles V*, éd. S. SOLENTE, Paris, 1936-1941, t. 1, p. 135.

124 *Chronique du religieux de Saint-Denys, contenant le règne de Charles VI de 1380 à 1422*, éd. et trad. M. L. BELLAGUET, Paris, 1839, t. 1, p. 328.

Pour sçavoir la pure verite des diverses regiōs du monde, si prenez ce livre & le lisez ou faictes lire, si y trouverez plusieurs grandes & singulieres merveilles qui y sont escriptes singulierement de la grāt hermenie de perse, des tartars, de inde, et de maintes aultres provinces, si cōe le pñt livre vous comptera tout p. ordre, desquelles merveilles messire Marc pol saige & noble citoyen de venise racompte pour ce que il les vit. Mais aussi y a des choses q̃ il ne vit pas, mais luy fut dit & apporte par hōmes certains et

La passion des livres en héritage. Anne de Graville et sa bibliothèque

Mathieu DELDICQUE

Ironie de l'histoire, Anne Malet de Graville (vers 1490-vers 1540), femme de lettres de la cour de François Ier et de Claude de France, est aujourd'hui mieux connue que son père, l'amiral de France Louis Malet de Graville (vers 1440-1516), avec lequel elle eut d'ailleurs bien des différends.

Les recherches consacrées à cette dame de la Renaissance sont en effet légion, depuis les travaux fondateurs du philologue suédois Carl Wahlund qui fut l'un des premiers à s'intéresser à son œuvre littéraire[1], et de Maxime de Montmorand, auteur de la première et seule biographie qui lui ait été consacrée[2], jusqu'à ceux plus récents d'André Vernet[3], de Mawy Bouchard[4], de Myra Orth[5], Catherine Müller[6], Ingrid Akerlund[7] ou Elizabeth l'Estrange[8]. Anne de Graville a pleinement profité de l'essor des études sur les femmes de la Renaissance, en particulier lettrées et bibliophiles, qui ont pris toute leur place au sein des *gender studies*.

Cependant, malgré de réelles avancées dans la compréhension de l'œuvre de la poétesse et de sa culture littéraire, force est de constater que l'étude du personnage et de sa bibliothèque reste à faire, les mêmes informations, parfois infondées, étant régulièrement reprises d'une publication à l'autre. Nous nous proposons ici de poser les jalons nécessaires permettant de la reprendre, à la lumière d'une documentation inédite et d'une compréhension plus large du contexte familial et historique dans lequel celle-ci s'inscrivait.

« Ingratitude, offence et delictz » : rapt, mariage et querelle d'héritage

Anne de Graville naquit autour de 1490 au sein de l'une des familles les plus puissantes et fortunées de la cour de Charles VIII, les Malet de Graville (**Fig. 1**). Grâce au soutien du feu roi Louis XI et à a fidélité qu'il avait témoignée à Anne de France et à Pierre de Beaujeu, Louis Malet de Graville, son père, avait été nommé amiral de France en 1487. Les années 1490, jusqu'à l'avènement de Louis XII, furent celles de l'apogée de la faveur et du pouvoir de l'amiral, qui cumulait revenus, fonctions militaires et politiques, permettant d'entretenir une remarquable commande artistique[9].

Anne était la fille cadette de l'amiral de Graville et de Marie de Balsac qui avaient perdu avant 1493 leurs deux fils, morts enfants[10]. Les espoirs dynastiques du couple – les Malet de Graville s'enorgueillissaient d'une origine remontant au temps de Jules César, mais étaient en réalité seigneurs en Normandie depuis la conquête de la province par Rollon – reposaient donc sur ses trois filles. C'est leur seconde fille, Jeanne, qui contracta la première, dès 1491, une union prestigieuse avec Charles de Chaumont, neveu du puissant Georges d'Amboise, permettant à ces deux grandes familles de former une alliance très politique. Louise, l'aînée, épousa également un bon parti : elle se maria en 1497 avec Jacques de Vendôme, vidame de Chartres et prince de Chabanais, chambellan du roi et grand maître et général réformateur des eaux et forêts[11]. Anne, la cadette, devait donc suivre l'exemple prodigué par

Fig. 1. Maître du Terrier de Marcoussis, *Anne de Graville avec sa mère et ses sœurs dans les jardins du château de Marcoussis. Terrier de Marcoussis*, Paris, vers 1493. Localisation inconnue, reproduit d'après Paul Durrieu, *Le Terrier de Marcoussis*, ou *La vie dans ses domaines ruraux d'un grand seigneur français de la fin du XVe siècle*, Paris, 1926, pl. XXIII, détail.

ses aînées. Or, l'amour eut raison des ambitions parentales.

Vers 1507, Pierre de Balsac d'Entragues, épris de sa cousine Anne, enleva cette dernière au château familial de Marcoussis, grâce à l'aide d'un laquais et de plusieurs serviteurs de la famille[12]. Cet enlèvement consenti avait été provoqué par la vive opposition de Louis Malet de Graville à l'idée de leur mariage.

En effet, Pierre, issu de la moyenne noblesse militaire, ne constituait pas un parti assez digne pour les Malet de Graville : né en 1479, baron d'Entragues et de Saint-Amand, seigneur de Prélat, Paulhac, Juis, Dunes et Clermont-sous-Biran[13], il était le cousin germain de la mère d'Anne de Graville, Marie de Balsac. Les Balsac étaient possessionnés dans le Cantal, autour des seigneuries qui viennent d'être nommées et de plusieurs châteaux qu'Anne fréquenta par la suite : on citera le château d'Entragues[14], demeure principale de la famille, et celui de Paulhac où une cheminée présente toujours les armes de Pierre de Balsac et d'Anne de Graville (**Fig. 2**)[15].

Pierre était le fils aîné de Robert de Balsac (1440-1503), un grand homme de guerre, qui avait participé à toutes les guerres menées par la Couronne dans la seconde moitié du xve siècle, depuis 1453 et la reconquête de la Guyenne jusqu'aux guerres d'Italie (il fut par exemple gouverneur de Pise en 1494-1495). Robert sut s'attirer la protection de puissants seigneurs, tout d'abord Antoine de Chabannes et Jacques d'Armagnac, puis Francesco Sforza en Italie, Charles duc de Guyenne qui le nomma sénéchal d'Agenais – position qu'il tint pendant trente-cinq ans –, Louis XI, Charles VIII et Louis XII enfin[16]. Ce capitaine couvert de gloire était également un fin lettré : il est passé à la postérité comme l'auteur de la *Nef des Princes et des Batailles de noblesse*, un traité sur l'art de la guerre qui connut une importante diffusion imprimée.

On ne connaît rien de la bibliothèque des Balsac. Nous émettons l'hypothèse qu'un livre important a pu échoir à Robert puis à Pierre : le *Livre de chasse* de Gaston Phébus commandé par Jacques d'Armagnac (Paris, Bibliothèque Mazarine, ms. 3717) et enluminé par l'un des miniaturistes de ce seigneur (**Fig. 3**)[17]. Ce manuscrit se retrouva en effet chez une des filles de Pierre de Balsac et d'Anne de Graville, Georgette de Balsac, qui fit apposer ses armes et celles de son mari, Jean Pot (f. 53v). Or, Robert de Balsac, le grand-père de Georgette, après avoir été proche de Jacques d'Armagnac, participa, après la disgrâce de ce dernier en 1477, au siège de son château de Carlat, ordonné par Louis XI. Robert dut prendre possession d'une partie de la riche bibliothèque qui s'y trouvait, ou au moins de ce magnifique codex[18]. Aucun autre livre ayant appartenu en propre à Pierre de Balsac n'est pour l'heure repéré.

Pierre de Balsac suivit les traces paternelles. En 1494, à l'âge de quinze ans, il reçut en survivance de son père la capitainerie des châteaux de Tournon, de Fort de Penne et de Chatel-Culhier. Il fut par la suite capitaine de Corbeil et de Fontainebleau. Il mit son épée au service de François Ier et commanda, en Hainaut, l'arrière-ban de Melun, Montargis, Étampes, Chartres et Montfort contre les troupes de Charles Quint. Il fut enfin nommé en 1523 lieutenant du roi dans le Hainaut[19].

Le « rapt de séduction » – tel que les tribunaux de l'époque qualifiaient ce type d'enlèvement consenti dans le but d'un mariage clandestin contracté sans le consentement parental[20] – eut donc lieu en très probablement en 1507, en tout cas avant le 27 janvier 1508 (n. st.), date à laquelle l'amiral de Graville engagea une procédure devant le Parlement criminel de Paris pour « excès, rapt, crimes, delictz et malefices » à l'encontre de Pierre de Balsac[21]. Il demandait par là l'exhérédation de sa fille pour cause de rapt et d'inceste[22]. S'ensuivit une série d'actions et de retournements de situation sur lesquels il convient de revenir avec précision. L'héritage de Louis Malet de Graville, et notamment sa très riche bibliothèque, était en jeu.

Le 28 mars 1510, une réconciliation eut lieu entre le père et la fille au château de Vigny, sous l'égide du cardinal Georges d'Amboise qui n'avait pas intérêt à ce que ses alliés s'entredéchirassent. Après qu'Anne a, « en soy prosternant et gectant a genoulx, supplié et requis par don et mercy aud. seigneur de Graville », on se mit d'accord sur une transaction, passée devant deux notaires du Châtelet de Paris le 20 novembre 1510 et homologuée par le Parlement de Paris le 7 décembre suivant (Pièces justificatives, n° 1)[23]. On y apprend que « plusieurs grans personnaiges », et notamment le cardinal d'Amboise, ainsi que le roi en personne, avaient conseillé aux parties de trouver un accord, d'ailleurs facilité par les « grans fraiz, travaulx et despens » causés par le procès. L'amiral d'une part, Pierre et Anne d'autre part, convenaient donc qu'Anne renoncerait à la succession parentale en échange de la somme de 10 000 écus d'or et de 1 000 livres tournois de rente, à condition de ne pas intenter de procès aux autres héritiers après la mort de Louis Malet de Graville.

Fig. 2. Vue de la cheminée du château de Paulhac, avec probable reconstitution des armes d'Anne de Graville.

bien querir quant toutes
mengenes leur sont faulli
es et se il encontre il le doit
destourner en telle manie
les sanglers comme iay dit
demeurent voulentiers
en fort pais ou de boys ou
de bruyeres ou dauncz et
aucunefois ilz demeurent
bien es haultes fustoyes
mais que de bas ait aucune
fois. Et sil encontre dung
sanglier qui luy plaise en
aucunes qstres que iay dic
tes dessus et il encontre
en haultes fustoies combie
quil y puisse demourer
poursiye le hardiement car
sil len fait aler ne puet
trop grever. Car il est de
bon reproche meilleur que
nulle autre beste pour lor
gueil que il a. Toutesuoyes
il ya bien de sanglers ma
licieux q tantost comme ilz
oyent ung chien ilz sen
vont que ia de tout le jour
ne les rapprochera len. Aus
si bien que se trois chiens
ou quatre les chassoient
Et pour ce je lo. pour le meil
leur que sil encontre ung
sanglier il ne le poursuye
pas trop especialement sil
entre en fort pays ou il lui
semble quil puisse et doye bi
en demourer mais quant
il verra quil entrera en fort
pays et bon si face illec ses
brisees et preingne au tour
a tout son lymier. Ainsi co
me jay dit en la queste du
cerf. et sen reviengne a las
semblee

Comme on doit faire las
semblee soit en yver ou
en este

La quelle assemblee
se fait en telle ma
niere la nuyt de
vant que le seigneur de la

Fig. 3. Gaston Phébus, *Livre de la chasse*, Paris, avant 1476. Paris, Bibliothèque Mazarine, ms. 3717, f. 53v.

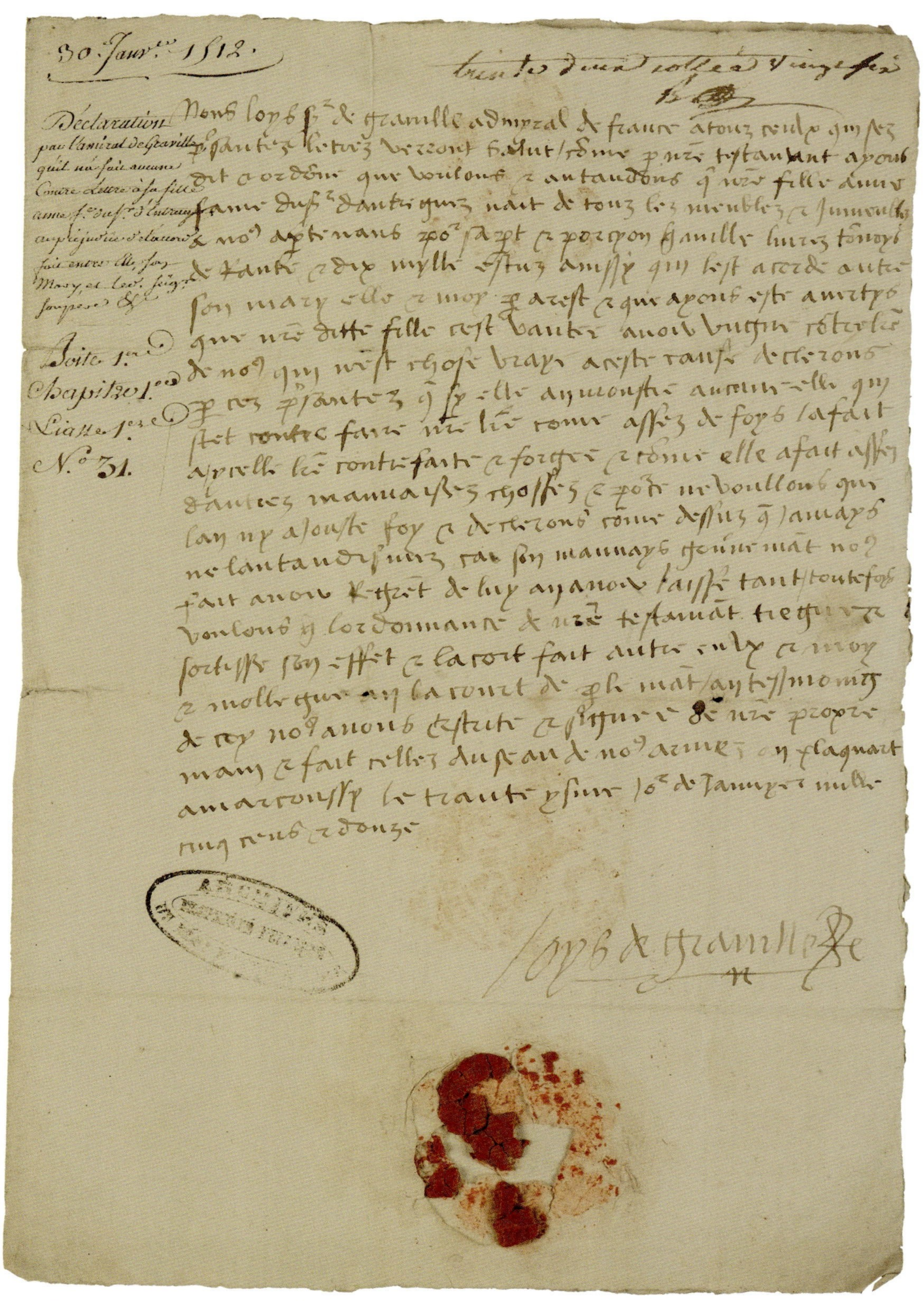

30 Janv.er 1512.

Déclaration par l'amiral de Graville

Boite 1.re
Chapitre 1.er
Liasse 1.re
N.o 31.

Fig. 4. Lettre autographe de Louis Malet de Graville dénonçant les fausses lettres écrites par Anne de Graville à propos de sa succession. Chartres, archives départementales d'Eure-et-Loir, E 164, n° 31.

Retournement de situation le 30 janvier 1513 (Pièces justificatives, n° 2). Une lettre autographe et quelque peu rageuse de l'amiral nous apprend qu'Anne aurait forgé une lettre écrite par son père qui allait à l'encontre de l'accord passé précédemment (**Fig. 4**). L'amiral démentit énergiquement (« come assez de foys a fait a ycelle lettre contrefaite et forgee et comme elle a fait assez d'autrez mauvaises chossez ») et s'en tint à l'accord conclu. Celui-ci fut d'ailleurs confirmé dans son testament en date du 11 avril 1514[24], puis par celui du 26 juin 1516[25].

Cette série documentaire, où l'affaire fait à chaque fois l'objet de longs développements et de précautions juridiques, indique bien toute la prudence déployée par l'amiral, qui devait peut-être se douter que sa cadette, au tempérament apparemment bien trempé, ne se laisserait pas déposséder aussi facilement de la fortune laissée par l'un des personnages les plus riches de la cour.

L'amiral avait eu un bon pressentiment et les mesures de prévoyance qu'il s'était évertué à mettre en place volèrent en éclats après son décès, survenu le 30 octobre 1516. Anne et Pierre intentèrent en effet très rapidement un procès à Jeanne de Graville et aux héritiers de la défunte Louise, dont nous ne conservons malheureusement pas de source directe. Un premier accord fut arrêté dès les 2 et 3 avril 1517 avec Jeanne, selon lequel Anne et Pierre représenteraient bien l'une des trois parties qui recevraient l'héritage[26]. L'affaire ne pouvait néanmoins être résolue qu'avec l'ensemble des parties, y compris donc avec Louis, Charles et Louise de Vendôme, enfants de Louise de Graville. Elle fut en outre évoquée au Conseil du roi le 29 juillet 1518 afin de décider si c'était le Parlement de Paris ou celui de Rouen qui devait en prendre connaissance (les domaines légués par l'amiral se trouvaient majoritairement dans les ressorts de ces deux cours souveraines) ; l'évocation fut présentée au Parlement de Paris le 11 août suivant[27]. Finalement, deux accords furent rédigés le 9 septembre 1518, selon lesquels les parties suspendaient « les proces et differends qu'ilz avoient ensemble pour raison des successions de feuz nobles et puissants seigneur monseigneur Loys en son vivant seigneur de Graville et admiral de France et damoiselle Marie de Balsac » et reconnaissaient Anne et Pierre comme tierce partie dans la succession, exceptés les droits d'aînesse. Louis de Vendôme recevrait par ailleurs 500 livres de rente annuelle et une, deux ou trois seigneuries sur le lot d'Anne[28]. L'accord enfin conclu, on put procéder au partage des biens meubles, et en particulier des livres de la riche bibliothèque de l'amiral, sur lesquels nous allons revenir.

Le partage des domaines immobiliers issus de la succession de l'amiral prit quant à lui plus de temps, sans doute afin de laisser un délai suffisant aux priseurs et autres arpenteurs pour bien évaluer les lots, les répartir avec équité et obtenir l'assentiment des parties. Celui-ci ne fut définitif que le 9 janvier 1520, avec la désignation des trois lots auparavant laissés entre les mains des commissaires nommés par le Parlement de Paris[29]. Anne et Pierre reçurent une longue série de seigneuries qu'on ne détaillera pas ici, centrées sur le domaine du Bois-Malesherbes (actuel Loiret) et de son château (**Fig. 5**), avec les fiefs annexes d'Héricy et Tournanfuye, ainsi que des seigneuries normandes, notamment à Ambourville près de Rouen où il existe un manoir présentant encore les armes des Malet de Graville (**Fig. 6**) et Montagu dans le Cotentin. Le couple hérita également d'une maison « assize en la ville de Paris rue de Jouy pres Saint Paul dicte et nommee "L'escuyerie" ». Ce lot fut prisé 5540 livres 19 sous et 8 deniers parisis, tandis que le château de Malesherbes et la maison parisienne le furent à 14 600 livres. L'affaire en valait donc la peine.

Ce long développement sur une série d'épisodes fondateurs dans l'existence d'Anne de Graville est important à prendre en compte, à la fois pour comprendre sa détermination et sa volonté d'auto-affirmation au sein de sa propre famille et à la cour de France, mais surtout pour mesurer toute l'énergie qu'elle déploya afin de se poser comme la véritable héritière de l'amiral de Graville et de son épouse. Et cette recherche passait notamment par les livres.

Fig. 5. Vue de la chapelle du château de Malesherbes.

Fig. 6. Vue du manoir d'Anneville-Ambourville.

La véritable et paradoxale héritière de l'amiral de Graville et de Marie de Balsac

Ironie de l'histoire au premier abord, en réalité véritable stratégie mise en place par notre dame lettrée, la fille déshéritée fut celle qui s'attacha le plus passionnément à poursuivre et développer l'action de son père dans le domaine des lettres et des livres.

Les auteurs qui se sont intéressés aux librairies de l'amiral de Graville, d'Anne de Graville et du gendre de celle-ci, Claude d'Urfé, époux de Jeanne de Balsac et grand mécène qui possédait une remarquable bibliothèque dans son château de La Bâtie, dans le Forez, indiquent généralement qu'Anne de Graville avait hérité de la quasi-totalité de la bibliothèque de son père[30]. Cette assertion repose sur le fait qu'il existe de nombreuses mentions de succession inscrites sur la page de garde de manuscrits ayant appartenu à l'amiral, dont les termes sont quasi invariablement les suivants : « A Anne de Graville, de la succession de feu monseigneur l'admiral, V^c XVIII ». En vérité, nous avons dénombré dix de ces mentions (**Fig. 7**)[31]. On observe au moins deux mains au sein de ce groupe d'inscriptions, dont la principale est très probablement celle de Guillaume le Gentilhomme, avocat au Parlement de Paris, seigneur de La Barre, qui s'était occupé des actions judiciaires d'Anne et Pierre. Celui-ci résidait d'ailleurs dans une partie de l'Hôtel du Porc-Épic à Paris baillée par le couple[32]. On sait d'ailleurs que lors du partage des archives de l'amiral, c'est lui qui les reçut pour le compte d'Anne de Graville[33]. Il a donc dû faire de même lors la division de la bibliothèque. On a longtemps pensé que cette série importante de mentions était la preuve du caractère systématique du passage des livres de l'amiral et de leur épouse chez leur fille la plus lettrée, Anne.

Nous souhaiterions apporter des nuances à ce propos encore largement partagé. Tout d'abord, on ne prête qu'aux riches. Rappelons que les deux autres filles n'ont pas du tout intéressé l'historiographie et que leurs bibliothèques restent inconnues. Or, nos recherches ont montré que Jeanne de Graville avait elle aussi hérité de certains volumes[34]. La confusion a par ailleurs été entretenue par le fait que, cette dernière étant morte sans héritier, ses biens, et donc ses livres, échurent aux fils d'Anne et Pierre, Guillaume et Thomas de Balsac.

Le deuxième élément à prendre en compte – que nous avons largement développé par ailleurs[35] – est la confusion qui a existé jusqu'ici entre les armes d'Anne de Graville, qui a épousé un Balsac, et celles de sa mère, Marie de Balsac, qui a épousé un Malet de Graville. Toutes deux furent donc désignées par des armes composées de celles des Malet de Graville (de gueules à trois fermaux d'or) et de celles des Balsac (d'azur à trois sautoirs d'or, au chef d'or chargé de trois sautoirs d'azur). C'est ainsi que tous les manuscrits comportant des écus parti de Malet de Graville et de Balsac ont jusqu'à présent été rattachés à la bibliothèque d'Anne de Graville, ou, au mieux, aux manuscrits qu'Anne avait hérités de son père, et non de sa mère. Or, les règles héraldiques sont précises et rigoureuses : dans l'écu parti des femmes mariées, les armes paternelles se trouvent à senestre (à droite pour le spectateur) et les armes de l'époux à dextre (à gauche). Comme nous l'avons montré, Anne a d'ailleurs voulu éviter cet amalgame en adoptant un écu écartelé associant les armes de Malet de Graville et de Balsac, avec un motif en surcharge (voir les ms. 3172 et 3511 de la Bibliothèque de l'Arsenal à Paris ou encore le f. 77 du ms. Français 22541 de la BnF). Certains manuscrits donnés à Anne sont donc à rendre à sa mère[36].

Les autres héritiers n'ont visiblement pas fait apposer de mention de succession, ce qui peut être expliqué par la moindre contestation que rencontra la réception de leur part d'héritage et donc par un moindre formalisme employé dans la détermination de leur lot. Anne de Graville, femme lettrée et bibliophile, put également réclamer plus d'ouvrages que sa sœur et ses neveux, ce qui expliquerait qu'on ait conservé toutes ces mentions, phénomène qui doit être

Fig. 7. Mention de la succession de l'amiral de Graville. *Table alphabétique de l'inventaire des meubles et joyaux du roi Charles V*, Paris, vers 1480-1500. Paris, BnF, ms. Français 23932, contreplat supérieur.

ajouté au fait que sa bibliothèque connut une dispersion relativement faible, se retrouvant en grande partie par la suite chez les Urfé, puis chez le duc de la Vallière à la fin du XVIIIe siècle.

Toutefois, plusieurs manuscrits qui sont revenus à Anne ne comportent pas cette fameuse mention de succession : c'est le cas par exemple des ms. 1144-1145 de la Bibliothèque Sainte-Geneviève à Paris (Jean de Salisbury, *Policraticus*, traduction de Denis Foulechat) auxquels Anne fit ajouter un feuillet peint vers 1520-1525 par l'un de ses enlumineurs fétiches, le Maître d'Anne de Graville, un miniaturiste parisien travaillant pour une clientèle de prestige comme Anne de Polignac ou François Ier[37]. Le ms. Français 20350 de la BnF (*Grandes Chroniques de France*) qui a servi de livre de raison pour le fils d'Anne, Guillaume de Balsac, ne comporte pas non plus de mention de succession alors qu'on sait qu'il a appartenu à l'amiral : il a cependant peut-être transité par Jeanne de Graville (qui, souvenons nous, légua ses biens à ses neveux) plutôt que par Anne.

Quoi qu'il en soit, selon nos décomptes, sur les quelques trente-trois manuscrits ou groupes de manuscrits toujours conservés de nos jours qu'on sait avoir été commandés par l'amiral de Graville ou possédés par lui[38], Anne de Graville en hérita assurément de dix-neuf, ce qui est loin d'être négligeable (voir le tableau en annexe).

Comme on l'a vu avec les péripéties judiciaires provoquées par le mariage clandestin puis la succession de l'amiral, Anne montra une détermination sans limite pour récupérer l'héritage livresque de ses parents, faisant également montre par là, en suivant l'exemple paternel, d'une passion sincère pour les manuscrits. Les registres de délibérations du chapitre cathédral de Rouen nous donnent une parfaite illustration de cette véritable quête. Anne de Graville entretenait en effet des liens étroits avec Rouen et les livres se trouvaient au centre de cette relation[39]. Elle avait d'ailleurs hérité du manoir d'Anneville-Ambourville, situé dans une boucle de la Seine proche de Rouen, qui pouvait constituer un parfait pied-à-terre lors de ses séjours normands. On sait que le 30 novembre 1525, ayant appris que le chanoine Pierre Mésenge, ancien trésorier du cardinal Georges d'Amboise, était décédé, et que le chapitre procédait à l'exécution de son testament, Anne envoya une missive au chapitre afin de lui demander la restitution de « certaines chroniques » qui avaient appartenu à l'amiral de Graville[40]. On apprend alors que le chapitre devait délibérer afin d'exonérer les autres héritiers pour cette restitution. Cette mention montre surtout qu'Anne connaissait très bien la librairie parentale où elle avait dû largement puiser durant sa jeunesse et qu'elle avait peut-être même en sa possession un registre faisant état des prêts d'ouvrages accordés par son feu père, ici auprès d'un chanoine important du chapitre de Rouen, qui avait d'ailleurs veillé aux finances du chantier du château de Gaillon. Ces chroniques pourraient vraisemblablement être soit les *Grandes Chroniques de France* (Paris, BnF, ms. Français 20350), soit les *Chroniques* de Jean Froissart (passées en vente à Drouot le 8 avril 2011 ; **Fig. 8**), deux ouvrages ayant appartenu à l'amiral de Graville et à Marie de Balsac. Ainsi, loin d'être en constante rébellion contre le modèle parental, Anne souhaita le revendiquer.

Une bibliothèque à réétudier

L'étude complète de la bibliothèque d'Anne de Graville n'a jamais été menée. On pourrait néanmoins en tirer bien des enseignements sur sa culture littéraire et sur le rôle tenu par les livres dans l'affirmation d'une dame lettrée de la cour de François Ier et de Claude de France, comme Elisabeth l'Estrange a pu le faire récemment pour la traduction des *Histoires Chaldéennes* offerte par Pierre de Balsac[41]. Les goûts littéraires et artistiques d'Anne peuvent par ailleurs être analysés à la lumière de ceux de ses parents. Nous ne développerons ici que quelques pistes de recherche, en laissant notamment aux historiens des textes et du livre le soin de les poursuivre.

Parlons d'abord chiffre. On trouve souvent dans la bibliographie le nombre de deux cents ouvrages

Fig. 8. Jean Froissart, *Chroniques*, vers 1415-1420. Paris, Gros & Delettrez, 5-8 avril 2011, lot 549.

possédés par Anne[42], sans qu'on sache vraiment d'où provient précisément cette estimation : on a dû probablement se fonder sur les inventaires de la bibliothèque de Claude d'Urfé, gendre d'Anne, dans le château de La Bâtie, qui comprennent cent quatre-vingt-dix-sept numéros, manuscrits et imprimés confondus[43].

Nous livrons en annexe l'état actuel de nos recherches sur la librairie d'Anne de Graville et les ouvrages qui en sont issus (qu'ils aient été hérités, achetés, offerts ou commandés). Ce tableau recense trente-et-un manuscrits et un imprimé, repérés dans des collections publiques ou privées. Nous en avons exclu les livres qui présentent une probabilité d'avoir fait partie de cette bibliothèque, mais dont aucun élément tangible (mentions, armes, provenance antérieure ou postérieure, etc.) ne permet de le confirmer pleinement : c'est

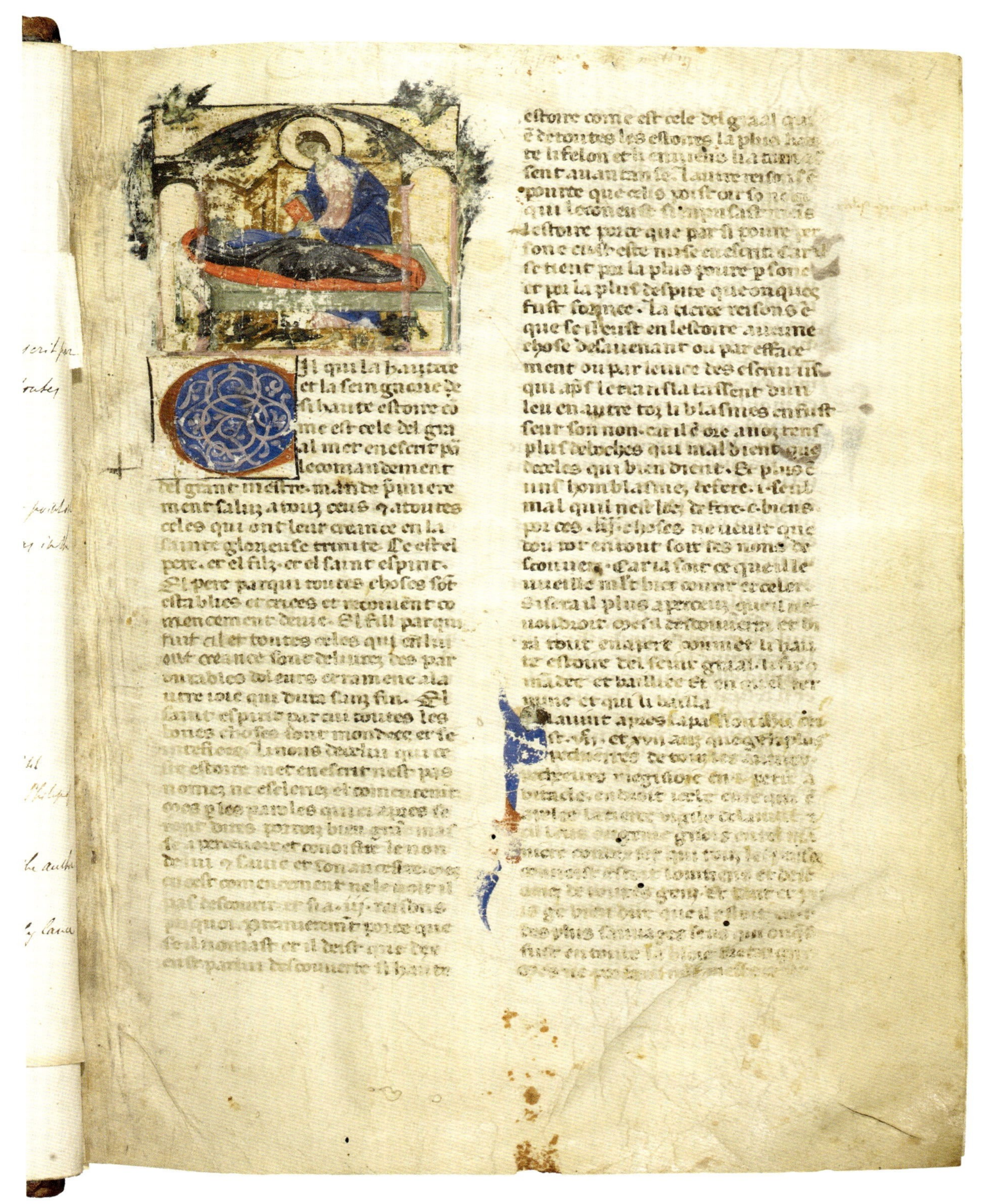

Fig. 9. Robert de Borron, *L'Estoire del saint Graal*, Venise (?), vers 1300. Oxford, Bodleian Library, ms. Douce 178, f. 1.

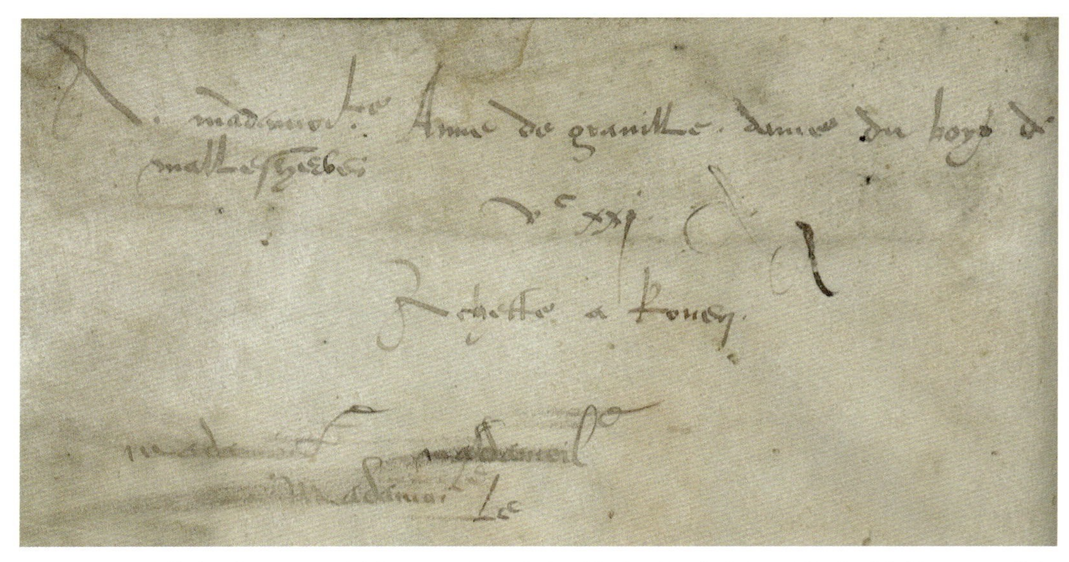

Fig. 10 : Mention d'achat d'un manuscrit à Rouen par Anne de Graville. Gauthier de Coincy, *Miracles de la Vierge*, XIVe siècle. Lille, Bibliothèque municipale, ms. 130, f. 1v, détail.

le cas par exemple de l'exemplaire du *Livre de la Mutacion de Fortune* de Christine de Pizan, datable du milieu du XVe siècle (Tours, Bibliothèque municipale, ms. 2128) comportant les armes de Claude d'Urfé qui pourrait avoir transité par Anne, sans qu'on ait plus d'indice à ce sujet, tout comme l'*Estoire del saint Graal* du dernier quart du XIIIe siècle (Oxford, Bodleian Library, ms. Douce 303), passé dans la vente La Vallière à la fin du XVIIIe siècle mais dont les pages massicotées ne peuvent plus guère livrer d'éventuelles mentions de possession[44]. Ces livres correspondent quoi qu'il en soit aux goûts d'Anne de Graville, goûts que nous détaillerons plus loin. Ont par ailleurs été de nouveau considérés les ouvrages portant les armes de Marie de Balsac, confondues jusque-là, comme on l'a dit, avec celles d'Anne, et qui n'ont pas forcément échu à cette dernière. Cet état est naturellement lacunaire et, même s'il peut être complété à l'avenir, ne doit être qu'un reflet de la bibliothèque de la poétesse. Les livres qu'on lui a dédiés devaient être encore plus présents, tout comme davantage d'imprimés dont nous n'avons retrouvés qu'un seul exemplaire[45].

Toutefois, plusieurs analyses peuvent être tirées de cette librairie seigneuriale et féminine. On y constate d'entrée de jeu un goût pour le livre ancien, pour le manuscrit médiéval, toujours en français. Comme on l'a montré d'ailleurs, cette appétence provenait de sa mère, Marie de Balsac[46]. Chez Anne, c'est presque le tiers des livres retrouvés qui sont antérieurs au début du XVe siècle. On y trouve beaucoup de romans, notamment arthuriens (comme l'*Estoire del saint Graal* de la Bodleian Library, ms. Douce 178 ; **Fig. 9**) qui continuaient d'être très appréciés en ce début de XVIe siècle[47] et qui pouvaient inspirer son travail d'auteur. Cet intérêt pouvait devenir une véritable quête : en 1521, elle fit acheter six manuscrits anciens à Rouen, dont certains remontaient au XIIIe siècle (voir la liste en annexe). On les repère grâce à la mention qu'ils portent sur leur page de garde : « A madamoiselle Anne de Graville, dame du Boys de Mallesherbes, Vc XXI. Achatté à Rouen » (**Fig. 10**).

Cela ne l'empêcha cependant pas de commander, au moins à deux reprises, de nouvelles copies de ces textes anciens qu'elle appréciait tant et dont elle avait hérité de ses parents, avec des décors et une écriture mis au goût du jour : c'est le cas pour le *Livre de Mutation de fortune* de Christine de Pizan (Paris, BnF, Arsenal, ms. 3172 ; **Fig. 11**) ou encore pour le livre du *Devisement du monde* de Marco Polo (Paris, BnF, Arsenal, ms. 3511 ; **Fig. 12**), fondés tous deux sur les exemplaires des parents

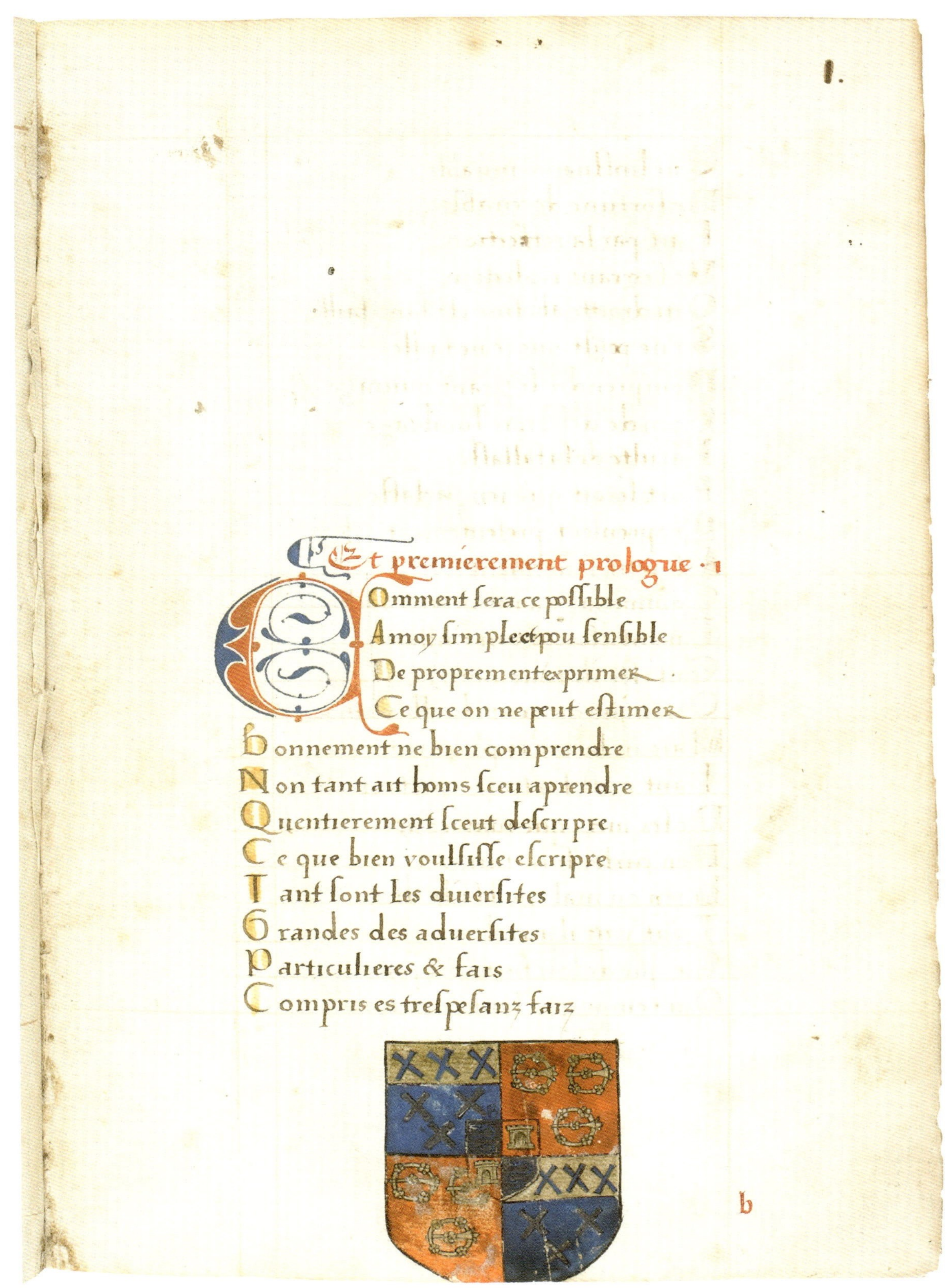

I.

Et premierement prologue · i
Comment sera ce possible
A moy simple et pou sensible
De proprement exprimer
Ce que on ne peut estimer
Bonnement ne bien comprendre
Non tant ait homs sceu aprendre
Quentierement sceut descripre
Ce que bien voulsisse escripre
Tant sont les diuersites
Grandes des aduersites
Particulieres & fais
Compris es trespesanz faiz

b

Fig. 11. Christine de Pizan, *Livre de la Mutacion de Fortune*, début du xve siècle. Paris, BnF, Arsenal, ms. 3172, f. 1

Fig. 12 : Marco Polo, *Le Devisement du monde*, Rouen (?), début du XVIe siècle. Paris, BnF, Arsenal, ms. 3511, f. 2.

Fig. 13 : François Le Barbier fils. *Histoire du petit Jehan de Saintré*, Paris, fin du xve siècle. Londres, British Library, Cotton MS Nero D IX, f. 55v.

d'Anne (Munich, Bayerische Staatsbibliothek, Gall. 11 et Paris, BnF, ms. NAF 1880).

Anne de Graville appréciait les livres d'histoire, tout comme ses parents, notamment son père qui fit même œuvre d'historien en collectionnant ou faisant copier des documents d'archives concernant saint Louis, Charles V ou Jeanne d'Arc[48]. Ce n'est pas un hasard si nombre de ces codex compilant des sources historiques se retrouvèrent par la suite chez Anne (Paris, BnF, ms. Français 5730, Français 20853 et Français 23932). Marie de Balsac préférait de son côté l'histoire antique[49] et la magnifique traduction de l'*Histoire Chaldaïque* de Bérose, offerte par Pierre de Balsac, honore encore ce goût[50].

En matière de décor livresque, Anne a également suivi la voie empruntée par son père en employant des miniaturistes et enlumineurs parisiens ou en se procurant leurs œuvres, notamment le Maître de Jacques de Besançon[51] que nous avons proposé d'identifier avec François Le Barbier fils, dont l'amiral était un grand amateur et dont Anne de Graville posséda elle aussi un manuscrit (*Histoire du petit Jehan de Saintré*, Londres, B.L., Cotton MS Nero D IX) dans lequel figurent quatre miniatures peintes par l'artiste (**Fig. 13**). Pierre de Balsac fit quant à lui appel au Maître de la Chronique Scandaleuse pour l'*Histoire Chaldaïque*[52], un miniaturiste dont son épouse avait pu admirer les talents dans la bibliothèque paternelle (il décora une partie de l'un des deux volumes de la *Fleur des Histoires* de Jean Mansel, en compagnie de François Le Barbier fils : Besançon, Bibliothèque municipale, ms. 852)[53].

Anne continuera à apprécier l'art de grands enlumineurs parisiens pour décorer ses propres livres ou ceux qu'elle composa, comme le Maître d'Anne de Graville étudié par Myra Orth et Marie-Blanche Cousseau (dont l'activité se situe autour de 1520-1530 à Paris[54]), mais aussi des artistes rouennais, comme le Maître des Heures Ango[55]. Dans les années 1520, il décora pour elle le très beau manuscrit des *Triomphes* de Pétrarque (Paris, BnF, ms. Français 22541), caractérisé par des couleurs claires, des physionomies lisses et des encadrements architecturaux renaissants raffinés et agrémentés des armes, emblèmes et devises d'Anne de Graville (**Fig. 14 et 15**)[56].

Ces remarques sont loin d'être exhaustives. Il ne faut désormais plus cantonner notre personnage au rôle d'héritière ou de suiveuse de l'exemple parental ; son goût prononcé pour les romans lui était bien propre, tout comme son appétence pour les recueils de poésies, tout à fait attendue chez une poétesse. On retrouve d'ailleurs nombre de ces caractéristiques chez les dames lettrées de son époque, qu'elle pouvait côtoyer à la cour de Claude de France, ou encore chez les femmes nobles qui constituaient une sorte de cénacle littéraire informel autour de Jeanne de France, épouse répudiée de Louis XII, établie en Berry. À ce cénacle appartenait la propre sœur d'Anne, Jeanne de Graville – dont la commande artistique et littéraire doit elle aussi sortir de l'ombre[57], ou sa parente, Catherine d'Amboise[58], un ensemble de femmes qui avaient, au cours de leur vie, subi de nombreuses épreuves personnelles, tout comme Anne à la suite de son mariage clandestin[59]. Un milieu féminin qui s'était, en somme, réfugié dans les livres.

La figure attachante d'Anne de Graville et son histoire romantique ne doivent pas empêcher de fonder l'étude de sa bibliothèque sur des bases solides et documentées. Elle doit également être replacée dans son contexte familial et historique. On l'a montré, la relation au père fut très importante dans l'affirmation de notre personnage, à la fois en tant que personne, mais également comme femme de lettres et bibliophile.

On n'a par ailleurs jamais dit que cet héritage était également spirituel. Alors que l'amiral de Graville fut le principal soutien laïc du mouvement de réformation de l'Église qui avait éclos à Paris dans les années 1490, moins de quarante ans plus tard, Anne suivit ses traces et protégea les calvinistes : une lettre du réformateur Pierre Toussain, datée de 1526, la qualifia ainsi d'« appui des exilés du Christ[60] ». Une prochaine piste de recherche pourra chercher à savoir si cette spiritualité aurait pu transparaître dans le domaine du livre et de la littérature.

Pièces justificatives

1. 1510, 20 novembre. – sans lieu

Accord entre l'amiral Louis Malet de Graville, Anne Malet de Graville et Pierre de Balsac d'Entragues au sujet du mariage de ces derniers et de la succession de l'amiral.

[f. 1] Furent presens Loys, seigneur de Graville, admiral de France, conseiller chambellan ordinaire du roy notre seigneur d'une part, et damoiselle Anne de Graville sa fille, tant en son nom que pour et ou nom et soy faisant fort de Pierre de Balsac seigneur d'Entraigues par lequel elle a permis faire ratifier et de nouvel passer et accorder le contenu en ces presentes et de bailler et envoyer a ses despens lettres en forme deue, expediees et passees soubz seel royal de dedens lé, et disant lesd. parties que proces est pendant en la court de parlement a Paris entre led. seigneur de Graville, admiral, demandeur en cas d'exces, crimes, delictz et malefices et requerant contre lesd. de Balsac et damoiselle Anne de Graville reparacion tant honnorable que pourfitable et aussi contre lad. Anne declaracion d'exheredacion et privacion de tous ses biens et succession d'une part, et lesd. de Balsac et Anne de Graville deffendeurs d'autre part, a cause du rapt et inceste pretenduz par led. seigneur amyral avoir esté commis en la personne de lad. Anne par led. de Balsac, ingratitude, offence et delictz aussi par lui pretenduz [f. 1v] avoir esté commis par lad. damoiselle Anne en donnant consentement ausd. rapt et inceste et soy alliant par mariage avecques led. de Balsac au deceu et oultre le pré dud. seigneur amyral son pere comme il disoit, lesd. de Balsac et sa femme disans et soustenans le contraire, et que tout ce qu'ilz avoient fait estoit en ensuyvant le bon plaisir, consentement et lettres missives dud. seigneur son pere, et que par ce ilz estoient en voye d'absolucion, auquel proces tant a esté procedé que entre led. seigneur amyral et lad. damoiselle y a eu enquestes faictes tant principales que objectures et production de lettres tellement qu'il est en droict et contre led. de Balsac ont esté donnez par lad. court plusieurs deffaulx obtenuz par led. seigneur amyral que sont en estat de juger et decider, finablement lesd. parties considerans la proximité qui est entre eulx et les grans fraiz, travaulx et despens faiz a cause dud. proces, et aussi que lad. damoiselle Anne a ja par deux foiz, en soy prosternant et gectant a genoulx, supplié et requis par don et mercy aud. seigneur [f. 2] de Graville son pere et par l'advis de plusieurs grans personnaiges et gens de conseil et mesmement iceluy seigneur de Graville pour complaire au roy notre seigneur et aussi en faveur de la requeste que luy a esté faicte par tres reverend pere en Dieu monseigneur Georges d'Amboise, archevesque de Rouen et legat en France, ont des le XXVIIIe jour de mars derrenier fait, au lieu de Vigny, en la presence de monseigneur le legat, les accords, traictez et convenances dud. proces qui ensuyvent. C'est assavoir que lad. damoiselle Anne de Graville renoncera et de fait a renoncé et renonce a tous droictz de succession tant de domaine qui luy povoient et pevent estre escheuz et appartenir en quelque maniere que ce soit par le trespas de feue damoiselle Marie de Balsac sa mere que aussi a la future succession et biens qui luy eussent peu eschoir a venir par le deces et trespas dud. seigneur de Graville son pere, moiennant la somme de dix mil escuz d'or et mil livres tournois de rente qui [f. 2v] luy seront bailliez et delivrez apres le deces d'iceluy seigneur de Graville et non plustost et moiennant les renonciacions et choses dessusd. et non autrement et soubz condicion que le contenu en ces presentes sortisse tant de fait que de droict son plain et entier effect, iceluy seigneur de Graville acquicte et rémis et pardonne ausd. Balsac et damoiselle Anne de Graville sa fille toutes lesd. offences et ingratitudes par luy pretendues et aussi a pour agreable et ratiffie en tant que besoing seroit le mariaige desd. de Balsac et Anne sa fille, veult et acorde qu'il sortisse son plain et entier effect pourveu qu'ilz soient raisonnablement dispencez

Fig. 14 : Maître des Heures Ango. Pétrarque, *Les Triomphes*, Rouen, premier quart du XVIe siècle. Paris, BnF, ms. Français 22541, f. 77v.

Fig. 15 : Maître des Heures Ango. Pétrarque, *Les Triomphes*, Rouen, premier quart du XVIe siècle. Paris, BnF, ms. Français 22541, f. 101v.

et lesd. seigneur de Graville ses heritiers et aians cause seront tenuz paier et delivrer a lad. Anne a ce presente et aceptant lad. somme de dix mil escuz d'or et mil livres tournois de rente en une ou deux pieces de terre, le tout apres iceluy trespas d'iceluy seigneur de Graville et non plus tost, et ce pour tout tel droict, part et porcion qu'elle pourroit avoir, quereller [f. 3.] ou pretendre tant a cause d'icelle succession de lad. damoiselle Marie de Balsac sa mere que de son douaire soit prefix pour coustumier et aussi pour tout tel droit par et porcion qu'elle pourroit quereller ou pretendre esd. biens et succession future d'iceluy seigneur de Graville et a tous lesquelz droictz de douaire et succession lad. Anne a renoncé et renonce par ces presentes comme dit est, et d'iceulx droictz, pars et porcions lad. Anne pour elle et ses hoirs et aians cause s'est tenue pour contente moiennant lad. somme de dix mil escuz d'or et mil livres tournois de rente, sans ce que lad. de Graville puisse quereller autre chose esd. biens et succession soubz coulleur de lesion ou decepcion, tant soit grande ou enorme, et nonobstant que lesd. droictz et porcions vaillent moytié plus que lesd. dix mil escuz d'or et mil livres de rente, a quoy lesd. de Balsac et lad. Anne de Graville, bien informez et advertiz comme elle disoit de la valleur desd. biens, a renoncé et renonce par ces presentes, et au cas que lesd. de Balsac [f. 3v] et Anne de Graville, leurs hoirs ou aians cause ou l'un d'eulx le temps a venir vouldroient et s'efforceroient venir a l'encontre de ce present traicté et renconciacion et nonobstant iceluy quereller, pretendre ou demander quelques droict esd. biens et successions soit parvouyé de proces ou autrement en quelque maniere que ce soit, en ce cas lesd. de Balsac et damoiselle Anne de Graville et chacun d'eulx ont des a present renoncé et renoncent a tous lesd. droictz et a l'action qu'ilz pouroient avoir pour raison desd. dix mil escuz d'or et mil livres tournois de rente au prouffit des autres heritiers dud. de Graville, et neantmoins ce present appoinctement sortira son plain et entier effect au prejudice desd. de Balsac, Anne de Graville, leurs hoirs et aians cause et d'un chacun d'eulx et seront tenuz prealablement rendre et restituer tout ce qu'ilz auroient eu et receu a cause dud. appoinctement, soit de lad. somme de dix mil escuz ou de mil livres tournois de rente, et d'eulx rendre en l'estat qu'a present ilz sont tenuz de comparroir en lad. court pour a l'encontre d'eulx proceder [f. 4] au jugement dud. proces ainsi que de raison et le tout prealablement avant qu'ilz soient receuz a riens dire ne alleguer au contraire du contenu en ces presentes, lesquelles neantmoins en leur prejudice et au prouffit d'iceluy seigneur de Graville et ses heritiers sortiront comme dit est leur plain et entier effect, et promectent icelles parties passees ce present appoinctement aupres de lad. court et consentir qu'il soit par icelle decrecté et emologué et pour ce faire constitutent leurs procureurs, c'est assavoir led. seigneur de Graville maître Guillaume Berruyer et lesd. d'Antragues et sa femme maître Michel Lamy leur procureur, ausquelz ilz donnent povoir special de ce faire.

Chartres, Archives départementales d'Eure-et-Loir, E 164, n° 30.

2. 1513, 30 janvier (n. st.). – Marcoussis

Lettre autographe de Louis Malet de Graville dénonçant les fausses lettres écrites par Anne Malet de Graville au sujet de sa succession.

Nous, Loys de Graville, admyral de France, a toux ceulx qui sez presantez letrez verront, salut. Comme par notre testamant ayons dit et ordonné que voulons et antandons que notre fille Anne, fame du seigneur d'Antraguez, n'ait de tous les meublez et immeublez a nous appartenans et pour sa part et porcyon que mille livrez tournoys de rante et dix mylle escuz, ainssy qui l'est acordé antre son mary, elle et moy par arest et que ayons esté avertys que notre ditte fille c'est vantee avoir ungne contrelettre de nous, qui n'est chose vraye, a ceste cause declerons par ces presantez que sy elle an monstre aucune, elle, qui scet contrefaire notre lettre comme assez de foys a fait, a ycelle lettre contrefaite et forgee et comme elle a fait assez d'autrez mauvaisez chossez et pour ce ne voullons que l'an n'y ajouste foy et declerons comme dessuz que jamays ne l'antandismez car son mauvays gouvernemant nous fait avoir regret de luy an avoir laissé tant, toutefoyz voulons que l'ordonnance de notre testamant tiegne et sortisse son effet et l'acort fait antre eulx et moy et mollegué (*sic*) en la court de parlemant, au tesmoing de coy nous avons escrite et signee de notre propre main et fait cellez du seau de nos armez en plaquart. A Marcoussy, le tranteysme jour de janvyer mille cinq cens et douze.

[*Signé* :] Loys de Graville

Chartres, Archives départementales d'Eure-et-Loir, E 164, n° 31.
Fragment de sceau plaqué.

Annexe. Ouvrages conservés constituant la bibliothèque d'Anne de Graville

1. Manuscrits hérités par Anne de Graville de la succession de Louis Malet de Graville et de Marie de Balsac

Lieu de conservation	***Cote***	***Auteur/Titre***	***Lieu de production et datation***	***Attribution des miniatures***	***Marques, armes***
Chicago, Newberry Library	Ms. fr. 21 (Ry 34)	*Lancelot du Lac*, en prose	Paris, milieu XIIIe siècle	Atelier du Maître de la Vie de Saint-Denis	Mention de la succession de l'amiral de Graville
Londres, British Library	Egerton MS 989	*Roman de Tristan*	Sans localisation, 1475		Mention de la succession de l'amiral
Munich, Bayerische Staatsbibliothek	Ms. Gall. 11	Christine de Pizan, *Livre de la Mutacion de Fortune*	Paris, vers 1410-1420	Atelier du Maître de la Cité des Dames	Armes de Marie de Balsac ; manuscrit ayant servi à copier le ms. 3172 de la Bibliothèque de l'Arsenal appartenant à Anne de Graville
New Haven, Yale University, Beinecke Rare Book and Manuscript Library	Ms. Thomas E. Marston 274	Leonardo Bruni, *De Bello punico*, traduit par Jean Le Bègue	Paris, vers 1475-1480		Mention de la succession de l'amiral
Paris, BnF	Ms. Français 254	*Le Livre de la destruction de Troyes*	France de l'Ouest, après 1467		Mention de la succession de l'amiral
Paris, BnF	Ms. Français 5730	*Prières et instruction morale à l'usage du bon roy Charles le Quint*	France, fin du XVe-début du XVIe siècle		Mention de la succession de l'amiral
Paris, BnF	Ms. Français 20853	Recueil de pièces sur les Croisades et les guerres françaises, sur la population de la France et l'Hôtel du roi (XIIIe-XIVe siècles)	Paris, vers 1500		Mention de la succession de l'amiral
Paris, BnF	Ms. Français 22548-22550	*Cycle des Sept Sages de Rome*	Paris, deuxième quart du XIVe siècle		Mention de la succession de l'amiral
Paris, BnF	Ms. Français 23932	*Table alphabétique de l'inventaire des meubles et joyaux du roi Charles V*	Paris, entre 1480 et 1500		Mention de la succession de l'amiral

Lieu de conservation	***Cote***	***Auteur/Titre***	***Lieu de production et datation***	***Attribution des miniatures***	***Marques, armes***
Paris, BnF	Ms. NAF 1880	Marco Polo, *Le Devisement du monde*	Normandie, vers 1510		Mention de la succession de l'amiral
Paris, Bibliothèque Sainte-Geneviève	Ms. 1144-1145	Jean de Salisbury, *Policraticus*, traduit par Denis Foulechat	France de l'Ouest, milieu du XVe siècle ; Paris, vers 1520-1525	France de l'Ouest ; Étienne Colaud	Armes de Louis Malet de Graville et ajout d'une miniature à l'initiative d'Anne de Graville
Bâle, Jorn Gunther Antiquariät		Boccace, *Des cas nobles hommes et femmes*, traduit par Laurent de Premierfait	Troyes, vers 1470		Mention de la succession de l'amiral

2. Achats effectués par Anne de Graville à Rouen en 1521

Lieu de conservation	***Cote***	***Auteur/Titre***	***Lieu de production et datation***	***Attribution des miniatures***	***Marques, armes***
Lille, Bibliothèque municipale	Ms. 130	Gauthier de Coincy, *Miracles de la Vierge*	XIVe siècle		Mention d'achat en 1521
Paris, BnF	Arsenal, ms. 2776	*Les Vœux du Paon et le Restor du Paon*	XIVe siècle		Mention d'achat en 1521
Paris, BnF	Arsenal, ms. 2691	Recueil de traités dont le *Secret des secrets* d'Aristote, le *Livre de Mélibée et Prudence* d'Albertan de Brescia, traduit par Renaud de Louhans, un Traité contre l'astrologie et la divination et un bestiaire rimé	XVe siècle		Mention d'achat en 1521
Paris, BnF	Ms. Français 24377	*Roman d'Anseïs de Metz, fils de Girbert*	XIIIe siècle		Mention de la date de 1521
Paris, BnF	Ms. Français 24758	*Vie des Pères en vers*	XIVe siècle		Mention de la date de 1521
Paris, BnF	Ms. NAF 10053	Orose, *Histoire ecclésiastique*	XVe siècle		Mention d'achat en 1521

3. Autres ouvrages de la bibliothèque personnelle d'Anne de Graville

Lieu de conservation	*Cote*	*Auteur/Titre*	*Lieu de production et datation*	*Attribution des miniatures*	*Marques, armes*
Abu Dhabi, Louvre Abu Dhabi	Inv. LAD 2014.029	Bérose, *Histoire caldayque*, traduction anonyme	Paris, vers 1507-1510	Maître de la Chronique Scandaleuse	Portrait, armes et devises d'Anne de Graville
Londres, British Library	Cotton MS Nero, D IX	*Histoire du petit Jehan de Saintré*	Ouest de la France, milieu du XVe siècle ; Paris, fin du XVe siècle	Enlumineur de l'Ouest de la France ; Maître de Jacques de Besançon, *alias* François le Barbier fils	Mention au f. 1v « damoiselle Anne de Graville, dame du Boys de Malesherbes et comtesse de Saint Yon »
Oxford, Bodleian Library	Ms. Douce 178	*L'Estoire del saint Graal*	Venise (?), vers 1300		Ex-libris au f. 417 : « A Anne de Graville suis »
Paris, BnF	Arsenal, ms. 3172	Christine de Pizan, *Livre de la Mutacion de Fortune*	Début du XVIe siècle		Armes d'Anne Malet de Graville
Paris, BnF	Arsenal, ms. 3511	Marco Polo, *Le Devisement du monde*	Début du XVIe siècle	Rouen ?	Armes, devises et emblème d'Anne de Graville
Paris, BnF	Ms. Français 22541	Pétrarque, *Les Triomphes*, traduits en français	Premier quart du XVIe siècle	Rouen, Maître des Heures Ango	Armes et devises d'Anne de Graville
Paris, BnF	Ms. Français 24368	*Roman d'Aubery le Bourguignon*	XIIIe siècle		Mention au f. 1 : « A Anne de Graville »
Paris, BnF	Ms. Français 25441	Anne de Graville, *Palamon et Arcita*	Entre 1521 et 1532		Devise-anagramme d'Anne de Graville et livre de raison consignant les dates du mariage de sa fille Jeanne et de naissance de ses petits-enfants (f. 3-4)
Paris, BnF	Ms. Français 25535	Nicolas de Coquivillier, *Chants royaux, rondeaux et ballades du puy de musique de Rouen*	1525		Texte dédié à Anne de Graville ; armes des Malet de Graville
Paris, Bibliothèque historique de la ville de Paris	Ms. 527	Traités, chroniques et textes historiques divers	XIVe siècle		Ex-libris : Anne de Graville, dame du Boys Malesherbes, V^c^ XXII »
Paris, Drouot, Pierre Bergé & Associé France, 28 mars 2007	Imprimé In-8	Virgile, *Les Géorgiques*, Paris, Durand-Gerlier	1519		Inscription sur la page de titre « Mademoiselle Anne de Graville »

4. Livres vraisemblablement possédés par Anne de Graville

Lieu de conservation	***Cote***	***Auteur/Titre***	***Lieu de production et datation***	***Attribution des miniatures***	***Marques, armes***
Paris, BnF	Ms. Français 20350	*Grandes Chroniques de France*	Paris, vers 1390-1400	Maître de Luçon, Maître du Second Roman de la Rose de Jean de Berry, Maître du Policratique	Registre des naissances de Guillaume de Balsac d'Entragues. Manuscrit récupéré après le décès du chanoine rouennais Pierre Mésenge ?
Paris, BnF	Ms. Français 24315	Recueil de poésies	Sans localisation, années 1520		Collation d'actes concernant les Malet de Graville ; manuscrit passé ensuite chez les Urfé
San Marino, Huntington Library	Ms. HM 1163	Livre d'heures à l'usage de Paris	Tours, vers 1470-1475	Maître du Boccace de Munich	Livre d'heures de l'amiral de Graville ; armes de Balsac (Pierre de Balsac) ajoutées au f. 22v.

NOTES

1 C. WAHLUND, *Über Anne Malet de Graville, eine vernachlässigte französische Renaissance-Dichterin : ihr Leben und ihre Dichtungen*, Halle-sur-Salle, 1895.

2 M. de MONTMORAND, *Une femme poète du XVIe siècle. Anne de Graville, sa famille, sa vie, son œuvre, sa postérité*, Paris, 1917. Avant eux les études suivantes avaient permis de sortir notre personnage de l'ombre : Marquis de LAQUEUILLE, *Anne de Graville, ses poésies, son exhérédation*, Chartres, 1858 ; A. LE ROUX DE LINCY, *Vie de la reine Anne de Bretagne, femme des rois de France Charles VIII et Louis XII, suivie de lettres inédites et de documents originaux*, Paris, 1860, 2 vol. ; V.-A. MALTE-BRUN, *Histoire de Marcoussis, de ses seigneurs et de son monastère*, Paris, 1867.

3 A. VERNET, « Les manuscrits de Claude d'Urfé (1501-1558) au Château de la Bastie », *Comptes rendus de l'Académie des Inscriptions et des Belles-Lettres*, 1976, p. 81-97 ; A. VERNET, *Claude d'Urfé et la Bâtie. L'univers d'un gentilhomme de la Renaissance*, cat. exp. (Montbrison, 1990), Montbrison, 1990, p. 198-203.

4 M. BOUCHARD, *L'épopée d'Anne de Graville et l'illustration de la langue vulgaire*, mémoire de master, Montréal, McGill University, 1996 ; M. BOUCHARD, « Le roman "épique" : l'exemple d'Anne de Graville », *Études françaises*, 32, 1, 1996, p. 99-107.

5 M. ORTH, « Dedicating Women : Manuscript Cuture in the French Renaissance, and the Cases of Catherine d'Amboise and Anne de Graville », *Journal of the Early Book Society*, 1, 1, 1997, p. 17-39.

6 C. MÜLLER, « Le rôle de l'intellectuel et l'écriture poétique des femmes dans les cours princières au passage du XVe au XVIe siècle », dans *Courtly Literature and Clerical Culture*, actes du congrès triennal de l'International Courtly Literature Society de Tübingen (2001), éd. Chr. HUBER et H. LÄHNEMANN, Tübingen, 2002, p. 221-230.

7 I. AKERLUND, *Sixteenth century French Women Writers : Marguerite d'Angoulême, Anne de Graville, the Lyonnese school, Jeanne de Jussie, Marie Dentière, Camille de Morel*, Lewinston, 2003.

8 E. L'ESTRANGE, « "Un étrange moyen de séduction" : Anne de Graville's *Chaldean Histories* and her role in literary culture at the French court in the early sixteenth century », *Renaissance Studies*, 30, 5, 2016, p. 708-728.

9 Sur ce personnage et son mécénat, nous nous permettons de renvoyer à notre thèse d'École nationale des chartes : M. DELDICQUE, *Entre Moyen Âge et Renaissance ? La commande artistique de l'amiral Louis Malet de Graville (v. 1440-1516)*, thèse pour le diplôme d'archiviste paléographe sous la dir. d'Étienne HAMON, École nationale des chartes, 2012, 2 vol. ainsi qu'à un bref article de synthèse résumant les problématiques qui se sont posées à nous : M. DELDICQUE, « La commande artistique de l'amiral Louis Malet de Graville (vers 1440-1516) : la recherche d'une autre modernité », dans *La France et l'Europe autour de 1500. Croisements et échanges artistiques*, actes du colloque de Paris (2011), éd. G. BRESC-BAUTIER, Th. CRÉPIN-LEBLOND et E. TABURET-DELAHAYE, Paris, 2016, p. 35-43. Voir aussi, dernièrement, le catalogue de l'exposition *Être mécène à l'aube de la Renaissance*, éd. M. DELDICQUE et A.-M. LEGARÉ, cat. exp. (Le Havre, 2017), Gand, 2017.

10 Joachim Malet de Graville mourut en 1488 et Louis Malet de Graville avant 1493, car il ne fut pas représenté, à la différence de ses sœurs et des autres membres de la famille, dans le *Terrier de Marcoussis* rédigé à cette date-là.

11 On conserve la minute de leur contrat de mariage, passé le 23 décembre 1497 (Paris, Archives nationales, Minutier central, étude XIX, 12).

12 MONTMORAND, *op. cit.* (notre note 2), p. 63-64.

13 Autant de seigneuries qui se trouvent dans l'actuel Cantal actuel.

14 Commune de Boisset, Cantal.

15 Ces armes sont d'ailleurs signalées par MONTMORAND, *op. cit.* (notre note 2), p. V. L'étude de ces demeures ne peut se faire dans le cadre contraint de cet article. Nous renvoyons, à défaut d'un travail complet qu'il reste à mener, à J.-P. BABELON, *Châteaux de France au siècle de la Renaissance*, Paris, 1989.

16 Père ANSELME, *Histoire généalogique et chronologique de la maison royale de France, des pairs, grands officiers de la couronne et de la maison du Roy et des anciens barons du royaume*, Paris, 1726-1733, t. 2, p. 437-438 ; Ph. CONTAMINE, « The War Literature of the Late Middle Ages : The Treatises of Robert de Balsac and Béraud Stuart, Lord of Aubigny », dans C. ALMAND (éd.), *War, Literature and Politics in the Late Middle Ages. Mélanges en l'honneur de G. W. Coopland*, Liverpool, 1976, p. 101-121.

17 Fr. AVRIL et N. REYNAUD, *Les Manuscrits à peinture en France, 1440-1520*, cat. exp. (Paris, 1992-1993), Paris, 1993, p. 245.

18 Sur cette bibliothèque, voir notamment S. BLACKMAN, *The manuscripts and patronage of Jacques d'Armagnac, Duke of Nemours, 1433-1477*, Ann Arbor, 1993.

19 ANSELME, *op. cit.* (notre note 16), t. 2, p. 488.

20 Léon DUGUIT, « Étude historique sur le rapt de séduction », *Nouvelle revue historique du droit français et étranger*, 10, 1886, p. 586-685.

21 MONTMORAND, *op. cit.* (notre note 2), p. 64.

22 Paris, Archives nationales, X^2A 66, f. 157.

23 Chartres, Archives départementales d'Eure-et-Loir, E 164, n° 30. La date de cette transaction nous est donnée par le testament de 1514 de l'amiral de Graville qui y fait référence (voir la note suivante).

24 Nouveau style. Cf. Chartres, Archives départementale d'Eure-et-Loir, E 164, n° 32 : « en baillant touteffoys par eulx a Anne notre tierce fille ou a ses enfans legitimes et de loyal mariage mil livres tournois de rente et dix mil escuz d'or pour une foys paier pour sa part et portion de tous nosd. biens seulement en ensuyvant l'accord, transaction et appoinctement faict et passé entre le seigneur d'Antragues, mary de lad. Anne notre fille, elle et nous par devant deux notaires du Chastellet de Paris le XXme jour de novembre cinq cens et dix et depuis omologué par la court de parlement le VIIme de decembre oud. an ».

25 Chartres, Archives départementales d'Eure-et-Loir, E 164, n° 33.

26 Paris, Archives nationales, Minutier central, étude XIX, 42.

27 P. MARICHAL, *Catalogue des actes de François I*[er], Paris, 1887, t. 1, p. 151, n° 863 (Paris, Archives nationales X[1a] 1520, reg. Du Conseil, f. 309).

28 Paris, Archives nationales, Minutier central, étude XIX, 46.

29 Chamarande, Archives départementales de l'Essonne, 13 J 7.

30 Notamment André Vernet, dans ses différentes études sur la bibliothèque du château de La Bâtie ayant appartenu à Claude d'Urfé : notamment VERNET, 1976, *op. cit.* (notre note 3) et VERNET, 1990, *op. cit.* (notre note 3).

31 Voir la liste dans le tableau fourni en annexe.

32 Paris, Archives nationales, S 1015, acte daté du 30 juillet 1529 (collation du 8 avril 1718).

33 Paris, Archives nationales, 399 AP 224 : partage des archives conservées au château de Malesherbes. Guillaume le Gentilhomme signe ainsi, dans la marge de certains articles dévolus à Anne : « Reçu pour madamoiselle, signé Le Gentilhomme ».

34 DELDICQUE, *op. cit.* (notre note 9), vol. 1, p. 465-468.

35 M. DELDICQUE, « Bibliophiles de mère en fille : Marie de Balsac († 1504) et Anne de Graville († 1540) », dans *Les femmes, la culture et les arts en Europe entre Moyen Âge et Renaissance*, actes du colloque de Lille (2012), éd. C. BROWN et A.-M. LEGARÉ, Turnhout, 2016, p. 73-88.

36 *Idem.*

37 À la même époque, l'enlumineur a orné pour Anne de Graville un manuscrit lui ayant appartenu et contenant plusieurs de ses œuvres : Paris, BnF, Arsenal, ms. 5116. Ce peintre a été étudié par M.-B. COUSSEAU, *Autour d'Étienne Colaud : recherches sur les enlumineurs à Paris sous le règne de François I*[er], thèse de doctorat en histoire de l'art sous la dir. de G.-M. LEPROUX, Paris, École Pratique des Hautes Études, 2009.

38 Sur cette bibliothèque, nous renvoyons à notre thèse d'École nationale des chartes, DELDICQUE, *op. cit.* (notre note 9).

39 De plus longs développements seront consacrés à ce dossier dans notre article « De grands mécènes de la Renaissance à Rouen : les Malet de Graville », dans *La Renaissance à Rouen : l'essor artistique et culturel dans la Normandie des décennies 1480-1530*, actes du colloque de Rouen (2015), à paraître.

40 Rouen, Archives départementales de la Seine-Maritime, G 2152, f. 201 : « *De executione de Mesenge. Receptis missivis a domicelle d'Entragues per quas petit restitutionem certarum cronicarum spectantum defuncto domino de Graville, ejus patri, que reperte fuerunt inter libros defuncti domini Mesenge et, audita relatione domini Dufay, asserentis pluries audivisse a dicto domino Mesenge, dum viveret, quod dicte cronice eidem domino de Graville spectabant, placuit prefatis dominis easdem cronicas dicte domicelle restitui et deliberari ita quod tenebitur capitulum de ipsis exonerare erga suos coheredes et ex medio fuerunt tradite dicto domino des Resgues nomine ejusdem domicelle* ».

41 L'ESTRANGE, *op. cit.* (notre note 8).

42 AKERLUND, *op. cit.* (notre note 7), p. 46.

43 VERNET, 1990, *op. cit.* (notre note 3).

44 André Vernet, *Ibid.*, a émis bien d'autres hypothèses de livres pouvant venir d'Anne de Graville, en partant de la bibliothèque du château de la Bâtie d'Urfé, mais cela reste soumis à conjectures.

45 La Réserve des livres rares de la Bibliothèque nationale de France, interrogée par nos soins, n'a pas repéré dans ses collections d'incunables ou imprimés provenant d'Anne de Graville.

46 DELDICQUE, *op. cit.* (notre note 35).

47 M.-P. LAFFITTE, « Les romans de la Table ronde dans les bibliothèques médiévales et leur sort jusqu'au XVIIIe siècle », dans Th. DELCOURT (éd.), *La légende du roi Arthur*, cat. exp. (Paris, 2009-2010), Paris, 2009, p. 41-50.

48 DELDICQUE, *op. cit.* (notre note 9), vol. 1, p. 328-330.

49 DELDICQUE, *op. cit.* (notre note 35).

50 Abu Dhabi, musée du Louvre Abu Dhabi, inv. LAD 2014.029. Voir le catalogue établi par S. HINDMAN et A. BERGERON-FOOTE, *Flowering of Medieval French Literature. "Au parler que m'aprist ma mere"*, cat. exp. (New York et Paris, 2014), Londres, 2014, p. 173-175.

51 M. DELDICQUE, « L'enluminure à Paris à la fin du XVe siècle : Maître François, le Maître de Jacques de Besançon et Jacques de Besançon identifiés ? », *Revue de l'Art*, 183, 1, 2014, p. 9-18.

52 Nous devons cette attribution à François Avril, aimablement donnée lors du colloque dont est tiré cet article.

53 Voir la notice rédigée par nos soins dans DELDICQUE, *op. cit.* (notre note 9), vol. 2, p. 145-153.

54 ORTH, 1997, *op. cit.* (notre note 5), p. 24-26 et COUSSEAU, *op. cit.* (notre note 38).

55 DELDICQUE et LEGARÉ, *op. cit.* (notre note 9), n° 15.

56 Fr. AVRIL, *La Passion des manuscrits enluminés. Bibliophiles français. 1280-1580*, cat. exp. (Paris, 1991), Paris, 1991, p. 118-119.

57 Nous renvoyons sur ce sujet à notre thèse de doctorat, en préparation à l'Université de Picardie-Jules Verne.

58 Voir les travaux d'Ariane BERGERON-FOOTE à ce propos, notamment sa thèse pour le diplôme d'archiviste paléographe, *Les œuvres en prose de Catherine d'Amboise, dame de Lignières (1481-1550)*, École nationale des Chartes, 2002.

59 Catherine d'Amboise avait connu plusieurs veuvages. Jeanne, quant à elle, avait été veuve assez tôt de son premier mari Charles II de Chaumont, mort en Italie en 1511. Son fils unique fut également tué en Italie, à la bataille de Pavie en 1525. En 1526, elle épousa René d'Illiers mais intenta un an plus tard une action auprès de la cour de Parlement de Paris contre ce dernier pour cause de maltraitance ; leur séparation fut prononcée en 1530.

60 MONTMORAND, *op. cit.* (notre note 2), p. 92-93.

EXIIT QVI SEMINAT SEMINARE ·
1539
QVI HABET AVRES AVDIENDI AVDIAT · MATH · 13 ·

Les traductions manuscrites en français pour François Ier

Maxence HERMANT

L'exposition *Trésors royaux* qui s'est tenue en 2015 au château royal de Blois a été l'occasion de faire une synthèse globale sur la bibliothèque (et même les bibliothèques) de François Ier[1]. L'importance de celle(s)-ci et la multiplicité des approches n'ont cependant pas permis de développer autant qu'on l'aurait voulu certains aspects pourtant fondamentaux. C'est notamment le cas des traductions manuscrites réalisées pour le souverain, tout particulièrement d'auteurs antiques.

Il n'est pas possible de traiter des traductions en français sans évoquer au préalable le précédent du roi Charles V, même s'il est difficile de savoir dans quelle mesure celui-ci a pu servir de modèle plus d'un siècle après son règne. Sa riche bibliothèque, transmise à son fils Charles VI, passa en effet pour l'essentiel au duc de Bedford et fut dispersée à Londres en 1435. Parmi ses livres, on signalera tout particulièrement, dans le domaine qui nous intéresse, la *Cité de Dieu* de saint Augustin, traduite entre 1371 et 1375 par Raoul de Presles (BnF, ms. Français 22912-22913)[2], le *Rational des divins offices* de Guillaume Durand, traduit en 1372 par Jean Golein (Français 437)[3], le *Policratique* de Jean de Salisbury, traduit la même année par Denis Foulechat (Français 24287)[4], les *Éthiques, Politiques et Économiques*, traduites par Nicole Oresme vers 1372 (Bruxelles, Bibliothèque royale, ms. 9505-9506)[5] ou le *Du ciel et du monde* d'Aristote, traduit vers 1377 par Nicole Oresme (Français 1082).

Des copies de luxe de ces traductions, destinées à des membres de la famille royale, figurèrent dans la bibliothèque de la famille d'Angoulême dont hérita le futur François Ier ; c'est notamment le cas de l'exemplaire de Louis d'Orléans du *Livre de l'information des princes* dans la traduction de Jean Golein, qui passa de Charles d'Orléans (fils de Louis) à son frère Jean d'Angoulême, grand-père de François Ier (Français 1213)[6]. Jean d'Angoulême lui-même acheta à Londres en 1441 le *Rational des divins offices* de Charles V[7]. Des traductions venant du duc de Berry figuraient également dans la librairie des ducs de Bourbon qui fut saisie par le pouvoir royal vers 1523.

Des entreprises de traduction eurent lieu dans le milieu royal au tournant des XVe et XVIe siècles. La plus importante fut sans conteste celle que mena le prélat, juriste et historien Claude de Seyssel pour Louis XII[8]. Ces traductions humanistes concernèrent l'*Anabase* de Xénophon (Français 702, **Fig. 1**) – dont deux autres exemplaires furent destinés à Charles de Savoie (Français 701) et à Henri VII d'Angleterre (Londres, B.L., Royal MS 19 C VI) –, l'*Histoire romaine* d'Appien et la *Vie de Marc-Antoine* de Plutarque (Français 713-714), l'*Abrégé de l'Histoire universelle de Trogue Pompée* (Français 715), les livres 18, 19 et 20 de la *Bibliothèque historique* de Diodore de Sicile et la fin de la *Vie de Démétrius* de Plutarque (Français 712) ainsi que l'*Histoire de la Guerre du Péloponnèse* de Thucydide (Français 17211-17212)[9].

C'est dans les goûts et la personnalité de la mère de François d'Angoulême, Louise de Savoie, poursuivant en cela l'œuvre de son défunt mari Charles d'Angoulême, qu'il faut certainement chercher le penchant du futur souverain pour les traductions. La bibliothèque de celle-ci était composée pour l'essentiel de

Fig. 1. Maître de Philippe de Guèldre, *Présentation du livre par Claude de Seyssel à Louis XII*. Xénophon, traduit par Claude de Seyssel, *Anabase*, Paris, 1504. Paris, BnF, ms. Français 702, f. Lv-1.

textes en français, à l'instar des reines, princesses et grandes aristocrates de son époque. S'y trouvaient notamment un *Des Cleres et nobles femmes* de Boccace, copié vers 1488-1496 d'après une traduction anonyme du début du début du XVe siècle et enluminé par Robinet Testard (Français 599)[10], deux exemplaires des *Héroïdes* d'Ovide, dans la traduction d'Octavien de Saint-Gelais, l'un enluminé en 1497 par Robinet Testard (Français 875, **Fig. 2**)[11], l'autre vers 1505-1515 par Jean Pichore (Français 873)[12], des *Remèdes de l'une et l'autre Fortune* de Pétrarque, enluminés vers 1503 par Jean Pichore (Français 224), un *Recueil des Histoires de Troie* copié vers 1496-1500 sur l'édition brugeoise de 1475 sortie des presses de William Caxton et enluminé par Robinet Testard (Français 252)[13] ou des *Extraits* de Valère Maxime, dans une copie plus rudimentaire et bien moins luxueuse (Français 2125). La comtesse d'Angoulême possédait également quelques traductions imprimées, à l'image du *Second volume des grans Decades de Titus Livius*, dans l'édition parisienne de 1510 d'Ambroise Girault (BnF, RLR, Rés. J 246)[14].

On sait combien Louise de Savoie, certaine de voir accéder son fils, son « César », au trône de France, prit à cœur de lui donner une éducation adaptée à ce futur rôle qu'elle appelait de ses vœux. Aussi ne faut-il pas s'étonner de voir dans la bibliothèque du jeune François, prince de la Renaissance, de nombreux livres en français et notamment des traductions des *Bucoliques* de Virgile (Français 1639)[15] ou de l'*Hercule furieux* de Sénèque (Français 1640), non décorés. D'autres portent un frontispice peint comme le *Supplément à l'Énéide* de Maffeo Vegio, traduit par Pierre de

.liij.

A dieu lheure derniere de ma vie.
De plus durer au monde nay enuie
A dieu amy qui ia mary me fus.
La mort me plaist ia nen feray reffus.
Cy finist lespitre de Deyanyra a Hercules.
Et comence celle de Adryane a Theseus.

Fig. 2. Robinet Testard, *Épître d'Ariane à Thésée*. Ovide, traduit par Octavien de Saint-Gelais, *Héroïdes*, Cognac, 1497. Paris, BnF, ms. Français 875, f. 53.

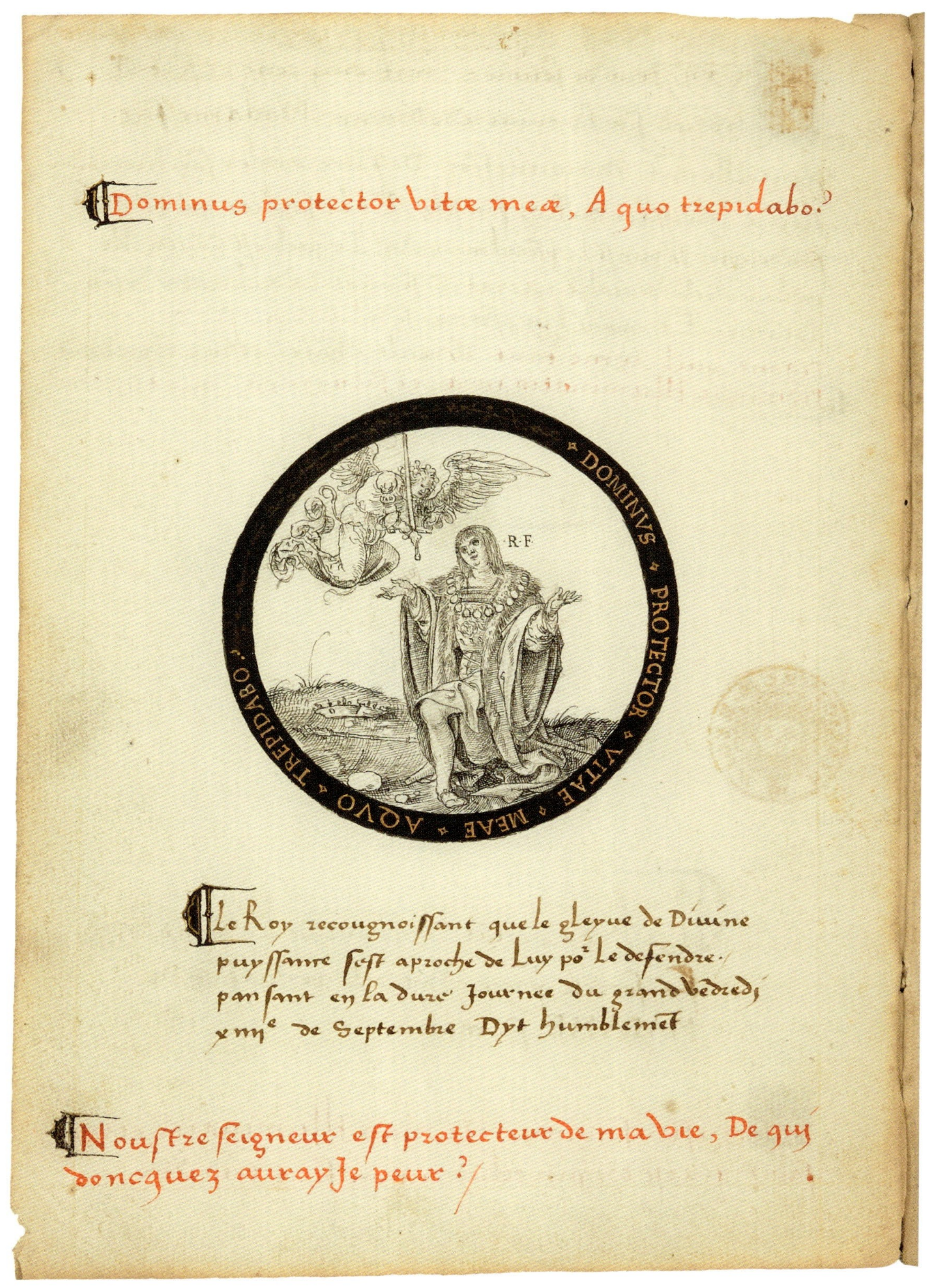
Dominus protector vitæ meæ, A quo trepidabo?

Le Roy recougnoissant que le gleyue de Diuine
puyssance s'est aproche de luy po^r le defendre.
pansant en la dure journee du grand vedred;
xiiiie de Septembre Dyt humblemẽt

Noustre seigneur est protecteur de ma vie, De qui
doncquez auray je peur ?

Fig. 3. Godefroy le Batave, *L'ange porteur du glaive divin apparaît à François Ier.* François Demoulins, *Commentaire sur le psaume* Dominus Illuminatio mea, Val de Loire, vers 1516. Paris, BnF, ms. Français 2088, f. 1v.

Mouchault et enluminé par le Maître de Philippe de Gueldre (Français 2227). Ces volumes côtoyaient des exemplaires de dédicace en latin, enluminés, à l'image des trois pièces d'Euripide, *Medea, Hippolytus* et *Alcestes*, offertes vers 1507 à François de Valois par François Tissard (Latin 7884)[16]. Cette importance des traductions se remarque aussi dans les imprimés qui lui furent destinés ; on y trouve notamment le *Premier volume de Orose en François* (BnF, RLR, Vélins 684-685)[17] ou *Les Eneydes de Virgille* (BnF, RLR, Vélins 1070), tous deux édités par Antoine Vérard en 1509, dans des exemplaires sur vélin et enluminés[18].

L'empreinte et le rôle de Louise de Savoie restèrent perceptibles au début du règne de François Ier dans un certain nombre de commandes. Le précepteur du nouveau souverain, François Demoulins de Rochefort, composa ainsi vers 1516 un *Commentaire sur le psaume* Dominus Illuminatio mea, qui reçut un décor de rondels dessinés par Godefroy le Batave (Français 2088, **Fig. 3**)[19]. Chaque feuillet y est conçu de façon identique avec, de haut en bas, le texte latin du psaume, un rondel, une correspondance avec la vie du souverain et enfin le texte français du psaume. L'esprit des années 1510-1520 n'était pas tant aux traductions qu'aux exemples moraux tirés des Écritures ou des auteurs anciens. Aussi ne faut-il pas s'étonner que les *Commentaires de la guerre gallique*, composés en 1519-1520 par le même François Demoulins de Rochefort, ne soient pas une traduction du texte de Jules César mais une adaptation plus que libre de celui-ci, prenant la forme d'une conversation entre François Ier et César dans le contexte de la Guerre des Gaules (Londres, B.L., Harley MS 6205 ; BnF, ms. Français 13429 ; Chantilly, musée Condé, ms. 764)[20].

François Ier était réputé être un piètre latiniste. Si auteurs et flagorneurs continuèrent néanmoins à lui offrir des textes manuscrits en latin, le goût du roi pour les textes en français n'était vraisemblablement pas un secret. Ce goût se traduisit d'ailleurs politiquement, en 1539, par l'ordonnance de Villers-Cotterêts qui fit du français la langue officielle des actes royaux. C'est donc tout naturellement qu'on offrit au souverain des exemplaires de luxe en langue vernaculaire, habilement transcrits sur des parchemins luxueux et enluminés par les meilleurs artistes, dans le but de s'attirer ou de prolonger les faveurs de celui-ci[21]. Ainsi peut-on citer, entre autres, les *Oraisons* de Cicéron traduites vers 1524-1529 par Étienne Le Blanc (Français 1738)[22], qui destina aussi un exemplaire au connétable Anne de Montmorency et un autre au chancelier Antoine Duprat ; *Les troys premiers livres [...] des antiquitez d'Egipte, Ethiopie et autres pays d'Asie et d'Affrique* de Diodore de Sicile, traduits en 1534 par le secrétaire et valet de chambre du roi Antoine Macault (Chantilly, musée Condé, ms. 721)[23], ou la *Paraphrase sur l'Évangile selon saint Mathieu* d'Érasme, traduite en 1539 par le secrétaire et notaire du roi René Fame (Français 934, **Fig. 4**)[24], tous trois enluminés à Paris par Noël Bellemare. Le même René Fame avait précédemment offert au roi, en 1537, une traduction des *Divines institutions* de Lactance (Cambridge, Harvard University, Houghton Library, ms. Typ. 12).

Parmi ces exemplaires de présentation figure un cas particulier : la traduction vers 1540-1545 par Jean Martin du *Premier livre d'architecture*, ornée de dessins de la main du sculpteur Jean Goujon (Français 12338, **Fig. 5**)[25]. Encourageant les auteurs à éditer en français les grandes œuvres de l'Antiquité afin de rivaliser avec les éditions italiennes, souvent vénitiennes, le roi fut ainsi destinataire de la maquette du premier livre de cette œuvre fondamentale qui parut finalement en 1547 chez Jacques Gazeau, introduite par une dédicace à Henri II. Cette maquette, dont les dessins sont tels qu'ils seront gravés sur la plaque (et donc dans le sens inverse de la gravure), avait à n'en pas douter pour but de donner une idée au roi du résultat final et l'inviter à subventionner cette onéreuse entreprise.

Une importante activité de traduction d'auteurs antiques, et tout particulièrement de Plutarque, se développa dans les années 1530. Elle est tout d'abord à mettre au crédit de Lazare de Baïf (1496-1547)[26]. Conseiller clerc au Parlement de

Fig. 4. Noël Bellemare, *Parabole du semeur*. Érasme, traduit par René Fame, *Paraphrase sur l'Évangile selon saint Matthieu*, Paris, 1539. BnF, ms. Français 934, f. 1v-2.

Paris, il fut ambassadeur de François Ier auprès de la République de Venise. Si son activité de traducteur est connue par l'édition française, en 1537, de l'*Electre* de Sophocle, on ignore bien souvent qu'il a travaillé également à des traductions manuscrites pour le roi. On conserve pourtant le registre-minute de ses dépêches vénitiennes, d'août 1529 à janvier 1534, qui offrent une importante documentation sur son activité de traducteur[27].

Le 25 avril 1530, Baïf informa le roi qu'il allait lui envoyer « la *Vie de Theseus et Romulus* traduicte de grec en françoys le plus tost qu'il [lui] sera possible », conformément à la commande passée par l'intermédiaire du cardinal de Lorraine ; Baïf ajoutait que si ce travail plaisait au souverain, il pourrait continuer « selon la commodité du temps [qu'il pourrait] desrobber [aux] affaires [de celui-ci][28] ». Dans une lettre du 3 ou du 4 mai, Baïf informait le cardinal de Lorraine de son espoir de pouvoir « dedans peu de jours [...] envoyer les *Vies de Theseus et Romulus* pour presenter au roy », regrettant avoir « peine sinon a les faire bien escripre[29] ». Quelques jours plus tard, entre le 17 et le 19 mai, il fit savoir au cardinal que la copie du manuscrit était désormais achevée et qu'il l'aurait déjà envoyée « se n'eust esté qu'il [lui] fault le corriger[30] ». Ces corrections étaient toujours en cours le 4 ou le 5 juin ; Baïf se plaignait en effet de devoir « tant corriger de foys [qu'il ne pouvait] venir a bout, nonobstant que la translation soit faicte longtemps a [*sic*][31] ». Les plaintes au cardinal se prolongèrent encore plus avant. Dans une lettre écrite à celui-ci entre le 8 et le 19 juin, Baïf

Chap. ij.

LE peuple de Lacedemone aussi n'en feit de rien moins aux Persans. Car apres que son capitaine Pausanias natif d'Ægetipoli, ayant en la campagne de platea, vaincu vne infinite d'hommes, auec petit nombre des siens & qu'il en eut triumphé auecgrande louenge & gloire, ces Lacedemoniens dresserent dans le Portique gallerie ou promenoer nomme Persique vn trophee des despouilles d'iceulx Persans, pour exaulcer la vertu de leurs Citoyens, & donner congnoissance de telle victoire aceulx qui viendront apres eulx: Car ilz y meirent les representations des vaincuz ornees d'accoustremens barbares, & pour mieulx donner a entendre que leur orgueuil estoit pugny de peyne conuenable, les ordonnerent a soustenir les couuertures des maisons, voulans que le reste des ennemys ainsi chastiez, eussent horreur des forces de Lacedemone, & que les habitans de la ville, voyans lexemple de si grande vertu, feussent eleuez en gloire, & tousiours appareillez à defendre leur liberte. Voyla d'ou est venu que Plusieurs architectes, ont mis des statues Persanes a soustenir les Epistiles cestadire chapiteaux, & autres ornemens d'edifices, & de cela ont este augmentees plusieurs belles diuersitez dans les ouurages, desquelles fault que l'Architecte ayt congnoissance.

Fig. 5. Jean Goujon. Vitruve, traduit par Jean Martin, *Premier livre d'architecture*. France, vers 1540-1545. Paris, BnF, ms. Français 12338, f. 5v-6.

indiqua avoir confié la copie du manuscrit à son secrétaire et demandait au cardinal de bien vouloir présenter ses excuses au roi « s'il s'y treuve quelque erreur » ; il déplorait en effet « avoir faict rescripre par troys foyz » le manuscrit, n'ayant « trouvé homme de ce mestier pour la langue françoise en ce pays[32] ». Baïf informa le cardinal entre le 4 et le 11 juillet que le Plutarque lui avait été envoyé « pour presenter au roy » et qu'il attendait de savoir « s'il plaist au roy que [il] continue[33] ». Entre le 23 septembre et le 13 octobre, Baïf remercia le cardinal « de ce quoy il [lui] a pleu presenter [son] labeur de Plutarche au roy et puis qu'il l'a trouvé bon » ; il ajouta n'avoir « aucune doubte que le roy n'ayt trouvé la *Vie de Theseus* ung peu crue et estrange pour l'ancienneté de l'histoire, laquelle n'est pas vulgaire ne commune a chacun » ; Baïf, enfin, ayant entendu que le roi avait trouvé son « langaige ung peu rude » lui présenta à nouveau ses excuses[34]. Encouragé par cette satisfaction royale, Baïf décida de poursuivre son travail, mais les ennuis ne faiblirent pas. Dans une lettre au cardinal de Lorraine datable entre le 18 et le 27 décembre, Baïf déclara qu'il avait presque achevé la traduction des *Vies de Lycurque et Numa* mais que le copiste « c'est desbauché et s'en est allé » ; il avait cependant bon espoir « d'en recouvrer ung aultre bientoust[35] ».

Certains ont voulu identifier les *Vies de Thésée et de Romulus* avec un volume contenant ce texte, relié pour François Ier (Français 1396)[36]. Il est désormais acquis qu'il s'agit d'une autre version dont il sera question plus loin. Aucun des deux volumes traduits par Lazare de Baïf en 1530 n'est à

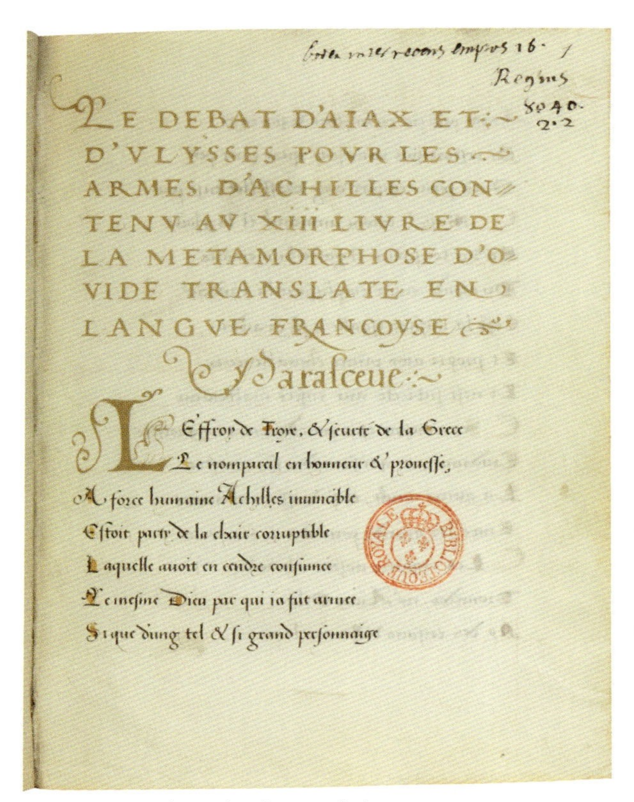
LE DEBAT D'AIAX ET D'VLYSSES POVR LES ARMES D'ACHILLES CONTENV AV XIII LIVRE DE LA METAMORPHOSE D'OVIDE TRANSLATE EN LANGVE FRANCOYSE

Parasceue

Leffroy de Troye, & seurte de la Grece
Le nompareil en honneur & prouesse,
A force humaine Achilles immuable
Estoit party de la chair corruptible
Laquelle auoit en cendre consumee
Le mesme Dieu par qui ia fut armee
Si que dung tel & si grand personnaige

Fig. 6. Jacques Colin, *Débat d'Ajax et d'Ulysse*, France, vers 1536-1540. Paris, BnF, ms. Français 2328, f. 1

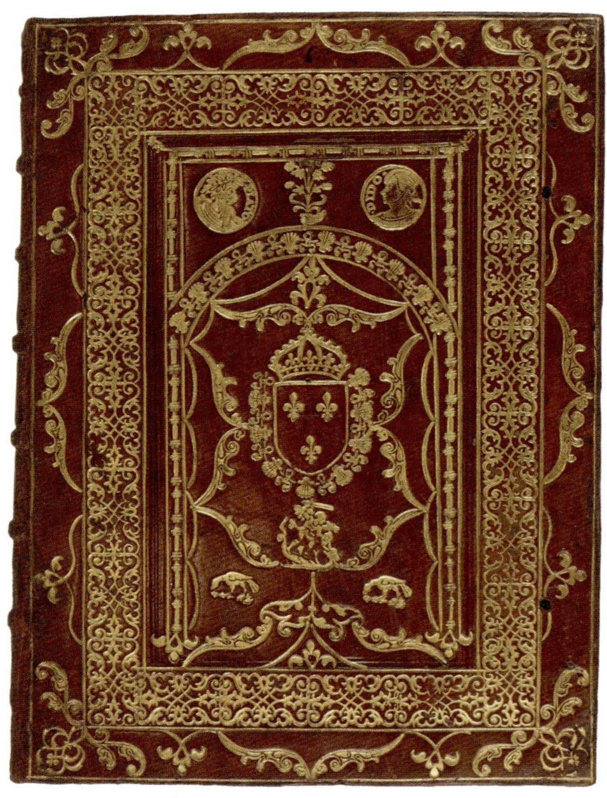

Fig. 7. Atelier de l'oiseau qui béquète. Jacques Colin, *Débat d'Ajax et d'Ulysse*, France, vers 1536-1540. BnF, ms. Français 2328, plat supérieur.

ce jour identifié. La Biblioteca Marciana de Venise conserve en revanche une traduction en français de l'*Électre* de Sophocle (ms. Fr. Z. 24) qui a été attribuée à Lazare de Baïf par comparaison avec l'édition imprimée de ce texte en 1537. Le caractère unique du manuscrit ainsi que la présence d'une dédicace au roi ne laissent que peu de doute sur son destinataire originel ; celle-ci ne mentionnant pas les deux *Vies* de Plutarque, il est probable que le manuscrit vénitien leur soit de peu antérieur[37]. Il est en outre intéressant d'évoquer ici une traduction anonyme de la *Fortune des Romains* (Français 2123). Sa dédicace au roi mentionne une traduction de la *Vie d'Alexandre* déjà envoyée au souverain. Ne pourrait-on pas y voir le travail de Lazare de Baïf ?

Georges de Selve succéda à Lazare de Baïf comme ambassadeur de Venise, de 1533 à 1537. Pourvoyeur du roi en manuscrits grecs, il réalisa à son tour pour le roi une traduction en français des *Vies des hommes illustres* de Plutarque, avec l'aide de son maître, l'helléniste Pierre Danès, nommé lecteur de grec par François Ier dès 1530 (Français 733)[38]. La page de titre de ce grand volume sur papier, doté d'une reliure vénitienne, indique que les *Vies* furent « translatées en françoys par le commandement du trés chrestien roy Françoys premier de ce nom ».

La disparition de Louise de Savoie en 1531, puis l'évolution du goût du souverain amenèrent celui-ci à sensiblement modifier sa bibliothèque personnelle. On fit ainsi provision à la fin de la décennie de près de cent cinquante volumes imprimés, en majorité de langue italienne, pour la plupart imprimés à Venise et dans quelques autres villes d'Italie du Nord[39]. Cette « bibliothèque italienne » fut confiée de 1539 à 1541 environ au relieur royal Étienne Roffet qui orna ses reliures de veau brun de compositions ayant, en leur centre, les armes de France réalisées avec des blocs

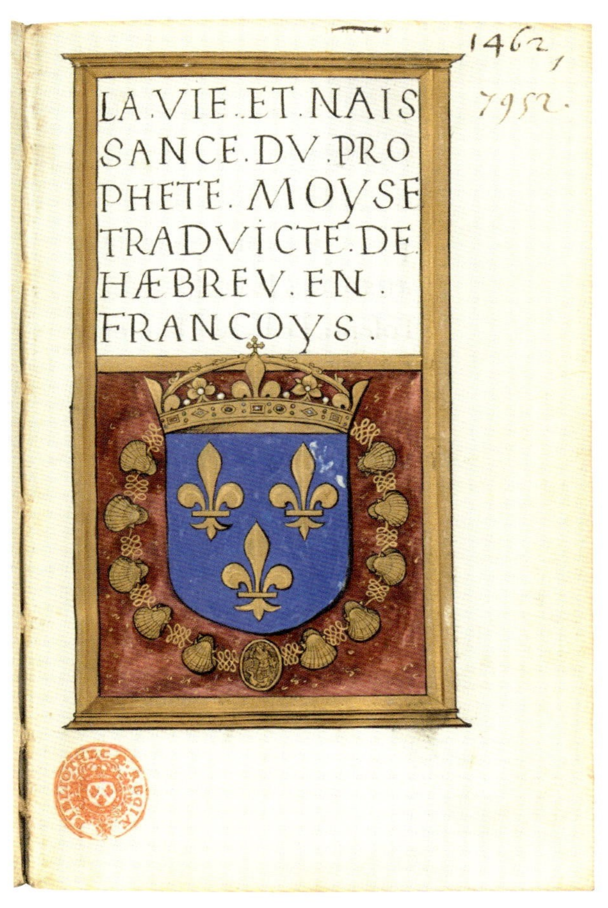

Fig. 8. *Traité sur la vie et la naissance du prophète Moïse*, traduit de l'hébreu par Paul Paradis, France, vers 1539. BnF, ms. Français 2089, f. 1.

armoriaux officiels gravés pour la circonstance. Une grande majorité de ces livres étaient de format in-octavo, faciles à emporter dans les déplacements royaux. Cette évolution physique se retrouve dans nombre de manuscrits de présentation, en particulier ceux contenant des traductions destinées à être lues. Cette forme rappelle en outre les plaquettes particulièrement en vogue comme cadeau royal ou princier à la fin du xve et au début du xvie siècle. On peut ainsi citer le *Débat d'Ajax et d'Ulysse*, traduction vers 1536-1540 du Livre 13 des *Métamorphoses* d'Ovide par Jacques Colin (Français 2328, **Fig. 6 et 7**)[40], dont le dauphin Henri reçut aussi un exemplaire (Français 2329), ou le *Traité sur la vie et la naissance du prophète Moïse* traduit d'hébreu en français vers 1539 par Paul Canossa, dit Paul Paradis, lecteur royal en hébreu (Français 2089, **Fig. 8**)[41]. Celui-ci destina à Anne de Montmorency une copie du même texte (BnF, Arsenal, ms. 5093), ainsi qu'*ung petit traicté de Alkimie*[42], également traduit de l'hébreu en français.

Outre l'intégration de la « bibliothèque italienne », la bibliothèque personnelle de François Ier connut de grandes modifications à la fin des années 1530. Une mise en ordre entraîna l'inscription de numéros dans les volumes, qui furent installés à Fontainebleau[43]. La librairie royale, héritée de ses prédécesseurs et restée à Blois, fusionna avec la bibliothèque personnelle du souverain en 1544. L'ensemble fut installé à l'étage situé au-dessus de la galerie François Ier du palais de Fontainebleau. S'y trouvaient, certes classés, mais mêlés, aussi bien des héritages familiaux et royaux, des livres offerts au roi, des ouvrages médiévaux et modernes, beaucoup en latin.

Parallèlement se développa une réflexion pour créer un cabinet privé, distinct de la bibliothèque officielle de la monarchie, constitué de livres, essentiellement manuscrits, dont le contenu et la forme correspondaient plus aux goûts et aux usages du souverain et qui serait à proximité de ses appartements. Ce statut privé explique que nombre de ces livres furent dispersés après la mort du roi, contrairement à ceux de la Bibliothèque royale[44]. Hormis quelques volumes de présentation, notamment La *Paraphrase d'Érasme* dont il a été question plus haut, on trouvait dans ce cabinet essentiellement des livres scientifiques et des traductions d'auteurs, en particulier d'historiens, de l'Antiquité.

Le goût du souverain pour Plutarque transparaissait déjà dans les travaux de Lazare de Baïf ou de George de Selve, qui mourut en 1540. Il n'est donc pas étonnant de voir se prolonger le programme de traduction des *Vies parallèles* de Plutarque qui étaient un recueil de modèles pour le souverain, satisfaisant le goût de celui-ci tant pour la Grèce que pour Rome[45]. Cette tâche revint au docteur en droit et prieur de Montferrand Arnauld Chandon de Pamiers, qui traduisit également pour le souverain la *Fortune des romains*

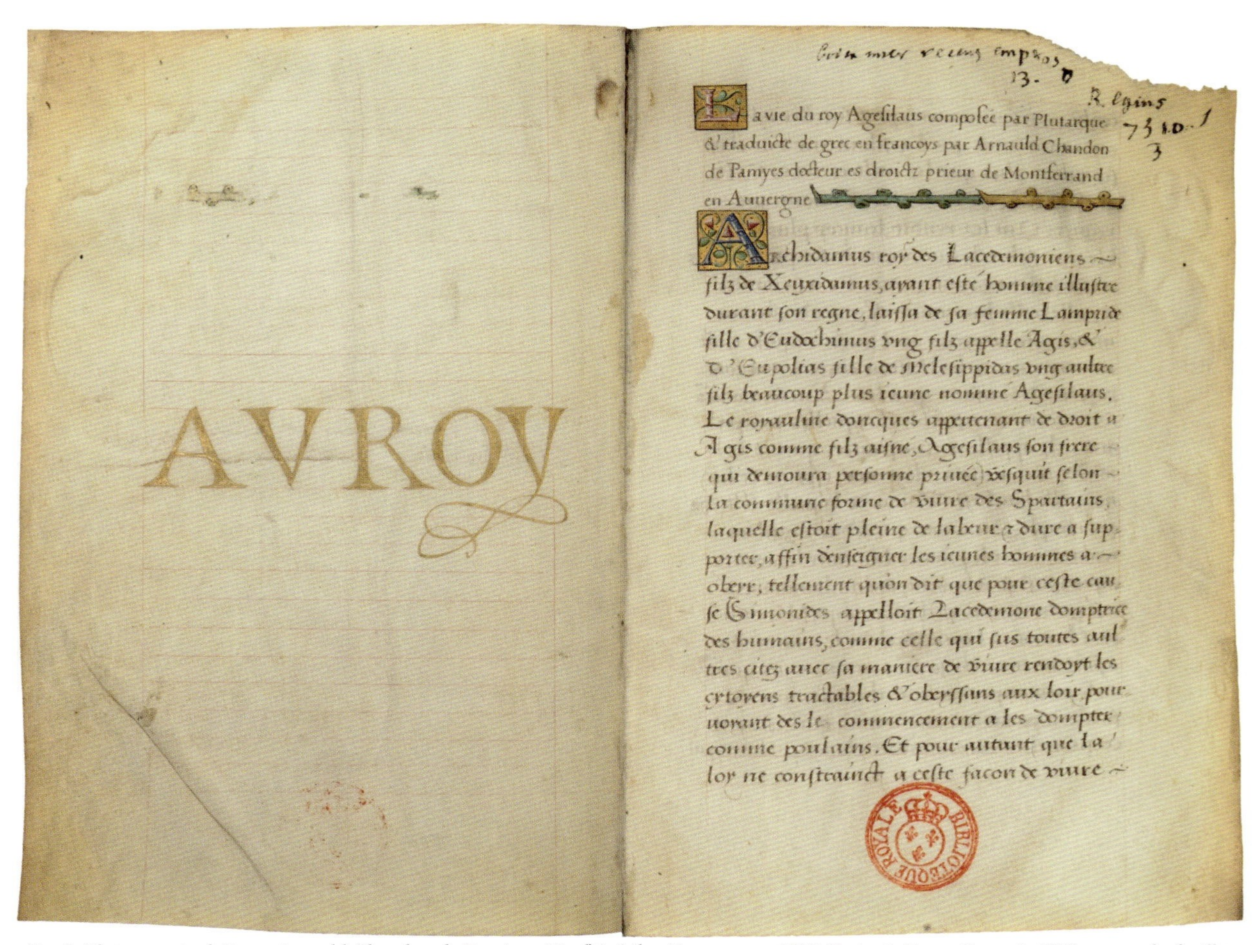
AV ROY

La vie du roy Agesilaus composée par Plutarque
& traduicte de grec en francoys par Arnauld Chandon
de Pamyes docteur es droictz prieur de Montferrand
en Auvergne

Archidamus roy des Lacedemoniens
filz de Xeuxidamus, ayant esté homme illustre
durant son regne, laissa de sa femme Lampide
fille d'Eudochimus vng filz appelle Agis, &
d'Eupolias fille de Melesippidas vng aultre
filz beaucoup plus ieune nommé Agesilaus.
Le royaulme doncques appertenant de droit a
Agis comme filz aisné, Agesilaus son frere
qui demoura personne privée vesquit selon
la commune forme de vivre des Spartains,
laquelle estoit pleine de labeur & dure a supporter, affin denseigner les ieunes hommes a
obeyr, tellement quon dit que pour ceste cause Simonides appelloit Lacedemone domptrice
des humains, comme celle qui sus toutes aultres citez avec sa maniere de vivre rendoyt les
cytoyens tractables & obeyssans aux loix pourveu que des le commencement a les dompter
comme poulains. Et pour autant que la
loy ne constrainct a ceste facon de vivre

Fig. 9. Plutarque, traduit par Arnauld Chandon de Pamiers, *Vie d'Agésilas*, France, vers 1540. Paris, BnF, ms. Français 1399, revers du feuillet de garde-f. 1.

(collection privée)[46]. Il lui présenta ainsi vers 1540 les *Vies d'Agésilas* (sans celle de Pompée ; Français 1399), *de Marcellus et Pélopidas* (Français 1402), *d'Alexandre* (sans celle de Jules César ; Français 24927) et *de Pyrrhus* (sans celle de Caius Marius ; Chantilly, musée Condé, ms. 855). Au moins un volume, contenant les *Vies de Marcellus et Pélopidas*, témoigne de copies réalisées pour d'autres personnes que le roi (Chantilly, musée Condé, ms. 854) ; aucune marque dans le volume ou sur la reliure ne permet cependant d'identifier son propriétaire originel[47]. Pour une raison inexpliquée, le travail fut repris par l'helléniste Jacques Amyot qui, dans sa traduction des *Œuvres morales* de Plutarque parue en 1572, déclare avoir traduit les *Vies parallèles* « par le commandement du feu grand roy François[48] ». On en conserve la *Vie de Démétrios* (sans celle d'Antoine ; Français 1395), les *Vies de Thésée et Romulus* (Français 1396), *de Philopœmen et Flaminius* (Français 1400) et *de Sertorius et Eumène* (Français 1401). On date traditionnellement ces volumes de 1545 au plus tard. Leur copie est attribuée à un certain Adam Charles[49]. Les deux séries présentent les mêmes caractéristiques techniques : des volumes de taille moyenne (de 25 à 29 cm de haut), peu épais, facilement maniables, contenant une ou deux *Vies* transcrites dans une écriture très appliquée. Leur décor se limite à une lettre ornée sur le premier feuillet[50]. Les traductions de Chandon de Pamiers portent en outre la mention « au roy » sur le feuillet faisant face au début du texte (**Fig. 9**), qui est absente

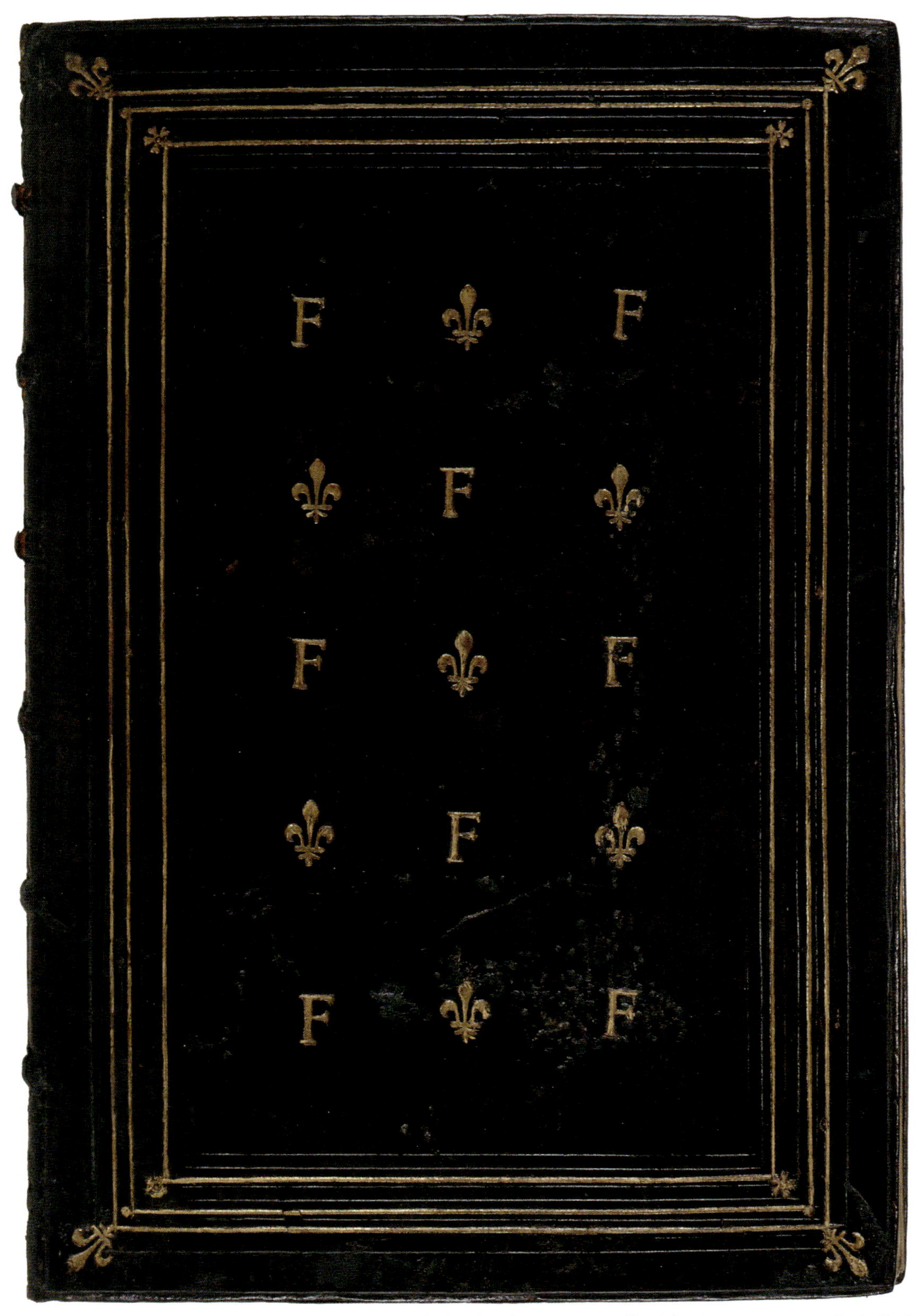

Fig. 10. Relieur de Salel. Plutarque, traduit par Arnauld Chandon de Pamiers, *Vie d'Agésilas*, France, vers 1540. Paris, BnF, ms. Français 1399, plat supérieur.

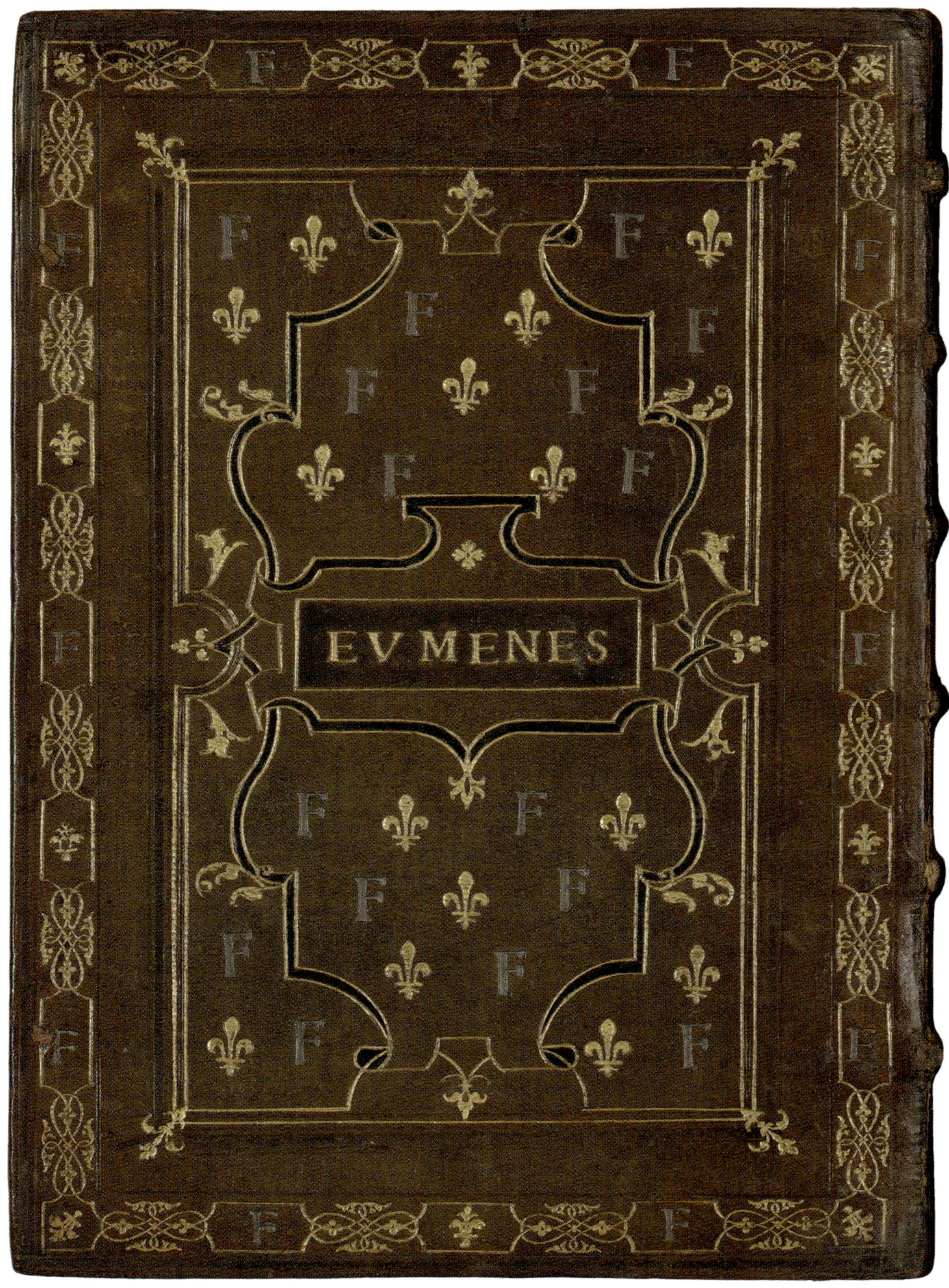

Fig. 11. Relieur de Salel. Plutarque, traduit par Jacques Amyot, *Vies de Sertorius et d'Eumène*, France, vers 1540-1545. Paris, BnF, ms. Français 1401, plat inférieur.

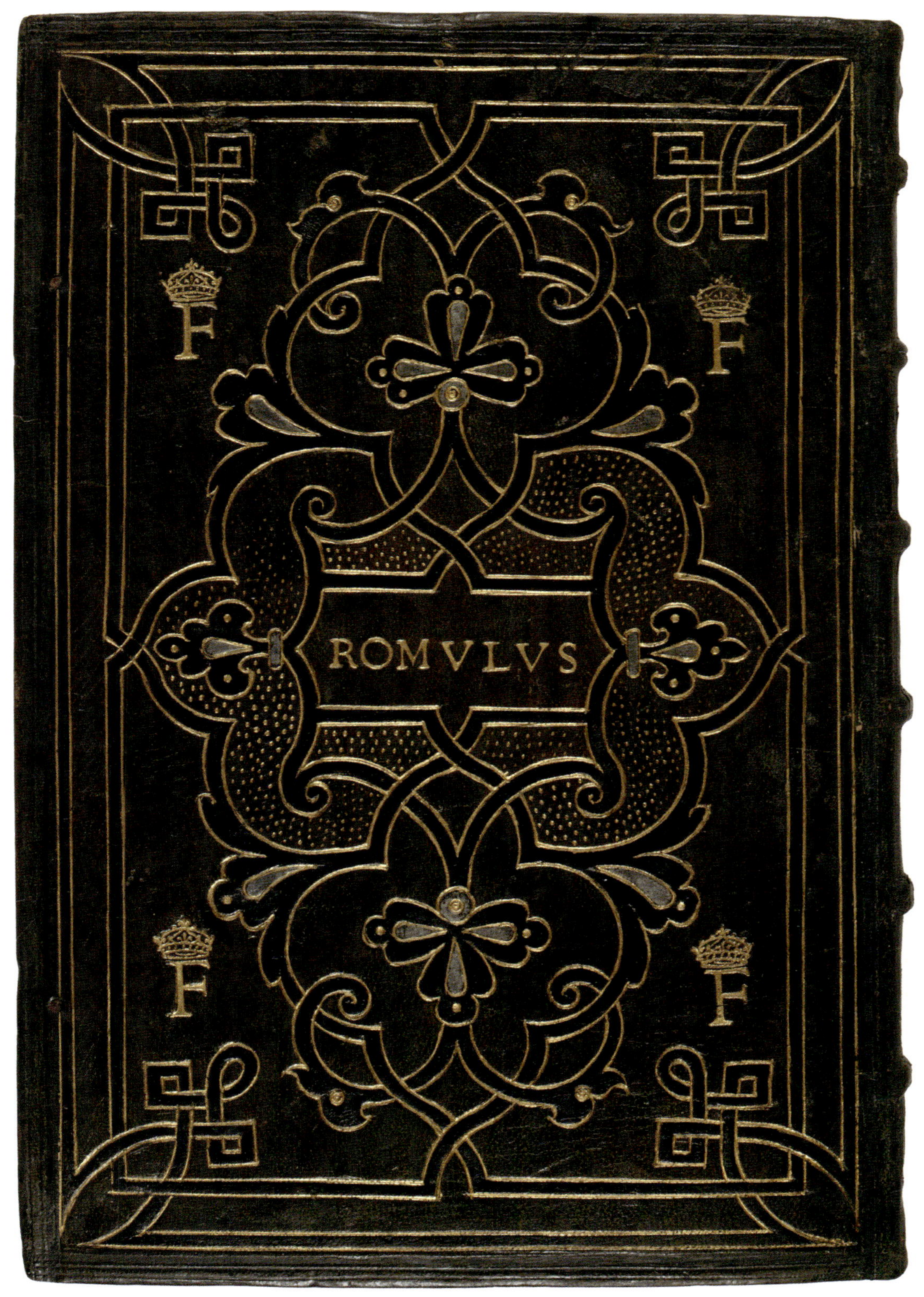

Fig. 12. Relieur de Salel. Plutarque, traduit par Jacques Amyot, *Vies de Thésée et Romulus*, France, vers 1540-1545. BnF, ms. Français 1396, plat inférieur.

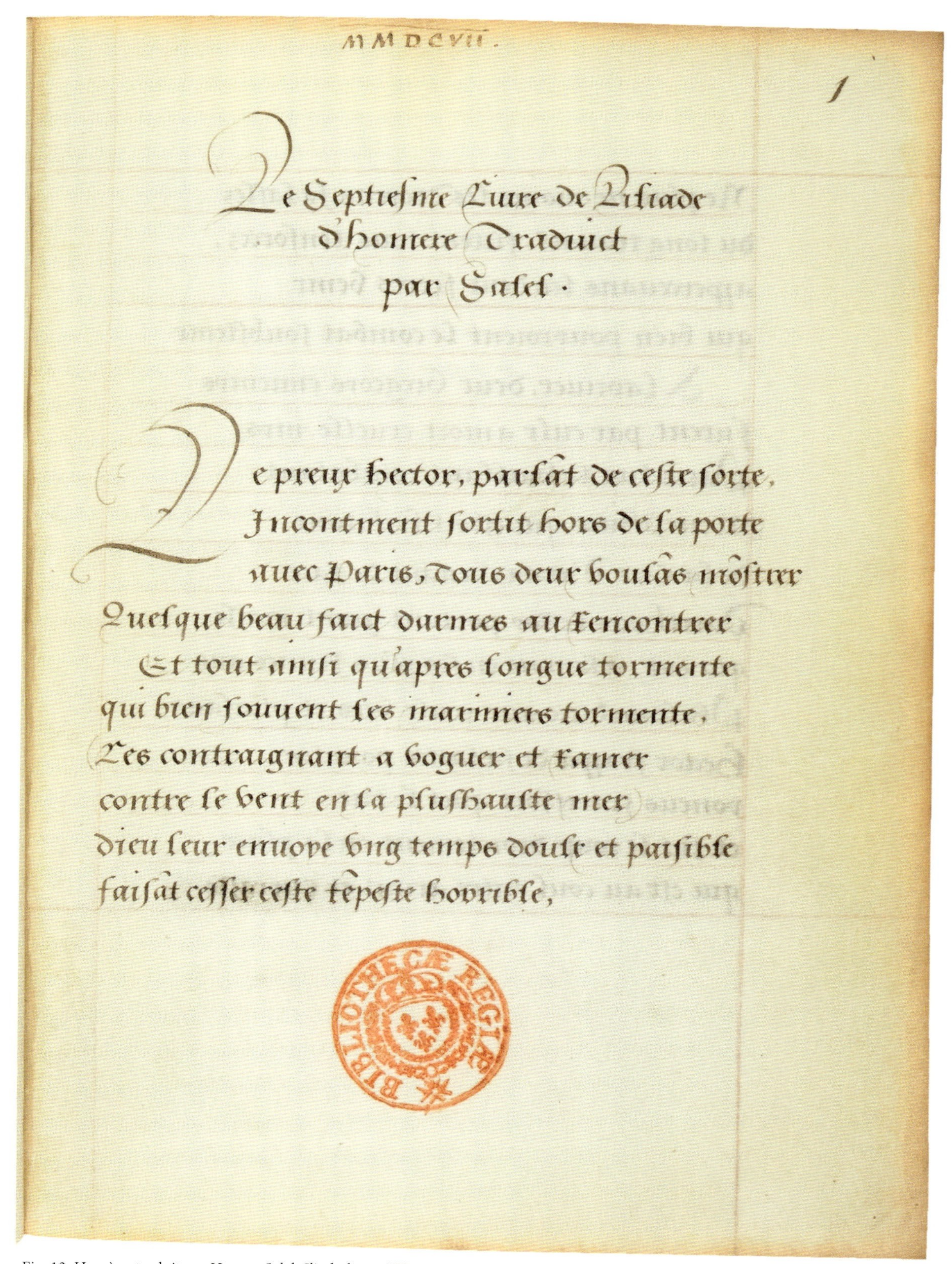
MMDCVII.

1

Le Septiesme Liure de l'Iliade
d'Homere Traduict
par Salel.

Le preux Hector, parlāt de ceste sorte,
Incontinent sortit hors de la porte
auec Paris, tous deux voulās mōstrer
Quelque beau faict darmes au rencontrer
Et tout ainsi qu'apres longue tormente
qui bien souuent les mariniers tormente,
Les contraignant a voguer et ramer
contre le vent en la plushaulte mer
dieu leur enuoye vng temps doulx et paisible
faisāt cesser ceste tēpeste horrible,

Fig. 13. Homère, traduit par Hugues Salel, *Iliade*, livres VII et VIII, France, vers 1542-1545. Paris, BnF, ms. Français 2498, f. 1.

dans les volumes de Jacques Amyot. En dehors du ms. Français 1395, relié à nouveau au XVIIe siècle aux armes de la famille Béthune, tous possèdent encore leurs reliures de dédicace en maroquin, par le Relieur de Salel. La restauration de plusieurs de ces manuscrits pour l'exposition de Blois en 2015 a mis en lumière la grande qualité des matériaux mis en œuvre (cartons neufs, tranchefiles de soie verte, lacs de soie permettant de fermer les manuscrits, aujourd'hui disparus). Les reliures des volumes de Chandon de Pamiers présentent de sobres semés de F et de fleurs de lis dans des encadrements de filets (**Fig. 10**). Elles contrastent avec celles réalisées pour les traductions d'Amyot, bien plus inventives et spectaculaires, avec des semés alternant parfois fers dorés et argentés, des décors d'entrelacs rehaussés de peinture ou des titres inscrits sur les plats (**Fig. 11 et 12**). L'étude matérielle (aspect, décor, écriture) permet d'attribuer au cabinet privé de François Ier une autre traduction réalisée par Amyot, *Iphigénie à Aulis* d'Euripide, dont la copie revient de toute évidence à Adam Charles (Français 25505)[51]. Dans cette typologie, il est possible de citer également la traduction par le diplomate Lancelot de Carle du premier livre des *Éthiopiques* d'Héliodore, relié par le Relieur de Salel (Français 2143)[52].

L'autre grande entreprise de traduction sous François Ier fut celle menée par Hugues Salel, poète et officier du roi, concernant les dix premiers livres de l'*Iliade* d'Homère[53]. Il les livra au souverain en huit livraisons, dont six sont identifiées. Les deux premiers livres (Français 2497 et Chantilly, musée Condé, ms. 446) furent réalisés avant 1542, puisque leur texte fut publié à cette date à Lyon par Pierre de Tours. Cette édition clandestine fut interdite. Il fallut attendre 1545, et l'édition parisienne de Vincent Sertenas, pour avoir une version imprimée autorisée, contenant les dix premiers livres. On peut en outre noter qu'une copie des deux premiers livres, reliée à ses armes, fut réalisée pour la sœur du roi, Marguerite de Navarre (Chantilly, musée Condé, ms. 445)[54]. De la seconde campagne de traduction ont pu être retrouvés les livres 3 (Leyde, B.U., ms. Marchand 57)[55], 5-6 (Chantilly, musée Condé, ms. 447), 7-8 (Français 2498) et 9 (Français 2499)[56]. Il s'agit de manuscrits peu épais, facilement maniables, de format encore plus réduit que les *Vies parallèles* (17 à 18 cm de haut). En dehors du premier volume qui est orné d'une page frontispice aux armes de France, tout décor a été supprimé pour faire place uniquement au texte (**Fig. 13**). Tous les exemplaires qui nous sont parvenus portent encore leurs reliures de maroquin noir ou olive, à décors variés, réalisées par le Relieur de Salel (**Fig. 14 et 15**) ; c'est d'ailleurs à cette série que ce relieur anonyme doit son nom de convention. La reliure du premier volume, à semé de F et de fleurs de lis dans un encadrement de filets, est très semblable à celle des premières *Vies parallèles*. Les volumes suivants présentent en revanche des reliures plus originales et travaillées, avec des encadrements de cuirs découpés, des décors géométriques ou des semés alternant fers dorés et argentés.

Avec l'*Iliade* traduite par Hugues Salel s'achève ainsi la lente évolution des traductions pour François Ier, des volumes richement enluminés aux « livres de poche » destinés à la lecture du souverain, dont le plus tardif pourrait être une traduction anonyme datée de 1546 des *Olynthiennes* de Démosthène (Français 25394) ; sur papier (alors que tous les exemples précédents étaient sur parchemin), mais orné d'un décor de lettres peintes, ce manuscrit a également été relié par le Relieur de Salel[57]. Nul doute que la présentation ici faite des caractéristiques des sobres traductions pour le roi durant la dernière décennie de son règne permettra d'en identifier de nouvelles.

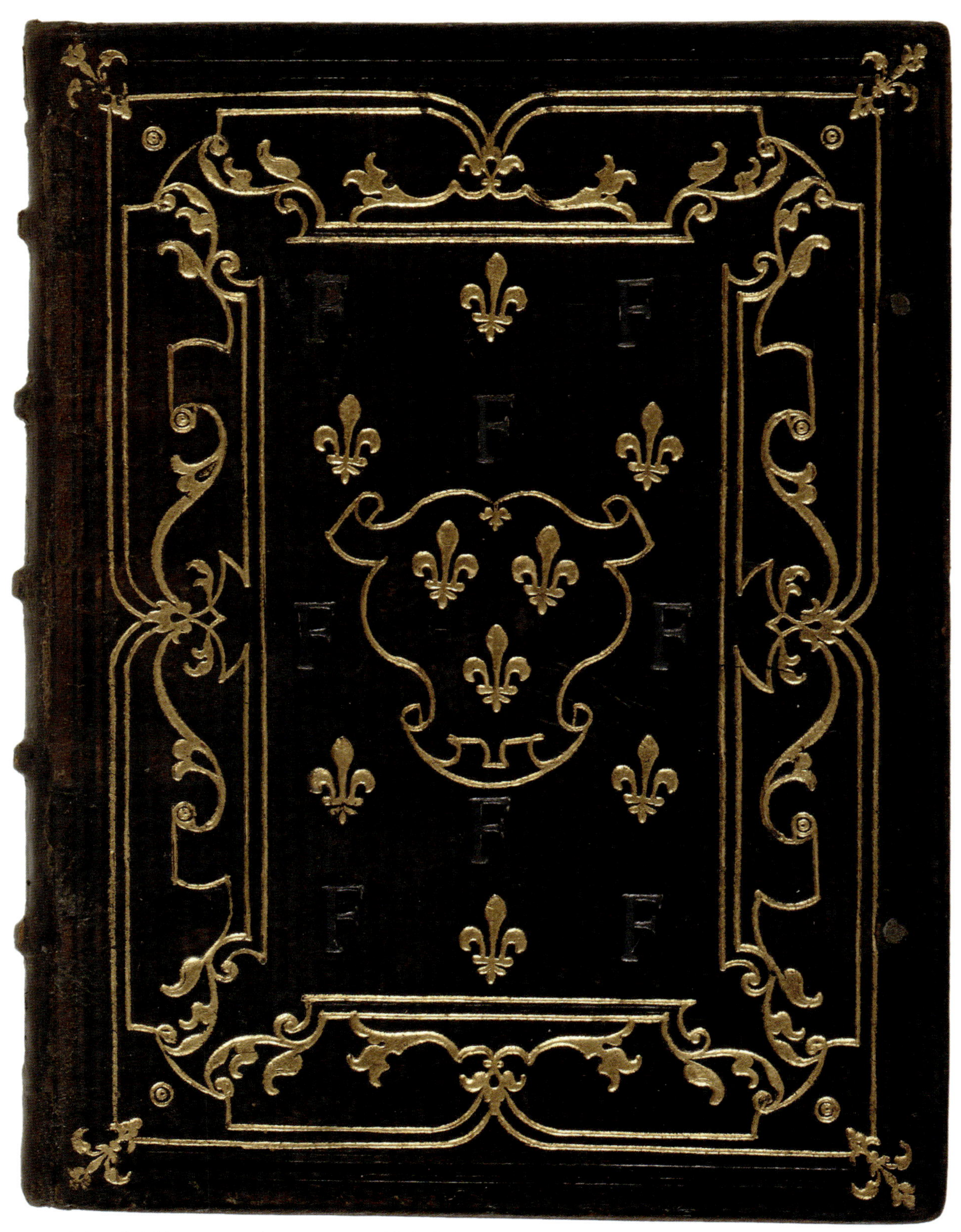

Fig. 14. Relieur de Salel. Homère, traduit par Hugues Salel, *Iliade*, livres VII et VIII, France, vers 1542-1545. Paris, BnF, ms. Français 2498, plat supérieur.

Fig. 15. Homère, traduit par Hugues Salel, *Iliade*, livre IX, France, vers 1542-1545. Paris, BnF, ms. Français 2499, plat inférieur.

NOTES

1 M. HERMANT (éd.), *Trésors royaux. La bibliothèque de François Ier*, cat. exp. (Blois, 2015), Rennes, 2015.

2 Fr. AVRIL et J. LAFAURIE (éd.), *La librairie de Charles V*, cat. exp. (Paris, 1968), Paris, 1968, n° 177 (notice de Fr. Avril). Afin de ne pas surcharger le texte, la mention « BnF, ms. » ne sera plus indiquée et s'entendra d'office pour les manuscrits dont la cote commence par « Latin » ou « Français ». Pour tous les manuscrits de la BnF, voir les notices dans le catalogue en ligne BnF Archives et manuscrits.

3 AVRIL et LAFAURIE, *op. cit.* (notre note 2), n° 176 (notice de Fr. Avril).

4 *Ibid.*, n° 206 (notice de Fr. Avril).

5 *Ibid.*, n° 202 (notice de Fr. Avril).

6 HERMANT, *op. cit.* (notre note 1), n° 6 (notice de M.-P. Laffitte).

7 M. HERMANT et M.-P. LAFFITTE, « L'héritage Angoulême », dans M. HERMANT (éd.), *Trésors royaux. La bibliothèque de François Ier*, cat. exp. (Blois, 2015), Rennes, 2015, p. 39-40.

8 P. CHAVY, « Les traductions humanistes de Claude de Seyssel », dans *L'Humanisme français au début de la Renaissance*, actes du colloque de Tours (1971), éd. A. STEGMAN et M. FRANÇOIS, Paris, 1973, p. 361-373.

9 Contrairement aux autres volumes de Seyssel, les ms. Français 17211-17212 n'ont manifestement pas été remis à leur royal destinataire. Ils sont entrés à la Bibliothèque nationale durant la Révolution. Ils firent en effet partie du legs Séguier-Coislin à l'abbaye de Saint-Germain-des-Prés en 1732.

10 HERMANT, *op. cit.* (notre note 1), n° 18 (notice de P.-G. Girault).

11 É. TABURET-DELAHAYE, G. BRESC-BAUTIER et Th. CRÉPIN-LEBLOND (éd.), *France 1500. Entre Moyen Âge et Renaissance*, cat. exp. (Paris, 2010-2011), Paris, 2010, n° 87 (notice de M. Hermant).

12 HERMANT, *op. cit.* (notre note 1), n° 22 (notice de M. Hermant).

13 *Ibid.*, n° 24 (notice de D. Mercuzot).

14 *Ibid.*, n° 23 (notice de M. Hermant).

15 M.-P. LAFFITTE, *Reliures royales du département des Manuscrits (1515-1559)*, Paris, 2001, p. 16 et 50 ; HERMANT, *op. cit.* (notre note 1), n° 47 (notice de M.-P. Laffitte).

16 HERMANT, *op. cit.* (notre note 1), n° 27 (notice de M. Hermant).

17 *Ibid.*, n° 28 (notice de M. Hermant).

18 Sur les autres imprimés de Vérard destinés à François d'Angoulême, voir M. B. WINN, *Anthoine Vérard, Parisian publisher (1485-1512). Prologues, poems and presentations*, Genève, 1997, p. 182-194.

19 HERMANT, *op. cit.* (notre note 1), n° 63 (notice de M. Hermant).

20 Th. KREN (éd.), *Renaissance painting in manuscripts. Treasures from the British Library*, cat. exp. (Los Angeles, 1983-1984, New York, 1984), New York, 1983, n° 24 (notice de M. Orth) ; C. SCAILLIÉREZ et P. STIRNEMANN (éd.), *L'art du manuscrit de la Renaissance en France*, cat. exp. (Chantilly, 2001-2002), Paris et Chantilly, 2001, n° 2 (notice de M. Orth) ; O. BOSC et M. HERMANT (éd.), *Le siècle de François Ier. Du roi guerrier au roi mécène*, cat. exp. (Chantilly, 2015), Paris, 2015, n° 62 (notice de M. Hermant) ; M. ORTH, *Renaissance Manuscripts. The Sixteenth Century*, Londres, 2015, t. 2, n° 3-5 ; C. SCAILLIÉREZ (éd.), *François Ier et l'art des Pays-Bas*, cat. exp. (Paris, 2017-2018), Paris, 2017, n° 34 (notice de C. Scailliérez).

21 L. DELISLE, « Traductions d'auteurs grecs et latins offertes à François Ier et à Anne de Montmorency par Étienne Le Blanc et Antoine Macault », *Journal des savants*, 1900, p. 476-492 et 520-534.

22 ORTH, *op. cit.* (notre note 20), n° 54.

23 SCAILLIÉREZ et STIRNEMANN, *op. cit.* (notre note 20), n° 10 (notice de C. Scailliérez) ; BOSC et HERMANT, *op. cit.* (notre note 20), n° 65 (notice de M. Hermant) ; ORTH, *op. cit.* (notre note 20), n° 56.

24 HERMANT, *op. cit.* (notre note 1), n° 136 (notice de M. Hermant) ; ORTH, *op. cit.* (notre note 20), n° 57.

25 Le volume a malheureusement perdu sa reliure d'origine. T. UETANI et H. ZERNER, « Jean Martin et Jean Goujon en 1545. Le manuscrit de présentation du *Premier livre d'Architecture de Marc Vitruve Pollion* », *Revue de l'art*, 149, 2005, p. 27-32 ; HERMANT, *op. cit.* (notre note 1), n° 128 (notice de M. Hermant).

26 J.-Fr. MAILLARD, J. KECSKEMÉTI et M. PORTALIER, *L'Europe des humanistes (XIVe-XVIIIe siècles)*, Paris, 1995, p. 49. Lazare Baïf est le père du poète Jean-Antoine de Baïf.

27 BnF, ms. Français 3941. Ces documents ont été utilisés par L. PINVERT, *Lazare de Baïf (1496 (?)-1547)*, Paris, 1900.

28 BnF, ms. Français 3941, f. 92v.

29 *Ibid.*, f. 96.

30 *Ibid.*, f. 100.

31 *Ibid.*, f. 103v.

32 *Ibid.*, f. 104v-105.

33 *Ibid.*, f. 108v.

34 *Ibid.*, f. 124v.

35 *Ibid.*, f. 139.

36 PINVERT, *op. cit.* (notre note 27), p. 56-57.

37 R. STUREL, « Essai sur les traductions du théâtre grec en français avant 1550 », *Revue d'histoire littéraire de la France*, 20, 1913, p. 273-280.

38 M.-P. LAFFITTE et F. LE BARS, *Reliures royales de la Renaissance. La Librairie de Fontainebleau, 1544-1570*, cat. exp. (Paris, 1999), p. 15 et 64 ; M.-P. LAFFITTE, *op. cit.* (notre note 15), Paris, 2001, p. 22.

39 F. LE BARS, « Les reliures de la "Bibliothèque italienne" », dans M. HERMANT (éd.), *Trésors royaux. La bibliothèque de François Ier*, cat. exp. (Blois, 2015), Rennes, 2015, p. 252-253 et n° 101-109.

40 BOSC et HERMANT, *op. cit.* (notre note 20), n° 108 (notice de M. Hermant).

41 LAFFITTE et LE BARS, *op. cit.* (notre note 38), n° 17 ; BOSC et HERMANT, *op. cit.* (notre note 20), n° 85 (notice de M. Hermant).

42 Librairie Thomas-Scheler, *Livres & manuscrits du* XV*e* *au* XX*e* *siècle*, Paris, 2014, n° 11.

43 M.-P. LAFFITTE, « Une collection parallèle à la librairie royale. La bibliothèque personnelle de François Ier », dans M. HERMANT (éd.), *Trésors royaux. La bibliothèque de François Ier*, cat. exp. (Blois, 2015), Rennes, 2015, p. 153-157.

44 M. HERMANT, « Le cabinet privé de la fin du règne », dans M. HERMANT (éd.), *Trésors royaux. La bibliothèque de François Ier*, cat. exp. (Blois, 2015), Rennes, 2015, p. 273-280.

45 M.-P. LAFFITTE, *op. cit.* (notre note 15), p. 22-23 ; HERMANT, *op. cit.* (notre note 1), n° 125a-c (notice de M. Hermant) ; BOSC et HERMANT, *op. cit.* (notre note 20), n° 83-84 (notices par M. Hermant).

46 HERMANT, *op. cit.* (notre note 1), n° 126 (notice de M. Hermant).

47 BOSC et HERMANT, *op. cit.* (notre note 20), n° 82.

48 R. STUREL, *Jacques Amyot. Traducteur des* Vies parallèles *de Plutarque*, Paris, 1908.

49 S. ROUILLARD, *Melun ou Histoire de la ville de Melun*, Paris, 1628, p. 610.

50 Sauf les ms. Français 1395 et Français 1401 où la lettrine, pourtant prévue, n'a pas été réalisée.

51 STUREL, *op. cit.* (notre note 37), p. 652-660. Le volume a perdu sa reliure d'origine dont on ignore l'aspect.

52 LAFFITTE et LE BARS, *op. cit.* (notre note 38), n° 13 ; BOSC et HERMANT, *op. cit.* (notre note 20), n° 78 (notice de M. Hermant).

53 LAFFITTE et LE BARS, *op. cit.* (notre note 38), n° 11 ; LAFFITTE, *op. cit.* (notre note 15), p. 21-22 ; HERMANT, *op. cit.* (notre note 1), n° 127a-b (notice de M. Hermant) ; BOSC et HERMANT, *op. cit.* (notre note 20), n° 71 et 73 (notices par M. Hermant).

54 *Ibid.*, n° 72.

55 Chr. BERKVENS-STEVELINCK, *Catalogue des manuscrits de la collection Prosper Marchand*, Leyde, New York et Copenhague, 1998, p. 103-104.

56 Les livres 3, 4 et 10 disparurent de la Bibliothèque royale entre 1645 et 1682. Seul le livre 3 (celui de Leyde) est depuis réapparu.

57 LAFFITTE, *op. cit.* (notre note 15), p. 11 et 25 ; BOSC et HERMANT, *op. cit.* (notre note 20), n° 95 (notice de M. Hermant).

III

Les femmes et le manuscrit

Cy apres parle de maniere aduenant et de linpaciēce
quil fait. Que le dieu damours du dieu damours
estoit impatient de ce que le Jeu duroit taut et quil
pour ceste cause adrecha sa parolle acelle damoiselle.

Au prisme du féminin. Voir autrement la culture du Moyen Âge

Anne-Marie LEGARÉ

Le thème du rôle et la place des femmes en tant qu'éducatrices et transmettrices du savoir et de la culture entre Moyen Âge et Renaissance n'est pas encore épuisé depuis les travaux pionniers de Susan Groag Bell et il continue de s'enrichir à mesure qu'apparaissent de nouveaux témoins manuscrits[1]. Dans le catalogue de l'exposition *Flowering of Medieval French Literature*[2], on voit apparaître la femme qui peint, la femme qui écrit et enfin la femme qui inspire. J'aimerais encore ajouter quelques exemples rencontrés au fil de mes propres recherches dans les milieux aristocratiques des Pays-Bas du Sud, à la fin du Moyen Âge[3]. De la femme qui lit et qui fait lire, nous passerons à celle qui joue et qui fait jouer et enfin, à celle qui acquiert et collectionne les ouvrages savants.

La femme qui peint

Nous la rencontrons dans un exemplaire du *Livre de la fontaine de toutes sciences* sous le pinceau de Jeanne de Montbaston (**Fig. 1**)[4]. Cette artiste prolifique, révélée par les travaux de Richard et Mary Rouse, mérite d'être saluée, non seulement parce que c'est la plus ancienne enlumineresse connue de la place parisienne, mais aussi en raison de la qualité de son œuvre et de l'originalité de son corpus d'images qui ne repose sur aucun modèle iconographique antérieur[5]. Pour l'histoire, elle témoigne du fait qu'en plein XIVe siècle, à Paris, des femmes étaient à l'origine de l'illustration et de la décoration de manuscrits prestigieux ou, en tout cas, qu'elles participaient activement à leur élaboration. Entre 1323 et 1350, Jeanne enlumine ce *Livre de la fontaine de toutes sciences*, ou *Livre de Sydrac le philosophe*, peut-être pour Jeanne de France, sœur de Charles V. Nous savons encore bien peu de choses sur ce métier qui semble avoir été assez ouvert aux femmes. L'enquête minutieuse qu'Inès Villela-Petit a menée sur le cas plus tardif de l'enlumineresse – ou plus précisément de l'ornemaniste – Anastaise, qui était au service de Christine de Pizan entre 1404 et 1405, nous permet de mieux comprendre les pratiques de ces femmes artistes, qu'elles exercent leur métier sur la place publique ou à la cour[6]. La mention d'Anastaise par Christine apparaît dans une œuvre qui porte l'ex-libris d'Agnès de Bourgogne (1407-1476)[7]. Il est intéressant de noter que dans un autre manuscrit de la collection de la duchesse, sur un feuillet séparé, situé à la fin de l'ouvrage, apparaît un extrait de compte de dépenses relatif à Agnès, daté de 1445, dont l'une des dépenses porte sur la réalisation de « … plusieurs vignetes dor et d'asur six reauts et dem… » par une enlumineresse ornemaniste appelée Jehanne Fournière, inconnue par ailleurs[8]. Ainsi, à la cour de Charles VI comme à la cour de Bourgogne, les femmes semblent bien insérées dans le milieu des artisans du livre enluminé. Et elles continueront d'être présentes à la ville comme au couvent, notamment à Lille, jusqu'au milieu du XVIe siècle. C'est le cas de la clarisse Françoise de Heuchin qui, en 1550, enlumina deux paires d'antiphonaires de grand format à la demande des chanoines de Saint-Omer[9].

Fig. 1. Jeanne de Montbaston, *Le roi Boctus et son armée. Livre de la fontaine de toutes sciences*, ou *Livre de Sydrac le philosophe*, Paris, vers 1325-1350. Collection privée, f. 1.

La femme qui écrit

Il s'agit ici de Catherine d'Amboise, auteure de la *Complainte de la dame pasmée* et qui fut sans doute très impliquée dans les choix iconographiques des huit grandes miniatures qui illustrent son texte et dont elle pourrait avoir confié la réalisation à l'enlumineur P. Merevache « appelles Poitevin[10]… » (**Fig. 2**).

Cette fois, le cas n'est pas unique en ce début de XVIe siècle, mais il est remarquable car il prouve chez les femmes une liberté nouvelle, prise pour exprimer leurs vues et se faire publier. C'est une allégorie en prose qui permet à l'écrivaine de parler d'elle-même, comme l'a fait Marguerite de Navarre ou encore sa parente Gabrielle de Bourbon[11].

La femme qui inspire

On ne peut s'empêcher de penser à la cousine même de Catherine d'Amboise, Anne de Graville et à son *Livre d'Amour*[12] (**Fig. 3**). La situation est ici aussi simple que belle : Anne, amoureuse d'un homme au point de s'enfuir avec lui et d'être bannie par son père, lui donna onze enfants et lui inspira au final un témoignage d'amour exceptionnel, la commande d'un somptueux manuscrit. Mais cette femme qui inspire est aussi celle à laquelle s'adresse saint Jérôme dans sa *Lettre à Furia*[13] (**Fig. 4**). Car voilà une veuve, libérée de la tutelle conjugale et des responsabilités quotidiennes, que l'auteur exhorte à se conformer à un idéal de recueillement, de sagesse, de charité, de vie contemplative et religieuse. Il la dépeint sous les traits d'une certaine Furia, elle-même invitée à

Fig. 2. P. Merevache, *Catherine d'Amboise et Dame Raison discutent ensemble*. Catherine d'Amboise, *La Complainte de la dame pasmée contre fortune* ou *Traité de morale sur la fortune*, Bourges ou Poitiers (?), vers 1525-1530. Collection privée, f. 6.

prendre pour modèle de comportement plusieurs femmes fortes et vertueuses de la Bible.

Le traducteur du texte, Charles Bonin, qui se présente comme prêtre dans le prologue, dit qu'il a fait cette traduction pour une « très honorée damoiselle ». Celle-ci, vraisemblablement d'origine berrichonne comme lui, fut identifiée à Anne de Polignac. À tort ! Car elle avait à peine cinq ans à l'achèvement du manuscrit. On sait en revanche qu'elle l'acquit plus tard, étant une grande bibliophile.

La femme qui lit et qui fait lire

L'un des tableaux vivants de l'*Entrée de Jeanne de Castille* à Bruxelles le 9 décembre 1496, intitulé *Domus deliciae et jocunditatis* montre bien le rôle culturel que le bon peuple prêtait à l'épouse du prince régnant Philippe le Beau[14] (**Fig. 5**). Ce jour-là, Bruxelles accueillait sa nouvelle suzeraine et lui faisait savoir, par une série de scènes théâtrales, ce qu'étaient la bonne gouvernance et les bonnes manières attendues de la duchesse dans l'exercice de ses fonctions d'épouse et de mère. Ainsi que l'indique une légende latine attenante, le tableau montre un lieu et un moment d'allégresse où chacun doit se dépouiller de tous ses sujets de tristesse pour s'adonner à tous les jeux[15]. D'où son titre *Domus deliciae et jocunditatis.* Sur la droite à l'avant-plan, on voit, penchée sur un livre ouvert, une noble dame (**Fig. 6**). Ses doigts pointent les mots qu'elle lit sans doute à haute voix pour ses deux proches auditeurs que sont l'enfant au visage poupin et le précepteur, lequel est représenté de dos, vêtu d'une longue toge et d'un couvre-chef noir typiques de sa fonction. Mais elle peut aussi bien être en train de pointer un passage que le

Fig. 3. Maître de la Chronique scandaleuse, *Anne de Graville reçoit le Livre d'amour avec l'aide de Cupidon.* Annius de Viterbe, traducteur anonyme, *Histoires Chaldéennes*, Paris, vers 1507-1510. Abu Dhabi, Louvre Abu Dhabi, inv. LAD 2014.029, f. 2v-3.

précepteur devra enseigner à l'enfant, ou encore être engagée dans une controverse intellectuelle avec lui.

Jeanne de Castille est donc invitée à se conformer à des mœurs précises qui, bien que relevant du domaine privé, font partie de sa fonction officielle, à savoir entre autres, lire et faire lire, avec l'aide d'un précepteur. La lecture est ainsi présentée comme un divertissement, un jeu, mais au sens le plus noble d'ouverture à la culture et au partage de textes littéraires et savants avec les enfants.

Boccace lui-même décrit ces moments dans l'introduction de la troisième Journée de son *Décaméron* : « À certains, des mets délicieux sont servis, d'autres prennent quelque repos, d'autres encore demeurent dans le jardin, qui *pour lire des romans* [mes italiques], qui pour jouer aux échecs ou au tric-trac, tandis que les autres dorment[16] ».

La femme qui joue et qui fait jouer

Boccace recommande aussi les plaisirs du jeu d'échecs. Ce qui nous amène au jeu des échecs allégorisé et moralisé comme moyen d'éducation. Le plus connu est le *Libellus de moribus hominum et de officiis nobilium super ludo scaccorum* que le dominicain italien Jacques de Cessoles composa à la fin du XIIIe siècle dans le but de décrire, à l'aide du jeu d'échecs en tant que support pédagogique, une société idéale, parfaitement hiérarchisée. La popularité du texte en latin fut telle que, très rapidement, il fut proposé en traduction française sous le titre de *Moralisation sur le jeu des échecs* ou le *Jeu des échecs moralisés.* Ici, le jeu symbolise la société, chacune des pièces étant associée à une fonction sociale précise. Mais déjà, dans un exemplaire enluminé par le Maître de Marguerite

en vers rimes. pour le moings
mal que ay sceu approcher de
sa facon. Et davantaige ce q les
seigneur et sainct escript ensem
blement ie lay diuise par chapitres
selon les propoz cotenus en la de
epistre affin de scauoir mieulx
trouuer ungchun de son propoz.
Et adieu ma damoiselle auql
ie prie vous donner la grace de
ce petit present faire vostre prouf
fit.

Fig. 4. Maître de Spencer 6, *Furia et un messager* ; *Jérôme et un messager.* Jérôme, traduit par Charles Bonin, *Lettre LIV à Furia*, Bourges, vers 1500-1515. Les Enluminures, f. 5.

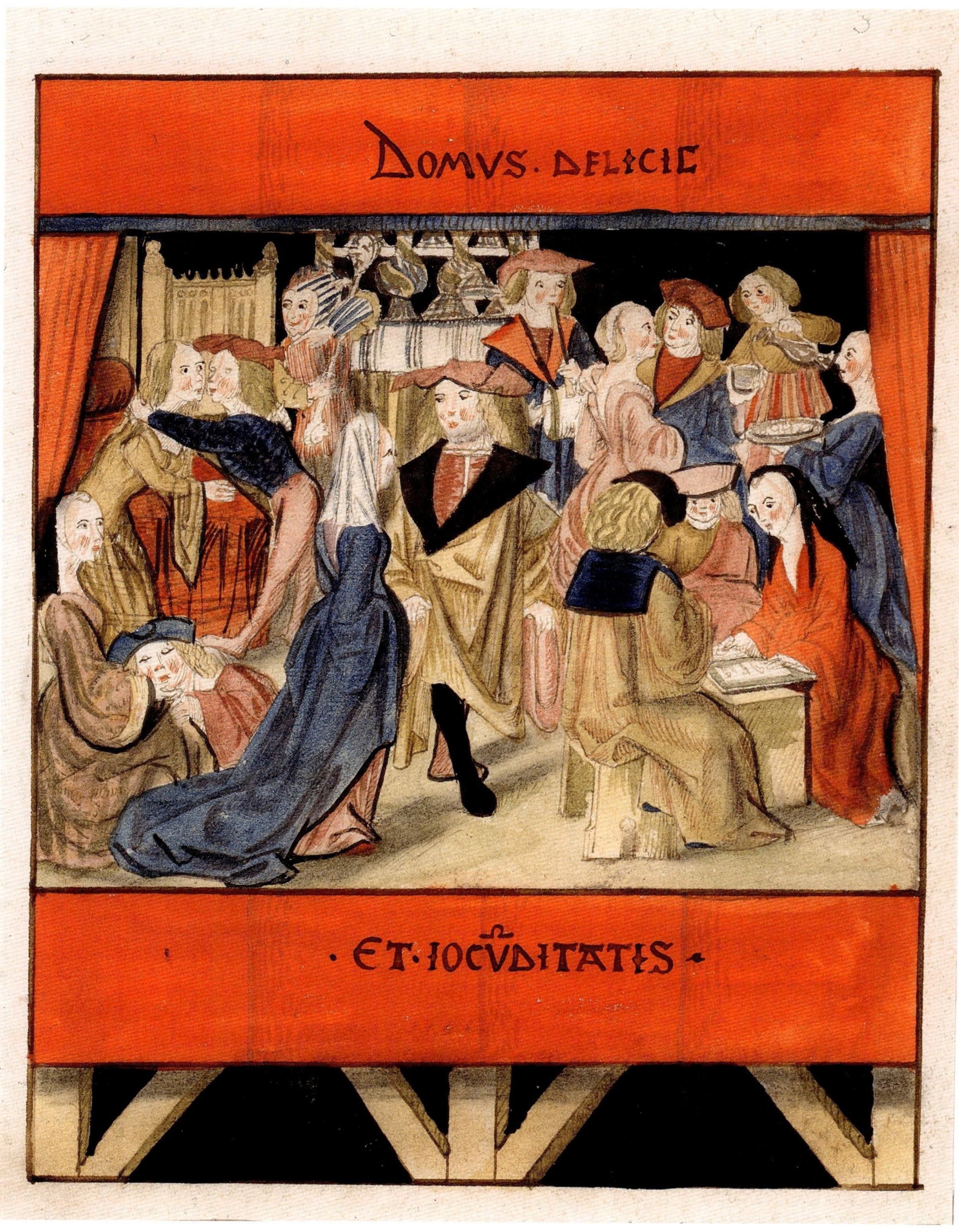

Fig. 5. *Domus deliciae et jocunditatis* [La maison des délices et des jeux]. *L'entrée de Jeanne de Castille*, Bruxelles (?), 1496. Berlin, Staatliche Museen, Kupferstichkabinett, ms. 78 D 5, f. 58.

Fig. 6. *Domus deliciae et jocunditatis* [La maison des délices et des jeux]. *L'entrée de Jeanne de Castille*, Bruxelles (?), 1496. Berlin, Staatliche Museen, Kupferstichkabinett, ms. 78 D 5, f. 58, détail.

de Liedekerke[17], on voit apparaître une demoiselle et un jeune homme qui s'adonnent au jeu d'échecs (**Fig. 7**). Citons encore Philippe de Mézières, auteur du *Songe du vieil pèlerin*, un traité d'éducation qui, à l'orée du XVe siècle, s'adresse à Charles VI sous la forme d'une moralisation des soixante-quatre cases de l'échiquier, représentant les vertus indispensables au prince appelé à gouverner son peuple.

Le projet d'Évrart de Conty, médecin et lettré travaillant dans l'ambiance culturelle de la cour de Charles V, est beaucoup plus ambitieux. Il compose vers 1370 un long poème intitulé *Eschéz d'Amours*, dans lequel il insère une vraie partie d'échecs conçue pour enseigner de façon ludique les règles du bon comportement amoureux. Le tout prenant forme sur la trame du *Roman de la Rose*, porteur de la tradition du *fin amor*. Le seul exemplaire enluminé conservé de cette œuvre comporte quelques miniatures ajoutées vers 1487 dont l'une montre une demoiselle de la haute aristocratie bourguignonne, affairée à jouer aux échecs avec un jeune homme dans le jardin de Déduit du *Roman de la Rose*[18]. C'est encore une fois le Maître de Marguerite de Liedekerke qui est à l'œuvre dans ce manuscrit. Sa miniature est aujourd'hui trop détériorée pour lui rendre justice mais elle ressemble de près à celle qu'il a peinte pour la *Moralisation* de Cessoles. L'œuvre, en vers[19] ou en prose[20], invite les deux joueurs à s'affronter autour d'un échiquier, non pas champ de bataille où le mat aurait une connotation de mise à mort guerrière, mais champ de joutes amoureuses où le mat signifie la conquête d'un cœur. Dans la

Fig. 7. Maître de Marguerite de Liedekerke, *Un jeune homme et une demoiselle jouent aux échecs*. Jacques de Cessoles, *Le jeu des échecs moralisés*, Hainaut, 1487. Paris, BnF, ms. Français 24274, f. 37v.

partie décrite, l'échiquier, élaboré suivant le plan de la cité de Babylone, affiche des cases foncées en aimant, pour attirer les cœurs durs, preux ; et des cases claires, en ambre, pour attirer les cœurs naïfs, jeunes. Les pièces et les coups représentent les caractères et les mouvements d'âme des amoureux. Pour le jeune homme, les pièces sont toutes en or. Par contre, celles que déplace la demoiselle sont en pierres précieuses – diamant et amiante pour le roi, rubis pour la reine, topaze pour les tours, saphir pour les cavaliers, héliotrope pour les fous, émeraude pour les pions[21] – cette dernière pierre préservant de la passion, de la maladie et de la foudre. Ajoutons que toutes les pièces portent des emblèmes qui sont associés à une qualité ou à une attitude nécessaire à l'amour[22].

Même si la partie d'échecs fut conçue par Évrart de Conty en fonction du joueur et non de la demoiselle, qui ne serait que le reflet de son désir, celle-ci n'en est pas moins une protagoniste pleine et entière, maîtrisant parfaitement les subtilités stratégiques des échecs et ses arcanes symboliques – au point qu'elle conclut sur un splendide échec et mat en l'angle, qui signe la conquête définitive du jeune homme !

Victorieuse ou pas, celle qui joue à un tel jeu doit avoir assimilé un savoir aussi complet que celui qui est exigé de son opposant. Elle comme lui sont nourris de textes didactiques et encyclopédiques englobant tout le savoir de leur temps, dans des disciplines aussi variées que la cosmologie, la mythologie, le lapidaire, le bestiaire, le plantaire et l'héraldique ainsi que des sources aussi riches qu'Aristote, les *Métamorphoses* et *L'Art d'aimer* d'Ovide. En outre, la jeune femme comme le jeune homme ont dû mémoriser les moindres détails du *Roman de la Rose*, sur lequel est bâti tout le « scénario » de la partie[23].

On n'a pas assez remarqué que les trois exemplaires enluminés des *Eschez amoureux moralisés* ont eu des femmes pour propriétaires. L'écu losangé, spécifiquement féminin, que l'on devine sur les *Eschez d'Amour* de Dresde, est celui d'une femme dont on ne pourra sans doute jamais retrouver l'identité, tant les éléments héraldiques ont hélas été attaqués et détériorés[24]. Il en va autrement des deux manuscrits les plus tardifs de la version en prose, sous le titre de *Livre des échecs amoureux moralisés*, aujourd'hui conservés à la Bibliothèque nationale de France.

L'un d'eux, le manuscrit Français 9197 de la Bibliothèque nationale de France, enluminé à Valenciennes par le Maître d'Antoine Rolin vers 1490-1495[25], porte les armoiries et chiffres d'Antoine Rolin, grand bailli et grand veneur du Hainaut et de son épouse Marie d'Ailly[26]. Le couple est présent à parts égales dans la panoplie héraldique élaborée à son intention (**Fig. 8**). Mais qui des deux époux était le principal lecteur, voire utilisateur, de cet ouvrage[27] ? Ce pourrait bien être Marie d'Ailly, comme semble l'indiquer la miniature consacrée à la représentation de l'échiquier (**Fig. 9**). En effet, il n'est pas anodin que l'écu losangé de Marie apparaisse en position centrale et dominante, à l'intérieur du champ de l'échiquier, alors que les armoiries des époux se trouvent reléguées en position marginale, dans la bordure inférieure et dans l'initiale plumetée qui ouvre le texte.

L'autre manuscrit, enluminé vers 1495-1500, est aux armes de Louise de Savoie (**Fig. 10**). Celle-ci s'est tournée vers son enlumineur en titre, Robinet Testard[28], pour qu'il réalise la décoration du manuscrit, peut-être à l'intention de son fils, le futur François Ier alors encore dans la prime enfance.

Ces trois exemplaires enluminés de l'encyclopédie savante et ludique d'Évrart ont donc appartenu à des femmes qui pourraient avoir pris une part prépondérante dans l'éducation de leurs enfants, filles ou garçons, éventuellement en commandant, en tout cas en mettant à leur disposition une œuvre de portée pédagogique majeure, qui était abordée par le jeu.

Dans le texte des *Eschez amoureux* comme dans l'iconographie des trois exemplaires enluminés, la figure du précepteur est omniprésente. Fait assez rare dans le genre de l'encyclopédie, Évrart de Conty, médecin et grand docte de son temps, se met lui-même en scène en tant qu'auteur de l'œuvre, se

Fig. 8. Maître d'Antoine Rolin, *La déesse Diane discute avec l'auteur-précepteur*. Évrart de Conty, *Le Livre des échecs amoureux moralisés*, Valenciennes, vers 1490-1495. Paris, BnF, ms. Français 9197, f. 202.

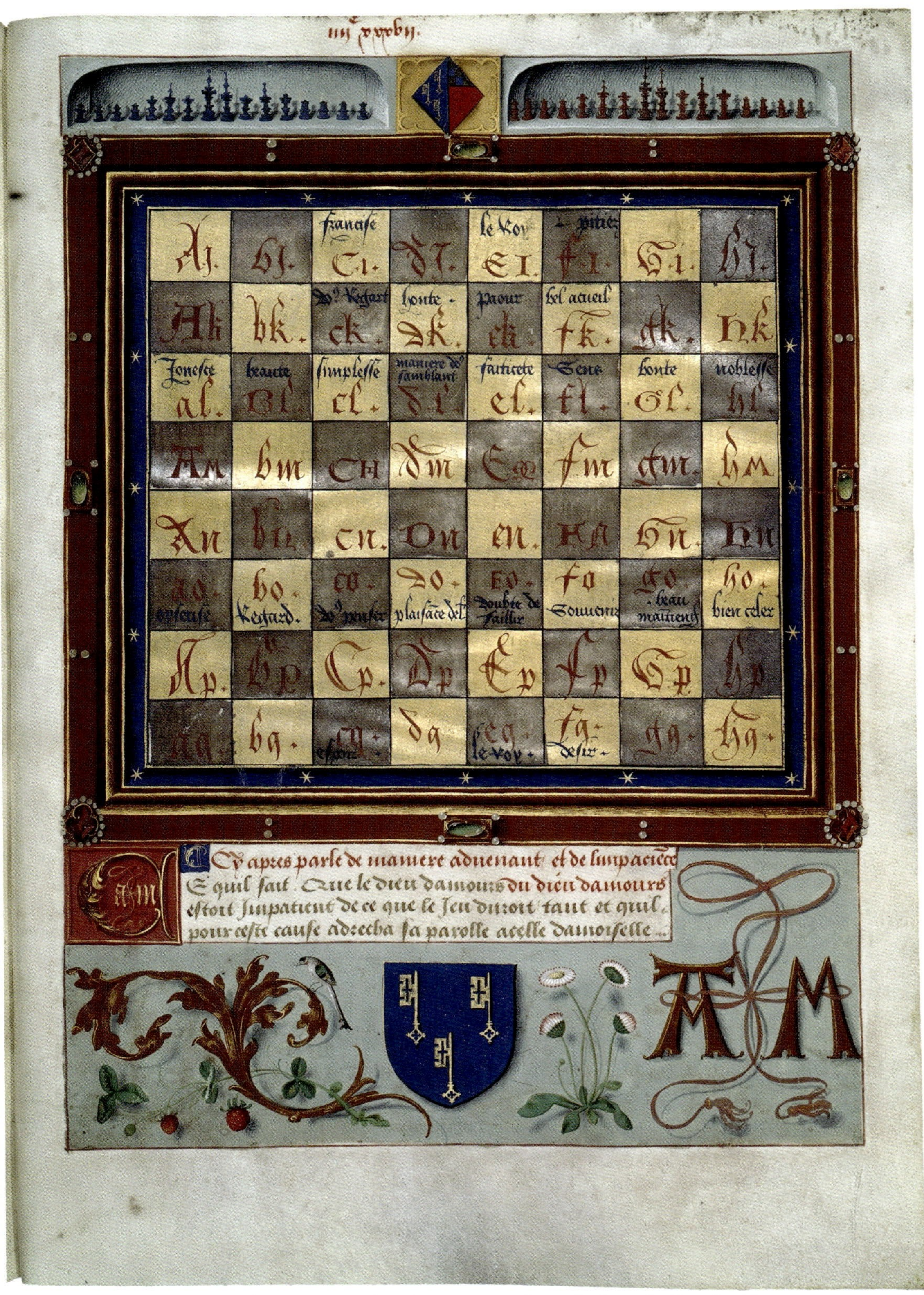

Fig. 9. Maître d'Antoine Rolin, *L'Échiquier du jeu des échecs amoureux*. Évrart de Conty, *Le Livre des échecs amoureux moralisés*, Valenciennes, vers 1490-1495. Paris, BnF, ms. Français 9197, f. 437.

84. 6808

Ce livre present fut fait et ordonne
principalment a linstance dung aultre
fait en rime na guieres et de nouvel
venu a congnoissance qui est intitule
des esches amoureux et des esches da
mours aussi come pour declairer aucunes
choses que la rime contient qui semblent
estre obscures et estranges de premiere
face. Et pour ce fut il fait en prose pour
ce que prose est plus clere a entendre
une raison que nest rime. Lacteur donc
qui le fist commence ainsi son livre et
met ung tel prologue.

Pour ce que la matiere da
mours est delitable en soy
et joyeuse et plaisant a plusieurs
escoutans Et par especial aux jeunes
gens du monde ausquelz le fait da
mours aussi est plus appartenant.
Pource voult cilz qui fist le livre
des esches amoureux monstrer com
ment il fut amoureux en sa jeunesse
espris et esmeus de lamour dune jeune
damoiselle. Et ce voult il signiffier
couvertement par le jeu des esches
plus que par aultre voye par aventure

Fig. 10. Robinet Testard, *Évrart de Conty à son pupitre*. Évrart de Conty, *Le Livre des échecs amoureux moralisés*, Cognac, vers 1490-1495. Paris, BnF, ms. Français 143, f. 1.

remémorant l'aventure amoureuse qu'il vécut avec une demoiselle lorsqu'il était jeune homme. Il se représente alors comme l'acteur – dans le sens de celui qui agit – qui va disputer une partie d'échecs allégoriques avec elle[29]. On voit là un couple se former entre la femme et le précepteur, celle-ci venant contribuer à la formation de celui-là, au point que la joueuse, experte à ce jeu savant, et le faisant échec et mat avec ses pièces « raisonnables » – associées à la déesse Pallas – peut être identifiée à la déesse Pallas elle-même.

Plus généralement, la complexité du jeu d'échecs, *a fortiori* allégorisé, supposait la présence d'un précepteur aux côtés des jeunes joueurs, les guidant comme le fait le commentateur du poème des *Eschéz d'Amour* sous forme de gloses latines copiées dans les marges du texte[30]. Son rôle consistait à expliciter pour eux le sens profond de la partie d'échecs qui pouvait leur échapper, malgré leurs efforts d'apprentissage et de mémorisation des symboles et concepts associés aux trente-deux pièces de l'échiquier.

Celle qui acquiert et collectionne les ouvrages savants

Un autre exemple corrobore cette thèse du couple éducatrice/précepteur. Dans la bibliothèque de Marguerite d'Autriche se trouvait un petit traité pédagogique[31], unique en son genre, qui avait pour but de détourner la noblesse des distractions mondaines, et l'incitait à pratiquer les plus hautes vertus (**Fig. 11**). Il s'agit de *L'Allégorie de l'Homme raisonnable et d'Entendement humain*, réalisée entre 1500 et 1510 à Valenciennes et dotée d'onze miniatures de la main du Maître d'Antoine Rolin[32]. Cette œuvre anonyme, unique et anépigraphe, pourrait avoir été destinée à l'éducation politique et sociale du jeune neveu de la régente des Pays-Bas, le futur Charles Quint, et sans doute aussi à celle de ses nièces dont elle eut la charge après la disparition de son frère Philippe le Beau en 1506. Marguerite d'Autriche était pétrie d'une forte culture humaniste. Elle avait souhaité engager Érasme en tant que précepteur de Charles et, à cette fin, l'avait invité à la cour de Malines. S'il refusa la charge, il eut en tout cas l'occasion de découvrir la merveilleuse bibliothèque de la régente, ce qui dut le convaincre de son exceptionnelle érudition. Marguerite pouvait aisément incarner la *Magdalia* du colloque de 1524 intitulé *L'abbé et la femme érudite*, dans lequel Érasme affirmait que seuls les livres pouvaient permettre aux femmes d'éviter les pièges de la paresse et les vanités du monde, et que seule l'éducation pouvait élever leur esprit et le tourner vers les valeurs par excellence de la raison et de la chasteté. Il ne fait aucun doute que la régente se comptait pleinement parmi la communauté des doctes et des savants.

Je précisais en introduction que ces trois derniers modèles viennent s'ajouter de façon pertinente à ceux que j'avais dégagés précédemment à la lecture du catalogue *Flowering of Medieval French Literature*. Ils forment tous ensemble une galerie de portraits certes fragmentaire mais qui, à mon sens, rend compte de certaines facettes de la femme artiste, intellectuelle et éducatrice entre Moyen Âge et Renaissance en France et dans les territoires bourguignons du Nord. Mais en guise de conclusion, je voudrais souligner un point qui, me semble-t-il, donnera une cohérence supplémentaire à leur réunion : chacun de ces portraits reflète l'une ou l'autre des trois composantes de la femme idéale de la toute fin du Moyen Âge, telles qu'elles apparaissent dans le *Jugement de Pâris*.

On s'en souvient, Pâris devait choisir entre les trois déesses Vénus, Junon et Pallas, laquelle était la plus belle et méritait la pomme d'or. Sa réponse – Vénus – est connue, et ce serait sans doute celle de nombre d'entre nous ! Cependant, l'une ne peut aller sans l'autre car, ensemble, les trois déesses réunissent trois genres de vie, la *triplex vita* qui mène à la félicité. Et chacune apporte un don : Vénus, l'amour et la fertilité ; Junon, déesse de la vie active, la capacité d'enrichissement matériel ; enfin Pallas, déesse de la contemplation, la capacité à la réflexion et à la raison, garante d'une meilleure gouvernance. Ce thème de la *triplex*

Fig. 11. Maître d'Antoine Rolin, *Seconde chambre du donjon du palais. L'Allégorie de l'Homme raisonnable et d'Entendement humain*, Valenciennes, vers 1510. Paris, BnF, ms. Français 12550, f. 24v.

Fig. 12. *Jugement de Pâris. L'entrée de Jeanne de Castille*, Bruxelles (?), 1496. Berlin, Staatliche Museen, Kupferstichkabinett, ms. 78 D 5, f. 57v.

vita était très populaire à l'époque de Jeanne de Castille, et il apparaît dans un des tableaux vivants de son *Entrée*, qui précède immédiatement celui du *Domus deliciae* (**Fig. 12**). Et c'est ainsi que celle qui écrit, Catherine d'Amboise, ou celle qui peint, Jeanne de Montbaston, se retrouvent en la femme engagée dans la vie active, que représente Junon. De son côté, celle qui inspire… et tout d'abord l'amour, se place aisément sous la figure de Vénus. *Le Livre d'amour* est tout entier imprégné par elle : il s'ouvre sur une image de Cupidon (**Fig. 3**) – et gageons que Dame Nature, qui veille à la reproduction des espèces en sa forge, puisse se réjouir que le couple célébré par ce manuscrit ait été si fécond[33] !

Il nous reste encore à trouver la troisième déesse du *Jugement*, à savoir Pallas. Or, n'est-ce pas elle que l'on retrouve sous les traits de Furia, telle que Jérôme la dépeint dans sa lettre ? N'est-ce pas à elle que sa destinataire, la veuve, doit s'identifier, pour se consacrer aux grâces d'une vie spirituelle et méditative ?

La femme du Moyen Âge est une mineure en politique[34]. Elle vit sous la tutelle paternelle ou conjugale. Pourtant, certaines jouent pleinement leur rôle de femmes instruites, d'éducatrices, de passeuses et d'enrichisseuses des héritages politiques, matériels et culturels. Elles gagnent aussi en liberté intellectuelle. On peut citer ici une remarque d'Éléonore de Poitiers, dans son récit du cérémonial qui fut suivi quand la reine de France reçut la duchesse de Bourgogne en mai 1445 : « Maditte dame de Namur[35]… (comme plusieurs fois j'ay ouy dire) avoit un grand livre, en quoy estoient escrit tous les estats de France. Et tousjours par son advis, la duchesse Isabel [de Portugal] faisoit touchant ces choses, car les estats de Portugal et ceux de France et de par-deça [les Pays-Bas bourguignons] ne sont point tout un[36]. »

Talentueuses, les femmes s'imposent peu à peu comme artistes, comme auteures, comme consciences, comme intellectuelles… Et elles peuvent d'autant mieux le faire que leurs figures tutélaires, Junon, Vénus et Pallas, leur ouvrent tout l'horizon de l'Action, de l'Amour et de la Raison.

NOTES

1 S. GROAG BELL, « Medieval Women Book Owners : Arbiters of Piety and Ambassadors of Culture », *Signs*, 7, 1982, p. 742-768.

2 S. HINDMAN et A. BERGERON-FOOTE, *Flowering of Medieval French Literature.* « Au parler que m'aprist ma mere », cat. exp. (New York et Paris, 2014), Londres, 2014.

3 Ces notions s'inscrivent dans une recherche dont nous avons présenté les premiers résultats dans le cadre du colloque *La Educacion de las mujeres en la Edad Media y el Renacimiento : Aspectos morales, cientificos y populares*, XXXIV Seminario de Estudios Medievales y Renacentistas, Tenerife, 8-10 mai 2014. Voir notre article « Femmes éduquées, femmes éducatrices : Présence et influence dans quelques témoignages manuscrits bourguignons du Moyen Âge tardif et de la première Renaissance », *Cuadernos del CEMYR*, 23, 2015, p. 11-26. URL : https://riull.ull.es/xmlui/handle/915/4197.

4 HINDMAN et BERGERON-FOOTE, *op. cit.* (notre note 2), n° 1, p. 19-27.

5 R. et M. ROUSE, « A "Rose" by any other Name : Richard and Jeanne de Montbaston as Illuminators of Vernacular Texts », dans *Manuscripts and Their Makers : Commercial Book Producers in Medieval Paris, 1200-1500*, Londres, 2000 (Studies in Medieval and Early Renaissance Art History, 25), vol. 1, p. 235-260. Voir aussi M. CAMILLE, *Image on the Edge : The Margins of Medieval Art*, Londres, 2003, p. 147-149.

6 I. VILLELA-PETIT, « À la recherche d'Anastaise », *Cahiers de recherches médiévales*, 16, 2008, p. 301-316. URL : http://crm.revues.org/11032.

7 Paris, BnF, ms. Français 24293, f. 56 : « (…) je congnois aujourd'uy une femme que on appelle Anastaise qui tant est experte et apprise a faire vigneteurres d'enlumineure en livres et champaignes d'istoires qu'il n'est mencion d'ouvrier en la ville de Paris ou sont les souverains du monde qui point l'en passe ne qui aussi doulcettement face fleuretieure et menu ouv[r]aige que elle fait et ne de qui on ait plus chier la besoingne, tant soit le livre riche ou chier que on a d'elle qui finer en puet, et ce sçay je par experience car pour moy meesmes a ouvré aucunes choses qui sont tenues singulieres entre les vignettes des autres grans ouvriers ». Transcrit par VILLELA-PETIT : *Ibid.*, p. 302.

8 Paris, BnF, ms. Français 975, *Passion Jhesucrist*. Voir P. PARIS, *Les Manuscrits français de la Bibliothèque du roi, leur histoire et celle des textes allemands, anglois, hollandois, italiens, espagnols de la même collection*, vol. VII, Paris, 1848, p. 373.

9 M. GIL, « Les derniers enlumineurs du Nord à la Renaissance ou comment s'adapter à l'invention de l'imprimerie », *Art et Métiers du livre*, 314, 2016, p. 23. J.-F. GOUDESENNE et M. GIL, *L'antiphonaire de la Paix des princes chrétiens : calligraphié à Saint-Omer par sire Michel Reymbault, enluminé à Lille par sœur Françoise de Heuchin ca 1550-1561*, Ottawa, 2003.

10 HINDMAN et BERGERON-FOOTE, *op. cit.* (notre note 2), n° 14, p. 208.

11 *Ibid.*, p. 203-213.

12 *Ibid.*, n° 12, p. 173-185.

13 *Ibid.*, n° 13, p. 189-201.

14 Berlin, Staatliche Museen zu Berlin, Kupferstichkabinett, ms. 78 D 5. Le manuscrit, fait de papier, consigne une quarantaine de dessins aquarellés réalisés à la hâte par un artiste anonyme. A.-M. LEGARÉ, « L'entrée de Jeanne de Castille à Bruxelles : Un programme iconographique au féminin », dans D. EICHBERGER, A.-M. LEGARÉ et W. HUSKENS (éd.), *Femmes à la Cour de Bourgogne. Présence et influence*, Malines et Turnhout, 2010, p. 43-55.

15 « Voici ce qui est représenté par cette scène : de même que ceux-ci s'adonnèrent avec délice à tous les plaisirs, de même à l'occasion du mariage des ducs Philippe et Jeanne, chacun se dépouilla de tous ses sujets de tristesse pour s'adonner à tous les jeux ». Je remercie Mme Marie Madeleine Fontaine pour cette traduction.

16 Cité par É. ANTOINE dans *Sur la Terre comme au ciel. Jardins d'Occident à la fin du Moyen-Âge*, cat. exp. (Paris, 2002), éd. É. ANTOINE, V. HUCHARD, P. BOURGAIN et M.-Th. GOUSSET, Paris, 2002, n° 42, p. 125.

17 Sur cet artiste, voir A.-M. LEGARÉ, « Du nouveau sur l'enluminure en Hainaut à la fin du Moyen Âge. L'Antiphonaire de l'abbaye de Westmalle (Westmalle, Abbaye des trappistes, ms. 9) », dans *Manuscripts in Transition*, actes du colloque de Bruxelles (2002), éd. Br. de KEYSER et J. VAN DER STOCK, Louvain, 2005, p. 407-418.

18 Voir A.-M. LEGARÉ, « La réception du poème des *Eschéz amoureux* et du *Livre des Eschéz amoureux moralisés* dans les États bourguignons au XVe siècle », dans *Les Librairies aristocratiques dans les anciens Pays-Bas au Moyen âge*, actes de la journée d'études internationale de la section belge de la Société Internationale de Littérature Courtoise de Bruxelles (2006), éd. Fr. WILLAERT et C. VAN COOLPUT-STORMS, *Le Moyen Âge*, 3-4, 2007, 113, p. 591-611. URL : http://www.cairn.info/revue-le-moyen-age-2007-3-page-591.htm.

19 *Les Eschéz d'Amours. A Critical Edition of the Poem and its Latin Glosses*, éd. Gr. HEYWORTH et D. O'SULLIVAN, avec Fr. COULSON, Leyde et Boston, 2013 (*Medieval and Renaissance Authors and Texts*, 10).

20 Évrart de Conty, *Le Livre des Eschez amoureux moralisés*, éd. Fr. GUICHARD-TESSON et Br. ROY, Montréal, 1993.

21 Ils se nomment : *Jeunesse, Beauté, Simplesse, Doux-Semblant, Faiticeté* [Élégance], *Sens, Bonté, Noblesse.*

22 Voir A.-M. LEGARÉ, avec la collaboration de Br. ROY et Fr. GUICHARD-TESSON, *Le Livre des Échecs amoureux*, Paris, 1991, p. 78, pour une classification des pièces avec leurs caractéristiques.

23 Sur les liens de l'œuvre, et notamment la partie d'échecs, avec le *Roman de la Rose*, voir W. FAUQUET, « Le *Giu Parti* d'Évrart de Conty. Une version échiquéenne du *Roman de la Rose* », *Romania*, 123, 2005, p. 486-522.

24 Voir LEGARÉ, *op. cit.* (notre note 18).

25 Sur le Maître d'Antoine Rolin, voir A.-M. LEGARÉ, « The Master of Antoine Rolin : A Hainaut Illuminator Working in the Orbit of Simon Marmion », dans *Margaret of York, Simon Marmion and The Visions of Tondal*, actes du colloque de Malibu (1990),

éd. Th. KREN, Malibu, 1992, p. 209-222.
URL:http://www.getty.edu/publications/virtuallibrary/0892362049.html ; A.-M. LEGARÉ, « L'Héritage de Simon Marmion en Hainaut, 1490-1520 », dans *Valenciennes aux XIV*[e] *et XV*[e] *siècles. Art et histoire*, éd. L. NYS, Valenciennes, 1996, p. 201-224.

26 Voir LEGARÉ, *op. cit.* (notre note 22).

27 Les manuscrits conservés portant des armoiries d'époux et d'épouses sont très souvent propriété de l'épouse. La femme étant avant tout perçue socialement comme une épouse, il semble normal que soient adjoints les armoiries et chiffres de son mari aux siens. Voir H. WIJSMAN, *Luxury Bound, Illustrated Manuscript Production and Noble and Princely Ownership in the Burgundian Netherlands (1400-1550)*, Turnhout, 2010, p. 134-135.

28 François Avril le considère comme l'un des artistes les plus originaux de l'ouest de la France. Robinet Testard se serait formé du côté de Poitiers pour ensuite s'installer, vers 1480, en qualité de valet de chambre, à la cour du grand bibliophile Charles d'Angoulême, époux de Louise de Savoie. Il travailla à l'illustration de textes religieux mais aussi profanes, comme *Les secrets de l'histoire naturelle* (Paris, BnF, ms. Français 22971), regorgeant de scènes, de personnages et d'animaux fantastiques qui pourraient servir de vivier iconographique s'il fallait reconstituer l'apparence des pièces portant des emblèmes aussi exotiques que le serpent, la panthère, l'unicorne, la calandre, la sirène ou le léopard. Sur l'artiste, voir Fr. AVRIL et N. REYNAUD, *Les Manuscrits à peintures en France, 1440-1520*, cat. exp. (Paris, 1992-1993), Paris, 1993, p. 404-409 ; sur ses pratiques artistiques, voir K. GIOGOLI et J. FRIEDMAN, « Robinet Testard, Court Illuminator : His Manuscripts and his Debt to the Graphic Arts », *Journal of the Early Book Society*, éd. M. DRIVER, 8, 2005, p. 144-188.

29 Sur cette notion multiple d'auteur, acteur, autorité, voir A.-M. LEGARÉ et Br. ROY, « Le "je" d'Évrart de Conty », dans *Auteurs, lecteurs, savoirs anonymes, « Je » et encyclopédies*, éd. D. HUË, *Cahiers Diderot*, 8, 1996, p. 39-55.

30 Elles se trouvent dans l'exemplaire du poème conservé à Venise (Biblioteca Nazionale Marciana, ms. Fr. APP. 23 (= 267)) : voir Évrart de Conty, *op. cit.* (notre note 20), p. LIX-LXI. Plus récemment, une transcription de ces gloses et leur traduction en anglais ont été publiées par HEYWORTH et O'SULLIVAN, *op. cit.* (notre note 19). Leurs conclusions sur la datation du manuscrit de Dresde (Sächsische Landesbibliothek, ms. OC. 66) sont malheureusement inexactes. Voir A. MUSSOU, « *Les Eschés amoureux* en vers : nouvelle édition publiée, nouveau témoin découvert », *Romania*, 3-4, 2015, p. 470-489, qui rétablit (p. 475-476) cette datation à partir de notre article, *op. cit.* (notre note 18).

31 Voir M. DEBAE, *La Librairie de Marguerite d'Autriche : Essai de reconstitution d'après l'inventaire de 1523-1524*, Louvain, 1995, p. 97-99.

32 A.-M. LEGARÉ, « Allégorie et arts de mémoire : Un manuscrit enluminé de la librairie de Marguerite d'Autriche », *Bulletin du Bibliophile*, nouv. sér. II, 2, Paris, 1990, p. 314-344.

33 A.-M. LEGARÉ, « L'iconographie de Dame Nature dans *Le Livre des Eschez amoureux moralisés*, d'après le ms. BnF, Français 143, enluminé par Robinet Testard », *Nouvelles de la Rose, Actualité et perspectives du* Roman de la Rose, éd. D. GONZALES-DORESTE et M. del PILAR MENDOZA-RAMOS, La Laguna, 2011, p. 209-225.

34 Sur cette question, il existe une abondante bibliographie, d'abord anglo-saxonne mais aussi espagnole, sous la forme de travaux collectifs. Voir le compte-rendu de M. HEARNE ARTHUR du recueil d'actes intitulé *Femmes de Pouvoir, femmes politiques*, éd. E. BOUSMAR *et al.*, Lille et Bruxelles, 2012.
URL : http://www.sehepunkte.de/2013/05/21909.html.

35 Il s'agit de Jeanne d'Harcourt qui était attachée à Isabelle de Portugal.

36 Voir la transcription des *Honneurs de la cour* d'Éléonore de Poitiers dans l'article de Jacques PAVIOT, « *Les honneurs de la cour* d'Eléonore de Poitiers », dans G. et Ph. CONTAMINE (éd.), *Autour de Marguerite d'Ecosse. Reines, princesses et dames du XV*[e] *siècle*, Paris, 1999. URL : http://cour-de-france.fr/article961.html.

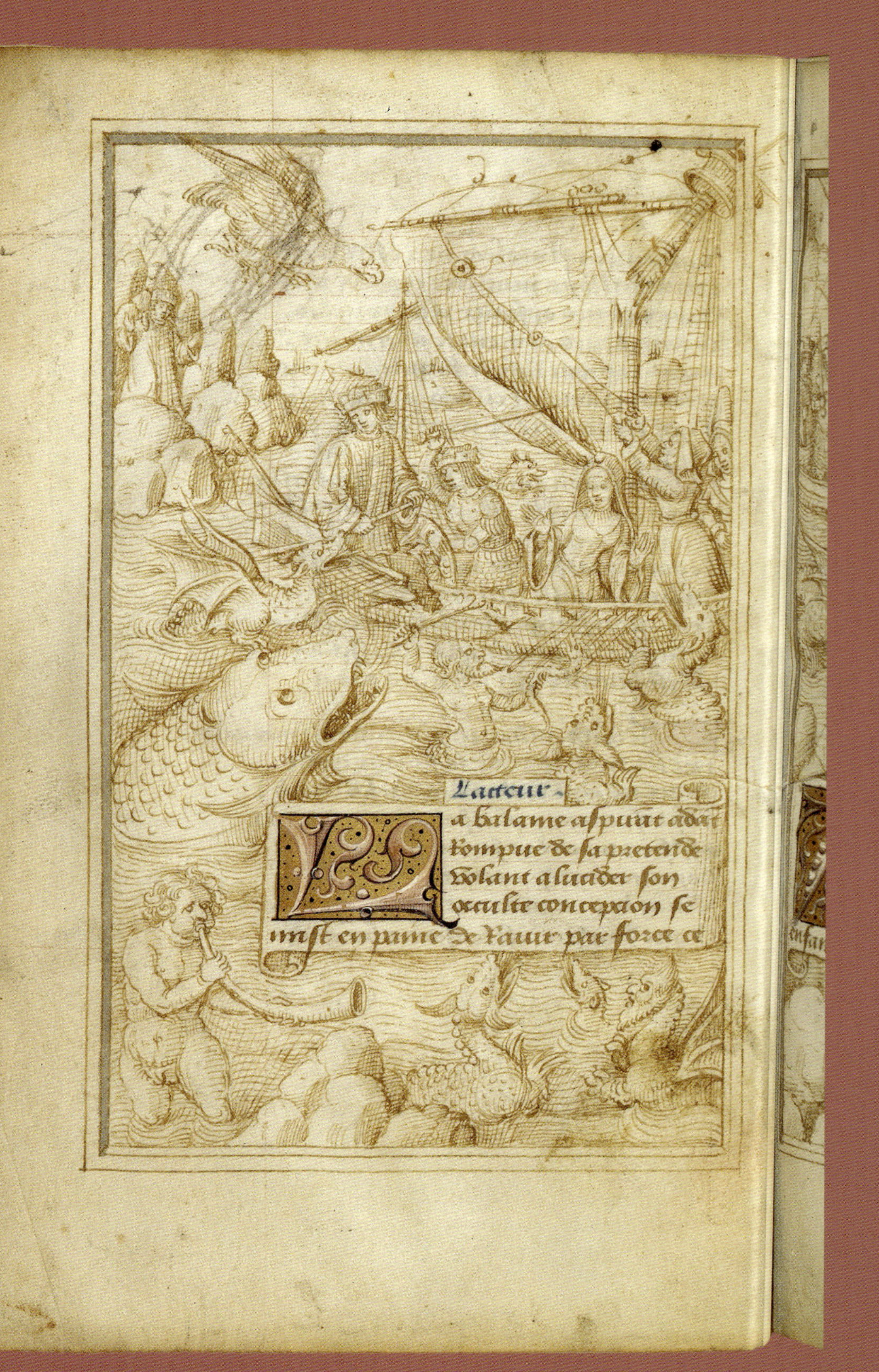
Lacteur
La balaine aspirant adar
rompue de sa pretende
Volant a lucider son
occulte conception se
mist en paine de lavoir par force ce

L'image de la duchesse Marie de Bourgogne (1477-1482) dans les œuvres de Jean Molinet

Olga KARASKOVA-HESRY

Parmi toutes les figures majeures de la dynastie de Bourgogne-Valois, celle de la jeune duchesse Marie de Bourgogne (**Fig. 1**), dont le règne court prit place entre deux autres plus importants, celui de son père belligérant, Charles le Téméraire, et de son conjoint imposant, Maximilien d'Autriche, reste étrangement oubliée par les historiens. Une figure ambiguë, dont l'image oscille entre deux concepts opposés : une duchesse faible et inexpérimentée, qui ne joua qu'un rôle de pion dans la grande partie diplomatique entre l'Empire et la France et qui n'eut aucune influence sur les décisions politiques déterminant le destin de son pays[1], ou une princesse résolue et indépendante qui savait ce qu'elle voulait et réussit à imposer sa volonté, encensée par ses biographes[2], Marie reste généralement dans l'ombre de ses proches parents, et peu d'études lui ont été jusqu'ici consacrées.

Il faut constater que relativement peu de témoignages sur la duchesse nous sont parvenus, à tel point que, quiconque souhaitant reconstituer son vrai rôle et sa personnalité est obligé, selon une expression figurée d'Yves Cazaux, « de saisir au vol un détail, puis un autre et d'agencer les mille petits larcins faits ici ou là[3] ». Certes, il ne manque ni de chroniques qui relatent les événements de son règne, ni de poèmes qui lui sont consacrés, mais à la cour de Bourgogne où, comme l'a justement noté Peter Arnade, « l'accentuation intense de la figure masculine et la lignée mâle a laissé le corps féminin sans les symboles pareils de l'autorité publique[4] », Marie de Bourgogne en sa fonction inévitablement ambiguë de femme régnante ne dispose pas d'écrivains capables de mettre en valeur l'importance de ses actes. Hommes de leur temps, ils sont « imbus des idées dont on les avait imprégnés depuis des générations[5] », selon lesquelles les femmes n'étaient pas faites pour gouverner des pays. Les tensions et les contradictions engendrées par l'accession de Marie au pouvoir peuvent expliquer l'embarras des chroniqueurs vis-à-vis de sa personne et leur recours aux schémas familiers ou stéréotypés où l'attention principale est accordée à l'homme, tandis que la femme reste dans l'ombre.

Tout en tenant compte de cette « idéologie du rapport des sexes qui sous-tend tout le discours masculin sur les femmes », il nous semblait intéressant d'étudier l'image de Marie de Bourgogne dans l'ensemble des œuvres de Jean Molinet, dès 1475 l'historiographe officiel à la cour de Bourgogne, que la jeune duchesse garde à son service après la mort de son père en 1477 ; celui-ci, outre la continuation de sa chronique[6], consacre à sa patronne trois œuvres : *Le Naufrage de la Pucelle* en 1477, *Le Chappellet des Dames* une année plus tard et enfin, *La Complainte sur la mort Madame d'Ostrisse* en 1482[7]. Exprimant des intentions culturelles et politiques très manifestes, elles méritent une étude approfondie dans l'ensemble. À la cour de Bourgogne où l'art fut depuis longtemps employé au service de la stratégie politique des ducs, les récits de l'indiciaire présentent une source d'information précieuse qui nous renseigne sur la façon dont Marie de Bourgogne construisait son image officielle et voulait être vue par ses contemporains.

Fig. 1. Peintre anonyme, *Portrait de Marie de Bourgogne*, anciens Pays-Bas méridionaux, XVIe siècle, panneau peint. Lennik, château de Gaasbeek, inv. 408.

Pauvre orpheline, ou demoiselle en détresse

Une des images les plus connues de Marie de Bourgogne au début de son règne est celle d'une « jeune orpheline, en dangier et peril de ses ennemis, et en petite obeissance de ses subjectz… toutesfois gardee et servie d'aucuns nobles personnaiges et autres[8] », ou, d'après Jean Molinet, une « povre desolee fille, orphenine de pere et de mere[9] ». Héroïne du *Naufrage de la Pucelle*, prosimètre allégorique de Molinet (**Fig. 2**), à chaque mauvaise nouvelle elle pleure, se plaint et s'évanouit tandis que ses serviteurs fidèles lui viennent en aide avec leurs conseils et leurs paroles rassurantes : une description certes touchante, mais jusqu'à quel point est-elle véridique ? Une duchesse faible et passive, incapable de régner de son propre chef ? Ou plutôt la « demoiselle en détresse », un motif littéraire classique tellement bien approprié à la situation qu'il devait sans doute être très tentant d'utiliser le personnage pathétique de la jeune fille abandonnée au milieu des dangers et menacée par un méchant à des fins de propagande visant à exhorter les sujets de Marie à embrasser sa cause.

Le *Naufrage de la Pucelle*, dont la composition peut être située entre le 27 avril et le 19 août 1477[10], a suscité de vives discussions parmi les chercheurs plus qu'aucune autre œuvre de Molinet. Jean Devaux essaya de reconstruire, à partir de ce texte, le rôle politique et la personnalité de Marie de Bourgogne[11] ; Michael Randall étudia l'altération par l'auteur de l'image de la population urbaine rebelle qui apparaît dans le prosimètre comme la *Communauté féminine* fidèle à la duchesse[12] ; Marie Jennequin et Virginie Minet-Mahy proposèrent d'y voir une critique de l'action de Charles le Téméraire[13]. Aucun des chercheurs ne remit en cause la fidélité du portrait littéraire de la duchesse proposé par l'indiciaire ; pourtant, comme l'indique aussi Éric Bousmar, il convient de relativiser le propos de Molinet, fondé sur la combinaison des registres courtois et religieux, qui le mène à dépeindre une princesse idéale, passive et désespérée, et de se méfier donc des lectures littérales de ce texte[14]. La littérature possède sa propre vérité, qui certes complète la vérité « factuelle » des chroniques mais, comme le fait remarquer Michael Randall, « le rapport entre une représentation littéraire et un événement historique est toujours difficile, surtout quand il s'agit d'un texte littéraire qui transforme la réalité historique à un tel point que la représentation frôle la fiction[15] ».

Notons qu'au sujet bien connu de la « demoiselle en détresse » poursuivie par un monstre et ensuite sauvée et épousée par un héros, s'ajoute chez Molinet un autre motif, emprunté évidemment aussi à l'imaginaire des romans chevaleresques mais qui a ses racines dans un mythe beaucoup plus ancien : c'est le motif du héros et de son adjuvante (cf. Jason et Médée,

Yvain et Lunette, Guillaume d'Orange et Orable, la Belle et la Bête, etc.)[16], mais avec des rôles inversés, l'héroïne (la Pucelle) étant aidée par un adjuvant masculin (Cœur Léal) qui lui permet de tenir jusqu'à l'arrivée de l'aiglon impérial. Pourtant, la caractéristique importante du héros dans le schéma archétypal, c'est sa passivité au moment clé du récit qui permet à l'adjuvant de le remplacer dans l'épreuve et de s'en tirer avec honneur : faut-il donc s'étonner, dans ce contexte, de la « faiblesse » de Marie dans le texte du *Naufrage* ? Face au texte de Molinet, nous sommes face non à la réalité historique *stricto sensu*, mais à son interprétation, à la tentative de comprendre, d'expliquer et de justifier le déroulement des événements. La réalité s'adapte ici à une forme prédéterminée par la conscience mythologique qui se manifeste d'une façon particulièrement claire dans des situations critiques, lorsque le besoin de légitimation des actions des protagonistes augmente : la narration mythologique, organisant à sa manière le monde du lecteur et déterminant les catégories de pensée, acquiert ainsi une dimension idéologique car elle est orientée « plutôt vers l'attitude envers les personnages que vers les personnages eux-mêmes, vers la formation de l'opinion publique sur un phénomène controversé, vers la justification de l'action du héros[17] ». C'est la fonction pragmatique

Fig. 2. *Monstres marins menaçant la pucelle*. Jean Molinet, *Le Naufrage de la pucelle*, France, fin du xve siècle. Paris, BnF, ms. Français 14980, f. 17v-18.

du mythe qui fait de lui un outil de prédilection de l'idéologie politique.

Molinet n'écrit donc pas l'histoire : il introduit les événements historiques dans la littérature, « les transformant en éléments significatifs au sein d'une structure textuelle complexe[18] ». Dans l'espace de narration mythologique soigneusement créé par l'indiciaire, Marie ne pouvait pas être dépeinte autrement qu'en « povre desolee pucelle » au comportement totalement passif, ce qui, d'ailleurs, « ne dévalorise pas la duchesse mais valorise ses fidèles parmi les nobles et plus encore celui qui, lors de la rédaction, était déjà son époux et le nouveau maître de l'indiciaire[19] ».

Qui plus est, cette image de la « pauvre orpheline » semble être un lieu commun dans la littérature de l'époque : elle apparaît même dans une chanson composée par des personnes qui n'ont certainement pas eu la possibilité de connaître la duchesse et de juger de sa personnalité. Dans cette chanson citée par Jean de Haynin, Marie est encore nommée, outre la « princhesse du pays » à qui tout le monde doit loyalement servir, la pucelle déshéritée « qui n'a pere ne mere » :

> « ... Chelle jone princhesse,
> Que Dieu veille garder,
> Tous ceurs de gentillesse
> Se doivent preparer
> A servir la pucelle,
> Princesse du pays,
> Et tenir sa querelle
> Contre ses ennemis.
>
> ...Che seroit vitupere
> Et grand mal aporter,
> Qui n'a pere ne mere
> Volloir deshireter[20]. »

Il paraît même que Marie a habilement utilisé cette image elle-même, si l'on en croit l'auteur anonyme de la chronique *Dit syn die Wonderlycke Oorloghen van den doorluchtigen hoochgheboren prince keyser Maximiliaen*[21] qui relate le discours adressé par Marie aux députés des États généraux :

> « J'ai besoin que le pays me vienne en aide pour résister aux forces des Français et au roi Louis, qui n'a d'autre but que ma ruine et celle de mes sujets. C'est pourquoi je vous conjure à genoux, ô vous députés des différents pays et de villes qui me sont soumis, que vous veuillez venir à mon secours dans le pressant danger où je me trouve, **pauvre orpheline que je suis** [c'est nous qui soulignons] : défendez-moi contre le roi de France, qui cherche à me perdre et à s'emparer de mon pays[22] ».

Citons aussi le comportement de la duchesse dans cet épisode célèbre où elle tente de défendre Guillaume Hugonet et Guy de Brimeu contre la population enragée de Gand. La description la plus détaillée, qui est due à Philippe de Commynes, relate l'épisode d'une manière soigneusement théâtralisée :

> « Madamoiselle de Bourgongne ... saichant ceste condempnation, s'en alla en l'Ostel de la ville leur faire requeste et supplication pour les deux dessusdictz ; mais riens ne luy vallut. De la alla sur le marche, ou tout le peuple estoit ensemble et en armes, et veit les deux dessusdictz sur l'eschaffault. Ladicte damoiselle estoit en son habit de dueil et n'avoit que ung couvre chief sur la teste, qui estoit humble et simple et pour leur faire pitié par raison. Et la supplia audict peuple, les larmes aux yeulx et toute eschevelee, qu'il leur pleust avoir pitie de ses deux serviteurs et les luy vouloir rendre[23]. »

On sait que Commynes s'est ainsi permis de prendre de grandes libertés avec le cours réel des événements[24] : afin de dramatiser son récit, il a fondu en une seule scène la supplication de Marie faite le 31 mars et l'exécution des condamnés le 3 avril, et il a dédoublé l'apparition de la princesse qui en réalité n'est allée qu'au Tooghuis et n'a pas assisté au supplice. Cette altération majeure opérée sur l'épisode ne permet pas d'établir jusqu'à quel point le récit de Commynes était fidèle à la réalité dans les détails, tels que les vêtements de la duchesse et l'attitude qu'elle a adopté ; de plus les autres témoignages dont nous disposons sont beaucoup moins complets. Tous s'entendent, cependant, au moins sur le fait que la duchesse est allée supplier ses sujets en faveur de ses serviteurs, invoquant son droit souverain de leur accorder sa grâce[25] ; la présence même de cette prière, impliquant l' « auto-humiliation infligée à sa dignité », peut appuyer le récit de Commynes quant au dépouillement des vêtements somptueux, qui, d'ailleurs, fait partie de « l'arsenal rhétorique de la supplique[26] ».

Les « larmes aux yeux » trouvent également leur justification dans une société où elles accompagnent inévitablement les supplications et appartiennent « à un ensemble réglementé de gestes utilisables sur la scène publique ; véritable langage connu de tous, elles prennent un sens précis, accompagnant voire supplantant la parole[27] ». L'exhibition publique des émotions, normalement confinées à l'espace privé et intime, est l'une des pratiques du pouvoir princier, « une stratégie qui… permet de construire des représentations et des discours sur le prince[28] ». Bien que, comme le signale Nicolas Offenstadt, les larmes ne soient pas une marque du genre féminin et concernent tant les hommes que les femmes[29], aucun des princes bourguignons n'a auparavant pleuré devant ses sujets, ni ne leur a adressé des supplications. Les contacts directs des ducs avec la population urbaine étaient toujours limités et mis en scène avec des précautions et un soin tout particulier ; le fait que Marie, dans ce cas extrême, choisit une stratégie inverse de comportement – et qu'elle renonce en même temps aux habits somptueux et richement ornés, indispensables à l'apparition du prince en public car justifiant de son statut et pouvoir[30] – constitue, selon nous, une partie intégrante de l'image qu'elle veut transmettre, se confinant de nouveau, et à bon escient, dans l'image de la « povre orpheline » et jouant habilement à la fois sur sa « faiblesse féminine » et sur la perception traditionnelle du rôle de la princesse, associé aux notions de paix et de grâce[31], se conformant ainsi aux normes et aux attentes du public vis-à-vis d'une femme de pouvoir[32].

Il faut aussi souligner les crises de larmes répétées de la duchesse à l'occasion de chaque mauvaise nouvelle, signalées dans *Le Naufrage* et *La Chronique des faits et gestes admirables* et qui, pour Georges-Henri Dumont, révèlent « qu'à certaines heures, le destin exigeait d'elle le dépassement de ses forces physiques et morales[33] », et pour Jean Devaux, marquent son incapacité « de puiser en elle les ressources suffisantes pour surmonter les épreuves[34] ». À notre avis, elles reflètent, encore une fois, les convictions et les croyances de la société dans laquelle ces œuvres ont été produites plutôt que la vérité historique. Il faut supposer qu'en réalité Marie de Bourgogne ne pleurait pas plus souvent que Louis XI ne s'adonnait à des crises de rage épouvantables et à des hurlements réguliers si on en croit l'auteur des *Faits et gestes admirables* qui, en proposant du roi ce portrait d'un souverain irascible et malicieux, atteignait parfaitement ses fins : dénoncer un pouvoir tyrannique. La « mauvaise colère » du roi, véhiculée par la haine qui l'aveugle et le fait de s'écarter du chemin de la justice et du bon gouvernement[35], n'est qu'un cliché littéraire, de même que la faiblesse prétendue et les larmes de la duchesse justifient la lutte bourguignonne et visent à gagner des sympathies pour la « povre orpheline » déshéritée et opprimée.

Le même chroniqueur met d'ailleurs dans la bouche de la duchesse des paroles révélatrices du comportement approprié à une femme :

> « Ah ! Messeigneurs, dit mademoiselle Marie, si j'étais aussi bien un homme, au lieu de n'être qu'une faible femme, je tirerais une vengeance si éclatante de cette injure, qu'on en parlerait encore cent ans. Malheureusement je ne suis qu'une jeune fille aux membres délicats, une pauvre orpheline qui ne peut obtenir réparation d'une offense. Quoique j'en aie le courage, je n'ai point la force nécessaire[36]. »

Fig. 3. *Charles le Téméraire et Marie de Bourgogne*. Anthonis de Roovere, *Cronike van Vlaenderen*, anciens Pays-Bas méridionaux, fin du xve siècle. Bruges, Openbare Bibliotheek, ms. 437, f. 384.

Pareillement, Jean Molinet dans *Le Naufrage de la Pucelle* mentionne directement cette association entre le sexe et le comportement princier : le serviteur de la duchesse Cœur Léal, après avoir invoqué et fait l'éloge des femmes qui ont mené à bien leurs guerres, se sont vengées de leurs ennemis et ont triomphé des hommes – Sémiramis, Penthésilée et d'autres amazones, Camille, Jeanne d'Arc et les « [...] autres escollieres d'armes militantes soubz l'estandart de Pallas, deesse armigere, qui te doibvent donner vif exemple, solide espoir et amene confortatif pour recouvrer joye pristine, terre perdue et paix entre les hommes[37] », propose à la duchesse un autre modèle de conduite, parfaitement contemplatif et évidemment plus approprié pour une femme, celui de *la belle manequine*, l'affirmant de la manière suivante :

> « Et si tu ne vœus toullier tes dois en sang humain **pour honestete de ton sexe** [c'est nous qui soulignons] et catholicque religion, fiche ton oeul en la misericorde du gubernateur sempiternel, unique largiteur des victoires[38] »

Certes, le personnage de *virago*, femme « virile », était bien connu à la cour bourguignonne où les allusions aux héros du passé jouaient un rôle non négligeable. Mais même si la *virago* était louée dans des œuvres littéraires et si, en théorie, elle représentait un des devoirs de la princesse, celui de protéger son peuple contre les ennemis, en réalité la *virago* était perçue plutôt comme un écart aux rôles normalement attribués aux deux sexes dans la société, où le modèle de comportement le plus typique était fondé sur l'activité masculine et la passivité féminine : la violence et la vaillance appartenaient aux hommes, tandis qu'aux dames étaient réservées la frayeur et la faiblesse[39]. Qui plus est, comme aucune des duchesses de Bourgogne de la maison de Valois n'avait jamais été contrainte d'accepter un tel rôle, le public était d'une certaine manière dépourvu d'exemples, plus réalistes que ceux de Sémiramis ou de Tomyris, d'un tel comportement de la part d'une noble dame[40]. Même la figure de Jeanne d'Arc, *virago* exemplaire et admirée dont les souvenirs étaient toujours vivants en France ainsi que dans les pays bourguignons, n'était pas sans susciter des émotions contradictoires. On peut se souvenir que Jean Gerson, dans son traité *De quadam puella* (écrit en 1429) remarquait que certaines personnes trouvaient indécente la transformation de la Pucelle en « homme de guerre » et ses méthodes inférieures à celles, plus féminines, d'Esther et de Judith[41]. Gerson lui-même tenait ces deux héroïnes bibliques qui ont employé leurs grâces féminines au service de leur peuple, en plus haute estime que Déborah car la prophétesse était allée à la guerre avec Barak et, bien que n'ayant pas participé directement au combat, avait utilisé une stratégie « appelant à une action physique plutôt qu'à l'utilisation de sa féminité[42] ».

Alors Jean Molinet eut beau énumérer les *viragos* célèbres et les porter à l'attention de sa mécène, en réalité personne n'attendait de Marie de Bourgogne qu'elle se rende au champ de bataille pour mener ses troupes contre les armées de Louis XI[43]. L'indiciaire bourguignon termina alors son discours en donnant à la jeune duchesse un conseil plus réaliste et certes plus convenable pour une princesse :

> « Confie toi donc en ton créateur, crois gens expérimentés, expérimente les éprouvés, éprouve tes amis, aime tes serviteurs, sers la vierge Marie, marie toi au gré de ton illustre parentage pour avoir confort et support et tu parviendras au bon port[44] ».

Que Marie de Bourgogne ait bien suivi ce conseil en choisissant pour époux Maximilien d'Autriche, nous ne saurions en douter. Il est pourtant très intéressant de voir comment le même Jean Molinet décrit ces fiançailles et impose une nouvelle image de la duchesse.

La propre et vive imaige de la roÿne supernelle : la Vierge Marie et Marie la vierge

En effet, chez le chroniqueur officiel de la cour, on aurait pu espérer trouver le récit le plus complet et fiable des événements (**Fig. 3**). En vain – l'indiciaire bourguignon, profondément inspiré par le futur mariage de la princesse avec le fils de l'empereur, s'adonne aux louanges les plus hautaines et les plus sublimes, ayant de nouveau recours aux modèles établis, en l'occurrence ceux issus directement de la Bible et interprétant la scène de l'Annonciation :

> « Le souverain du monde, par sa digne clemence, envoya saluer la vierge et anoncier ceste joyeuse nouvelle aux pastoureaux des champs dont les brebis sont en la gueule des loupz, et descendi de son hault tronne une tres notable ambassade portant credence impériale, dont furent chief tres reverend pere en Dieu monseigneur de Mets, monseigneur le duc Loys en Bavière, et un tres elegant prothonotaire, lesquelz, parvenus en ce ruyneux val de misere, le salut prononcié, qui fut doulz et angelicque, dirent à la pucelle Marie : "Tu es bien-euree entre les femmes, tu es sy bien en grace de l'empereur Federic tres auguste que tu aras son filz pour espeux et mary, par lequel tu poras avoir enfant qui sera cause de retirer le peuple des tenebres de mort ; il ara grand nom entre les hommes et lui donra Dieu le siege de son pere et renon ara eternel en la maison de Bourgongne, car il sera le fils du tres souverain prince". De ces bonnes nouvelles et consolatives paroles fut la pucelle toutte resjoye et, en regratiant l'imperiale magesté, recoeullant honorablement ces très nobles ambassadeurs et paranimphes, respondy par grant humilité : "Je suis la petite ancelle de mon tres excellent seigneur. Puisqu'il lui plaist qu'ainsy soit, il me doibt tres bien plaire[45]". »

L'« annonciation » impériale ainsi accomplie, le mariage fut conclu et consommé en août 1477. Il ne restait plus qu'à attendre la naissance d'un héritier qui réaliserait toutes les espérances placées en lui, car le devoir primordial d'une femme noble, et surtout de celle qui règne (car à l'obligation envers son époux et sa famille s'ajoute la responsabilité envers ses pays), est « de multiplyer lignie et de remplir la terre de glorieux personages[46] » et d'assurer ainsi la descendance et la succession. Déjà dans le *Naufrage de la Pucelle*, Jean Molinet exhortait la princesse de se comporter selon le modèle offert par la Vierge, et notamment de porter un enfant, assurant ainsi la « rédemption » de ses états[47]. En effet, la duchesse est très rapidement enceinte après son mariage. La situation de la maison ducale exige qu'elle accouche d'un fils, d'un héritier dont les droits seront inattaquables. Molinet, qui écrit ces premiers éloges au début de l'année 1478, pendant sa grossesse, toutefois évite diplomatiquement d'y mettre l'accent, parlant simplement du « fruit » :

> « O tres doulce fleur de noblesse, Marie, mere fructueuse et féconde, tu seras beneye sur toutes generations de mille milions de cœurs, s'il plaist à Dieu que ton fruit viengne a perfection salutaire. La paix sera denoncye aux hommes de bonne volenté, les pastoureaux s'esjoyront le jour de sa nativité, les nobles princes de son sang lui feront honneur et grant offre, les ennemis ne s'oseront jamais trouver devant sa face, les ydoles tresbucheront devant lui par champs et par voyes et, s'il plaist à l'empereur celestyen, il sera paix universele par les royaumes cristiiens[48]. »

Cependant les évènements qui ont suivi la naissance à Bruges, le 22 juin 1478, du futur Philippe le Beau montrent clairement qu'on accordait une très grande importance au sexe du premier enfant du couple ducal.

Partant à la guerre, Maximilien demande à Adolphe de Ravenstein de lui écrire dès que la duchesse aurait accouché « et de lui apprendre le sexe de l'héritier que le ciel voudrait lui envoyer[49] » ; ayant reçu la nouvelle, il ordonne une fête dans son camp. L'espion de Louis XI, qui y assiste, rapporte à son maître que la duchesse Marie a accouché d'un fils, et le roi réplique : « S'il en est ainsi, les Flamands et les Brabançons deviendront d'autant plus audacieux à présent qu'ils ont un jeune prince », tandis que Philippe de Crèvecœur rétorque : « Sire, c'est probablement une fille, qui à la guerre ne vous causera pas beaucoup d'embarras[50]. »

Or, ce même soupçon est évoqué lors du baptême de Philippe, tandis qu'il est porté par sa marraine, la duchesse douairière Marguerite d'York, de l'église vers le palais :

> « Une foule tumultueuse, réunie sur la grand'place, témoignait le plus vif désir de voir le jeune prince, car parmi le peuple s'étaient mêlés plusieurs partisans des Français, qui disaient que ce n'était qu'une jolie fille. Le cortège étant arrivé au milieu de la place, et au centre de la multitude, la princesse Marguerite s'arrêta, montra de nouveau le jeune prince tout nu au peuple, et dit [prenant ses testicules dans la main] : "Mes enfants, voici votre jeune seigneur, Philippe, du sang de l'empereur des Romains". Convaincu que c'était un garçon, le peuple fit éclater la plus grande allégresse, remerciant et bénissant Dieu de leur avoir accordé un prince[51]. »

La mise en scène de ce baptême, une des cérémonies les plus somptueuses du règne de Marie, organisé comme une métaphore christologique bien intelligible pour les spectateurs, reflète clairement les aspirations et les desseins de la cour, d'accentuer et de mettre en valeur l'autorité féminine[52]. Les rituels liés à la naissance et au baptême appartenant au domaine des compétences exclusivement féminines[53], la participation active de la duchesse Marie dans la conception et la préparation de ce spectacle, même si elle n'y assiste pas en personne[54], ne fait aucun doute.

Une construction extraordinaire, avec un échafaudage de plus de cinq cents mètres, « largue de VIII. piedz, eslevee sus terre de II. cubittes[55] », fut érigée pour le passage de la procession, entre le Prinsenhof et l'église Saint-Donatien. Le choix du lieu est également très emblématique – Saint-Donatien, « l'espace sacré et consacré par des générations entières de comtes de Flandre[56] », où les seigneurs des lieux ont l'habitude de prêter serment lors de leurs Joyeuses Entrées, symbolise à la fois la légitimité et l'autorité comtale ou ducale. Le passage même de la procession du palais à l'église, à travers les rues tendues de riches draps et de tapisseries, fait allusion à une Joyeuse Entrée, reproduisant l'arrivée du nouveau souverain dans sa ville. En outre, l'« appropriation » de la place du Marché, le *Markt* où s'élève le beffroi, symbole des libertés communales, est assez emblématique dans ce contexte.

La cérémonie du baptême elle-même, visible pour le public à travers les portes ouvertes de l'église, et donc insérée dans le « cadre » formé par le portail, reprend l'iconographie de deux scènes à la fois : la *Présentation au Temple* et la *Circoncision du Christ*, telles qu'elles étaient imaginées par les peintres de l'époque.

Qui plus est, l'épisode insolite de Marguerite d'York exhibant le sexe de l'enfant, est de toute évidence conforme à une autre tradition christologique, l'*ostentatio genitalium* – la présentation par sainte Anne des organes génitaux du Christ comme preuve visible de son incarnation, de la descente du Dieu dans la chair humaine[57]. Geste spontané ou prémédité – car les rumeurs concernant le sexe d'enfant circulant dans la ville et la présence d'espions français ne devaient pas être inconnues de la cour –, il présente la duchesse douairière, matriarche de la famille ducale, comme image vivante de sainte Anne[58], le petit Philippe comme l'enfant Christ et fait donc de Marie de Bourgogne « la vive face, protraction et imaige de la seule emperis du ciel[59] ». Telle est l'expression de Molinet, chez qui la naissance (que l'indiciaire, d'ailleurs, appelle « nativité ») du prince héritier,

« le salut du paÿs et la gloire du peuple[60] », suscite des espoirs presque messianiques, lui inspirant à nouveau des éloges et des comparaisons des plus flatteurs :

> « Ma redoubtee dame, Madame Marie de Bourgogne, ducesse d'Austrice, secluse la virginité, estoit la propre et vive imaige de la roÿne supernelle, tant pour les loables vertus qui en elle florissent que par le mistere de nostre salut qui en elle est appropriet[61]. »

Il est bien raisonnable de croire que les récits du chroniqueur officiel de la cour offrent une formulation assez claire des objectifs et visions de celle-ci. Molinet est d'ailleurs très précis en ce qui concerne la répartition des tâches au sein de la famille ducale et assimile la fécondité de Marie aux prouesses militaires de son mari :

> « Durant le tempz que monseigneur le duc d'Austrice tenoit les champs en frontière d'ennemis, comme dit est, et labouroit au salut de la chose publicque, madame d'Austrice, son espeuse, seulle fille du duc Charles, que Dieu absoille, **se traveilloit d'aultre costé pour le bien des pays** [c'est nous qui soulignons] et acoucha d'ung beau filz[62]. »

L'indiciaire ne manque pas, en outre, de développer davantage la métaphore mariale à l'égard de la duchesse :

> « Ainsy dont comme liniaige humain fut englouti au perfond limbe pour le mors des premiers parens, tellement que le prince des tenebres tenoit tout le monde en possession, jusques ad ce que Dieu eust fait saluer la vierge et envoyé son fils en terre, le povre poeuple de la maison de Bourgongne estoit pareillement trebuchiet au limbe de doeul par la mort de son redoubté pere et a esté tourmenté de ses ennemis, jusques ad ce que le souverain des roix, c'est a savoir l'empereur, a fait saluer Marie, tres humble pucelle, et que, de son arche imperial, il a envoiet son fils en ce val miserable, par lequel elle a conchut le noble fruict qui sera cause de nostre redemption ou reparation. Et ainsy, comme la vierge perpetuelle, accompaignie de Joseph, s'en alla a Bethleem, qui est interpretee maison de pain, ou elle delivra son chier enfant, Marie, nostre naturelle princesse, accompaignie de son noble Conseil qui tousjours l'a honnestemment conduict en ses affaires, s'est trouvée a Bruges qui commence par meisme lettre et qui est le second Bethleem, maison de pain et d'affluence de tous biens, et au milieu de diverses nations illec assamblees a delivré de Philippes, son tres amé et chier enfant[63]. »

Certes, Marie de Bourgogne n'est pas la première à être exaltée de cette manière, la comparaison d'une reine ou d'une princesse avec la Vierge, et surtout à l'occasion de la naissance d'un héritier, étant un sujet récurrent dans la littérature médiévale[64]. Toutefois, le prénom même de la duchesse offre de « précieux parallélismes implicites avec la Reine des Cieux[65] » :

> « Et aussy, puis qu'elle porte le nom de la glorieuse Vierge Marie, emperis celestienne, elle doibt ensievir sa tres sapiente Marrine, royne de misericorde, en doulceur, pité et clemence et en toutte perfection de vertus et de bonnes meurs. Ce nom est prononcié des angelz et tant honouré que riens plus, nul plus salubre pour une dame, nul plus amé ne plus reclamé. L'ame qui le medite en est saintifiiee, la voix qui le profère en est clarifyee, la personne qui l'ot ce jour est bieneuree et celle qui le porte est du tout asseuree[66]. »

Mère du prince héritier et donc génitrice de la paix[67], Marie de Bourgogne est ainsi « transformée », sous la plume du chroniqueur, en Vierge Marie, mère du Sauveur, collaboratrice élue à l'Incarnation du Verbe et garante de la

Rédemption[68]. En outre, l'assimilation de Marie au rejeton de la maison de David, « le paradigme même de la succession légitime du pouvoir terrestre[69] », sert favorablement la cause de l'héritière contestée :

> « Et, ainsy comme le gendre humain fut jadis redimé des prisons infernales par le moyen d'une humble vierge extraitte de maison royale, la reparation du povre peuple, captivé es las des ennemis, se doibt semblablement faire par aliance d'une noble pucelle, nommee Marie, descendue de royal origine[70]. »

L'arbre de Jessé, dont l'origine remonte à la prophétie d'Isaïe : *Egredietur virga de radice Jesse, et flos de radice ejus ascendet* (Isaïe 11, 1 : « un rameau sortira du tronc de Jessé, et une fleur naîtra de ses racines »), combiné avec la généalogie du Christ relatée dans l'Évangile selon Matthieu (1, 1), semble avoir joué un rôle certain dans la glorification de Marie de Bourgogne. Déjà Molinet, sans le dire directement, compare à plusieurs reprises la duchesse à une fleur ou à un « josne estocq » et déploie une vaste métaphore horticole. Comparant la maison de Bourgogne à un arbre majestueux mais abattu, il écrit : *« sy ne demoura en son entier de la generosité et rachine dudit hault arbre que ung seul josne estocq femenin flourissant comme precieuse ente*[71]*…* » Et son évocation de la princesse dans *Le Naufrage* ressemble à s'y méprendre, comme l'a fait remarquer Adrian Armstrong, à une invocation de la Vierge : *« O tres humble et tendre virgine, lys odorant, fleur de nobilité de qui le tres precieux fruict, en temps futur, nous peult refectionner de liqueur pacifique*[72]*…* »

En outre, les exaltations distribuées par Molinet à l'endroit de sa patronne prennent un caractère clairement anti-français, visant à prouver que l'accomplissement ultime de la maison royale était la naissance de Marie :

> « Et aussy, se France a riens d'exquise nobilité en son liligere jardin, ceste tres inclite fille, fleur de noblesse distillee du sang royal, en doibt percevoir fruit ou foeulle pour parer son chapeau ducal[73]… »

Mais, refusant la souveraineté du roi de France, Marie et Maximilien, techniquement parlant, lui devaient hommage pour certaines de leurs terres. Cette considération pouvait influencer le choix d'un autre parallèle typologique – Moïse –, qui occupe, avec l'enfant Jésus, une place importante dans le panégyrique de Molinet :

> « Et, comme le peuple de Dieu fut jadis traveillé soubz la main du roy Pharaon et mené en captivité dessoubz Nabugodonozor, les povres subgez de la maison de Bourgoigne, naguaires tant honnouree, maintenant toutte deschiree, sont piteusement cruciéz, fouléz, flagelléz et boutéz en miserable servitude[74]. »

De cette servitude ils sont donc délivrés par le mariage de Marie et la naissance de Philippe, ce nouveau Moïse :

> « […] le povre commun et petit peuple des pays longuement oppresséz de tirannie estoit tant joyeux en cœur qu'il ne lui souvenoit de nulle tribulation precedente. Il estoit comme retiré du limbe et revenu de tenebres a lumiere et ne se reputoit moins heureux du peuple d'Israel lors qu'il yssu de la miserable servitude du roy Pharaon[75]. »

L'incorporation de Moïse, considéré comme préfiguration du Christ, dans les louanges de la naissance du nouveau seigneur apparaît tout à fait logique ; notons en outre, que les deux scènes figurant ce personnage – son sauvetage par la fille du Pharaon et la réception des Dix Commandements – ornent l'arrière-plan de l'*Annonciation* de Jan van Eyck (vers 1434-1436, **Fig. 4**)[76]. La tradition attribue la commande de ce tableau à Philippe le Bon pour la chartreuse de Champmol[77], faite probablement pour célébrer la naissance de son fils, le futur Charles le Téméraire[78]. Si cette

Fig. 4. Jan van Eyck, *Annonciation*, Bruges, vers 1434-1436, panneau peint. Washington, National Gallery of Art, inv. 1937.1.39.

Fig. 5. Associés gantois, *Les Trois morts et les trois vifs. Heures de Marie de Bourgogne et Maximilien Ier*, Gand, après 1482. Berlin, Staatliche Museen, Kupferstichkabinett, ms. 78 B 12, f. 220v.

supposition est vraie, la métaphore Philippe – Moïse – Christ devient encore plus complexe, liant ainsi Philippe à son grand-père Charles, un autre héritier tant attendu dont les droits au patrimoine bourguignon étaient incontestables ; mais en tout cas, le personnage de Moïse et les épisodes de sa vie étaient un *topos* à la cour bourguignonne dont nul n'ignorait le sens.

Dans la situation particulière des archiducs, ce sujet pouvait aussi avoir des connotations supplémentaires : l'identification de Philippe avec Moïse faisait de Louis XI le Pharaon, roi tyrannique, la guerre contre lui étant donc justifiable et légitime[79].

Moïse, d'ailleurs, faisait partie des figures présentées à Marie lors de sa Joyeuse Entrée le 17 avril 1477 à Bruges[80] ; que ce même personnage fut repris plus tard par Jean Molinet, souligne davantage l'importance de la lignée féminine, renforçant la métaphore mariale, et remédie ainsi à la rupture de la chaîne de succession masculine : le sauveur, émergeant à l'heure la plus sombre de son peuple, est amené au pouvoir par l'intermédiaire des femmes vertueuses[81].

C'est ce la fin de nostre joye[82] : la mort de la dame du pays

Il nous reste à dire quelques mots sur les poèmes inspirés par la mort de Marie, un événement d'importance extraordinaire pour la politique contemporaine, qui devait gravement marquer les esprits (**Fig. 5**). Les complaintes qui lui sont consacrées – on en compte au moins trois (deux par Jean Molinet et Olivier de La Marche, en français, et une anonyme en flamand[83]) – nous fournissent des renseignements qui complètent les rapports des chroniques.

De ces trois poèmes, le chant anonyme flamand est le plus classique. Il reprend le schéma établi pour ce genre de composition et suit de près notamment le modèle de la *Canchon du trespas du duc Philippe de Bourgongne*[84]. Écrit comme si la mourante prenait la parole, il raconte en sept couplets comment elle prend congé de sa famille, de ses proches et de sa ville de Bruges ; plaignant la duchesse au cruel destin, l'auteur exprime la certitude que « Dieu l'assiste comme il le promit, Dieu lui donne sa part en son royaume[85] ».

Le récit d'Olivier de La Marche est plus complexe, les louanges à la défunte s'entremêlant aux lamentations et regrets ; dans la deuxième partie, l'auteur passe du deuil universel à sa douleur personnelle, développant une altercation entre l'Œil « remply de larmes », qui n'arrête pas de pleurer le décès de la princesse, et l'Âme « qui ne vouloit que rire », prenant une fonction consolatrice. Il est possible que La Marche ait puisé son inspiration dans la complainte sur la mort d'Isabelle de Bourbon composée par Pierre Michault, qui met en scène l'altercation entre la Vertu et la Mort, où la première varie les lamentations sur la perte prématurée de la princesse, tandis que la deuxième se tourne vers sa glorification et la vie éternelle au Paradis qui l'attend[86]. Le dialogue allégorique chez La Marche reprend le même schéma : tandis que l'Œil déplore la cruauté du destin, redoute l'avenir du pays et, dans la tentative de ranimer le « Toi perdu », énumère les vertus de Marie et recrée ses dernières heures douloureuses, l'Âme exprime sa joie en insistant sur la mémoire qui perdurera « en vertueuse renommée », sur sa vie éternelle au Paradis, et accentue sa bonne mort chrétienne, en conformité avec sa vie exemplaire.

Cependant, tout comme dans l'œuvre de Michault, ce dialogue ne résout pas le principal conflit exposé dans le poème : l'acceptation de la mort de Marie. La tentative de l'auteur de « vaincre » la mort en louant la valeur et la dignité de la vie de la princesse jusqu'à ses derniers instants est vouée à l'échec, la catastrophe reste irrémédiable. L'Œil répète ses complaintes et ses craintes et l'Âme n'a rien d'autre à lui proposer que :

« Requerons Dieu, qui tout radresse,
Qu'il vueille tout en bien tourner,
N'espargnons avoir ne richesse,
Prions pour la bonne sans cesse,

Soyons loyaulx sans varier ;
Le filz et le pere honnorer
Devons tous d'une egale marche,
Autre conseil ne scet La Marche[87]. »

La Marche, contrairement à Michault, ne donne pas la parole à la défunte elle-même ; or Jean Molinet, dont la *Complainte sur la mort Madame l'Ostrisse* suit à peu près le même schéma, le fait. Racontant sous forme allégorique les mésaventures d'un pèlerin cherchant un logis, et qui le trouve enfin dans « l'ostel d'Austrisse », il décrit la douleur profonde, voire le désespoir que la mort de la duchesse provoque dans sa famille, son entourage et ses pays, et termine sa complainte par un dialogue imaginaire (en latin) entre Maximilien et la voix de Marie venue d'outre-tombe qui apporte consolation ; cette astuce narrative permet à l'auteur de parvenir sinon à la résolution, du moins à l'apaisement du conflit principal :

« Ces mots finis, on tint silence,
Car la voix qui si bien sonna,
Pour allegier la pestilence
Du puissant duc plain d'excellence,
Oncques puis ne l'araisonna,
Mais de son coeur desbuissonna
Plus grand doeul qu'on ne sçaroit dire :
Beau parler apaise grant ire[88]. »

Les trois complaintes suivent donc dans leur ensemble les schémas établis : l'entremêlement des éléments classiques – la lamentation, l'apologie, le refus de se résigner à la perte, le regret, l'invocation de Dieu et des saints – ne révèle aucune nouveauté frappante. Cependant certains détails sont assez insolites : abstraction faite des schémas classiques de ce genre littéraire, la manifestation du chagrin va bien au-delà ce qu'on peut habituellement constater dans la littérature lors de la mort d'une princesse ou même d'un prince[89]. Non seulement ressent-on vivement la perte de la dame, mais aussi s'abîme-t-on dans un désespoir profond, chose jamais vue auparavant. La crainte de l'avenir et le désespoir exprimés par les auteurs sont assez révélateurs du rôle joué par Marie dans le destin de ses pays.

L'œuvre de Molinet nous procure une image de la duchesse particulièrement singulière. Déjà au début de son récit, le protagoniste décrit les maîtres de « l'ostel d'Austrisse » de manière bien distincte – louant les qualités de Maximilien, il désigne clairement Marie comme dame du pays :

« L'hoste estoit jeune, humble, courtois, humain,
Noble, prudent et moyennement rice.
L'hostesse aussy, de vertus la nourrice,
Estoit puissante et terrïenne grande :
On doibt donner a tel sainct telle offrande[90]. »

Parlant ensuite d'abattement de Maximilien par la mort de son épouse, il nous confie que :

« [...] il est tout manifeste
Que le povre hoste en fut tout esperdu :
Quand le chief moeurt, tout le corps est perdu[91]. »

La mort de Marie, en effet, laisse ses sujets sans protection et entraîne une nouvelle catastrophe dans ses pays[92], décrite dans plusieurs strophes au même refrain – « povres gens sont puis sa mort exiliés », « povres gens sont puis sa mort reversés », « puis sa mort sont povres gens hutinés » et ainsi résumée :

« Depuis que Mort brisa ce bel imaige
De grant lignaige estimé a hault pris,
Que avons nous eu sinon perte, dommaige,
Guerre, ravaige et femine et oraige,
Raige sur raige, hommes et chasteaux pris,
Logis espris, nos gendarmes surpris
Et nos pourpris en grant dangier de prise[93] ? »

C'est donc définitivement Marie qui fut, selon le narrateur, « des Bourguignons l'apuy et le baton[94] ». Qui plus est, l'auteur du *Naufrage* met cette fois dans la bouche du personnage de Noblesse les louanges suivantes par rapport à la conduite de la duchesse lors de la crise de son accession au pouvoir :

« C'estoit d'honneur l'estoille mirificque,
Ray phebeïcque et lune de beaulté ;
Car quant le hault soleil cler, carolicque,
Fut par oblicque eclipse terrificque
Et guerre inicque en tenebres bouté,
Sa grant clarté nous rendit coeur, bonté,
Force et santé contre nos ennemis :
Au grant besoing voit on ses bons amis[95]. »

En dehors des épithètes typiques trouvés dans les complaintes – « fleur de noblesse », « exemplaire et ardent luminaire », « fruict de noble enge » –, Molinet parle de Marie de Bourgogne d'une manière peu commune, faisant Maximilien s'adresser à elle en tant que « mere du pays », « douce nourrice du pays[96] » et « notre salut[97] ». Outre une nouvelle allusion cachée à la métaphore mariale si chère à l'indiciaire, on peut y voir aussi la confirmation de statut de la duchesse en tant que chef d'État.

Les trois complaintes qui, chacune à sa manière, se subordonnent assez clairement à l'intention de perpétuer par le verbe poétique la gloire de la duchesse et de la préserver dans la mémoire collective, constituent donc des témoignages importants sur Marie de Bourgogne. S'appliquant à présenter son décès de façon émouvante, elles regorgent de détails sans doute véridiques sur les dernières heures de la duchesse, mettant également en valeur l'exemplarité de sa mort « très chrétienne », telle qu'elle était définie par les *artes moriendi* : « Avoir conscience de sa fin prochaine, avoir du temps pour recevoir le saint viatique, avoir autour de soi assemblés clercs et laïcs, parents et amis, telles sont les conditions de la meilleure mort[98] ». La « bonne mort » de Marie – dans un cercle composé de sa famille et de ses fidèles serviteurs, avec le baisement de la croix, la demande des intercessions après la mort et la recommandation des êtres chers à Dieu, les dispositions testamentaires faites, les exhortations et derniers ordres donnés – sert d'admission dans la vie éternelle pour la défunte et de consolation pour les vivants, même si rien ne peut vraiment soulager leur peine et remédier à la perte, car ce n'est pas seulement la dame exemplaire qu'ils ont perdu mais surtout la dame d'exception.

Certes, les œuvres littéraires possèdent leur propre vérité, et il faut toujours tenir compte de leur nature inévitablement conventionnelle et parfois délibérément flatteuse, de la présence de motifs stéréotypés et de schémas clichés récurrents ainsi que des croyances de la société dans laquelle ces œuvres ont été produites, pour ne pas tirer de conclusions trop hâtives sur les protagonistes sur la base de descriptions allégoriques et sublimes fournies par les auteurs. Mais comme il est toutefois possible que « la contre-vérité fictionnelle peut fournir un élément important dans la compréhension du fait historique[99] », les œuvres littéraires peuvent enrichir, sur certains aspects, les récits plutôt maigres des chroniqueurs. Les poèmes et les prosimètres ainsi que les chansons anonymes consacrés à Marie nous offrent ce que les chroniques manquent souvent de faire – l'image de la duchesse vue par ses contemporains ; parmi eux, les œuvres de Jean Molinet, indiciaire de la cour de Bourgogne, présentent un intérêt tout particulier car elles offrent aussi l'image que Marie voulait elle-même communiquer à ses sujets.

Femme forte et résolue, Marie de Bourgogne, plutôt que de se contenter de être que la dépositaire du pouvoir, essaya par tous les moyens de s'affirmer et de consolider ses positions en tant que sa détentrice. La situation précaire dans laquelle elle se trouvait pendant les premiers mois de son gouvernement l'engagea à chercher des réponses aux défis qui lui étaient imposés, dans le but de soutenir l'idée de la légitimité de sa succession et de son pouvoir *suo jure* ainsi que d'asseoir son autorité sur ses sujets rebelles. Bien consciente de la vulnérabilité de sa situation à cause de son sexe, même si dans les premiers temps elle profita de sa réputation de « pauvre orpheline », elle chercha à transformer cette faiblesse en force, optant pour l'image de la Vierge qui lui permit de se poser comme la protectrice de son peuple et l'agente indispensable de son salut, et se métamorphosa au fil des années, sous la plume de son chroniqueur attitré, de la « pauvre desolee pucelle » en « mere du pays ».

NOTES

1 Voir, par exemple, H. PIRENNE, *Histoire de Belgique*, Bruxelles, 1902-1932, vol. 3, p. 29 : « Instrument inconscient de la plus importante des combinaisons politiques qui aient jamais intéressé l'avenir des Pays-Bas, elle ne joua, dans les événements auxquels elle fut mêlée, aucun rôle personnel. Elle subit tout à tour l'ascendant des conseillers de son père, des Gantois et de son mari ». Cet avis fut plus récemment repris et défendu par J. DEVAUX, « Le rôle politique de Marie de Bourgogne au lendemain de Nancy : vérité ou légende ? », *Le Moyen Âge*, 97, 1991, p. 389-405.

2 G.-H. DUMONT, *Marie de Bourgogne*, rééd., Paris, 1982 [Bruxelles, 1943] ; L. HOMMEL, *Marie de Bourgogne ou le grand héritage*, Bruxelles, 1945 ; Y. CAZAUX, *Marie de Bourgogne, témoin d'une grande entreprise à l'origine des nationalités européennes*, Paris, 1967.

3 *Ibid.*, p. 69. Cazaux parle ainsi du manque de renseignements sur l'enfance de Marie, mais il en est de même pour l'ensemble de vie de la princesse.

4 P. ARNADE, *Realms of Ritual : Burgundian Ceremony and Civic Life in Late Medieval Ghent*, Ithaca, 1996, p. 24.

5 Th. de HEMPTINNE, « Marguerite de Male et les villes de Flandre. Une princesse naturelle aux prises avec le pouvoir des autres (1384-1405) », dans *Femmes de pouvoir, femmes politiques durant les derniers siècles du Moyen Âge et au cours de la première Renaissance*, actes du colloque de Lille et Bruxelles (2006), éd. E. BOUSMAR, J. DUMONT, A. MARCHANDISSE et B. SCHNERB, Bruxelles, 2012, p. 477-492, en particulier p. 490.

6 Jean Molinet, *Chroniques*, éd. G. DOUTREPONT et O. JODOGNE, Bruxelles, 1935-1937, 3 vol.

7 Tous les trois publiés dans N. DUPIRÉ (*éd.*), *Les Faictz et dictz de Jean Molinet*, Paris, 1936, vol. 1, p. 77-99, 100-126, 162-180. Marie dut certainement avoir les deux premiers poèmes dans sa bibliothèque, mais nous ne savons lui associer avec certitude aucun des manuscrits qui nous sont parvenus.

8 Olivier de La Marche, *Mémoires*, éd. H. BEAUNE et J. D'ARBAUMONT, Paris, 1883, vol. 1, p. 143.

9 Jean Molinet, *op. cit.* (notre note 6), vol. 1, p. 209.

10 J. DEVAUX, *Jean Molinet, indiciaire bourguignon*, Paris, 1996, p. 266-268.

11 DEVAUX, *op. cit.* (notre note 1).

12 M. RANDALL, « *Le Naufrage de la pucelle* de Molinet : la vérité sur la rébellion de 1477 ? », dans B. RENNER et Ph. USHER (éd.), *Illustrations inconscientes. Écritures de la Renaissance, Mélanges offerts à Tom Conley*, Paris, 2015, p. 355-372.

13 M. JENNEQUIN et V. MINET-MAHY, « *Le Naufrage de la Pucelle*. Entremet burlesque à l'occasion du "drôle" de mariage de Marie de Bourgogne ? », dans *Jean Molinet et son temps*, actes des rencontres internationales de Dunkerque, Lille et Gand (2007), éd. J. DEVAUX, E. DOUDET et É. *LECUPPRE*-DESJARDIN, Turnhout, 2013, p. 163-180.

14 E. BOUSMAR, « Duchesse de Bourgogne ou "povre desolée pucelle" ? », dans *Jean Molinet et son temps*, actes des rencontres internationales de Dunkerque, Lille et Gand (2007), éd. J. DEVAUX, E. DOUDET et É. LECUPPRE-DESJARDIN, Turnhout, 2013, p. 99-113.

15 RANDALL, *op. cit.* (notre note 12).

16 Voir V. PROPP, *La morphologie du conte*, Paris, 1970 ; sur le schéma actantiel, voir A. GREIMAS, « Éléments pour une théorie de l'interprétation du récit mythique », *Communications*, 8, 1966, p. 28-59. Voir aussi A. RAFAEVA, « Geroï i pomochtchnik v volchebnom mire » [« Le héros et l'adjuvant dans le monde magique »], *Filologitcheskie zapiski* [*Mémoires philologiques*], 27, 2008, p. 161-180 ; O. TOGOÏÉVA, « Krasavitsa i tchudovichtche (Iz prakticheskoï mifologii) » [« La Belle et la Bête (De la mythologie pratique) »], dans M. BOYTSOV et F. USPENSKY (*éd.*), *Vlast' i obraz. Otcherki potestarnoï imagologii* [*Pouvoir et image. Études sur l'imagologie du pouvoir*], 2010, p. 233-255.

17 *Ibid.*, p. 253.

18 A. ARMSTRONG, *Technique and Technology : Script, Print and Poetics in France, 1470-1550*, Oxford, 2000, p. 46.

19 BOUSMAR, *op. cit.* (notre note 14), p. 113.

20 *Mémoires de messire Jean, seigneur de Haynin et de Louvegnies, chevalier, 1465-1477*, éd. R. CHALON, Mons, 1842, p. 308-309. Citons ici aussi quelques lignes d'un petit poème qui donne la parole à Marie, composé pendant cette même période à Bruges et cité dans la *Chronique* d'Anthonis de Roovere (*De Chronike van den lande van Vlaendre*, retranscrit par S. VANDEKERCKHOVE, *De Chronike van den lande van Vlaendre : Studie van het handschrift en uitgave van f° 148v tot f° 415v*, mémoire de licence, Université de Gand, 2006-2007, vol. II, p. 202-203. URL : http://lib.ugent.be/fulltxt/RUG01/001/311/469/RUG01-001311469_2010_0001_AC.pdf : « *Mine gheminde, ic bidde hu hertelic,* | *Aensiet hoe lettel mijn voys gheacht es.* | *Remedieert mijn liden smertelic* | *In also vele alst in hu macht es,* | *Aen weese, een maecht die dus vercracht es* | *Van hem die mi ten vonten hief.* | *Ach doet mi bijstant eerd al versmacht es,* | *Noyt volc zo goede cause besief,* | *Betraut in Gode, hebdi mij lief,* | *Voor een maecht vechten es heere ende vruecht* » (« Mes bien-aimés, je vous prie cordialement, regardez comment ma voix est faible, – essayez d'atténuer ma douleur violente, autant que vous puissiez. Je suis une orpheline, une pucelle qui est tant affligée par celui qui m'a tenu sur les fonts baptismaux ! Oh, aidez-moi, avant que tout ne soit perdu ! Jamais il n'y avait une cause si juste pour le peuple. Croyez en Dieu, si vous m'aimez, c'est un honneur et une joie de se battre pour une pucelle »). [Sauf mention contraire, toutes les traductions sont faites par nos soins].

21 Le titre complet de cette chronique est *Dit syn die Wonderlycke Oorloghen van den doorluchtigen hoochgheboren prince keyser Maximiliaen. Hoe hy hier eerst int landt quam. Ende hoe hy vrou Marien troude* ; elle fut traduite en français par O. DELEPIERRE et publiée sous le titre *Chronique des faits et gestes admirables de Maximilien I durant son mariage avec Marie de Bourgogne*, Bruxelles, 1839. Sur la datation et les enjeux de l'auteur de cette source, voir B. VAN VLAENDEREN, « Verhalende bronnen en mentaliteitsgeschiedenis. Het voorbeeld van een anonieme, ongedateerde kroniek over de jaren 1477-1482. "Die wonderlijcke oorloghen van Keyser Maximiliaen" », *Handelingen der Maatschappij van Geschiedenis en Oudheidkunde te Gent*, 39,

1985, p. 35-68.

22 *Chronique des faits et gestes admirables*, *op. cit.* (notre note 21), p. 31-32.

23 Philippe de Commynes, *Mémoires*, éd. J. BLANCHARD, Genève, 2007, vol. 1, p. 395-396.

24 J. DUFOURNET, *Études sur Philippe de Commynes*, Paris, 1975, p. 145-147 ; voir également DEVAUX, *op. cit.* (notre note 1), p. 397-400 ; L. SMAGGHE, *Les émotions du prince : émotion et discours politique dans l'espace bourguignon*, Paris, 2012, p. 357-367.

25 L'action de la princesse semble lui avoir gagné l'admiration de Thomas Basin qui, dans sa description courte des événements gantois, la mentionne à deux reprises : « L'affaire elle-même et la manière de la traiter déplaisaient fort à la princesse, alors présente à Gand, ainsi qu'à son conseil. Longtemps et à diverses reprises, elle fit des démarches, soit personnelles, soit par des représentants, pour que les deux prisonniers lui fussent rendus comme à la souveraine devant avoir seule la connaissance et le jugement des actes qui leur étaient imputés » (Thomas Basin, *Histoire de Louis XI*, éd. et trad. Ch. SAMARAN et M.-C. GARAND, Paris, 1963-1972, t. 3, p. 23-24) ; « Avant l'exécution des condamnés, cette excellente princesse ne cessa d'intercéder, par d'instantes prières et par tous les moyens possibles, pour obtenir leur grâce et leur épargner le châtiment suprême » (*Ibid.*, p. 27). C'est apparemment après que ses efforts à faire valoir son droit souverain avaient échoués, qu'elle recourut aux supplications et aux larmes. Le récit de Jehan Nicolay, bien qu'il ne soit pas aussi pittoresque que celui de Commynes, confirme l'attitude adoptée par la duchesse pour parler avec ses sujets : « Et ja soit que le lundy de la saincte sepmaine, leur damoisielle et princesse fust venue en personne sups le dit marchié et **leur eust pryé, genoulx fleschis** [c'est nous qui soulignons], que ils fussent respitez, leur remonstrant que a elle competoit le criesme a eulx imposé plus que a nul aultre » (Jehan Nicolay, *Kalendrier des guerres de Tournay* (1477-1479), éd. Fr. HENNEBERT, dans *Mémoires de la Société historique et littéraire de Tournai*, Tournai, 1853-1856, t. 2, p. 31-32).

26 SMAGGHE, *op. cit.* (notre note 24), p. 361.

27 P. NAGY-ZOMBORY, « Les larmes aussi ont une histoire », *L'Histoire*, 218, 1998, p. 69-71.

28 M. GUAY, « Les émotions dans les cours princières au XVe siècle. Entre manifestations publiques et secret », *Questes*, 16, 2009, p. 39-50, en particulier p. 40. URL : http://questes.free.fr/pdf/bulletins/secret/Guay.pdf.

29 N. OFFENSTADT, « Les femmes et la paix à la fin du Moyen Âge. Genre, discours, rites », dans *Le Règlement des conflits au Moyen Âge*, actes du 31e congrès de la SHMESP d'Angers (2000), Paris, 2001, p. 317-334, en particulier p. 327.

30 ARNADE, *op. cit.* (notre note 4), p. 26-27.

31 Voir OFFENSTADT, *op. cit.* (notre note 29). Rappelons également l'épisode raconté par Philippe Wielant quand Marguerite de Flandre, avec sa tante Jeanne de Brabant et sa belle-fille Marguerite de Bavière, se jeta aux pieds de Philippe le Hardi afin d'implorer son pardon pour ses sujets rebelles : « *La ducesse de Bourgoigne, Marguerite, véant la grande humilité desdictes deulx princesse, s'éleva du costé le ducq son mari et se alla mectre à genouls avecq elles et en pleurant pria pour ses subjects de Gand* » (Ph. WIELANT, « Recueil des antiquités de Flandre », dans J.-J. DE SMET (éd.), *Corpus chronicorum Flandriae*, Bruxelles, 1841-1865, t. 4, p. 312) ; ou l'intercession d'Isabelle de Bourbon auprès de son beau-père Philippe le Bon, le priant de lui accorder la faveur qu'il avait refusée à son propre fils Charles, et de faire grâce à un bâtard de Viefville (G. CHASTELLAIN, « Chronique », dans J. KERVYN DE LETTENHOVE (éd.), *Œuvres de Georges Chastellain*, Bruxelles, 1863-1866, t. 3, p. 101-107).

32 Dans ce cas particulier, il faut aussi tenir compte du problème souligné par Eric Bousmar, notamment la perception du pouvoir féminin par les élites dirigeantes masculines des villes et la confrontation entre deux modèles, dont l'un, le modèle urbain, refuse en général toute charge politique aux femmes, et l'autre, le modèle noble, admet leur pouvoir politique. Voir E. BOUSMAR, « Du marché aux "bordiaulx". Hommes, femmes, et rapports de sexe ("gender") dans les villes des Pays-Bas au bas Moyen Âge. État de nos connaissances et perspectives de recherches », dans *Core and Periphery in late Medieval Urban Society*, actes du colloque de Gand (1996), éd. M. CARLIER, A. GREVE, W. PREVENIER et P. STABEL, Louvain, 1997, p. 51-70, en particulier p. 68.

33 DUMONT, *op. cit.* (notre note 2), p. 234.

34 DEVAUX, *op. cit.* (notre note 1), p. 391.

35 Sur la colère princière, voir SMAGGHE, *op. cit.* (notre note 24), p. 167-251.

36 *Chronique des faits et gestes admirables*, *op. cit.* (notre note 21), p. 28.

37 Jean Molinet, *Le Naufrage de la Pucelle*, dans DUPIRÉ, *op. cit.* (notre note 7), p. 85.

38 *Ibid.*, p. 86. Sur *la belle manequine*, voir R. DIXON, « A Consolatory Allusion in Jean Molinet's *Le Naufrage de la Pucelle* (1477) », *French Studies Bulletin*, 27, 101, 2006, p. 96-98.

39 E. BOUSMAR, « La place des hommes et des femmes dans les fêtes de cour bourguignonnes. Philippe le Bon – Charles le Hardi », dans *Fêtes et cérémonies aux XIVe-XVIe siècles*, actes des rencontres de Lausanne (1993), éd. J.-M. CAUCHIES, Neuchâtel, 1994 (Publications du Centre Européen d'Études Bourguignonnes, 34), p. 123-143, p. 143.

40 Très intéressant est aussi le fait que pour la Joyeuse Entrée de Jeanne de Castille à Bruxelles en 1496, c'est l'image de sa mère Isabelle qui a été choisie par les citoyens comme un modèle de *virago*, pour être représentée sous la forme d'un tableau vivant, apparemment par manque d'un modèle similaire bourguignon. La reine de Castille y reçoit la reddition de l'émir Muhammad Boabdil de Grenade, bien qu'en réalité elle ait laissé cet honneur à son époux Ferdinand d'Aragon : voir M. LADERO QUESADA, « Isabelle de Castille : exercice du pouvoir et modèle politique », dans *Femmes de pouvoir, femmes politiques durant les derniers siècles du Moyen âge et au cours de la première Renaissance*, actes du colloque de Lille et Bruxelles (2006), éd. E. BOUSMAR, J. DUMONT, A. MARCHANDISSE et B. SCHNERB, Bruxelles, 2012, p. 47-66, en particulier p. 64-65. Le manuscrit contenant une description et soixante dessins de l'entrée de Jeanne est conservé aujourd'hui à Berlin (Staatliche Museen, Kupferstichkabinett, ms. 78 D 5) : voir W. BLOCKMANS, « Le dialogue imaginaire entre princes et sujets : les Joyeuses Entrées

en Brabant en 1494 et en 1496 », dans *Fêtes et cérémonies aux XIVe-XVIe siècles*, actes des rencontres de Lausanne (1993), éd. J.-M. CAUCHIES, Neuchâtel, 1994 (Publications du Centre Européen d'Études Bourguignonnes, 34), p. 37-53 ; A.-M. LEGARÉ, « L'entrée de Jeanne de Castille à Bruxelles : un programme iconographique au féminin », dans *Women at the Burgundian Court : Presence and Influence*, actes du colloque de Mechelen (2005), éd. D. EICHBERGER, A.-M. LEGARÉ et W. HÜSKEN, Turnhout, 2010 (Burgundica, 14), p. 43-56 ; A.-M. LEGARÉ, « Joanna of Castile's Entry into Brussels : Viragos, Wise and Virtuous Women », dans K. GREEN et C. MEWS (éd.), *Virtue Ethics for Women 1250-1500*, New York, 2011 (The New Synthese Historical Library, 69), p. 177-186. Isabelle de Castille était déjà glorifiée comme *virago* par le poète de sa cour Juan de Lucena, qui a écrit : « Ô haute renommée virile | de dame merveilleuse | qui transforme l'état féminin | en force masculine | avec ses soins vertueux ! » (LADERO QUESADA, *op. cit.* (notre note 40), p. 54).

41 Voir l'article de D. WAYMAN, « The Chancellor and Jeanne d'Arc », *Franciscan Studies*, 17, 1957, p. 73-305, qui comprend l'édition de *De quadam puella*. Voir aussi D. FRAIOLI, « The Literary Image of Joan of Arc : Prior Influences », *Speculum*, 56, 1981, p. 811-830.

42 *Ibid.*, p. 815.

43 Yves Cazaux mentionne pourtant que Marie proposait « d'aller en sa personne » combattre l'ennemi, mais en a été empêchée par la longue tournée inaugurale qu'elle devait entreprendre à travers ses pays à partir d'avril 1477 ; malheureusement, il n'indique pas la source de cette information : CAZAUX, *op. cit.* (notre note 2), p. 235. Il semble aussi que ses sujets n'ont pas songé à l'idée qu'elle puisse se retrouver dans la zone des combats : quand en juin 1479 elle voulut se rendre à Saint-Omer pour y rejoindre son époux préparant la défense de la ville, les Yprois la supplièrent de renoncer à cette idée et de rester en Flandre, « *ghesien de vreese van der vooroghener tijd* » (« vu les dangers du présent temps ») : voir DUMONT, *op. cit.* (notre note 2), p. 274. De même, Isabelle de Castille voulut se rendre en 1475 sur le théâtre des opérations militaires et en fut dissuadée car, selon Alonso de Flores, « quoique son courage le sollicitait, sa condition féminine la dispensait de le faire » : voir LADERO QUESADA, *op. cit.* (notre note 40), p. 64.

44 Jean Molinet, *Le Naufrage de la Pucelle*, *op. cit.* (notre note 7), p. 87.

45 Jean Molinet, *Chroniques*, *op. cit.* (notre note 6), vol. 1, p. 232-233.

46 *Ibid.*, p. 232.

47 Pour l'analyse des liens implicites entre Marie de Bourgogne et la Vierge dans le *Naufrage*, voir ARMSTRONG, *op. cit.* (notre note 18), p. 38-48. Nous renvoyons également le lecteur vers un article de M. JENNEQUIN, « Molinet le *séquelle*. Du maître au prince et du pouvoir à l'écriture, une difficile filiation », *Le Moyen Âge*, 118, 2012, 3, p. 617-639, et surtout aux p. 635-638 où elle discute l'idée de rapprochement entre les deux Maries élaborée par Molinet.

48 Jean Molinet, *Chroniques*, *op. cit.* (notre note 6), vol. 1, p. 235.

49 *Chronique des faits et gestes admirables*, *op. cit.* (notre note 21), p. 138. Dans une lettre écrite à son ami Sigmund von Prüschenk, Maximilien exprime sa certitude d'avoir bientôt un fils : « J'attends d'un jour à l'autre d'avoir un beau fils de ma femme qui doit accoucher d'ici à demain. Toutes les femmes et les médecins disent que ça doit être un petit duc » (« *Ich wart alle tag eines schöns sons von meiner gemahl, die altag geliegen soll. All frawen undt ertzt sagen, es soll ein kleiner junger hertzog wern* »), voir *Maximilians I. vertraulicher Briefwechsel mit Sigmund Pruschenk*, éd. V. VON KRAUS, Innsbruck, 1875, p. 35.

50 *Ibid.*, p. 155.

51 *Ibid.*, p. 148-149.

52 Ce sujet est examiné en détail par N. TUREL, « Staging the Court : Auto-iconicity and Female Authority Around a 1478 Burgundian Baptism », dans *Authority and Gender in Medieval and Renaissance Chronicles*, actes du colloque de Cambridge (2010), éd. J. DRESVINA et N. SPARKS, Cambridge, 2012, p. 344-375. Nous ne faisons que résumer ici très succinctement ses développements.

53 E. BOUSMAR, « Neither Equality nor Radical Oppression : The Elasticity of Women's Roles in the Late Medieval Low Countries », dans E. KITTELL et M. SUYDAM (éd.), *The Texture of Society : Medieval Women in the Southern Low Countries*, New York, 2004, p. 109-127, en particulier p. 117 ; TUREL, *op. cit.* (notre note 52), p. 350.

54 La coutume exigeait une période d'alitement pour l'accouchée ; même si l'alitement *stricto sensu* n'était pas toujours respecté, la nouvelle mère devait toutefois rester dans la chambre (ou les chambres) spécialement dressée pour l'occasion, où elle recevait des visites. Sur l'alitement, voir E. L'ESTRANGE, *Holy Motherhood : Gender, Dynasty and Visual Culture in the Later Middle Ages*, Manchester, 2008, p. 89.

55 Jean Molinet, *Chroniques*, *op. cit.* (notre note 6), vol. 1, p. 274.

56 É. LECUPPRE-DESJARDIN, « Parcours festifs et enjeux de pouvoirs dans les villes des anciens Pays-Bas bourguignons au XVe siècle », *Histoire urbaine*, 9, 2004, p. 29-45. URL : www.cairn.info/revue-histoire-urbaine-2004-1-page-29.htm.

57 TUREL, *op. cit.* (notre note 52), p. 356. Voir aussi L. STEINBERG, *The Sexuality of Christ in Renaissance Art and in Modern Oblivion*, Chicago, 1996.

58 La dévotion particulière portée par Marguerite d'York pour sainte Anne est bien connue. Voir W. BLOCKMANS, « The Devotion of a Lonely Duchess », dans *Margaret of York, Simon Marmion, and The Visions of Tondal*, actes du colloque de Malibu (1990), éd. Th. KREN, Malibu, 1992, p. 29-46, en particulier p. 37-39.

59 Jean Molinet, *Le Chappellet des Dames*, *op. cit.* (notre note 7), p. 125. Pour l'analyse de la comparaison des deux Maries dans le *Chappellet*, voir M. RANDALL, *Building Resemblance : Analogical Imagery in the Early French Renaissance*, Baltimore et Londres, 1996, p. 46-53.

60 Jean Molinet, *Le Chappellet des Dames*, *op. cit.* (notre note 7), p. 125.

61 *Ibid.*, p. 123.

62 Jean Molinet, *Chroniques*, *op. cit.* (notre note 7), vol. I, p. 273.

63 Jean Molinet, *Le Chappellet des Dames*, *op. cit.* (notre note 7), p. 123-124.

64 Voir, par exemple, C. BROWN, « Parenté royale et livresque : une anthologie manuscrite dans la bibliothèque de Charlotte de Savoie (Paris, BnF, fr. 2222) », *Les femmes, la culture et les arts en Europe, entre Moyen Âge et Renaissance / Women, Art and Culture in Medieval and Early Renaissance Europe*, actes du colloque de Lille (2012), éd. A.-M. LEGARÉ et C. BROWN, Turnhout, 2016, p. 367-386 ; P. LISS, « Isabel of Castile (1451-1504), Her Self-Representation and Its Context », dans Th. EARENFIGHT (éd.), *Queenship and Political Power in Medieval and Early Modern Spain*, Aldershot, 2005, p. 120-144, en particulier p. 122-123.

65 T. VAN HEMELRYCK, « La femme et la paix. Un motif pacifique de la littérature française médiévale », *Revue belge de philologie et d'histoire*, 84, 2, 2006, p. 243-270, en particulier p. 254.

66 Jean Molinet, *Chroniques*, *op. cit.* (notre note 7), vol. 1, p. 231-232. On peut citer aussi une autre remarque de Molinet à l'égard de la duchesse, faisant une allusion directe à la Vierge : « c'est nostre dame, nostre princesse, c'est nostre Marie, c'est nostre maistresse » (*Le Chappellet des Dames*, *op. cit.* (notre note 7), p. 126).

67 Sur les vertus pacifiques des femmes et les comparaisons mariales, voir VAN HEMELRYCK, *op. cit.* (notre note 65), et surtout p. 261, 263-265 consacrées à Marie de Bourgogne.

68 Que cette métaphore à l'égard de la duchesse n'ait pas été limitée au cercle restreint de la cour, est attesté par sa Joyeuse Entrée à Valenciennes, le 22 novembre 1481, quand la ville la saluait avec des *tableaux vivants* représentant les sept vers de l'*Ave Maris Stella* (Jean Molinet, *Chroniques*, op. cit. (notre note 7), vol. 1, p. 368).

69 TUREL, *op. cit.* (notre note 52), p. 355.

70 Jean Molinet, *Chroniques*, *op. cit.* (notre note 7), vol. 1, p. 225.

71 Jean Molinet, « L'Arbre de Bourgonne », dans *Les Faictz et Dictz*, *op. cit.* (notre note 7), vol. 1, p. 232-250, en particulier p. 236.

72 Jean Molinet, *Le Naufrage de la Pucelle*, *op. cit.* (notre note 7), p. 84. ARMSTRONG, *op. cit.* (notre note 18), p. 44. Voir également VAN HEMELRYCK, *op. cit.* (notre note 65), p. 261.

73 Jean Molinet, *Chroniques*, *op. cit.* (notre note 7), t. 1, p. 231.

74 *Ibid.*, p. 225.

75 *Ibid.*, p. 273.

76 Washington, National Gallery of Art, inv. 1937.1.39.

77 C. NIEUWENHUYS (*Description de la galerie des tableaux de S. M. le Roi des Pays-Bas*, Bruxelles, 1843, p. 2), dit à propos de l'histoire du tableau : « D'après les meilleurs renseignements qu'on a pu obtenir, ce tableau faisait suite à deux autres peintures du même maître ; il a été peint pour Philippe le Bon, duc de Bourgogne, et destiné à orner un monument religieux à Dijon ». Voir aussi S. REINACH, « Three Early Panels from the Ducal Residence at Dijon », *The Burlington Magazine*, 50, 1927, p. 234, 239-241, 245 (p. 239), qui a publié la description fragmentaire des trois tableaux provenant de la chapelle ducale de la Chartreuse, faite en 1791 : « Dans la chambre du Prieur on conserve deux tableaux sur bois dans le genre des premiers peintres flamands, qui proviennent des chapelles [*sic*] des Ducs : ils ont environ 4 pieds de haut. Le premier, d'à peu près un pied de large, est une *Annonciation*… ». Voir également la notice électronique sur le site de National Gallery, URL : http://www.nga.gov/collection/gallery/gg39/gg39-46.html.

78 Voir C. FERGUSSON O'MEARA, « Isabelle of Portugal as the Virgin in Jan Van Eyck's Washington Annunciation », *Gazette des Beaux-Arts*, 97, 1981, p. 99-103.

79 Dans ses *Chroniques* (vol. I, p. 213), Molinet accuse ouvertement le roi : « Tres cristien roy des Franchois, comment peulz tu permettre ceste excecrable tirannye ? Ou est la doulceur de ta misericorde ? Ou sont les vertuz de tes bienheuréz pères, qui en toy doyvent resplendir par excellence ? Tu doibs subvenir à la chose publicque, tu dois nourrir les orphenins, regarde et voy les oppresez qui demandent à Dieu vengence, regarde en pitié la desolee pucelle sans le deshiriter de son seigneureux patrimonne. C'est ta parente, c'est ta filloeule ; mostre doncques comment tu es très crestiien roy des Franchois. Veulz tu degrader celle que tu dois garder ? Veulz tu envayr et offendre celle que tu dois deffendre ? Convertis rigueur en vigueur, severité en serenité, demence en clemence et crudelité vicieuse en nobilité vertueuse. Les glorieux rois triumphans, tes nobles predicesseurs desployerent jadis leur auriflambe sur les mescreans, hereticques, payens, sarrasins et barbarins en exultation de la foy catolicque, dont ilz ont acquis honneur de perpetuelle memoire et, toy, qui es renommé le non pareil des aultrez, destruis tes frères cristiens et, sans regarder sexe, vocation, eage, affinité, consanguinité ne filiation espirituele, tu te combas contre la quenoulle d'une povre pucelle et fais desrompre sa maison par ta crueuse mesnye. Comment peulz tu doncques permettre ceste execrable tirannye ? ».

80 Pour la description de l'Entrée dans la *Chronique van den lande van Vlaendre*, voir VANDEKERCKHOVE, *op. cit.* (notre note 20), p. 172-173. Voir aussi G. KIPLING, *Enter the King : Theatre, Liturgy, and Ritual in the Medieval Civic Triumph*, Oxford, 1998, p. 342-344. Nous allons bientôt consacrer un article à l'analyse détaillé des « tableaux vivants » présentés à la duchesse par les Brugeois (à paraître chez Brepols dans le recueil des actes du colloque sur Marie de Bourgogne tenu en mars 2015).

81 Voir TUREL, *op. cit.* (notre note 52), p. 351-352.

82 Olivier de La Marche, *Complainte sur la mort de madame Marie de Bourgogne*, dans *Recueil de chansons, poèmes et pièces en vers français, relatifs aux Pays-Bas, publié par les soins de la Société des bibliophiles de Belgique*, Bruxelles, 1870-1879, t. 3, p. 25-38, p. 25.

83 « Le chant d'adieu de Marie de Bourgogne », traduit en français par Liliane WOUTERS, *Bréviaire des Pays-Bas : anthologie de la littérature néerlandaise du* XIIIe *au* XVe *siècle*, Paris, 1974, p. 42-44.

84 *Chants historiques et populaires du temps de Charles VII et Louis XI publiés pour la première fois d'après le manuscrit original*, éd. A. LE ROUX DE LINCY, Paris, 1857, p. 147-150.

85 *Ibid.*, p. 42.

86 Pierre Michault, *Œuvres poétiques*, éd. B. FOLKART, Paris, 1980, p. 143-169. Voir aussi B. FOLKART, « Perspectives médiévales sur la mort : la Complainte de Pierre Michault sur la mort d'Ysabeau de Bourbon (1465) », *Le Moyen Français*, 3, 1978, p. 29-74 ; Ch. KIENING, « Rhétorique de la perte. L'exemple de la mort d'Isabelle de Bourbon (1465) », *Médiévales*, 27, 1994, p. 15-24, en particulier p. 20-22. URL : http://www.persee.fr/web/revues/home/prescript/article/medi_0751-2708_1994_num_13_27_1307.

87 Olivier de La Marche, *Complainte*, *op. cit.* (notre note 82), p. 38.

88 Jean Molinet, *La Complainte sur la mort Madame d'Ostrisse*, *op. cit.* (notre note 7), p. 179.

89 Sur les complaintes, voir, entre autres : Cl. THIRY, « De la mort marâtre à la mort vaincue : attitudes devant la mort dans la déploration funèbre française », dans H. BRAET et W. VERBEKE (*éd.*), *Death in the Middle Ages*, Louvain, 1982, p. 239-257 ; A. ARMSTRONG, « Avatars d'un griffonnage à succès : L'Épitaphe du duc Philippe de Bourgogne de Jean Molinet », *Le Moyen Âge*, 113, 1, 2007, p. 25-44. URL : www.cairn.info/revue-le-moyen-age-2007-1-page-25.htm.

90 Jean Molinet, *La Complainte*, *op. cit.* (notre note 82), p. 168.

91 *Ibid.*, p. 169.

92 *Ibid.*, p. 174 : « *Que feréz vous, Bourguignons revenus, | Et gens menus, reboutés et remis ? | Par elle estiés en honneur soustenus | Et maintenus : or estes vous tout nus, | Povres tenus, mendians et famis* ».

93 *Ibid.*, p. 175-176.

94 *Ibid.*, p. 168.

95 *Ibid.*, p. 171. Mises à part les exagérations panégyriques inévitables, ce passage sert de bon avertissement quant à la confiance trop vite donnée à la véracité historique des compositions allégoriques du grand rhétoriqueur.

96 Voir les paroles de Christine de Pizan à propos de Jeanne d'Arc : « *…celle | Qui donne à France la mamelle | De paix et doulce nourriture* » (*Ditié de Jehanne d'Arc*, éd. A. J. KENNEDY et K. VARTY, Oxford, 1977, p. 32).

97 *Ibid.*, p. 177 : « *Flet populus damnatque nimis crudelia fata | Que matrem patriae mortis in ore vehunt* » ; p. 178 : « *O pia dulcedo, patrie dulcissima nutrix, | Tu mihi spes et opes sponsaque nuper eras, | Nobilitatis flos, genitrix generosa parensque, | Cur ruis atque peris tam cito, nostra salus ?* ».

98 R. CHARTIER, « Les arts de mourir, 1450-1600 », *Annales. Économies, Sociétés, Civilisations*, 31, 1, 1976, p. 51-75, en particulier p. 66.

99 RANDALL, *op. cit.* (notre note 12).

AMOVR
NON·PLVS
IEN·GVARDE·VN·
LEAL
AVTRE·NON
PLVS
NON
PLVS
NON
PLVS

LES *HISTOIRES CHALDÉENNES* D'ANNE DE GRAVILLE

ELIZABETH L'ESTRANGE

Dans sa biographie d'Anne de Graville (vers 1490-1540) datant du début du XXe siècle, Maxime de Montmorand fait référence à un manuscrit offert à la bibliophile par son mari, Pierre de Balsac. Ce livre, qui contient une traduction française d'un texte prétendument de la main de l'historien babylonien Bérose, est décrit par Montmorand comme étant « le singulier cadeau à faire à la femme aimée, et l'étrange moyen de séduction[1] ! ». Malgré le fait que le contenu du manuscrit s'avère rare et très particulier, le commentaire du biographe révèle davantage sur la vision qu'on peut avoir sur les lectrices de l'époque moderne au début du XXe siècle que sur les goûts d'Anne et Pierre eux-mêmes. En fait, une étude approfondie de ce manuscrit démontre qu'il est cohérent avec les intérêts littéraires d'Anne de Graville et qu'il aurait même joué un rôle clé dans le développement de ces intérêts et de ses projets d'écriture[2]. De plus, ce livre personnalisé comportant un portrait d'Anne enluminé par un artiste travaillant à la cour de France a probablement été offert à Anne pour l'encourager à visualiser et à occuper sa propre place au sein du milieu courtois français du XVIe siècle.

Troisième fille de Louis Malet de Graville, Amiral de France, et de Marie de Balsac, Anne de Graville est dame d'honneur de la reine Claude pour laquelle elle écrira deux œuvres : les *Rondeaux*, un remaniement de la *Belle dame sans mercy* d'Alain Chartier, et le *Beau roman*, également un remaniement, cette fois-ci de la *Théseide* de Boccace[3]. Elle acquiert des livres, par achat, par commande ou par héritage, tout au long de sa vie et l'on connaît aujourd'hui environ trente manuscrits qui lui sont associés grâce aux armoiries ou aux inscriptions[4]. Néanmoins, si l'intérêt pour les femmes lectrices, écrivaines et bibliophiles françaises s'accroît, le rôle qu'aurait joué Anne de Graville dans le milieu littéraire de la cour reste moins connu que celui de ses contemporaines telles que Catherine d'Amboise, Louise de Savoie et Marguerite de Navarre[5]. L'apparition sur le marché de son manuscrit des *Histoires Chaldéennes* offre l'occasion d'étudier un manuscrit de sa collection particulièrement intéressant. Certes, le manuscrit est un cadeau de son mari et occupe de ce fait un statut « singulier » dans sa collection. Il n'est en effet ni un achat personnel, ni une œuvre de sa main ou un livre hérité. Au fil des années, le livre a acquis le surnom de « livre d'amour », à cause non seulement de certaines inscriptions et déclarations dans le texte même mais aussi parce que le mariage d'Anne et de son cousin maternel n'a pas été accepté par son père[6]. La question de cette union a dominé les études antérieures sur la vie d'Anne de Graville, en la transformant en un conte de fugue amoureuse, déshéritement et réconciliation. Dans le cadre de cet article nous examinerons de près les liens qui se tissent entre cette histoire d'amour, le manuscrit, sa fonction dans la collection d'Anne de Graville et sa position d'écrivaine et de bibliophile à la cour de France.

Le manuscrit des *Histoires Chaldéennes* a été peu étudié, malgré sa présence pendant plus de cinquante ans à la British Library[7]. En 2006 il est vendu chez Christie's avant de faire sa réapparition sur le marché en 2014, où il fait alors partie des œuvres de l'exposition *Au parler que m'aprist ma mère* chez Les Enluminures. Le manuscrit comprend soixante-dix-sept feuillets rédigés par une main ronde et humaniste. Il débute avec une miniature en pleine page dans laquelle une femme, habillée d'une robe rouge et d'une coiffe noire, trône devant une large tente bleue (**Fig. 1**). Derrière, deux femmes sont à la tête d'un groupe d'hommes et de femmes qui entrent dans la salle. La femme assise au centre de l'image tend sa main droite vers un livre noir qui lui est offert par une main désincarnée, dirigée par un cupidon et émergeant des nuages bleus. Sur la banderole qui se déploie entre le livre et le dossier de la chaise, on peut lire la devise IEN GUARDE UN LEAL (j'en garde un leal), anagramme d'Anne de Graville que l'on peut observer dans d'autres manuscrits lui ayant appartenue[8]. Les phrases NON PLUS et [A] AMOUR se trouvent sur une autre banderole autour du livre noir ; NON PLUS apparaît également au-dessus et en-dessous de l'encadrement architectural de style renaissance. Les armoiries de la famille de Graville, *de gueules à trois fermaux d'or*, sont peintes dans le bas-de-page, entourées de deux *putti* qui tiennent une banderole aux mots A AUTRE NON. Sur la page faisant face à cette miniature, le prologue débute avec les paroles « A vous mademoiselle Anne de Gravile [*sic*] » ; les mêmes devises – NON PLUS, A AUTRE NON et A AMOUR – sont inscrites dans l'encadrement, entourant des grandes lettres A, ce qui implique un jeu de mot entre la préposition « à » et la première lettre du nom d'Anne. La même décoration s'observe au début des chapitres (**Fig. 2**) et les devises NON PLUS et A AUTRE NON entourant des « A » sont dessinées dans les marges à d'autres emplacements dans le texte (**Fig. 3**). On peut dès lors conclure que la femme representée dans la miniature est Anne de Graville et que le livre qu'elle reçoit de la main désincarnée est le volume-même dans lequel elle est figurée.

Fig. 1. Maître de la Chronique scandaleuse, *Anne de Graville recevant le livre* ; début du Prologue. Annius de Viterbe, traducteur anonyme, *Histoires Chaldéennes*, Paris, vers 1507-1510. Abu Dhabi, Louvre Abu Dhabi, inv. LAD 2014.029, f. 2v-3.

Le texte, la date et la décoration des *Histoires Chaldéennes*

Dans le catalogue de vente Christie's de 2006, le manuscrit est décrit comme une œuvre de l'auteur ancien, Bérose (fl. 300 av. J.-C.), traduit en français par Pierre de Balsac d'après une édition latine imprimée à Rome en 1498[9]. Le catalogue de l'exposition *Au parler que m'aprist ma mère* indique plus précisément que le texte consiste en une « adaptation » d'une œuvre latine d'Annius de Viterbe (1432-1502) publiée pour la première fois à Rome en 1498 sous le titre *Commentaria fratris Joannis Annii Viterbiensis super opera diversorum auctorum…* et réimprimée plusieurs fois, notamment à Paris en 1509 sous le titre *Berosus… de Antiquitatibus* et en 1510 sous le titre *Berosus Babilonicus*[10]. L'auteur, Annius de Viterbe, était un moine dominicain italien et son œuvre, connue habituellement sous le titre *Antiquités*, avait pour but la défense de l'Église romaine et la promotion de l'Italie – et en particulier de sa propre ville, Viterbe – en tant que lieu d'origine de la civilisation européenne[11]. Les *Antiquités* comprennent onze livres « anciens » qu'Annius prétend avoir redécouverts. Selon W. J. Stephens, les livres attribués au prêtre babylonien sont les plus importants dans l'œuvre d'Annius parce qu'ils contiennent des généalogies, des listes de rois et des événements remontant à trois générations avant le Déluge jusqu'à la fondation de Troie[12]. Par le biais de cette œuvre, Annius avait l'intention de prouver que c'était l'Italie et non la Grèce qui était à l'origine de l'histoire ancienne. Il s'inspirait de la *Chronique* de Jacques de Voragine, et des œuvres de Flavius Josephus dans lesquelles sont préservées des traces des écrits de Bérose lui-même[13].

Si les *Antiquités* plaçaient l'Italie au centre de

Mais aussi ceulx que ne vismes
oncques qui en sôt parez et aournez
Toutes ses chouses presuppousees,
nous viendrôs a lexorde & coman
cemêt de ce present tracte. Mais de
uant quen oultre pceder no^s mectrôs
peine et sollicitude dimploier & in
uoquer la noble dame grace diuine
sans la quele on ne peut faire aul
cune chose fructueuse ne de valeur
estimable. Car tout bien & perfe
ction vient delle. A la quelle prye
rons et supplions treshumblemêt
diriger et dresser nre main pour
empraindre et trasser ce petit eu
ure a sa louenge honeur & gloi
re eternele & infinye.

Sensuyt le premier liure.

NON SEVLE
MENT apres
mais aupa
rauant la
tressfameuse
et renômee
persecution du deluge et inesti
mable inundation deaulx par
la quelle luniuersal monde fut
pery. & anychille. excepte aul
cunes creatures desquelles cy
apres sera faicte mention ont
passe plusieurs temps et siecles.
lesquelz ont este feablement et
veritablement recueillis & gar
dez par noz anciens caldeez
vrays hystoriograffez lesquelz
ont recite & par escript au vray
redige. Cest assauoir que apres

Fig. 2. Maître de la Chronique scandaleuse. Annius de Viterbe, traducteur anonyme, *Histoires Chaldéennes*, Paris, vers 1507-1510. Abu Dhabi, Louvre Abu Dhabi, inv. LAD 2014.029, f. 13v-14.

quarentiesme dudict Nymbrot⁹
aucuns des enffans de Comerus
galus dont cy dessus a este parle
prindrent sieges & habitacles en
tre les bactriens & ganges en Inde
dont le grant fleuue ganges apris
et retenu le nom. Lan quarente
cinquiesme dudict Roy de babi
loyne Nymbrotus aulcuns de ses
filz de mesa et getulus ioincts en
semble en yndye emplierent &
multiplierent les gens appellez
Mesagetez. En mesme annee ycel
luy Roy & saturne de Babiloyne
enuoya les princes de plusieurs
gens et nations cest assauoir
Assiryus Medus Moscus & Ma
gogus, qui edifierent et coman
cerent plusieurs Royaulmes et

prouinces Assiri⁹ Medus & Ma
gogus en Asye. Et Moseus en asye
& europpe. et Arameus qui estoit
adolescent et ieune regna en vng
pays & nation, Quil appella les
Mernes ou il regna cent & cinqua
te ans CHAPITRE
Ar apres icelluy
Nymbrotus pre
mier Saturne &
Roy des babilo
niens fut cree second Roy Iupiter
Belus son filz. Et regna soixante
deux ans. & les fondemens de la
dicte cite de Babiloyne, lesquelz
auoient este encommancez par
son pere saturnus esleua. qui ne
stoyent pas encores si grans come
apres furent. Mais seulement en

Fig. 3. Maître de la Chronique scandaleuse. Annius de Viterbe, traducteur anonyme, *Histoires Chaldéennes*, Paris, vers 1507-1510. Abu Dhabi, Louvre Abu Dhabi, inv. LAD 2014.029, f. 35v-36.

l'histoire, les informations qu'elles fournissent sur d'autres pays européens et les liens qu'ils entretiennent avec le peuple de Troie ont mené les historiographes d'autres contrées telles que la France à les exploiter dans leurs propres récits historiques[14]. Ainsi, même si quelques intellectuels tels que Jacques Lefèvre d'Étaples et Érasme dénoncent les *Antiquités* qu'ils considèrent comme une contrefaçon, presque vingt éditions du texte voient le jour entre 1498 et 1612. L'œuvre est particulièrement appréciée en France où plusieurs éditions (toujours en latin) sont publiées entre 1509 et 1515 par des libraires humanistes, y compris Geoffroy Tory et Geoffroy de Marnef. Cela dit, ce n'est qu'en 1512 qu'une édition complète, comprenant les commentaires de l'*editio princeps* imprimée à Rome en 1498, voit le jour à Paris chez Jose Bade et Jehan Petit[15]. Aujourd'hui, les *Antiquités* d'Annius sont plutôt connues comme étant une source clé des *Illustrations de Gaule et Singularitez de Troyes* de Jean Lemaire de Belges, publiées en trois livres entre 1511 et 1513. Comme le signale Stephens, les *Illustrations* deviennent la « traduction » la plus connue des *Antiquités* jusqu'à faire de l'ombre à l'original[16].

Si Lemaire de Belges dédie les trois livres de ses *Illustrations* à trois femmes de pouvoir – respectivement Marguerite d'Autriche, Claude de France et Anne de Bretagne –, il semble que sa source d'inspiration, les *Antiquités*, doive également être considérée comme susceptible d'intéresser une femme noble. Les recherches que nous avons déjà menées sur ce manuscrit indique qu'il s'agit non seulement d'une traduction des cinq livres de Bérose écrits par Annius, mais qu'une partie du prologue est inspirée des commentaires de l'*editio princeps* imprimée à Rome en 1498[17]. Comme nous le verrons plus loin, la datation du manuscrit indique qu'il précède les *Illustrations* de Lemaire de Belges de quelques années[18]. Les *Histoires Chaldéennes* d'Anne de Graville constituent donc un témoin précoce de la popularité de l'œuvre d'Annius en France au début du XVIe siècle. En outre, ce manuscrit très personnalisé dévoile également les intérêts littéraires d'Anne de Graville, en particulier pour la traduction et le remaniement des textes. En nous penchant sur le contenu et la décoration du manuscrit, nous examinerons de plus près son statut de « livre d'amour » et nous interrogerons ainsi la façon dont ce livre a pu aider Anne à imposer sa place parmi les bibliophiles et littéraires de la cour française.

Considérons d'abord la datation des *Histoires Chaldéennes*. Comme nous l'avons déjà remarqué, l'*editio princeps* des *Antiquités* de 1498, dont la préface est partiellement traduite dans la version d'Anne de Graville, est réimprimée en France en 1512. Cependant, il apparaît que le manuscrit est antérieur à cette date. Le catalogue de Christie's ainsi que celui de l'exposition *Au parler que m'aprist ma mère* donnent une date d'exécution entre 1505 et 1506, soit juste avant le mariage d'Anne de Graville et Pierre de Balsac en 1507. Le manuscrit aurait été offert à Anne par Pierre – qui ne se nomme jamais dans le texte – au moment où il lui faisait la cour et ce, afin de la convaincre de son amour et de la persuader de l'épouser[19]. Leur union est fort contestée par le père d'Anne, l'Amiral Louis de Graville, et les références dans le prologue au « deul ennuy et tribulation beaucoup et sans cause » (f. 5) dont souffre Anne, ont été interprétées jusqu'à présent en lien avec ce conflit familial. Pourtant, nous suggérons que

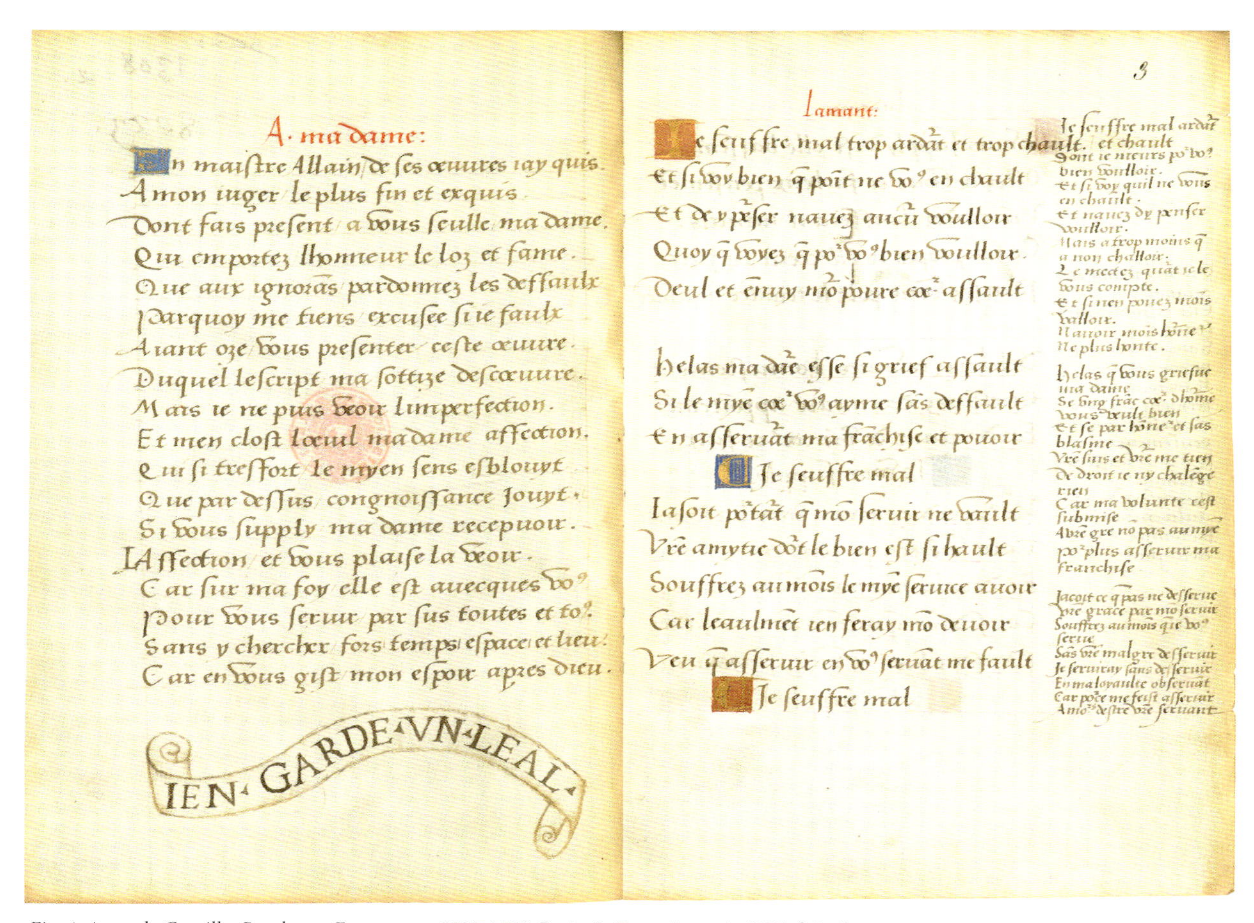
A ma dame:
En maistre Allain de ses œuvres iay quis
A mon iuger le plus fin et exquis
Dont fais présent a vous seulle ma dame
Qui emportez lhonneur le loz et fame
Que aux ignorās pardonnez les deffaulx
Parquoy me tiens excusee si ie faulx
Aiant oze vous presenter ceste œuvre
Duquel lescript ma sottize descoeuvre
Mais ie ne puis veoir limperfection
Et men clost loeul madame affection
Qui si tresfort le myen sens esblouyt
Que par dessus congnoissance jouyt
Si vous supply ma dame recepvoir
Laffection et vous plaise la veoir
Car sur ma foy elle est avecques vo⁹
Pour vous servir par sus toutes et to⁹
Sans y chercher fors temps espace et lieu
Car en vous gist mon espoir apres dieu.

IEN GARDE VN LEAL

3

lamant:
Je seuffre mal trop ardāt et trop chault
Et si vo⁹ bien q̄ poīt ne vo⁹ en chault
Et de y pēser navez aucū voulloir
Quoy q̄ voyez q̄ po⁹ vo⁹ bien voulloir
Deul et ēnuy mō povre cœ² assault

Helas ma dāe esse si grief assault
Si le myē cœ² vo⁹ ayme sās deffault
En asservāt ma frāchise et povoir
Je seuffre mal
Iasoit potāt q̄ mō servir ne vault
Vrē amytie dōt le bien est si hault
Souffrez aumoins le myē service avoir
Car leaulmēt ien feray mō devoir
Veu q̄ asservir en vo⁹ servāt me fault
Je seuffre mal

Fig. 4. Anne de Graville, *Rondeaux*, France, vers 1515-1520. Paris, BnF, ms. Français 2253, f. 2v-3.

Fig. 5. Maître d'Anne de Graville, *Claude de France recevant le volume des mains d'Anne de Graville*. Anne de Graville, *Beau roman*, Paris, vers 1520-1524. Paris, BnF, Arsenal, ms. 5116, f. 1v.

l'allusion à cette souffrance relève plutôt du résultat de leur fugue amoureuse qui a conduit le père à déshériter sa fille et à entamer un procès contre Pierre de Balsac pour « cas d'exces, rapt, crimes, delictz, et malefices » en janvier 1508 (n. st.)[20]. Le manuscrit daterait dès lors des environs de 1507 au plus tôt. Anne ne récupérera son héritage qu'en 1518, deux ans après la mort de son père.

Le frontispice des *Histoires Chaldéennes* peut également nous aider à dater le manuscrit. Jusqu'à présent, la miniature d'Anne de Graville a été considérée comme de la main de Jean Pichore, enlumineur et graveur travaillant à Paris et en particulier à la cour royale en 1502-1521[21]. Plus récemment, François Avril a proposé qu'il s'agisse plutôt d'une œuvre du Maître de la Chronique scandaleuse et nous avons suivi son avis dans notre étude précédente[22]. Collaborateur proche de Pichore, ce maître est actif entre environ 1490 et 1510 à Paris où il a enluminé des manuscrits pour des commanditaires liés à la cour, notamment Charles VIII, Anne de Bretagne et le père d'Anne de Graville, Louis[23]. Son style se reconnaît par les sourcils bien marqués de ses figures, leurs yeux à moitié clos, leurs petites lèvres rondes et rouges et leurs joues légèrement rehaussées de rose. Certaines de ses œuvres trahissent également une exécution rapide, avec des rehauts dorés. Comparons, par exemple, la miniature d'Anne de Graville avec celle d'Anne de Bretagne dans l'*Histoire de la Toison d'Or*, également de la main du maître (**Fig. 6**). Nous y retrouvons les yeux caractéristiques et les plis des vêtements et les bijoux sont tracés par de fines lignes dorées. De plus, l'artiste semble avoir hésité sur le positionnement de la main d'Anne de Graville donnant à la miniature un aspect d'esquisse. Nous reviendrons plus tard sur les similarités entre ces deux miniatures.

Le fait que le Maître de la Chronique scandaleuse a arrêté sa production vers 1510 suggère que les *Histoires Chaldéennes* peuvent être situées entre le mariage de Pierre et Anne en 1507 et le tout début de la deuxième décennie du seizième siècle. Cette datation renforce l'idée que le texte du manuscrit a été établi à partir de la version complète des *Antiquités* imprimée à Rome en 1498, plutôt que d'après la version imprimée à Paris à partir de 1512. Dès lors, on peut supposer qu'en choisissant le texte d'Annius, Pierre et sans doute Anne elle-même, s'intéressaient déjà à une tendance historiographique et littéraire qui ne s'installera en France que quelques années plus tard. Cela implique aussi que le manuscrit d'Anne de Graville est en production au même moment que les *Illustrations* de Lemaire de Belges. Néanmoins, les deux textes proviennent de contextes très distincts et sont destinés à des fins différentes.

Lemaire de Belges commence les *Illustrations* au début du XVIe siècle ; en 1509, lorsqu'il réside à la cour de Marguerite d'Autriche en tant qu'historiographe et *indiciaire* de la régente, il apportait déjà des modifications à son premier livre[24]. D'après Stephens, Lemaire a ajouté les aspects dérivant du texte d'Annius vers 1506-1508, ce qui nous laisse supposer qu'il travaillait, lui-aussi, à partir de la version imprimée à Rome en 1498. En 1511, l'auteur se présente à la cour de France et devient historiographe de la reine, Anne de Bretagne. Les deuxième et troisième livres des *Illustrations*, publiés en 1512 et 1513, sont donc dédiés respectivement à la fille de la reine et à Anne elle-même[25]. Il conçoit ainsi son œuvre comme un outil de propagande, non seulement afin de promouvoir les origines anciennes des Pays-Bas et ensuite de la France, mais aussi pour s'assurer une place d'écrivain privilégié dans les cours royales. De plus, les *Illustrations* circulent dès leur parution en version imprimée. Par contre, les *Histoires Chaldéennes* d'Anne de Graville n'existent que dans un seul manuscrit, enluminé d'une façon très personnalisée et comportant des références précises à la femme à laquelle le livre est destiné.

Il semble peu probable qu'Anne et Pierre aient eu connaissance de l'œuvre de Lemaire de Belges : le premier livre des *Illustrations* ne paraît qu'en 1511, année où il commence à travailler pour Anne de Bretagne, et il n'y a pas d'indication que son œuvre a circulé plus loin que la cour de

Marguerite avant cette date. Ainsi, si les deux textes témoignent de la disponibilité des *Antiquités* au nord des Alpes, il est clair qu'ils proviennent de deux milieux différents. Le manuscrit d'Anne de Graville est un cadeau original, conçu plus tôt et indépendamment de l'œuvre de Lemaire de Belges, ce qui nous donne une indication des intérêts littéraires d'Anne de Graville et de l'estime dans laquelle son mari Pierre la tenait. Examinons maintenant de plus près ce manuscrit au prisme de la vie et de la collection bibliographique d'Anne de Graville ainsi que de son milieu littéraire.

Un livre d'amour

Comme nous l'avons déjà remarqué, les *Histoires Chaldéennes* débutent par une image d'Anne de Graville recevant un livre d'une main désincarnée et guidée par un cupidon. Anne est entourée des devises qui indiquent que l'auteur est « à autre non » : la répétition de ces devises tout au long du livre, et le jeu de mot entre « à » et « Anne », permettaient à Anne de Graville de se voir à plusieurs reprises en parcourant son manuscrit et de se souvenir de l'amour que l'auteur lui portait. Cependant, le dévouement de l'auteur ne se révèle pas seulement dans les aspects visuels du manuscrit, mais aussi dans le texte. Citons ici une partie du prologue où l'auteur décrit les motifs de la rédaction de l'ouvrage[26] :

> « A ceste cause Mademoiselle, pour ce que vous estes pleine de bon et gentil Esprit, remplye de vertuz et de toutes celles que j'ay veu la plus des plus en toutes bonnes choses louables parfaicte et acomplye qui prenez plaisir et delectation en tout ce en quoy les gens de bonne sorte doibvent faire. Aussi pour ce que contre toute raison divine naturele et humaine l'en vous donne du deul ennuy et tribulation beaucoup et sans cause afin de donner à vos yeulx un peu de recreation et soulager vostre cueur par doulce consolation, j'ay bien voulu prendre un peu de pene qui m'a esté grand plaisir a reduyre ceste presente hystoire Berosyene nouvellement de langue Caldayque en latine translatée et l'escripre en langue vulgaire pour honneur et amour de vous. Et si toust qu'ay commencé a mectre la main à l'euvre, le livre qui devant moi estoit c'est [*sic*] grandement humilié et en faisant une humble requeste m'a tresfort pryé que je le voulusse à vous du tout vouher et dedyer comme à celle à qui il est dheu et apartient par excellence toutes gentillez et meilleurs choses. Combien que celle-cy ne soit telle ne digne d'estre par vous estimee. Neantmoins, Amour qui est conducteur de l'ouvrage, souverain gouverneur des cueurs humains, a pris la dicte request et de sa propre main ainsi qu'on fait es supplications Romaines ha mis fiat c'est a dire soit faict dont ay esté tresjoyeux. Et en obtemperant et obeyssant a luy je vous en fait don et present, mais pour bien entendre la matiere et qui en elle est contenue il est a noter et scavoir que Berosus acteur de ce livre, fust du pays et nacion de babiloyne et de dignité Caldayque [f. 4v-6]. »

Le prologue nous apprend que l'auteur a pris la peine – tout autant que le plaisir – de préparer ce livre de Bérose en français par amour pour Anne et pour soulager les douleurs dont elle souffrait injustement. De plus, le livre semble avoir été produit dans des conditions quelque peu surnaturelles : le texte original et Amour seraient intervenus. Le premier en s'humiliant devant l'auteur et en insistant pour que l'œuvre finale soit dédiée à Anne de Graville ; le second en lui venant en aide et en déclarant *fiat* (que l'œuvre soit faite). Dans le frontispice, ces éléments miraculeux sont évoqués par la main désincarnée qui tient le livre et qui est guidée par Cupidon, représentant de l'Amour.

Le rôle qu'a joué Amour dans la production du livre est répété dans l'épilogue lorsque l'auteur déclare que c'est cette force qui l'a incité à traduire l'œuvre de Bérose en langue vernaculaire :

Fig. 6. Maître de la Chronique scandaleuse, *Anne de Bretagne et les Vertus*. Guillaume Filastre, *Histoire de la Toison d'or*, Paris, vers 1490. Paris, BnF, ms. Français 138, f. 1v.

> « Je fais fin à ce present oeuvre le quel combien qu'il soit brief et petit si est il de grant poix et consequence. Et ne l'eusse jamais entrepris ne pris la peine de le coucher en langue vulgaire et maternelle car je m'en scay tresmal ayder si ce n'euste esté amour qui est vaincqueur de toutes choses lequel m'a commandé ainsi le faire, pour l'honneur de vous ma damoiselle a qui je suis du tout voué pour vos nobles et grandes vertus incomparables. Et si le lengaige est rude et mal aourné vostre bon plaisir sera le corriger et y employer du vostre, qui est sur tous doulx benign et gracieulx. En vous suppliant humblement que veuilliez le petit present prendre pour agreable, et ne consideres pas la petitesse ou peu de valeur du don mais le bon et parfait couraige cordial et entier vouloir de celuy qui le vous offre comme à celle à qui du tout il est à veult demourer pour jamais et aultre non voustre humble et obeissant. Cy finit le livre d'amour le quel a voulu estre ainsy nommé parce que amour ha induyt l'acteur et commandé le faire [f. 77-77v]. »

Pierre se présente comme l'amant dévoué et prie Anne d'accepter son don qui symbolise son amour et « entier vouloir » envers elle. Il indique aussi que si la destinataire estime le langage du livre « rude et mal orné », elle prendra peut-être plaisir à le corriger car son propre langage est « doux, bénigne et gracieux ». Malgré le fait que les deux ouvrages rédigés par Anne de Graville pour la reine Claude ne paraissent que plus tard, entre 1515 et 1521, l'épilogue consiste en une référence précoce à l'intérêt porté par Anne de Graville à la littérature et la traduction. Plus tard, Geoffroy Tory fera d'ailleurs l'éloge de ses écrits dans son *Champ fleury*[27].

Il semble donc que le manuscrit des *Histoires Chaldéennes* est plus qu'un simple gage de l'amour de Pierre envers sa femme. En offrant à Anne cette traduction singulière de Bérose en français, il loue à la fois son intellect mais entend aussi satisfaire, ou bien encourager, son intérêt pour la littérature et la traduction. En outre, par le choix du texte et de l'enlumineur, Pierre ancre le manuscrit dans un milieu littéraire et artistique naissant, un milieu auquel Anne contribuera plus tard par ses œuvres pour la reine Claude et par sa propre bibliothèque. Nous allons maintenant examiner de plus près les liens qui se tissent entre ce manuscrit et l'environnement culturel d'Anne.

Les *Histoires Chaldéennes* et la lecture courtoise

Nous avons proposé, grâce à l'analyse du texte et de l'enluminure, une date entre 1507 et 1510 pour le manuscrit des *Histoires Chaldéennes*. Dans ce cas, il s'agirait de l'un des premiers livres acquis par Anne de Graville. Dans tous les cas, il s'agit probablement du premier exécuté expressément pour elle. Version française d'un texte latin prétendant être une traduction d'une source encore plus ancienne, les *Histoires Chaldéennes* s'intègrent dans une tradition courtoise et littéraire privilégiant les éditions vernaculaires d'écrits « classiques ». On retrouve cette tendance dans les œuvres d'Anne elle-même et dans sa propre collection. Ainsi, sa bibliothèque comprend, par exemple, la traduction des *Batailles puniques* de Leonardo Bruni par Jean Lebègue, une copie de la traduction des *Cas nobles hommes et femmes* de Boccace par Laurent Premierfait et une traduction française anonyme des commentaires de Bernardo Ilicino sur les *Triomphes* de Pétrarque avec le texte italien intégré[28]. Anne est également propriétaire de différents rédactions et remaniements d'un même texte, tel deux copies du *Devisement du monde* de Marco Polo et deux copies, une en prose et une en vers, du roman *Ami et Amiles*[29]. De plus, les *Rondeaux* et le *Beau roman* d'Anne sont tous deux des « translations » de textes anciens, à savoir la *Belle dame sans mercy* d'Alain Chartier et la *Théseïde* de Boccace. Dans le seul manuscrit des *Rondeaux* qui nous est parvenu, la mise en page présente le texte de Chartier en parallèle de celui d'Anne (**Fig. 4**), ce qui témoigne d'un vif intérêt d'Anne pour le remaniement des textes : les deux œuvres sont visuellement en dialogue, incitant ainsi comparaison et débat chez le lecteur.

L'intérêt porté par les lecteurs courtois du début du XVIe siècle pour les nouvelles versions des textes anciens est attesté en particulier par le succès de la traduction des *Héroïdes* d'Ovide par Octovien de Saint-Gelais. Cette collection de vingt-et-un épîtres écrites par des héroïnes classiques qui pleurent leurs amours perdus est d'abord présentée au roi Charles VIII, mais elle est très vite appréciée parmi les femmes de la cour, en particulier Louise de Savoie, belle-mère de la reine Claude, patronne d'Anne de Graville[30]. Saint-Gelais n'est pourtant pas le premier à traduire l'œuvre d'Ovide en français. On en trouve une édition partielle dans la deuxième rédaction de l'*Histoire ancienne jusqu'à César*, qui relate l'histoire de Troie et dont la copie la plus ancienne remonte à la première moitié du XIVe siècle[31]. Si cette deuxième version est moins courante que la première rédaction, elle est cependant appréciée par la mère d'Anne de Graville qui en possède une copie datant de 1467 et ornée de ses armes[32]. Anne de Graville acquiert ce manuscrit après le décès de son père mais nous pouvons raisonnablement supposer qu'elle le connaissait déjà – et donc cette traduction précoce d'Ovide – depuis sa jeunesse. Anne de Graville vit donc dans un milieu où elle aura pu prendre connaissance des remaniements de textes anciens avant d'entreprendre ses propres travaux. Dans la copie de dédicace du *Beau roman*, où Anne est représentée comme l'auteure qui présente son œuvre à la reine (**Fig. 5**), son texte côtoyait lui-même des œuvres du même genre ; deux épitres dans le style de celles traduites par Saint-Gelais y sont conservées : l'*Epistre de Maguelonne à Pierre de Provence* de Clément Marot et l'*Epistre de Cleriande la Romaine à Reginus* de Macé de Villebresme[33].

Cinq épîtres de la traduction d'Octavien de Saint-Gelais se retrouvent également dans un manuscrit réalisé pour Anne de Bretagne et enluminé par le Maître de la Chronique scandaleuse, qui a aussi exécuté le frontispice des *Histoires Chaldéennes*[34]. Ce manuscrit date d'environ 1492 et contient également deux poèmes en français consacrés au jugement et à l'appel à propos de la beauté d'une femme à la cour d'Anne de Bretagne, la *Dame sans sy*. Comme le remarque Cynthia Brown, le thème de la *Dame sans sy* fait écho au procès littéraire de la *Belle dame sans mercy* d'Alain Chartier, le texte que traduira plus tard Anne de Graville. De plus, le manuscrit comprend une épitaphe sur la mort d'une certaine Madame de Balsac, tante d'Anne de Graville[35]. S'il est impossible de déterminer si Anne de Graville a connu ce manuscrit, ses connexions familiales et sa proximité à la reine Claude, fille d'Anne de Bretagne, laissent supposer qu'elle était au courant du débat de la *Dame sans sy* et de l'épitaphe sur sa tante car les textes sont également reproduits au moins deux fois sous forme manuscrite et imprimée[36].

Reprenons le manuscrit de l'*Histoire de la Toison d'Or* évoqué plus haut (**Fig. 6**) dont le frontispice représente la reine Anne de Bretagne figurant parmi les Vertus. Réalisée par le Maître de la Chronique scandaleuse, cette miniature présente des parallèles avec le frontispice des *Histoires Chaldéennes*, notamment dans la façon dont les femmes sont habillées, dans les banderoles aux devises, et dans le motif de la main désincarnée descendant à gauche. La devise située dans le bas-de-page de la miniature de l'*Histoire de la Toison d'or*, À SE ME RENDS POUR JAMAIS À, implique un jeu de mots similaire à celui qu'on observe dans le manuscrit d'Anne de Graville. Ici, le « à » se réfère au nom d'Anne de Bretagne et le « s » à celui de Charles VIII qui employait la *fermesse* parmi ses symboles. Ainsi, l'enluminure des *Histoires Chaldéennes*, exécutée par le Maître de la Chronique scandaleuse, un artiste associé aux manuscrits faits pour la reine de France, et contenant des textes ayant des rapports aux intérêts personnels d'Anne, renforce-t-elle le lien entre le don de Pierre et le milieu bibliophile et féminin déjà bien établi à la cour de France.

La traduction des *Antiquités* présentée à Anne de Graville est donc non seulement un cadeau d'amour, conçu pour soulager les souffrances engendrées par l'union avec son cousin maternel, Pierre de Balsac, mais aussi une véritable œuvre-clé dans la collection d'Anne, alliant et nourrissant ses intérêts pour la traduction et le remaniement des textes, les œuvres anciennes et les tendances littéraires et artistiques de la cour de France. Si le frontispice des *Histoires Chaldéennes* met Anne au centre des affections de Pierre, symbolisées par ses déclarations d'amour *à autre non*, il la présente aussi comme une femme érudite et littéraire, digne de recevoir le texte « singulier » qui lui est offert dans l'image et qui se trouve dans le manuscrit.

NOTES

1 M. DE MONTMORAND, *Une femme poète du XVIe siècle. Anne de Graville : sa famille, sa vie, son œuvre, sa postérité*, Paris, 1917, p. 69.

2 Signalons notre article étudiant le manuscrit et le texte des *Histoires Chaldéennes* dans le contexte littéraire courtois du début du seizième siècle : E. L'ESTRANGE, « "Un étrange moyen de séduction" : Anne de Graville's *Chaldean Histories* and her Role in Literary Culture at the French Court in the Early Sixteenth Century », *Renaissance Studies*, 30, 2016, p. 708-728.

3 Voir M. BOUCHARD, « Le roman "épique" : l'exemple d'Anne de Graville », *Études françaises*, 32, 1996, p. 99-107 ; M. BOUCHARD « Les Belles [in]fidèles ou la traduction de l'ambiguïté masculine : les *Rondeaux* d'Anne de Graville », *Neophilologus*, 88, 2004, p. 189-202 ; E. L'ESTRANGE, « Re-Presenting Emilia in the Context of the *querelle des femmes* : Text and Image in Anne de Graville's *Beau roman* », dans R. BROWN-GRANT et R. DIXON (éd.), *Text/Image Relations in Late Medieval French and Burgundian Culture (Fourteenth-Sixteenth Centuries)*, Turnhout, 2015, p. 187-207.

4 Certains de ses manuscrits sont identifiables car sa fille, Jeanne, femme de Claude d'Urfé, en a hérités. Ils sont ensuite passés à la bibliothèque d'Urfé. Voir A. VERNET, « Les manuscrits de Claude d'Urfé (1501-1558) au château de la Bastie », *Comptes-rendus des séances de l'Académie des Inscriptions et Belles-Lettres*, 120, 1976, p. 81-97. Cet article n'est toutefois pas sans erreurs : notre étude en préparation sur Anne de Graville vise à clarifier les manuscrits en sa possession. M. Deldicque a étudié la bibliothèque de sa mère, Marie de Balsac, dont certains livres sont passés à sa fille. Voir M. DELDICQUE, « Bibliophiles de mère en fille : Marie de Balsac († 1504) et Anne de Graville », dans *Les femmes, la culture et les arts en Europe entre Moyen Âge et Renaissance*, actes du colloque de Lille (2012), éd. C. BROWN et A.-M. LEGARÉ, Turnhout, 2016, p. 73-88. Voir aussi sa contribution dans ce volume.

5 Voir, à titre d'exemple, les articles réunis dans K. WILSON-CHEVALIER (éd.), *Patronnes et mécènes en France à la Renaissance*, Saint-Etienne, 2007 (L'école du genre, Nouvelles recherches, 2) et dans A.-M. LEGARÉ (éd.), *Livres et lectures des femmes en Europe entre Moyen Âge et Renaissance*, Turnhout, 2007.

6 En plus du prologue et de l'épilogue, dont il sera question plus loin, le livre contient les inscriptions « Tout pour le mieux, vostre bon cousin et amy, c'est moi » (f. iv) et une autre que l'on présume d'être de la main d'Anne : « Memoire que je me souvienne de ce qui m'avint le samedy huitieme novembre, lissant dans mon lit à Annet » (f. i).

7 Abu Dhabi, Louvre Abu Dhabi, inv. LAD 2014.029. Autrefois dans la collection du bibliophile Thomas Phillipps (1792-1872), le manuscrit a été prêté à la British Library par son descendant, M. Alan G. Fenwick, de 1949 à 2006.

8 Dans d'autres manuscrits de sa collection, « guarde » est souvent écrit « garde », évitant ainsi un u/v supplémentaire. La devise se trouve, par exemple, dans trois copies du *Beau roman* (Paris, BnF, ms. Français 25441 et ms. NAF 6513 et Chantilly, ms. 1570 (513)), dans l'unique exemplaire des *Rondeaux* (Paris, BnF, ms. Français 2253), dans sa copie des *Triomphes de Pétrarque* (Paris, BnF, ms. Français 22541) et des *Voyages* de Marco Polo (BnF, Arsenal, ms. 3511).

9 Londres, Christie's, 7 juin 2006, lot 34.

10 S. HINDMAN et A. BERGERON-FOOTE, *Flowering of Medieval French Literature. « Au parler que m'aprist ma mere »*, cat. exp. (New York et Paris, 2014), Londres, 2014, p. 180.

11 Voir W. STEPHENS, « From Berossos to Berosus Chaldaeus : The Forgeries of Annius of Viterbo and Their Fortune », dans *The World of Berossos*, actes du colloque de Durham (2010), éd. J. HAUBOLD *et al.*, Wiesbaden, 2013, p. 277-289.

12 W. STEPHENS, « Berosus Chaldaeus : Counterfeit and Fictive Editors of the Early Sixteenth Century », thèse de doctorat, Cornell University, 1979, p. 25.

13 Dans sa *Chronique*, Jacques de Voragine suggère que l'Italie a été colonisée par les descendants de Noé après le Déluge. Voir STEPHENS, *op. cit.* (notre note 11) et STEPHENS, *op. cit.* (notre note 12), p. 26.

14 R. ASHER, *National Myths in Renaissance France : Francus, Samothes and the Druids*, Édimbourg, 1993, p. 49-50.

15 Sur les condamnations et les éditions, voir STEPHENS, *op. cit.* (notre note 12), p. 6 et sa bibliographie.

16 *Ibid.*, p. 209 et p. 4.

17 Voir L'ESTRANGE, *op. cit.* (notre note 2), p. 715-718.

18 *Idem.*

19 Cette interprétation remonte à Montmorand, voir *op. cit.* (notre note 1), p. 68.

20 *Ibid.*, p. 64 ; voir aussi L'ESTRANGE, *op. cit.* (notre note 2), p. 719, note 37-38. La source est conservée aux Archives nationales, Parlement criminel, X/2a/66, f. 157-157v.

21 Pichore a, entre autres, enluminé les *Remèdes de l'une et l'autre Fortune de Pétrarque* pour Louis XII (Paris, BnF, ms. Français 225) et une copie des *Héroïdes* d'Ovide, traduites par Octovien de Saint-Gelais pour Louise de Savoie (Paris, BnF, ms. Français 873).

22 L'ESTRANGE, *op. cit.* (notre note 2), p. 719-720.

23 Sur le Maître de la Chronique scandaleuse, voir Fr. AVRIL et N. REYNAUD, *Manuscrits à peintures en France, 1440-1520*, cat. exp. (Paris, 1992-1993), Paris, 1993, p. 274. Il a notamment enluminé l'*Histoire de la Toison d'Or* de Guillaume Fillastre (Paris, BnF, ms. Français 138), dont il sera question plus loin et, en collaboration avec le Maître de Jacques de Besançon, une copie de la *Fleur des Histoires* pour Louis de Graville (Besançon, B.M., ms. 851-852).

24 STEPHENS, *op. cit.* (notre note 12), p. 214.

25 À cause de ces changements de cour et de patron, Lemaire de Belges a apporté beaucoup de remaniements aux *Illustrations*, notamment dans le titre. Voir M. ROTHSTEIN, « Jean Lemaire des Belges' *Illustrations de Gaule et singularitez de Troyes* : Politics and Unity », *Bibliothèque d'Humanisme et Renaissance*, 3, 1990, p. 598-599.

26 Il faut noter que le traducteur reste anonyme. En 1889, Paul Durrieu a proposé que Pierre ait traduit le texte lui-même. Depuis, il a été accepté que Pierre ait fait faire la traduction. Voir

P. DURRIEU, « Les manuscrits à peintures de la bibliothèque de Sir Thomas Phillipps à Cheltenham », *Bibliothèque de l'École des chartes*, 50, 1889, p. 430 ; MONTMORAND, *op. cit.* (notre note 1), p. 67-68 ; et HINDMAN et BERGERON-FOOTE, *op. cit.* (notre note 10), p. 174. Dans notre précédente étude, nous avons donc fait une distinction entre le traducteur (et ses choix linguistiques) et l'« auteur » qui s'adresse à Anne et parle dans la voix de Pierre ; voir L'ESTRANGE, *op. cit.* (notre note 2), p. 715.

27 « Et pour monstrer que nostre dict langaige François a grace quant il est bien ordonné, j'en allegueray ici en passant un rondeau que une femme d'excellence en vertus, ma dame d'Entraigues, a faict et composé. » Voir Geoffroy Tory, *Champ fleury*, éd. J. JOLIFFE, Paris, 1970 (édition de 1529), f. 4.

28 Sa copie des *Batailles puniques* est conservée sous la cote New Haven, Yale University, Beinecke Rare Book and Manuscript Library, Marston MS 274 ; sa copie des *Triomphes* de Pétrarque sous la cote BnF, ms. Français 22541 ; sa copie de Boccace, *Des cas nobles hommes et femmes* dans la traduction de Laurent Premierfait était autrefois dans la collection Schøyen (ms. 268), puis elle a été acquise par Gunther Rare Books. Sa localisation actuelle est inconnue.

29 Ses copies de Marco Polo en deux rédactions différentes, qu'elle a héritées de ses parents, sont conservées sous les cotes BnF, Arsenal, ms. 3511, et BnF, ms. NAF 1880. En 1521 à Rouen elle achète une copie en prose d'*Ami et Amiles* aujourd'hui à Lille, B.M., ms. 130 (la seule copie qui nous est parvenue) et, la même année, une copie en alexandrins, conservée à Bâle, B.U., ms. F IV 44. Nous aborderons l'intérêt d'Anne pour les remaniements et les traductions dans notre étude en préparation.

30 K. WILSON-CHEVALIER, « Proliferating Narratives : Texts, Images, and (Mostly Female) Dedicatees in a Few *Héroïdes* Productions », dans R. BROWN-GRANT et R. DIXON (éd.), *Text/Image Relations in Late Medieval French and Burgundian Culture (Fourteenth-Sixteenth Centuries)*, Turnhout, 2015, p. 165-186.

31 Sur la genèse de l'*Histoire ancienne* et ses manuscrits, voir L. BARBIERI (éd.), *Les Epistres des dames de Grèce : une version médiévale en prose française des* Héroïdes *d'Ovide*, Paris, 2007 et P. WHITE, *Renaissance Postscripts : Responding to Ovid's* Heroides *in Sixteenth Century France*, Columbus, 2009, en particulier chap. 4.

32 Paris, BnF, ms. Français 254 ; voir aussi DELDICQUE, *op. cit.* (notre note 4).

33 Voir L'ESTRANGE, *op. cit.* (notre note 3), p. 195.

34 Paris, Drouot, 16 juin 2018, lot 18. Voir C. BROWN, *The Queen's Library*, 186-187. Brown lui donne l'appellation de *Breslauer manuscript*.

35 *Ibid.*, p. 187 et L'ESTRANGE, *op. cit.* (notre note 2), p. 726.

36 *Ibid.*, note 19. L'édition imprimée se trouve à la BnF sous la cote RLR, P-YC-1567 [s. d.] : *Le recueil des espistres d'Ovide translatéen françoys o vray, ligne pour ligne, faisans mencion de cinq loyalles amoureuses…*

IV

Entre manuscrits et imprimés

Le prologue

Ce suffist a vostre tres haulte seigneurie prosperãt en fleur de ieunesse militer soubz le triũphant estãdart de mars le grãt dieu des batailles dont voꝰ auez veu les exploitz plus q̃ nul prince de vostre aage Se auecques ce comme embrase dardant desir espris damoureuses estincelles ne desirez estre champion des dames ensuyuant le tresplaisant guidon de venus deesse damours. Dont iasoit ce que les arcz / les dartz / les lances ⁊ les harnoys de lamoureuse artillerie soient de plus tendre trẽpeure que ceulx de guerre que lon forge a milan. Touteffois quant ilz sont sub-

Du manuscrit à l'imprimé : le cas des « mises en prose »

Maria COLOMBO TIMELLI

Dans le corpus de soixante-dix-huit titres réuni dans notre *Nouveau Répertoire de mises en prose*[1], quarante « proses » ne sont conservées que par des manuscrits, dix-huit uniquement dans des éditions imprimées, alors qu'une vingtaine d'œuvres connaissent une tradition « mixte ». Une telle situation s'explique tout d'abord sur le plan chronologique, s'agissant d'une production qui date en grande partie de la seconde moitié du XVe siècle, à savoir au seuil de l'époque où les premiers éditeurs-imprimeurs s'emparent des titres les plus prometteurs dans l'espoir d'effectuer des investissements rentables.

Le groupe de textes qui nous intéresse ici – les proses connaissant une double transmission – est cependant loin de former un bloc monolithique et peut être analysé sous plusieurs points de vue ; nous l'envisagerons donc :

- sur la base de la **date** de ce passage à l'imprimé ; on peut distinguer d'abord les éditions « précoces », datant des débuts de l'imprimerie en France (1470-1480) : *Baudouin de Flandre*, *Fierabras* de Jean Bagnyon, *Vengeance de Notre Seigneur*, *Clamadés* ; au cours de la décennie successive paraissent : *Bertrand du Guesclin* (deux rédactions), le *Pèlerinage de vie humaine*, *Renaut de Montauban* version « vulgate » ; Antoine Vérard publie ensuite *Galien Rethoré*, le *Pèlerinage de l'âme*, le *Roman de la Rose moralisé*, *Beuve de Hantone* ; au-delà du seuil du XVIe siècle se situent encore les *editiones principes* de *Théséus de Cologne* (1504), *Livre de Regnart* (1516), *Maugis* (1518), *Belle Hélène de Constantinople* anonyme (vers 1520), *Gérard de Nevers* (1520), *Bérinus* (1521-1522), *Gui de Warwick* (1525), *Mabrian* (1525-1526), *Ciperis* (1531-1532) ;

- sur la base du **succès** de ces proses : on considérera alors, en amont, le nombre des manuscrits conservés – ce qui est significatif pour justifier les attentes des éditeurs – et, en aval, le nombre des éditions successives, leur chronologie, leur distribution géographique ; on reconnaît en effet des textes dont le succès, très durable, se prolonge parfois au-delà de la fin du XVIe siècle, dans la Bibliothèque Bleue, alors que pour d'autres la fortune éditoriale s'avère limitée ;

- sur la base enfin des **modalités de diffusion** des textes : si pour la plupart des proses le passage à l'imprimé marque la fin de la production de manuscrits, d'autres semblent circuler parallèlement sous les deux formes ; exceptionnellement, des manuscrits sont copiés à partir d'éditions imprimées.

Le passage à l'imprimé[2]

Si l'on considère la date où nos mises en prose sont passées à l'imprimé, quatre titres retiennent d'abord l'attention[3] : *Baudouin de Flandre* (*editio princeps* : 1478)[4], *Fierabras* de Jean

Bagnyon (1478)[5], *Vengeance de Notre Seigneur* ou *Destruction de Jérusalem* (1479)[6], *Clamadés* (*c.* 1480)[7] ; il n'est pas indifférent de rappeler que deux villes et deux seuls éditeurs sont responsables de ces incunables : Guillaume Le Roy à Lyon pour *Baudouin* et *Clamadés*, Adam Steinschaber à Genève pour *Fierabras* et *Vengeance*.

Sans doute le prototypographe genevois, Adam Steinschaber, d'origine allemande, fut maître imprimeur entre 1478 et 1480 : on lui connaît une douzaine d'éditions, dont la célèbre *princeps* illustrée de *Mélusine* ; son édition de *Fierabras*, datée du 28 novembre 1478 (Paris, BnF, Rés. Y2-76), fut sans doute effectuée sur la base du manuscrit aujourd'hui encore conservé à Genève (Bibliothèque de Genève, ms. Fr. 188)[8], peut-être sous la surveillance de l'auteur, lui-même citoyen de Lausanne puis de Genève[9]. La *princeps* de la *Vengeance*, qui ne porte pas de titre (f. 1 blanc ; pas d'explicit ni de colophon), se distingue par la qualité des bois gravés[10].

Les deux incunables lyonnais qui nous intéressent sortent des presses de Guillaume Le Roy : ce typographe d'origine liégeoise, installé d'abord dans la demeure même de Barthélemy Buyer, pour lequel il imprima *Baudouin* en 1478 (Paris, BnF, Rés. Y2-147), publia seul *Clamadés* vers 1479-1480 (Paris, BnF, Rés. Y2-151)[11].

Ces informations confirment, d'une part, le rôle de pionniers assumé par les imprimeurs non parisiens dans l'édition d'œuvres narratives en français avant 1480[12], d'autre part, en creux, l'absence de titres de matière arthurienne[13] : *Baudouin* et *Fierabras* mélangent des éléments historiques à d'autres venant du folklore ou de l'épopée[14] ; la *Vengeance* a pour sujet la guérison miraculeuse de Vespasien, atteint de la lèpre, par la vertu du Saint-Suaire, et la destruction de la ville de Jérusalem pour venger la mort du Christ ; seul *Clamadés* se démarque des titres précédents par une matière nettement romanesque (il combine des motifs courtois et un conte d'origine orientale, centré sur un cheval volant en bois).

L'intérêt des imprimeurs – et évidemment du public – pour la veine historique et épique se confirme au cours de la décennie 1480-1490, où seuls quatre titres de notre corpus connaissent leur *editio princeps* :

- la version vulgate de *Renaut de Montauban*, qui prend dans les imprimés le titre de *Quatre fils Aymon* (Lyon, [imprimeur de l'*Abuzé en court*], [1483-1485] ; Paris, BnF, Rés. Y2-364)[15] ;

- le *Pèlerin de vie humaine* (autre titre du *Pèlerinage de v. h*[16]. : Lyon, Mathieu Husz, 1485[17] ; Paris, BnF, Arsenal, 4-BL-2847) ;

- et deux versions de *Bertrand du Guesclin*[18] : la rédaction abrégée qui va constituer un ajout au *Triumphe des neuf preux* (Abbeville, Pierre Gérard, 30 mai 1487 ; Paris, BnF, Arsenal, Rés. 4-BL-4278)[19] et la version plus développée (Lyon, Guillaume Le Roy, 1487 ; Paris, BnF, Rés. Y2-91).

Lyon se confirme encore comme le centre privilégié dans notre domaine, avec trois imprimeurs-éditeurs au moins actifs dans les mêmes années : Guillaume Le Roy (1473-1493), Mathieu Husz (1478-1501) et l'imprimeur de l'*Abuzé en Court*. Quant à Abbeville, l'imprimerie y est exercée à partir de 1486 : notre *Triumphe des neuf preux* figure donc en très bonne place parmi les tout premiers textes à y être publiés[20].

La dernière décennie du siècle coïncide avec l'entrée en scène d'Antoine Vérard, qui modifie la donne, en déplaçant le centre éditorial de nos *principes* dans la capitale[21] : en moins de cinq ans, quatre de nos textes paraissent sous son nom (le *Pèlerinage de l'âme* en 1499[22], *Galien Rethoré* en 1500[23], *Beuve de Hantone* entre 1499 et 1502[24], le *Roman de la Rose moralisé* vers 1500[25]), auxquels on pourrait encore ajouter trois mises en prose dont on ne connaît pas de version manuscrite (*Doolin de Maience*, 1501 ; *Milles et Amys*, s. d. ; *Ogier le Danois*, s. d.). Dans un seul cas une édition Vérard prend la suite d'une édition lyonnaise : il s'agit du *Pèlerinage de vie humaine*, dont la tradition précédente est particulièrement riche (trois manuscrits et les quatre incunables lyonnais de M. Husz qu'on vient de citer, entre 1485 et 1499).

Quant au sujet des œuvres concernées, nous retrouvons une fois de plus la matière pseudo-historique, avec le voyage de Charlemagne à Constantinople et les aventures de Galien, fils d'Olivier (*Galien Rethoré*) ; un infléchissement vers la matière romanesque est marqué avec les aventures héroïques de *Beuve de Hantone*[26] ; mais c'est la littérature édifiante qui prime – tout au moins dans notre corpus – avec l'édition du *Pèlerinage de l'âme* et du *Roman de la Rose* dans la version moralisée de Jean Molinet.

L'aspect matériel des livres publiés par Vérard a souvent suscité plus d'intérêt que leur contenu ; rappelons qu'au moins trois de nos titres, à l'exclusion du seul *Beuve de Hantone*[27], sont abondamment illustrés : le *Pèlerinage* par vingt-huit bois gravés sur quatre-vingt-six feuillets, *Galien* par vingt-cinq bois sur cent vingt feuillets (**Fig. 1**), le *Roman de la Rose moralisé* par cent trente-neuf bois sur cent quatre-vingt-quatre feuillets. D'autre part, selon une pratique bien connue, l'éditeur parisien a aussi fait tirer quelques exemplaires sur vélin, destinés à circuler dans un milieu très restreint voire à être offerts au Roi : il en est ainsi pour *Galien* et pour le *Roman de la Rose*, dont quatre copies sur vélin au total sont conservées[28]. Mis à part ces derniers exemplaires – qui font la spécificité de Vérard et sur lesquels nous reviendrons – les beaux livres qu'il a fait imprimer ne constituent cependant pas une véritable nouveauté sur le marché français : les éditions précédentes que nous avons rappelées ci-dessus constituaient déjà des volumes d'une grande qualité qui s'efforçaient d'une part d'imiter les manuscrits, d'autre part d'en améliorer la présentation par une mise en page soignée : sept des huit titres considérés (avec la seule exception du *Pèlerin de vie humaine*, in-quarto[29]) étaient des in-folios, tous étaient décorés au moins par des lettrines ou des majuscules souvent peintes à la main, cinq ajoutaient encore des bois gravés (*Vengeance de Notre Seigneur / Destruction de Jérusalem*, *Quatre fils Aymon*, *Pèlerin de vie humaine*, *Triumphe des neuf preux*, *Bertrand du Guesclin*)[30].

Au-delà du seuil du XVIe siècle, les *editiones principes* s'espacent[31] : le passage à l'imprimé concerne une seule œuvre pendant la première décennie (*Théséus de Cologne*, 1504), quatre pour les années 1511-1520 (*Livre de Regnart*, 1516 ; *Maugis*, 1518 ; *Belle Hélène de Constantinople* anonyme, vers 1520 ; *Gérard de Nevers*, 1520), quatre encore pour les années 1521-1535 (*Bérinus*, privilège daté 18 décembre 1521 ; *Gui de Warwick*, 1525 ; *Mabrian*, privilège du 14 novembre 1525 ; *Ciperis*, 1531-1532). Toutes parisiennes, ces éditions introduisent sur le marché du livre imprimé des sujets divers, parmi lesquels c'est le caractère hybride de la matière qui prime, avec des mélanges plus ou moins heureux d'éléments épiques, historiques, romanesques ; la publication, à sept ou huit ans de distance, de *Maugis* et de *Mabrian* est sans doute la conséquence du succès des *Quatre fils Aymon*, auxquels ils se rattachent, ce titre ayant connu six éditions incunables et sept autres avant 1525-1526 (date de parution de *Mabrian*). Quant à *Regnart*, il se situe à part, dans la veine des « moralisations » de la matière médiévale.

Quatre des éditeurs responsables de ces imprimés appartiennent à la « galaxie » Trepperel[32] : Jean Trepperel (*Théséus*, 1504[33]), puis sa Veuve (*Belle Hélène de Constantinople*), Michel Le Noir (*Regnart* et *Maugis*), mari de Jeanne Trepperel, ainsi que Jean Janot (*Bérinus*[34]), époux de Macée Trepperel ; quant aux autres,

> Hemon Le Fèvre fut relieur, puis libraire, actif entre 1509 et 1525[35] ; sa production est quasi exclusivement en latin : avant 1520 il n'avait publié en français que le *Chevalier de La Tour et le Guidon des guerres* (1514), la *Fleur des commandemens de Dieu* (1516), une *Légende dorée* (1516, aucun exemplaire conservé selon l'USTC), la *Vie des pères* (1517), la traduction en français

Rethore f. lxii

Comment la pucelle guymande manda vingt des
plus haulx princes de la ville de monsurain pour ve
nir parler a elle/⁊ cõment ceulx de la ville vindrent
assaillir galyen ⁊ ses cõpaignons dedens le chasteau

Tandis que noz barons e-
stoient au palais la gente
pucelle guymande q̃ vouloit ha
ster la besongne pour soy marier
manda hastiuemẽt vingt des plꝰ
grans hõmes auctorisez de toute la ville de monsurain pour ve
nir parler a elle/lesquelz y vindrent legieremẽt. Et quãt ilz fu
rẽt venuz les mena en lieu secret
⁊ leur cõpta son cas en leur disãt
Mes seigneurs ie vous ay man
dez affin q̃ ie vueil que voꝰ enten-
diez q̃ tout maintenãt me veulx
marier a vng franc cheualier qui
est filz du noble conte oliuier de
viẽnois hõme noble hardy ⁊ preux ⁊ plein de grãt beaulte/si mest prins ta
lant de moy baptizer pour laq̃lle cause ie voꝰ prie ⁊ requiers q̃ voꝰ soiez toꝰ
baptizez ⁊ facez baptizer ceulx de la ville/⁊ soiez toꝰ seurs q̃ qui ainsi ne le
fera par le dieu en qui ie veulx croire leur feray a tous trencher les testes.
Quãt les paiẽs ouyrẽt la pucelle lui respondirẽt q̃lz se conseilleroiẽt. Et
guymande leur dist quil ny failloit point de cõseil ⁊ q̃lle vouloit que ainsi
fust ⁊ leur demãde cõment ilz vouldroiẽt ouurer. Dame dist lun des pay
ens il fault premier aduiser cõment on pourra le peuple tourner a soy ba
ptizer de paour de tumulte/car silz le scauent ilz se esmouueront tous ⁊ se
rebelleront contre noꝰ. Non obstant les paiens lui accorderent sa voulen
te dequoy elle fut bien ioyeuse/mais ilz firent au contraire dont grãt mur
dre sen ensuyuit ainsi que vous orrez. Si tost que les vingt paiens eurẽt
prins congie de leur dame deualerent les degrez du palais hastiuemẽt
Car ilz auoient moult grant paour que les francois ne les occisent. Et
bien sauoient ⁊ auoient veu ceulx qui estoiẽt mors dedens le chastel. Lors
L ii

Fig. 1. *Galien Rethoré nouvellement imprimé a Paris*, Paris, pour Antoine Vérard, 12 décembre 1500. Paris, BnF, Réserve des livres rares, Rés. Y2-332, p. 62.

des *Triumphi* de Pétrarque (1520) ; *Gérard de Nevers* constitue son premier et unique essai dans la littérature narrative.

François Regnauld fut libraire juré et imprimeur, actif à Paris entre 1501 et 1540 ; parmi ses très nombreuses éditions – l'USTC lui attribue quelque huit cents titres –, les œuvres en français sont nettement minoritaires, dont une vingtaine à peine classées comme littéraires. Il confia l'impression de *Gui de Warwick* à Antoine Couteau[36].

Galliot Du Pré, libraire juré, exerça son activité de 1512 à 1560 ; pendant sa longue carrière, il confia l'impression de ses livres à de nombreux typographes parisiens, parmi lesquels Jacques Nyverd fut chargé de *Mabrian* (1525-1526)[37] ; au sein de sa production, la littérature narrative de la fin du Moyen Âge, située surtout au début de sa carrière, est représentée par des titres bien connus : *Histoire du sainct Greal* (1516), *Ysaÿe le Triste* (1522), *Madien* (1527), *Méliadus* (1528), *Perceforest* (1528), *Perceval* (1530).

La Veuve de Jean Saint-Denis n'exerça qu'entre 1531 et 1532[38] : parmi les huit titres qui lui sont attribués dans l'USTC, tous en français, on peut signaler les *Faictz et Ditz* de Jean Molinet, et la *Complainte de Flammette a Pamphile* de Boccace, traduite de l'italien ; *Ciperis* est son seul ouvrage publié sans date.

Le succès des proses

Nous aborderons cette deuxième question sous deux points de vue essentiellement, en considérant d'abord le nombre et la date des manuscrits qui nous ont transmis les textes, ce qui fournissait vraisemblablement une information importante pour les éditeurs qui se lançaient dans l'impression et le commerce de ces titres ; nous vérifierons ensuite le nombre des éditions ultérieures, ce qui confirmera – ou non – le flair de ces mêmes éditeurs dans leur choix.

Dans la table en annexe, deux titres se signalent par le nombre des manuscrits conservés, bien que ce chiffre varie du simple au triple : *Vengeance de Notre Seigneur* (vingt-neuf manuscrits) et *Baudouin de Flandre* (dix). Dans les deux cas, par ailleurs, les productions manuscrite et imprimée coexistent entre la fin du XVe et le début du XVIe siècle, sans doute dans des circuits de diffusion différents.

Pour ce qui est de la *Vengeance*, sans considérer les manuscrits datés génériquement du XVe siècle, le parallélisme des deux productions est saillant : pas moins de trois manuscrits datent des années 1480 (n° 1, 4, 5 dans la liste de Ferrari[39]), deux du dernier tiers du XVe siècle (n° 8 et 29), un de la fin du XVe-début du XVIe siècle (n° 22), un enfin des premières années du XVIe siècle (n° 3). Si l'on se rappelle que ce texte vit un passage précoce à l'imprimé (dès 1479) et qu'il ne connut pas moins de treize éditions incunables (après la *princeps* de Genève, neuf à Lyon, deux à Paris, une à Troyes), on comprend bien que les éditeurs misaient sur une valeur sûre, dont le débit n'allait sûrement pas leur réserver de (mauvaises) surprises. De fait, le succès de notre texte se confirme par la suite, avec vingt-et-une autres éditions entre 1501 et 1577 (surtout à Lyon, sans solution de continuité, mais aussi à Paris [cinq éditions], Rouen [deux], Poitiers [une])[40].

Quant à *Baudouin de Flandre*, même en négligeant les manuscrits de la seconde moitié du XVe siècle dont la datation ne peut pas être mieux précisée, deux (n° 4 dans la liste dressée par nos soins[41], daté 1474, et n° 11, datable 1467-1477) peuvent être considérés comme quasi-contemporains des premiers imprimés (quatre incunables de 1478-1498 : outre la *princeps* de Lyon, deux à Chambéry, un à Paris) ; les éditions successives, au nombre de six entre 1510 et la fin du XVIe siècle, sont pour la quasi-totalité parisiennes (une seule lyonnaise, *c.* 1520).

En d'autres termes, au moins pour ces deux titres, les premiers éditeurs n'ont pas assumé de risques, en prenant de fait la relève des copistes qui continuaient de leur part à diffuser des œuvres encore demandées ; et leur choix a été couronné de succès, dans les deux cas la demande ayant manifestement continué tout au long du XVIe siècle[42].

La *Chanson de Bertrand du Guesclin* (1380-1385) constitue la source de deux versions en prose très précoces et très proches, datant l'une de 1387, l'autre de 1389[43]. La version A, qui a connu une tradition manuscrite assez importante (sept manuscrits du XVe siècle, dont le plus tardif date de 1450-1475), est passée sous les presses en 1487 comme chapitre supplémentaire des *Neuf preux* : cependant, son succès s'avèrera par la suite exigu, avec une seule édition ultérieure, en 1507 (Paris, Michel Le Noir ; Paris, BnF, Rés. Y2-84). La version B aura connu une fortune plus vaste et prolongée, avec six manuscrits dont un du XVIe siècle (n° 6 dans la liste de Vermijn[44]), auxquels il faut encore ajouter quatre autres manuscrits de la rédaction brève (Bc) allant du milieu du XVe siècle aux années 1460-1475 : là encore, le passage précoce à l'imprimé, en 1487, a assuré une transition sans rupture ; sans être nombreuses, trois autres éditions (Paris, Veuve Michel Le Noir, 1521 ; Lyon, Olivier Arnoullet, 1529 ; Paris, Jean Bonfons, s. d. [1543-1572]) ont continué de diffuser l'histoire du grand connétable de France au siècle de la Renaissance.

La fortune de l'histoire de Renaut de Montauban[45], sans égale par sa continuité du Moyen Âge à l'époque moderne, ne cesse d'intriguer[46]. Ce qui est sûr, c'est qu'au XVe siècle deux versions en prose circulaient : celle qu'il est convenu d'appeler la version « vulgate » (sept manuscrits de 1400-1450, dont deux ont appartenu aux collections du roi d'Angleterre) et la version amplifiée dite « bourguignonne » (3 manuscrits, 1462-*c.* 1470), qui sont à l'origine d'un double passage à l'imprimé ; le noyau de l'histoire, qui dérive de la première et prend le titre de *Quatre fils Aymon*, connaîtra un succès ininterrompu de la fin du XVe jusqu'au XIXe siècle (six incunables [1483-1485]-1499, dont cinq lyonnais et un parisien, puis de très nombreuses éditions au XVIe siècle, à Lyon et Paris, mais encore à Rouen, Anvers, Louvain)[47] ; la seconde fournit en revanche aux éditeurs la matière pour deux avatars, *Maugis* (dix éditions entre Paris et Lyon, 1518-1588) et *Mabrian* (dix éditions également, parisiennes et lyonnaises, 1525/1526-1581).

Un petit groupe de « proses » transmises par trois à cinq manuscrits a joui d'un succès très divers à partir du passage sous les presses. Dans le cas du *Pèlerinage de l'âme* (cinq manuscrits, *c.* 1427-*c.* 1478), l'incunable de Vérard (1499) représente un *unicum* : l'entreprise du grand éditeur parisien doit par ailleurs être située dans le sillage du succès du *Pèlerinage de vie humaine*, qu'il avait fait paraître peu avant ; celui-ci, dont nous sont parvenus trois manuscrits[48], connut en effet cinq incunables (quatre de Mathieu Husz, l'autre de Vérard) et quatre éditions avant environ 1520 (une lyonnaise, de Claude Nourry, dérivée sans doute des éditions Husz ; les autres parisiennes, de Michel Le Noir, entre 1506 et 1520)[49].

Deux autres textes connaissent une histoire comparable : *Théséus de Cologne*[50] et *Bérinus*[51]. Tous les deux transmis par quatre manuscrits (une des copies de *Théséus* date même du début du XVIe siècle), ils passent à l'imprimé après la période incunable (*Théséus* en 1504, *Bérinus* plus tard, vers 1520) et sont publiés respectivement trois et quatre fois avant le milieu du XVIe siècle. Leur parcours est similaire dans la mesure où, à une tradition manuscrite somme toute modeste correspond une fortune éditoriale aussi limitée, qui s'épuise à la même époque. Cependant, une différence de détail émerge lorsqu'on compare les éditions : la tradition de *Bérinus* s'avère en effet continue (les dates sont approximatives, mais se situent vers 1522, 1525, 1540, puis sans doute vers 1550, avec une édition sans date de Jean Bonfons), alors que celle de *Théséus* est plus espacée (l'édition Jean Trepperel de 1504 est suivie de celle d'Antoine Bonnemere en 1534, puis par une troisième par Jean Bonfons, s. d. mais *c.* 1550).

Un dernier titre mérite de nous retenir car, tout comme *Renaut de Montauban*, il doit sa célébrité à l'impression : il s'agit de la *Belle Hélène de Constantinople*, version anonyme[52]. Ses trois manuscrits datent de la seconde moitié du XVe siècle, mais le texte dut attendre assez longtemps avant de connaître les honneurs de la presse[53]. Dès lors les éditions s'enchaînèrent entre Paris (de 1517-1525 à 1586) et Lyon (de 1524 à 1593), pour ne rien dire des très nombreuses éditions de colportage aux siècles suivants[54]. Il faut alors reconnaître la perspicacité, si ce n'est la clairvoyance, des premiers imprimeurs-éditeurs impliqués (pour la *Belle Hélène* il s'agit de la Veuve de Jean Trepperel, **Fig. 2**), capables de reconnaître des titres, parfois oubliés depuis des décennies, susceptibles d'attirer pendant longtemps un nouveau public de lecteurs.

Ce flair est confirmé pour deux autres œuvres qui, après une transmission manuscrite réduite, ont connu un succès durable grâce à l'édition : *Fierabras* de Jean Bagnyon et *Galien Rethoré*. Comme on l'a vu, *Fierabras* figure parmi les toutes premières « proses », voire parmi les tout premiers « romans » français, imprimés. Si seulement deux manuscrits[55] nous le conservent, son succès après l'incunable genevois fut aussi continu que durable, avec dix incunables et dix-huit éditions entre 1478 et 1588. Quant à *Galien*, c'est Antoine Vérard qui en a publié la *princeps* en 1499, en posant ainsi les bases d'une fortune qui ne prit fin qu'en 1575[56].

À partir des informations que nous avons pu réunir ici, deux constats s'imposent. Premièrement, si certains titres ont dû attirer les premiers éditeurs-imprimeurs par le succès dont ils jouissaient déjà sous la forme manuscrite, dans d'autres cas ce critère n'a manifestement pas joué : tout en tenant compte du taux de perte des copies médiévales – taux qu'il est extrêmement délicat de mesurer, ne fût-ce qu'approximativement – ces entrepreneurs ont parfois voulu miser sur des œuvres peu connues ou oubliées ; certaines d'entre elles ont d'ailleurs joui par la suite d'un succès étendu dans le temps et dans l'espace qui a confirmé leur choix. D'autre part, ni le passage à l'imprimé, ni la date à laquelle celui-ci s'est produit, n'impliquent automatiquement une fortune éditoriale ultérieure : il est des œuvres imprimées très tôt (*Bertrand du Guesclin* version A) qui n'ont pas joui d'un succès prolongé, alors que pour d'autres, publiées beaucoup plus tard (*Belle Hélène de Constantinople* anonyme), les éditions se sont multipliées jusqu'à une date récente ; le *medium* ne suffit visiblement pas à garantir le succès, subordonné qu'il est à l'appréciation des œuvres de la part du public.

Manuscrits et imprimés / manuscrits ou imprimés ?

Point n'est nécessaire de rappeler une fois de plus que le passage du livre manuscrit à l'imprimé, que l'on continue à définir comme une « révolution », ne représente dans la réalité aucune rupture : non seulement les deux *media* ont continué à coexister et à circuler pendant longtemps[57], selon un modèle qui se reproduit de nos jours avec la diffusion parallèle et contemporaine des livres sur papier et des *e-books*, mais les premiers imprimeurs – parfois d'anciens copistes « convertis » à la nouvelle technique[58] – ont multiplié les efforts pour que leurs produits ressemblent le plus possible aux livres copiés à la main[59]. Lettrines, décoration, enluminures, ajoutées à la main après l'impression du texte, n'ont pas caractérisé que les volumes sur vélin de Vérard ; et il arrive que dans certains catalogues des incunables soient encore catalogués comme ou parmi les manuscrits[60]. Il n'est donc pas illicite, loin de là, d'interroger notre corpus sur ces phénomènes.

On a déjà eu l'occasion de rappeler que certaines de nos mises en prose nous sont transmises par des manuscrits et des imprimés qui peuvent être considérés contemporains : *Baudouin de Flandre* (derniers manuscrits de la fin du XVe siècle, *editio princeps* 1478), *Fierabras* de Jean Bagnyon (un manuscrit de 1470-1478, *princeps* 1478), *Théséus de Cologne* (un manuscrit du début du XVIe siècle,

S Ensuyt le rom-
mant de la belle
Helaine de con
stantinoble mere de sain ct Martī de tours
en touraine Et de sainct Brice son frere
ix.

¶ On les vend a paris en la rue neufue no
stre Dame a lenseigne de lescu de France.

Fig. 2. *S'ensuyt le rommant de la belle Helaine de Constantinoble mere de sainct Martin de Tours en Touraine et de sainct Brice son frere*, Paris, Veuve Jean Trepperel, 1517-1525, f. A1.

princeps 1504), *Vengeance / Destruction* (deux manuscrits du début du XVIe siècle, *princeps* 1479). Quant aux deux proses dérivées des *Pèlerinages* de Guillaume de Digulleville, des manuscrits tardifs nous en sont aussi conservés (*Pèlerinage de vie humaine* : un manuscrit de la fin du XVe-début du XVIe siècle ; *Pèlerinage de l'âme* : un manuscrit de la fin du XVe siècle), postérieurs même au passage à l'imprimé (*Pèlerinage de vie humaine* : 1485 ; *Pèlerinage de l'âme* : 1499). Ces données confirment encore, si besoin était, que certains lecteurs n'hésitaient pas à se procurer voire à commander des copies manuscrites en renonçant aux avantages – essentiellement en termes de prix et de disponibilité – procurés par la nouvelle technique de reproduction des textes[61].

Cette préférence pour le manuscrit semble être confirmée par la transmission de *Clamadés*. Comme l'on sait, le poème d'Adenet le Roi (XIIIe siècle) fut réécrit en prose deux fois, sous une forme plus développée (*Cleomadés*, manuscrit unique appartenu à Philippe le Bon[62]) et sous une forme plus synthétique que l'on a pu définir « *light*[63] » : c'est cette seconde adaptation qui a joui de la plus grande fortune (outre la *princeps* déjà citée, de 1480, trois autres incunables, six éditions du XVIe siècle, deux du XVIIe siècle). Or, l'existence d'une copie manuscrite de cette version ne manque pas de soulever des problèmes : en effet, si ses aspects matériels (les filigranes notamment) semblent autoriser une datation vers 1460, de nombreux indices textuels confirment que le manuscrit a été copié de la *princeps*[64] : sans pouvoir trancher sur une chronologie complexe, retenons une fois de plus l'existence à des dates très rapprochées de copies tant manuscrites qu'imprimées du même texte.

Le *Roman de la Rose moralisé* de Jean Molinet représente un cas à part, dans la mesure où le *texte* lui-même est contemporain de sa double transmission[65]. Composé par l'indiciaire bourguignon entre 1499 et 1500, il nous est transmis par le manuscrit offert au dédicataire, Philippe de Clèves (La Haye, Bibliothèque royale, ms. 128 C 5 ; *c.* 1500, **Fig. 3**), et par un incunable d'Antoine Vérard (s. d., *c.* 1500). Jean Devaux ayant établi que l'imprimé ne se base pas sur le manuscrit de La Haye, il faut admettre qu'au moins une autre copie a dû en être produite dans le bref intervalle des quelques mois qui séparent la composition du texte et sa diffusion. Il faudra encore rappeler que, parmi les copies de l'édition Vérard, il en existe trois au moins (Londres, B.L., C-22-c-2 ; Paris, BnF, Vélins 1101 et 1102, Fig. **4**) dont le programme iconographique a été retouché voire refait à la main. D'autre part, la double transmission se confirme par la suite, avec deux éditions (Lyon, Guillaume Balsarin, 1503 ; Paris, Veuve Michel Le Noir, 1521) et un autre manuscrit (Paris, BnF, ms. Français 24393), transcrit par un certain Jennet Lefevre au début du XVIe siècle sur la base de l'édition Vérard[66].

Sans le modifier, les informations réunies dans notre *Répertoire* confirment donc, pour un corpus limité et homogène, le panoramique offert par les histoires du livre, à savoir la coexistence d'un double marché entre la fin du XVe siècle et la première décennie du siècle suivant. Il est possible que le type particulier de nos textes, modernisations d'une matière sensiblement « médiévale », ait joué dans deux directions apparemment contradictoires : d'une part, le sujet même aurait pu imposer la continuité de la transmission manuscrite ; d'autre part, le succès de certains récits a sûrement encouragé les premiers imprimeurs-éditeurs à se lancer dans leur publication.

En guise de conclusion

Nous avons négligé jusqu'ici une question de fond : mis à part les aspects techniques, qu'est-ce qui change dans les *textes* imprimés ? Dans le cas des œuvres à transmission mixte, les critiques – si tant est qu'ils se penchent sur les témoins imprimés des textes qu'ils étudient voire qu'ils éditent[67] – ont plutôt tendance à liquider rapidement la question par des remarques ponctuelles. Pour limité qu'il soit, notre corpus permet quelques considérations

Fig. 3. Jean Molinet, *Romant de la Rose moraliset*, anciens Pays-Bas méridionaux, vers 1500. La Haye, Bibliothèque royale, ms. 128 C 5, f. 1.

Fueillet.i.

Le prologue

Il suffist a vostre tres haulte seigneurie prosperāt en fleur de ieunesse militer soubz le triūphant estādart de mars le grāt dieu des batailles dont voꝰ auez veu les exploitz plus q̄ nul prince de vostre aage Se auecques ce comme embrase dardant desir espris damoureuses estincelles ne desirez estre champion des dames ensuyuant le tresplaisant guidon de venus deesse damours. Dont iasoit ce que les arcz / les dartz/les lances & les harnoys de lamoureuse artillerie soient de plus tendre trepeure que ceulx de guerre que lon forge a milan. Toutesfois quant ilz sont sub-

b i

Fig. 4. Jean Molinet, *Roman de la Rose moralisié*, Paris, pour Antoine Vérard, vers 1500. Paris, BnF, Réserve des livres rares, Vélins 1102, f. B1.

Le prologue de Lacteur.

Vng iour moy estant dedans mon estude quasi comme recluz vng peu trouble en mon entendemẽt: lors pour recreer mon debile esprit: et aussi pour eviter oysiuete : ma fantasie arriere regectee : me prins a visiter plusieurs liures et volumes Rommains/Cronicques/Postilles ⁊ Commentz tant de sacree et saincte escripture que daultres souuerains aucteurs historiographes : lesquelz nous ont este notoirement diuulguez Moyennant le Noble et Industrieux art de Impression: lequel administre presentement aux entendemens humains toutes sciences qui ont este par cy deuant absconsees. Adonc apres que ieuz leu ⁊ reuolue mes liures Entre les autres y en trouuay vng escript et dicte en rime Picarde : lequel traictoit des faictz et prouesses du Noble ⁊ vaillant cheuallier Theseus de Coulongne: qui par ses faictz bellicqueux et discipline millitaire apres sa mort a delaisse perpetuelle memoire de sa grãde prouesse et renommee immortelle. Je donc considerant que si cestuy Rommant estoit mis en prose: que plus voulentiers les cueurs des humains y prendroient plaisir a le lire ou ouyr lire: Parquoy me deliberay de le mettre en prose: combien que iaye lentendement ⁊ le langaige simple ⁊ rude non eloquent: qui pourroit estre cause que en redigeant ce liure en prose se pourroit trouuer aucun langaige mal couche: ou pareillement en aucuns lieux plus de parolles ou moins que au liure ne appartient : ou aucunes raisons mal proposees ou superflues : nonobstant toutes ces choses considerees: Moy confiant a la doulceur ⁊ grande benignite de ceulx qui liront ou escouteront lire ce Rommant: iay propose en mon entendement le mettre en prose : car moult serois plain de ioye si ie pouoie faire chose qui fust plaisante ⁊ agreable a nostre seignr premieremẽt: Et puis aux nobles cueurs et esperitz humains: desquelz ie desire moult lamour ⁊ beginiuolence. Si requiers humblement a tous Lecteurs: quil leur plaise mauoir pour excuse : et que silz y treuuent aucunes faultes: quil leur plaise les passer legierement ⁊ excuser mon simple et rude langaige mal aorne. Et aussi silz y treuuẽt aucune chose de bon: quilz en vueillent faire leur prouffit.

ã ii

Fig. 5. *Theseus de Coulongne*, Paris, Gilles de Gourmont pour Antoine Bonnemere, 1534, f. A2.

plus générales, qui nous amèneront vers la conclusion de notre panoramique.

L'aspect le plus voyant est évidemment constitué par l'établissement progressif de la page de titre[68], où trouvent place des intitulés parfois très simples (*Clamadés* : Lyon, Guillaume Le Roy pour Barthélemy Buyer, *c.* 1480 ; *Galien Rethoré* : Paris, Antoine Vérard, 1500), parfois plus articulés (*S'ensuyt le rommant de la belle Helaine de Constantinoble mere de sainct Martin de Tours en Touraine et de sainct Brice son frere* : Paris, Veuve Jean Trepperel, [1517-1525]) ; certains gardent la forme des anciens incipit (*Cy commence Guy de Warnich* [sic]*, chevalier d'Angleterre, qui en son temps fit plusieurs prouesses et conquestes en Allemaigne, Ytalie et Dannemarche, et aussi sur les infidelles ennemys de la chrestienté, comme pourrez veoir plus a plain en ce present livre…* : Paris, Antoine Couteau pour François Regnauld, 1525). Ce qui est certain, c'est que le passage à l'imprimé tend à figer la forme du titre qui, sauf de menues variantes et éventuellement des amplifications[69], se transmet désormais d'une édition à l'autre ; il en est ainsi pour *Renaut de Montauban*, dont le titre *Quatre fils Aymon* ne s'impose définitivement qu'à partir des incunables[70], et pour le *Roman de Fierabras*, devenu après l'édition de Martin Havard (1499) *La conqueste que fist le grant roy Charlemaigne es Espaignes*[71]…

Une autre question doit être rappelée : la présence du prologue se fait plus régulière, que celui-ci soit repris des versions manuscrites, modifié ou créé de toutes pièces. Dans notre corpus, trois textes méritent de retenir notre attention.

Fierabras de Jean Bagnyon : tout en récupérant l'ancien prologue, l'auteur (ou Adam Steinschaber ?) y apporte un ajout qui souligne la nouvelle organisation qu'il a été nécessaire de donner au texte : « messire Henry Bolomier » lui aurait en effet demandé de « ordonn[er] » dans le nouveau « livre » une « matiere desjointe, sans grant ordonnance » (prologue, f. n.n.) ; ce concept est mieux explicité dans le « petit prologue » qui introduit la seconde partie : l'auteur a été chargé de « reduire en prose par chappitres ordonnéz » « un roman fait a l'ancienne façon, sans grant ordonnance » ; et, encore, de « reduire la rime ancienne en prose et diviser la matiere par chapitres en la meilleure ordonnance [qu'il saura] » (f. n.n.)[72].

L'édition Vérard ajoute à *Galien Rethoré* un prologue qui ne se lit pas dans le manuscrit[73] ; assumé par « l'acteur », il souligne lui aussi la structure du volume et le rapport entre celle-ci et la présence d'une table des chapitres : « redigeray ce livre par chapitres ainsi qu'il est escript dessus en la table, la ou on pourra trouver en chacun fueillet la matiere de quoy on vouldra sçavoir » (f. vi^{v}).

Même cas d'espèce pour le *Livre de Regnart*, où le prologue constitue une nouveauté des imprimés (Paris, Michel Le Noir, 1516)[74]. Ce texte est frappant dans la mesure où, d'un cadre topique (lors de la reverdie, le narrateur prétend avoir eu une vision qu'il décide de mettre par écrit) l'accent passe une fois de plus à l'organisation interne du livre, divisé « en deux petis traictez », où ce terme indique les deux parties de l'ouvrage (la première de vingt-trois, la seconde de cinquante chapitres), appelées « livres » à l'intérieur du texte[75].

Théséus de Cologne est sans doute le texte le plus intéressant de ce point de vue, puisque le prologue souligne non seulement la valeur des prouesses du protagoniste – ce qui fait partie des *topoï* récurrents dans ces morceaux liminaires –, mais surtout le rôle de l'imprimerie dans la diffusion du savoir : « lesquelz noms [des anciens auteurs] ont esté notoirement divulguez moyennant le noble et industrieux art de impression, lequel administre presentement aux entendemens humains toutes sciences qui ont esté par cy devant absconsees » (cité d'après l'édition d'Antoine Bonnemere, 1534, **Fig. 5**)[76].

Plus n'est besoin de démontrer qu'en France les décennies 1470-1530 se caractérisent en même temps par une continuité dans la transmission des textes et par la rupture que représente l'introduction de l'imprimerie. Pour ce qui nous concerne, la littérature narrative d'inspiration médiévale, qui manifestement n'a pas cessé d'intéresser un public vaste de lecteurs, a bien pu profiter du renouveau technique pour se diffuser, tant géographiquement – en dépassant les frontières des foyers culturels où les « mises en prose » s'étaient surtout développées au XVe siècle, la Bourgogne des ducs Valois tout particulièrement – que quantitativement. Cette mutation a entraîné deux conséquences majeures : d'une part, un tri sur le nombre des textes, tri dont ont été responsables les imprimeurs-éditeurs non seulement de la première génération[77], et qui a eu pour résultat l'oubli d'un certain nombre de titres jusqu'au XVIIIe siècle[78], voire jusqu'au XIXe siècle[79] ; en corollaire, la formation d'une sorte de « canon » littéraire destiné parfois à intégrer les collections de colportage, en atteignant sous une forme encore renouvelée des couches de plus en plus vastes, et moins cultivées, de lecteurs.

Il n'est sans doute pas inutile de rappeler que ces grands succès de librairie ont fait l'objet pendant longtemps d'une condamnation sans appel de la part de la critique, qui les a vite classés comme des avatars indignes d'étude[80] ; d'autre part, dans une histoire de la lecture en France, si l'on veut comprendre ce qui a déterminé la durée de certaines fortunes littéraires, c'est bien aux années 1470-1530 et au travail de nos anciens éditeurs qu'il faudra remonter.

Annexe

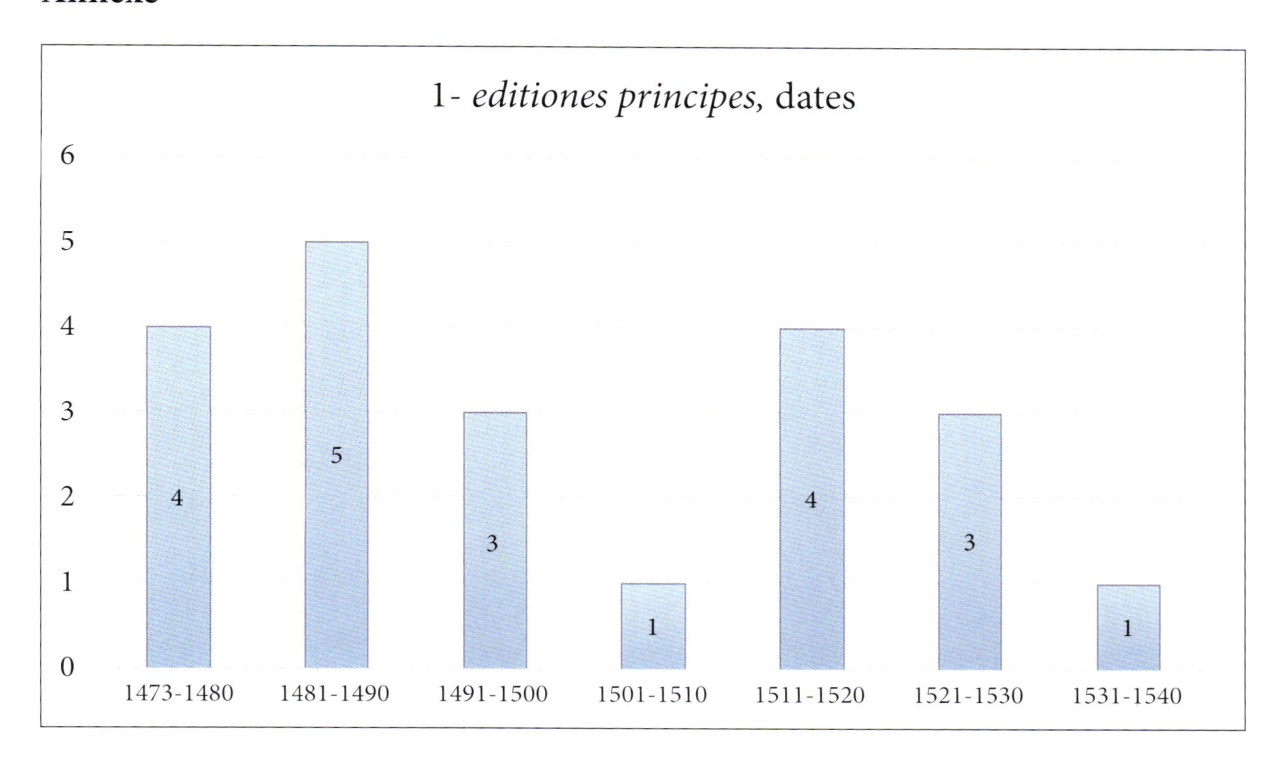
1- *editiones principes,* dates
6
5
4
3
2
1
0
4
5
3
1
4
3
1
1473-1480
1481-1490
1491-1500
1501-1510
1511-1520
1521-1530
1531-1540

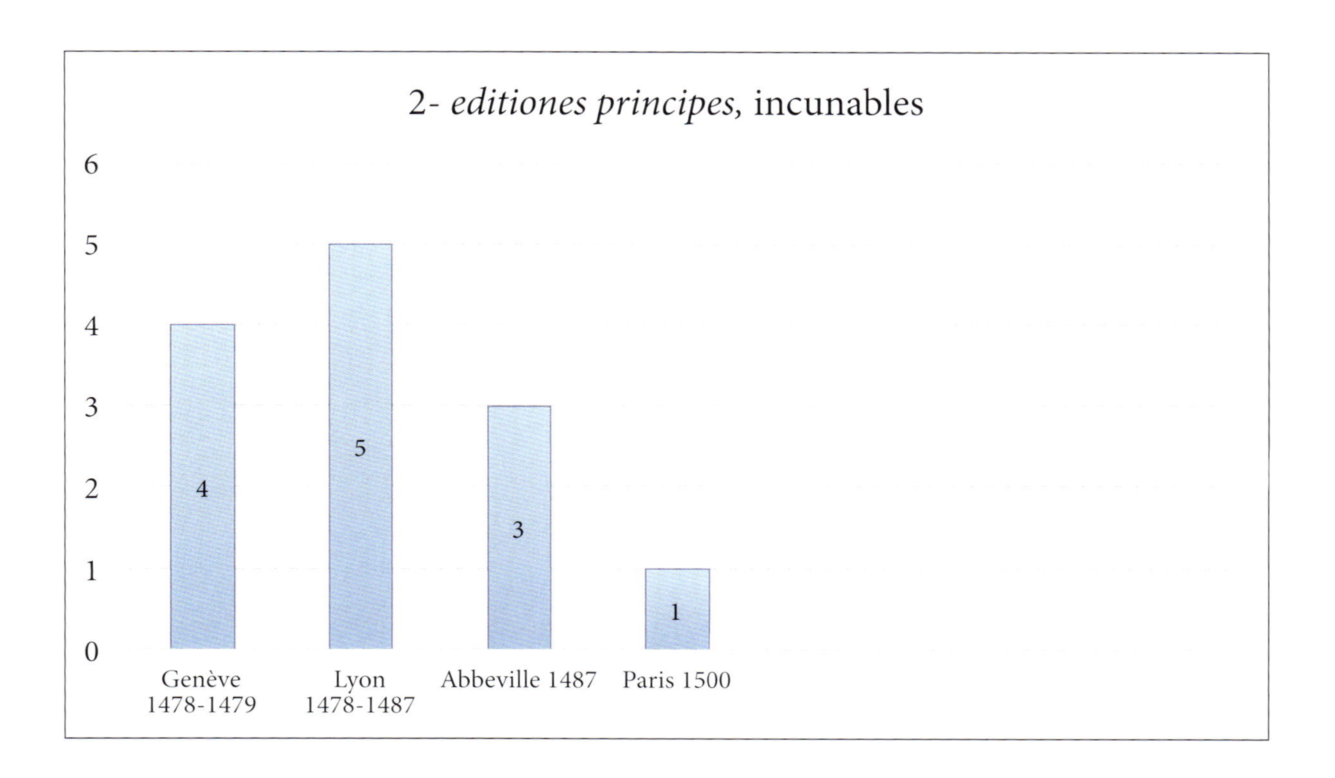
2- *editiones principes,* incunables
6
5
4
3
2
1
0
4
5
3
1
Genève 1478-1479
Lyon 1478-1487
Abbeville 1487
Paris 1500

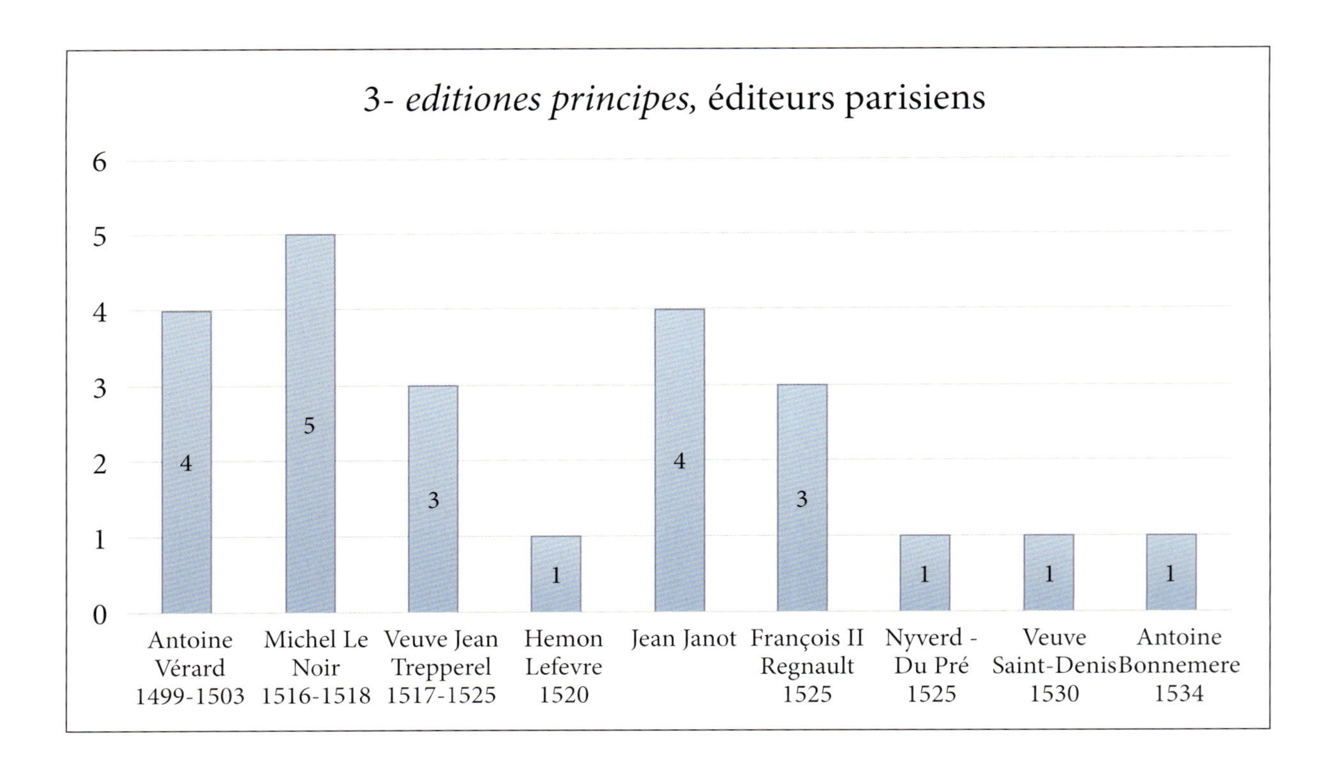

3- *editiones principes*, éditeurs parisiens
6
5
4
3
2
1
0
4
5
3
1
4
3
1
1
1
Antoine Vérard 1499-1503
Michel Le Noir 1516-1518
Veuve Jean Trepperel 1517-1525
Hemon Lefevre 1520
Jean Janot
François II Regnault 1525
Nyverd - Du Pré 1525
Veuve Saint-Denis 1530
Antoine Bonnemere 1534

Titre	Date (texte)	Manuscrits	Datation (manuscrits)	Incunables	Éditions
Baudouin de Flandre	*c.* 1450	10	1440-fin XVe s.	4 : 1478-1498	6 : [1510]-[1572-1610]
Belle Hélène de Constantinople anonyme	XVe s.	3	2nde moitié XVe s.		10 : [1517-1525]-1593
Bérinus	*ante* 1380	4+1 fragment	XVe s.		4 : [1521-1522]-[1543-1572]
Bertrand du Guesclin (version A)	1387	7	XVe s.		
Bertrand du Guesclin (version Ac)				1 : 1487	1 : 1507
Bertrand du Guesclin (version B)	1389	6	fin XIVe-XVIe s.		
Bertrand du Guesclin (version Bc)		4	milieu XVe s.	1 : 1487	3 : 1521-[1543-1572]
Beuve de Hantone	XVe s.	2	XVe s.		5 : [1499-1503]-[1543-1572]
Ciperis de Vignevaux	1450-1460	1	1450-1460		4 : [1531-1532]-[1543-1572]
Clamadés	*c.* 1480	1	1460 ? *post* 1480 ?	4 : *c.* 1480-1493	4 : 1502-[*c.* 1530]
Fierabras de Jean Bagnyon	*ante* 1470-1478	2	1470-1478-XVe s.	10 : 1478-1499	18 : 1501-1588
Galien Rethoré	2nde moitié XVe s.	1	XVe s.	1 : 1500	10 : [1512-1519]-1575
Gérard de Nevers	1451-1464	2	1451-1467		2 : 1520, 1526
Gui de Warwick	1400-1445	2	milieu XVe s.		2 : 1525-[1550]
Livre de Regnart	fin XVe s.	1	1475-1500		4 : 1516-1551
Pèlerinage de vie humaine	1465	3 (groupe B)	XVe-début XVIe s.	5 : 1485-1499	4 : 1504-[*c.* 1520]
Pèlerinage de l'âme	1422-1427	5	*inter c.* 1427-*c.* 1478	1 : 1499	
Renaut de Montauban / Quatre fils Aymon (prose vulgate)	1400-1450	6 (famille A)	XVe s.	6 : [1483-1485]-1499	18 : 1506-1599
Renaut de Montauban (prose bourguignonne)	*ante* 1462	3	1462-*c.* 1470		*Maugis*, 10 : 1518-1588 *Mabrian*, 10 : [1525-1526]-1581
Roman de la Rose moralisé	1499-1500	2	*c.* 1500, *post* Vérard	1 : *c.* 1500	2 : 1503-1521
Théséus de Cologne	XVe s.	4	XVe-XVIe s.		3 : 1504-[*c.* 1550]
Vengeance de Notre Seigneur / Destruction de Jérusalem	XIVe s.	29	XIVe-début XVIe s.	13 : 1479-1499	21 : 1501-1577

NOTES

1 M. COLOMBO TIMELLI, B. FERRARI, A. SCHOYSMAN et Fr. SUARD (éd.), *Nouveau Répertoire de mises en prose (XIVe-XVIe siècles)*, Paris, 2014 ; dorénavant : *Nouveau Répertoire*.

2 Ce même sujet est au cœur d'une contribution récente de M. ROCCATI, « Le roman dans les incunables : l'impact des stratégies éditoriales dans le choix des titres imprimés », dans A. SCHOYSMAN et M. COLOMBO TIMELLI (éd.), *Le roman français dans les premiers imprimés*, Paris, 2016, p. 95-126 : sa perspective est complémentaire à la nôtre, dans la mesure où il s'agit pour lui de recenser les premières éditions de « romans » français (au sens très large d'« œuvres narratives longues ») parues avant 1499 ; Roccati amplifie et met à jour les éléments qu'il avait réunis dans « Il romanzo in Francia alla fine del XV secolo : la testimonianza degli incunaboli », dans *Homo sapiens Homo humanus*, Florence, 1990, vol. 2, p. 185-202.

3 Le graphique 1 (annexe) montre la distribution chronologique des *editiones principes* parues entre 1478 et 1540.

4 Notice de M. COLOMBO TIMELLI, dans *Nouveau Répertoire*, *op. cit.* (notre note 1), p. 39-49.

5 Notice de Fr. SUARD, dans *Nouveau Répertoire*, *op. cit.* (notre note 1), p. 229-238.

6 Notice de B. FERRARI dans *Nouveau Répertoire*, *op. cit.* (notre note 1), p. 873-890. Cette prose a circulé sous les deux titres, tant dans les manuscrits que dans les imprimés.

7 Notice de F. MAILLET, dans *Nouveau Répertoire*, *op. cit.* (notre note 1), p. 175-181.

8 A. LÖKKÖS, *Catalogue des incunables imprimés à Genève, 1478-1500*, Genève, 1978, p. 18 ; GLN-6530.

9 A. LÖKKÖS, « La production des romans et des récits aux premiers temps de l'imprimerie genevoise », dans *Cinq siècles d'imprimerie genevoise*, Genève, 1980, vol. 1, p. 15-30 ; p. 20-22.

10 LÖKKÖS, *op. cit.* (notre note 8), p. 19-21 ; GLN-6532 ; LÖKKÖS, *op. cit.* (notre note 9), p. 24. Sur ces trois titres publiés par Steinschaber, voir aussi ROCCATI, 1990, *op. cit.* (notre note 2), p. 192-193 ; ROCCATI, 2016, *op. cit.* (notre note 2), p. 98-99 ; S. CAPPELLO, « Répertoire chronologique des premières éditions des romans médiévaux français aux XVe et XVIe siècles », dans *Studi in ricordo di Guido Barbina. Est Ovest. Lingue, stili, società*, Udine, 2001, vol. 2, p. 167-186, p. 172-173.

11 Buyer fut essentiellement bailleur de fonds et marchand libraire, mais se réservait le choix des textes à faire imprimer (L. FEBVRE et H.-J. MARTIN, *L'apparition du livre*, Paris, 1971 [1958], p. 177-179). Voir surtout A. CLAUDIN, *Histoire de l'imprimerie en France au XVe et au XVIe siècle*, Paris, t. 3, 1904, p. 1-28 (B. Buyer ; pour *Baudouin*, p. 19-20) et 29-112 (G. Le Roy ; en particulier p. 38-40 pour *Baudouin*, p. 41-43 pour *Clamadés*). Sur les deux titres qui nous intéressent, voir aussi ROCCATI, 1990, *op. cit.* (notre note 2), p. 191-192 ; ROCCATI, 2016, *op. cit.* (notre note 2), p. 99 ; CAPPELLO, *op. cit.* (notre note 10), p. 172-173.

12 Voir graphique 2 (annexe). Dans une vaste bibliographie, mérite d'être signalé l'article de D. COQ, « Les débuts de l'édition en langue vulgaire en France : publics et politiques éditoriales », *Gutenberg Jahrbuch*, 62, 1987, p. 59-72. Steinschaber à Genève, Le Roy à Lyon – ainsi que William Caxton et Colard Mansion à Bruges – sont à l'origine de la « première vague de publications de romans médiévaux » : S. CAPPELLO, « L'édition des romans médiévaux à Lyon dans la première moitié du XVIe siècle », *Réforme Humanisme Renaissance*, 71, 2010, p. 55-71, p. 61.

13 Voir ROCCATI, 1990, *op. cit.* (notre note 2), p. 197-198, qui souligne aussi la similarité des productions genevoise et lyonnaise (p. 198-199) ; sur les romans arthuriens et l'imprimerie, voir : C. PICKFORD, « Les éditions imprimées des romans arthuriens en prose antérieurs à 1600 », *Bulletin bibliographique de la société internationale arthurienne*, 13, 1961, p. 99-109 ; Ph. MÉNARD, « La réception des romans de chevalerie à la fin du Moyen Âge et au XVIe siècle », *Bulletin bibliographique de la société internationale arthurienne*, 49, 1997, p. 234-273, p. 242-243.

14 Le premier propose la chronique des rapports entre le royaume de France et la Flandre de 1180 à 1292, à laquelle s'ajoutent les aventures de trois personnages : Baudouin, qui épouse le diable, Ferrant, fils naturel de Philippe Auguste, et Jean Tristan, fils du roi Louis IX. Le second s'organise selon un triptyque : histoire des rois de France jusqu'à Charlemagne, mise en prose de la chanson de geste *Fierabras*, expéditions de Charlemagne en Espagne.

15 Notice de S. BAUDELLE-MICHELS, dans *Nouveau Répertoire*, *op. cit.* (notre note 1), p. 699-715. Sur cet incunable, voir CLAUDIN, *Histoire de l'imprimerie en France au XVe et au XVIe siècle*, Paris, t. 4, 1914, p. 387-393.

16 Notice de Fr. BOURGEOIS, dans *Nouveau Répertoire*, *op. cit.* (notre note 1), p. 643-667.

17 Cette *princeps* fut suivie de trois autres éditions du même M. Husz, en 1486, 1488, 1499. Sur Mathieu Husz, voir CLAUDIN, *op. cit.* (notre note 11), t. 3, p. 245-328 ; imprimeur des plus actifs, son nom est associé à cent vingt-cinq titres dans l'ISTC, cent huit dans l'USTC, tant en latin qu'en français.

18 Notices d'Y. VERMIJN, dans *Nouveau Répertoire*, *op. cit.* (notre note 1), p. 83-98 (prose « A ») et 99-113 (prose « B »).

19 Sur cette version, voir : M. THIRY-STASSIN, « *Bertrand du Guesclin*. Approches du *Triumphe des Neuf Preux*, Abbeville, Pierre Gerard, 30 mai 1487 », dans A. SCHOYSMAN et M. COLOMBO-TIMELLI (éd.), *Le roman français dans les premiers imprimés*, Paris, 2016, p. 143-157.

20 Pierre Gérard avait inauguré son activité par deux titres : la *Somme rurale* de Jean Boutillier (1486) et la version française de la *Cité de Dieu* en collaboration avec le parisien Jean Du Pré (1486-1487) ; sur cette association, dont Lepreux conteste le bien-fondé, voir : CLAUDIN, *Histoire de l'imprimerie en France au XVe et au XVIe siècle*, t. I, Paris, 1900, p. 233 et 282-283 ; G. LEPREUX, *Gallia typographica*, t. I, Paris, 1909, p. 149-151 ; A. BLUM, *Les origines du livre à gravures en France. Les incunables typographiques*, Paris et Bruxelles, 1928, p. 68-69 ; sur les origines de l'imprimerie à Abbeville : A. LEDIEU, *L'imprimerie et la librairie à Abbeville avant 1789*, Abbeville, 1887 (sur le *Triumphe*, p. 9-10). Selon l'USTC, que confirme le catalogue de la BnF, après les trois éditions de P. Gérard, l'activité éditoriale ne reprit qu'un siècle plus tard, avec l'*Edict et declaration... par laquelle Sa Majesté* [Henri IV] *a confirmé tous les anciens privileges d'Abbeville*, A. du Mesnil, 1594.

21 Pour les éditions parisiennes, voir graphique 3 (annexe).

22 Notice de Fr. DUVAL, dans *Nouveau Répertoire*, *op. cit.* (notre note 1), p. 669-680.

23 Notice de B. GUIDOT, dans *Nouveau Répertoire*, *op. cit.* (notre note 1), p. 285-293.

24 Notice de J.-P. MARTIN, dans *Nouveau Répertoire*, *op. cit.* (notre note 1), p. 115-121.

25 Notice de J. DEVAUX, dans *Nouveau Répertoire*, *op. cit.* (notre note 1), p. 761-772.

26 Tendance que confirme la production globale de Vérard, éditeur de nombreux romans arthuriens dès les débuts de son activité : *Lancelot* (1488), *Tristan* (1489), *Merlin* (1498), *Guiron le Courtois* (1501).

27 Décoré par un seul bois gravé et des lettrines initiales noires.

28 *Galien* : Londres, B.L., C-22-c-9 ; *Roman de la Rose moralisé* : Londres, B.L., C-22-c-2 ; Paris, BnF, Rés. Vélins 1101 et 1102.

29 Je remercie Mme Martine Lefèvre, conservateur au département de l'Arsenal de la Bibliothèque nationale de France, qui a bien voulu vérifier pour moi le format de cette édition.

30 Sur l'illustration des premières éditions imprimées, on lit toujours avec intérêt l'article de D. SANSY, « Texte et image dans les incunables français », *Médiévales*, 22-23, 1992, p. 47-70.

31 Si l'on élargit le panoramique aux mises en prose dont aucun manuscrit n'est conservé, il faudrait encore ajouter cinq titres pour la période des incunables : *Valentin et Orson* (1489), *Ogier le Danois* (1496), *Robert le Diable* (1496), *Florent et Lyon* (1500), *Généalogie de Godefroi de Bouillon* (1500) ; treize autres après 1501 : *Doolin de Mayence* (1501), *Milles et Amys* (1507), *Huon de Bordeaux* (1513), *Conquête de Trébisonde* (1517), *Guérin de Montglave* (1518), *Jourdain de Blaves* II (1520), *Giglan* (*ante* 1521), *Guillaume de Palerne* [1527-1530/32], *Florimont* (1528), *Perceval le Gallois* (1530), *Richard sans Peur* [*c.* 1536], *Meurvin* (1540), *Gérard d'Euphrate* (1549).

32 L'expression est de Brigitte Moreau : voir S. RAMBAUD, « La "Galaxie Trepperel" à Paris (1492-1530) », *Bulletin du Bibliophile*, 2007, 1, p. 145-150 ; « L'atelier de Jean Trepperel, imprimeur-libraire parisien (1492-1511) », dans G. CROENEN et P. AINSWORTH (éd.), *Patrons, Authors and Workshops. Books and Book Production in Paris around 1400*, Louvain, Paris et Dudley, 2006, p. 122-141 ; « Libraires, imprimeurs, éditeurs, les Trepperel de la rue Neuve-Notre-Dame à Paris », dans *Raconter en prose (XIVe-XVIe siècle)*, Paris, 2017, p. 109-119. Ce même volume contient une importante mise au point de S. CAPPELLO, « Les éditions de romans de Jean II Trepperel » (p. 121-145), qui fait la part fait la part des œuvres publiées par Jean Ier et par son fils à la même adresse de l'Écu de France.

33 Seul un fragment en est conservé : Fr. BOURDILLON, « Theseus de Cologne : Notes on a fragment of a lost edition and an unknown version of the romance », *The Library*, 33, 1918, p. 73-83.

34 Voir S. RAMBAUD, « *Le chevalier Bérinus* et ses impressions parisiennes, rue Neuve-Notre-Dame », *Studi francesi*, 175, 2015, p. 75-80.

35 Selon l'USTC ; selon Ph. RENOUARD, *Imprimeurs parisiens, libraires, fondeurs de caractères et correcteurs d'imprimerie, depuis l'introduction de l'imprimerie à Paris (1470) jusqu'à la fin du XVIe siècle*, Paris, 1898, p. 229, il aurait exercé de 1511 à 1535.

36 A. JAULME, *Étude sur François Regnault libraire et imprimeur à Paris (1500-1541)*, thèse de l'École des chartes, 1924 (voir *Positions des thèses*, 1924). Voir aussi J.-D. MELLOT et É. QUEVAL, *Répertoire d'imprimeurs / libraires (vers 1500-vers 1810)*, Paris, 2004, nº 1342 (Antoine Cousteau) et nº 4178 (François Regnault). RENOUARD, *op. cit.* (notre note 35), p. 85-86 (Antoine Cousteau), et p. 311-314 (François Ier et François II Regnault : Jaulme a cependant prouvé que l'existence de deux éditeurs au même nom est le produit d'une faute).

37 Voir P. DELALAIN, *Galliot Du Pré, libraire parisien de 1512 à 1560*, Paris, 1890 ; et *Notice complémentaire sur Galliot Du Pré*, Paris, 1891. Voir aussi : RENOUARD, *op. cit.* (notre note 35), p. 113-114 (Galliot Du Pré) et p. 283-284 (Jacques Nyverd) ; MELLOT et QUEVAL *op. cit.* (notre note 36), nº 1766 (Galliot Du Pré) ; A. PARENT, *Les métiers du livre à Paris au XVIe siècle (1535-1560)*, Genève, 1974, p. 217-251.

38 RENOUARD, *op. cit.* (notre note 35), p. 336.

39 FERRARI, *op. cit.* (notre note 6), p. 873-884.

40 Voir D. HILLARD, « La *Destruction de Jerusalem* en bande dessinée (Paris, vers 1515) », *Bulletin du Bibliophile*, 1996, 2, p. 302-340, en particulier p. 306-307 ; la liste des éditions donnée en annexe, p. 337-339, a été vérifiée et complétée par FERRARI, *op. cit.* (notre note 6).

41 COLOMBO TIMELLI, *op. cit.* (notre note 4), p. 39-44.

42 Et pour la *Vengeance* / *Destruction* même au-delà, par le passage ultérieur dans la Bibliothèque Bleue : voir FERRARI, *op. cit.* (notre note 6), p. 888.

43 Y. VERMIJN s'est interrogée sur les raisons de cette circulation de l'histoire de Du Guesclin sous de multiples formes dans la France des XIVe-XVe siècles (poème en vers, deux rédactions en prose, chacune ayant connu aussi une version abrégée), dans « Trois traditions manuscrites parallèles. La *Chanson de Bertrand du Guesclin* et ses mises en prose de 1380 à 1480 », dans *Pour un nouveau répertoire des mises en prose. Roman, chanson de geste, autres genres*, Paris, 2014, p. 347-360 ; son enquête s'arrête cependant au seuil du passage à l'imprimé.

44 VERMIJN, *op. cit.* (notre note 18), p. 99-104.

45 S. BAUDELLE-MICHELS, *Les avatars d'une chanson de geste. De* Renaut de Montauban *aux* Quatre Fils Aymon, Paris, 2006.

46 BAUDELLE-MICHELS avance trois hypothèses pour expliquer ce succès, dont elle épouse la dernière : l'excellence du récit primitif en vers (p. 450), l'instabilité du protagoniste (p. 451-452), et surtout la plasticité de l'histoire, susceptible d'être adaptée à de nouveaux publics (p. 452).

47 Pour les détails, voir les notices de S. BAUDELLE-MICHELS dans *Nouveau Répertoire*, *op. cit.* (notre note 1) : version « vulgate », p. 699-715 (en particulier, sur la fortune ultérieure du texte, p. 711-712) ; version « bourguignonne » p. 717-746 (avec la collaboration de D. QUÉRUEL pour la section *Maugis*, et de S. HÉRICHÉ-PRADEAU pour la section *Mabrian*).

48 Il s'agit des manuscrits du groupe B (fin XVe-début XVIe siècle) : voir la notice de BOURGEOIS, *op. cit.* (notre note 16), p. 656-661.

49 Par ailleurs, les textes-sources en vers, de Guillaume de Digulleville, continuaient à circuler : G. VEYSSEYRE, « Liste des manuscrits des trois *Pèlerinages* de Guillaume de Digulleville », dans *Guillaume de Digulleville, Les Pèlerinages allégoriques*, Rennes, 2008, p. 425-453. Deux éditions au moins des *Pèlerinages* en vers sont connues : le *Pèlerinage de l'homme* (version remaniée par un moine de Clairvaux), Paris, Antoine Vérard, 1511 ; et le *Roman des trois pèlerinages*, Paris, Berthold Rembolt et Jean Petit, s. d. [*c.* 1517].

50 Notice de M. BACQUIN, dans *Nouveau Répertoire*, *op. cit.* (notre note 1), p. 849-864.

51 Notice de Chr. FERLAMPIN-ACHER, dans *Nouveau Répertoire*, *op. cit.* (notre note 1), p. 71-82.

52 Le poème en vers fut en effet mis en prose deux fois au XVe siècle : par Jean Wauquelin, dont le texte ne nous est transmis que par un manuscrit bourguignon (notice de M.-Cl. de CRÉCY, dans *Nouveau Répertoire*, *op. cit.* (notre note 1), p. 51-60), et par un prosateur anonyme, qui abrégea considérablement sa source et dont la version connut une diffusion beaucoup plus importante et prolongée ; notice de B. FERRARI, dans *Nouveau Répertoire*, *op. cit.* (notre note 1), p. 61-69.

53 Tout au moins, en l'état actuel de nos connaissances : selon B. FERRARI, une édition au moins a précédé celle de la Veuve Trepperel ; « *La Belle Hélène de Constantinople* au XVIe siècle », *L'Analisi Linguistica e Letteraria*, 12, 2004 [2006], p. 95-117, p. 102.

54 A. CHASSAGNE-JABIOL, *Évolution d'un roman médiéval à travers la littérature de colportage : « La Belle Hélène de Constantinople »*, thèse de l'École des chartes, 1974 (*Positions des thèses*, 1974, p. 45-50) ; FERRARI, *op. cit.* (notre note 52), p. 66.

55 Un des deux date de 1470-78 : il peut donc être considéré comme contemporain de la première édition (1478).

56 GUIDOT, *op. cit.* (notre note 23), p. 286 et 290-291.

57 Voir H. WIJSMAN (éd.), *Books in Transition at the Time of Philip the Fair. Manuscripts and Printed Books in the Late Fifteenth and Early Sixteenth Century Low Countries*, Turnhout, 2010 (Burgundica, 15) ; et en particulier les contributions de H. WIJSMAN, « Une bataille perdue d'avance ? Les manuscrits après l'introduction de l'imprimerie dans les anciens Pays-Bas », p. 257-272, et de H. PLEIJ, « Printing as a long-term revolution », p. 287-307.

58 Voir Sh. EDMUNDS, « From Schoeffer to Vérard : Concerning The Scribes Who Became Printers », dans *Printing the Written Word. The Social History of Books, circa 1450-1520*, éd. S. HINDMAN, Ithaca et Londres, 1991, p. 21-40.

59 Dominique Coq parle à ce propos de « manuscrits-imprimés » : COQ, *op. cit.* (notre note 12), p. 68.

60 Un exemple pris en dehors de notre corpus : le *Donat espirituel*, incunable de Colard Mansion [*inter* 1479 et 1484, un seul exemplaire connu], est conservé à la B.M. de Lille sous la cote ms. 139, relié avec quatre autres éditions de Mansion : voir *Catalogue général des manuscrits des bibliothèques publiques de France*, t. 26 (Lille, Dunkerque, Bergues, Roye, Péronne, Ham, La Chatre), Paris, 1897, p. 108-110 ; reprenant Paul Saenger, Dominique Coq souligne que les imprimés de Colard Mansion « ne se distinguent en rien de leurs compagnons manuscrits dans leur apparence : même format, même support (le vélin est privilégié), même mise en page, même système graphique avec des caractères typographiques imitant à la perfection la bâtarde bourguignonne calligraphiée, même préparation à l'illustration (des blancs sont réservés pour des miniatures postérieures) » : COQ, *op. cit.* (notre note 12) p. 67.

61 Pour une éclairante mise au point, on verra : C. VAN HOOREBEECK, *Livres et lectures des fonctionnaires des ducs de Bourgogne (ca 1420-1520)*, Turnhout, 2014, en particulier « Manuscrit et imprimé, retour sur les raisons d'un succès inégal », p. 175-207.

62 MAILLET, *op. cit.* (notre note 7), p. 171-174.

63 D. BOHLER, « Du roman au récit "light" : la mise en prose de *Cleomadés* au XVe siècle. Réflexions sur le remaniement par abrègement », dans *Mettre en prose aux XIVe-XVIe siècles*, éd. M. COLOMBO TIMELLI, B. FERRARI, A. SCHOYSMAN, Turnhout, 2010, p. 77-86. Les deux versions ont été publiées par R. TRACHSLER et F. MAILLET, Paris, 2010. MAILLET, *op. cit.* (notre note 7), p. 175-181.

64 Voir l'édition dans FERRARI et MAILLET, *op. cit.* (notre note 63), p. 23-27 : R. Trachsler et F. Maillet ne parviennent cependant pas à résoudre le problème de la datation des deux témoins.

65 Le *Roman* de Molinet a fait l'objet de la thèse HDR de J. DEVAUX (Sorbonne Nouvelle-Paris 3, 2008), inédite.

66 Je dois cette information à la gentillesse de Jean Devaux.

67 Cette tendance commence heureusement à être dépassée : ainsi, tout récemment, S. LECOMTE a très clairement montré l'apport des premiers imprimés tant dans le choix du manuscrit de base que comme textes de contrôle pour l'édition de *Gui de Warwick* en prose : « Le *Guy de Warwick* en prose entre manuscrits et imprimés : problèmes d'édition », dans A. SCHOYSMAN et M. COLOMBO TIMELLI (éd.), *Le roman français dans les premiers imprimés*, Paris, 2016, p. 81-93. Cependant, les deux petites pages publiées par D. COQ il y a plus de trente ans gardent dans l'ensemble toute leur actualité : « L'incunable, un bâtard du manuscrit ? », *La Gazette du livre médiéval*, 1, 1982, p. 10-11.

68 Je ne prends pas en compte les questions matérielles liées à la mise en page, aux couleurs utilisées (notamment, l'alternance noir / rouge), à la présence de bois gravés.

69 Tel est le cas, par exemple, du *Livre de Regnart*, devenu dans l'édition Michel Le Noir (1516) *Maistre Regnard et dame Hersant*, puis dans celle de Philippe Le Noir [*c.* 1534] *Le livre de Maistre Regnard et de dame Hersant sa femme, livre plaisant et facetieux contenant maintz propos et subtilz passages couvers et cellez pour monstrer les conditions et meurs de plusieurs estatz et offices, comme sera declaré cy aprés.*

70 BAUDELLE-MICHELS, *op. cit.* (notre note 15), p. 710-711.

71 SUARD, *op. cit.* (notre note 5), p. 236.

72 L'importance de la structure en chapitres est plusieurs fois soulignée dans la table des titres, située en ouverture du volume : « Cy commencent les chappitres des tiltres de l'euvre suyvant nombréz pour trouver plus legierement la matiere dedens comprinse » (f. n.n.).

73 Paris, BnF, ms. Français 1470 : manuscrit unique, il transmet une version plus succinte.

74 Voir la notice de E. SUOMELA-HÄRMÄ, *Nouveau Répertoire*, *op. cit.* (notre note 1), p. 534-535.

75 Je me permets de renvoyer à mon article, « Qu'est-ce qu'un *traité* en moyen français ? Petit itinéraire parmi les « "mises en prose" des XVe-XVIe siècles », *Carte romanze*, 2, 2014 (en ligne).

76 La *princeps* de Jean Trepperel (1504) est perdue : BACQUIN, *op. cit.* (notre note 50), p. 862.

77 D'autres *editiones principes* de mises en prose suivront jusqu'en 1549 (dernière en date, *Gérard d'Euphrate* de Jean Maugin), dont aucune version manuscrite ne nous est parvenue.

78 Époque où, grâce à des entreprises telles que les *Mélanges tirés d'une grande bibliothèque* du Marquis de Paulmy, s'effectue la redécouverte non seulement des œuvres du Moyen Âge « classique », mais aussi celle des textes des XIVe et XVe siècles et surtout des incunables et imprimés anciens.

79 Lorsque voient le jour, en appendice des premières éditions scientifiques, les mises en prose des romans de Chrétien de Troyes (*Cligés*, par W. FÖRSTER en 1884 ; *Erec* par le même en 1890).

80 Cette vision s'est de plus en plus estompée ces dernières années, comme le montrent les études sur la longue durée de certains titres ; pour en rester dans le domaine des mises en prose : É. GAUCHER, *Robert le Diable : histoire d'une légende*, Paris, 2003 ; E. POULAIN-GAUTRET, *La tradition littéraire d'*Ogier le Danois *après le XIIIe siècle : permanence et renouvellement du genre épique médiéval*, Paris, 2005 ; S. BAUDELLE-MICHELS, *op. cit.* (notre note 45).

Apres ce que adam z
eue furent expul
sez et bannis de
paradis terrestre et de delices

La *Pénitence d'Adam* de Colard Mansion. Un texte rare à l'heure de la diffusion en série

Delphine MERCUZOT

« Cy commence un petit traitié intitulé de la penitance d'Adam translaté du latin au françois au commandement de hault et puissant seigneur, monseigneur de la Gruthuse, conte de Wincestre, etc. par Colard Mansion son compere et humble serviteur. [*rubr.*] Quant j'ay bien regardé, leut et considéré le petit cayer que vous treshault et tres puissant seigneur et compere m'avez derrainement et nagaires baillié a translater de latin en françois qui est intitulé de la penitance Adam[1]... ».

Rédigée en 1472 et 1477 par l'imprimeur Colard Mansion à la demande de Louis de Bruges, la *Pénitence d'Adam* se singularise par sa rareté : seuls trois témoins manuscrits de cette traduction sont parvenus jusqu'à nous. Cette traduction d'un texte apocryphe latin, la *Vita Adae*, semble être restée confidentielle à l'heure où la presse typographique permettait la diffusion en série : des éditions romaines et allemandes ont circulé en Europe dans le dernier tiers du xve siècle. Le caractère mystérieux de ce petit texte correspond à la vie de Colard Mansion, dont nous ignorons à peu près tout, en dehors de sa période d'activité à Bruges de 1457 à son départ de la ville, probablement pour fuir ses créanciers, en 1484[2].

Depuis les travaux de Michael J. Stone et Mary B. Halford, prolongés par les efforts de Brian Murdoch, Marinus de Jonge, Johannes Tromp, Robert Coulsand et Daphna Arbel, l'étude des textes adamiques a amené à redéfinir leur place, non seulement dans la littérature apocryphe, mais aussi dans l'histoire religieuse juive et chrétienne[3]. Mais l'avancée majeure dans l'analyse de la tradition de la *Vita Adae* a été permise par les travaux d'édition de Jean-Pierre Pettorelli complétés par Jean-Daniel Kaestli[4]. Le récent colloque international consacré à la tradition adamique, la publication de la *Pénitence d'Adam* de Colard Mansion et la découverte suivie de la publication d'une version inconnue contenue dans le manuscrit 2680 de la bibliothèque de l'Arsenal par Isabelle Fabre attestent l'extraordinaire vitalité de ce champ d'étude[5]. L'œuvre de Colard Mansion, traducteur, scribe et imprimeur, a également fait l'objet de plusieurs travaux majeurs : signalons la belle thèse de Renaud Adam, le catalogue rédigé à l'occasion de la vente du manuscrit 191 de la collection Ritman, et l'exposition « Haute lecture » consacrée à Colard Mansion dans sa ville de Bruges en 2018[6].

Cette conjecture scientifique favorable offre aujourd'hui un nouveau cadre d'analyse pour resituer la *Pénitence d'Adam* dans la littérature apocryphe et la carrière de Colard Mansion. Pour analyser les stratégies éditoriales qui ont animé Colard Mansion, cet article s'attachera à définir le public visé par ce texte, son intérêt didactique, les sources utilisées et les choix de traductions. Pourquoi ce « petit cayer » n'a-t-il connu qu'une diffusion limitée ?

Les manuscrits de la *Pénitence d'Adam*, des œuvres personnelles attestant d'une relation privilégiée entre l'auteur et le commanditaire

La *Pénitence d'Adam* est un texte rare et étrange, une curiosité restée méconnue même si elle a charmé un érudit comme Van Praet. D'abord, en raison des figures de l'histoire du livre que sont l'auteur et le commanditaire de cette œuvre, dont le prestige tend à occulter le texte. Les noms de Louis de Bruges, grand bibliophile, et de Colard Mansion, artisan réputé pour la beauté de sa calligraphie et imprimeur visionnaire, suffisent à évoquer les splendides manuscrits produits autour de la cour de Charles le Téméraire. Bruges, résidence fréquente des ducs de Bourgogne, était devenue un atelier de production de manuscrits de luxe en langue française destinés aux « librairies » princières[7].

Pour un bibliophile, le caractère précieux de l'œuvre procède également de sa rareté numérique. Contrairement au germanophone Hans Folz, un autre imprimeur ayant traduit la *Vita Adae* en langue vernaculaire[8], Colard Mansion ne s'est pas soucié de diffuser sa traduction au-delà d'un cercle de lecteurs restreints. À l'heure où « le lien direct entre commanditaire et scribe laisse la place à un jeu complexe dont nous faisons encore aujourd'hui quotidiennement l'expérience et dans lequel l'initiative revient à l'entrepreneur commercial : l'imprimeur-éditeur[9] », la traduction de la *Vita Adae* par Colard Mansion illustre l'existence de ce lien direct et intime qui s'apprête à disparaître.

Les manuscrits produits dans l'atelier d'un pionnier de l'imprimerie…

Avec l'Anglais William Caxton, dont il était peut-être l'associé[10], Colard Mansion a introduit la presse typographique dans la ville de Bruges. À eux seuls, Mansion et Caxton sont responsables de 57 % des incunables français imprimés dans les Pays-Bas méridionaux. Ce chiffre est d'autant plus remarquable que leur activité ne s'étend que sur une petite dizaine d'années. Caxton a quitté le continent dès 1476, et l'aventure de Mansion s'achève brutalement en 1484[11]. En effet, ce pionnier de l'impression en langue française – au moment où les presses parisiennes n'impriment que des textes latins destinés à l'université[12] – demeure un scribe avant d'être un éditeur. Il n'a, en effet, pas compris la façon dont le changement technique transforme le marché du livre. Ses éditions particulièrement soignées impliquent un investissement trop lourd qui le conduit à la faillite : il doit fuir Bruges, criblé de dettes[13].

La mauvaise gestion n'est pas le seul facteur de la faillite de Colard Mansion. La crise des années 1480 porte un coup fatal aux ateliers et aux presses brugeoises. À partir de la mort du duc Charles le Téméraire en 1477, son « empire » fut disloqué. Le duché de Bourgogne revint à la couronne de France, tandis que les Pays-Bas passaient sous le contrôle de l'empereur Maximilien de Habsbourg, époux puis veuf de la fille du Téméraire, Marie de Bourgogne[14]. Révoltée contre l'empereur, Bruges fut lourdement mise à l'amende et perdit ses privilèges. Les premières années du principat de Philippe le Beau, fils de Marie de Bourgogne, correspondent donc à un épisode de crise économique, sociale, politique et culturelle pour l'ancien centre de la littérature courtoise bourguignonne. Comme le signale Renaud Adam, aucune publication ne peut être rattachée aux artisans enregistrés comme « imprimeurs » dans les archives brugeoises à partir de la fuite de Colard Mansion en 1484. Si la production de manuscrits se maintient au-delà du règne de Charles le Téméraire, en particulier grâce aux commandes de sa fille Marie de Bourgogne, l'imprimerie ne repart que dans les premières années du seizième siècle[15].

Seuls trois manuscrits médiévaux contenant la *Pénitence d'Adam* sont actuellement en circulation : le manuscrit français 1837 de la Bibliothèque nationale de France, le manuscrit provenant de la collection Ritman[16] et le manuscrit 5092 de la bibliothèque de l'Arsenal[17]. Le premier témoin, conservé au département des

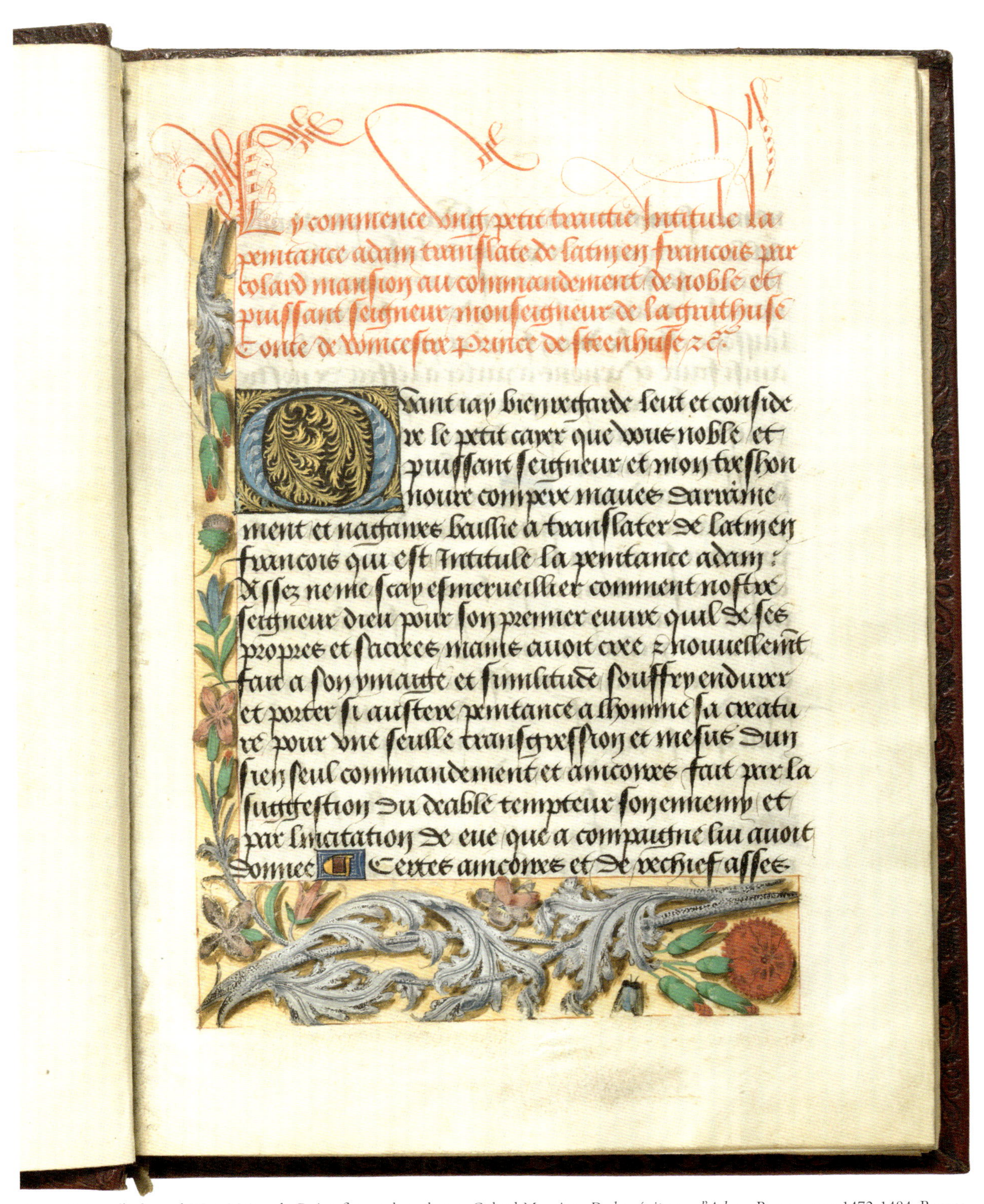

Cy commence ung petit traittie intitule la
penitance adam translate de latin en francois par
colard mansion au commandement de noble et
puissant seigneur monseigneur de la gruthuse
conte de wincestre prince de steenhuse z c.

Quant iay bien regarde leut et conside
re le petit cayer que vous noble et
puissant seigneur et mon treshon
noure compere maues darraine
ment et nagaires baillie a translater de latin en
francois qui est intitule la penitance adam :
Assez ne me scay esmerveillier comment nostre
seigneur dieu pour son premier euvre quil de ses
propres et sacrees mains auoit cree z nouuellemt
fait a son ymage et similitude souffry endurer
et porter si austere penitance a lhomme sa creatu
re pour vne seulle transgression et mesus dun
sien seul commandement et ainçoires fait par la
suggestion du deable tempteur son ennemy et
par limitation de eue que a compaigne lui auoit
donnee. Certes ainçoires et de rechief asses

Fig. 1. Maître d'Edouard IV et Maître du Boèce flamand, prologue. Colard Mansion, *De la pénitance d'Adam*, Bruges, vers 1472-1484. Bruges, Openbare Bibliotheek, ms. 759, f. 1.

Fig. 2. Maître brugeois de 1482, *Louis de Bruges, son fils et Colard Mansion contemplent les souffrances d'Adam et Ève*. Colard Mansion, *De la pénitence Adam*, Bruges, vers 1472-1484. Paris, BnF, ms. Français 1837, f. 6.

Manuscrits, présente une version courte de la *Pénitence d'Adam*, antérieure aux deux autres. Le deuxième, acquis par l'Openbare Bibliotheek de Bruges, présente une écriture plus calligraphiée et des lettres cadelées, et contient une version longue du texte (**Fig. 1**). Ces deux premiers manuscrits sont cependant rattachables à l'atelier de Colard Mansion par comparaison avec le *Valère Maxime* de la bibliothèque de l'Arsenal[18], qui sert de référence depuis qu'Anne Dubois l'a rapproché d'un contrat passé entre Philippe de Hornes et le copiste[19]. Si le troisième témoin de la bibliothèque de l'Arsenal semble légèrement postérieur et n'a pas été copié par Colard Mansion, il est cependant possible d'identifier un cercle restreint d'artisans ayant travaillé à partir de ce texte. En effet, selon Anne Dubois, les miniatures liminaires du manuscrit français 1837 de la bibliothèque nationale de France et du manuscrit 5092 de la Bibliothèque de l'Arsenal sont attribuables au même enlumineur, le Maître brugeois de 1482[20], malgré la relative maladresse de l'exécution de la seconde. Le scribe ayant copié ce manuscrit a également copié trois œuvres destinées à Louis de Bruges : le *Jouvencel* (Paris, BnF, ms. Français 192), la *Vie de Saint Hubert* (Paris, BnF, ms. Français 424), et le *Dialogue des créatures* traduit par Colard Mansion (Bruges, Openbare Bibliotheek)[21]. À ce cercle restreint de producteurs correspond donc un cercle restreint de commanditaires.

… destinés à un bibliophile et à son entourage…

Membre et doyen de la guilde des libraires de Bruges, à la fois copiste, traducteur, éditeur, Colard Mansion semble avoir entretenu d'excellentes relations avec ses commanditaires, en particulier avec le grand bibliophile Louis de Bruges[22]. Possesseur de la plus grande bibliothèque de l'entourage ducal, Lodewijk van Gruthuse devient gouverneur de la Venise du Nord en 1452. Philippe le Bon, dont il était l'échanson, cherchait alors à confier la ville à l'un de ses fidèles, de façon à éviter la contagion des troubles survenus à Gand. Adoubé en 1453, il devient chevalier de la Toison d'or en 1461, puis *sadthouder* (gouverneur général) de Hollande, Zélande et Frise en 1463. Il est également chargé de missions diplomatiques telles que la négociation du mariage de Charles le Téméraire, fils de Philippe le Bon, avec la princesse Marguerite d'York. Si les liens entre le gouverneur de la ville et William Caxton, gouverneur de la nation anglaise à Bruges et possible associé de Colard Mansion (à partir de 1476), n'étaient pas déjà établis, cette négociation aura forcément mis les deux hommes en contact. En 1470, Louis de Bruges accueille le frère de la duchesse, le roi d'Angleterre Édouard d'York, provisoirement chassé du trône. Ce service lui vaut d'être élevé au titre de comte de Winchester en 1472, ce qui permet de dater la traduction de la *Vita Adae* par Colard Mansion entre 1472 (date de l'obtention du comté de Winchester) et 1484 (date de la fuite de Colard Mansion). Sylviane Messerli suggère, à juste titre, un *terminus ante quem* en 1477, date de l'emprisonnement de Jan III de Baesnt, commanditaire de la deuxième copie[23]. Les relations des élites brugeoises avec Maximilien de Habsbourg, époux de l'héritière du duché Marie de Bourgogne, sont, en effet, exécrables. Emprisonné entre 1483 et 1488, Louis de Bruges meurt en 1492, évitant ainsi une humiliation supplémentaire : la perte de la Toison d'or.

Objet d'affirmation politique, sa riche bibliothèque est directement liée à sa carrière au service des ducs de Bourgogne. Elle inspire le roi d'Angleterre, Édouard IV, qui entreprend, à partir de 1474, de réunir une collection de manuscrits flamands dont Caxton est chargé d'assurer l'exportation[24]. Elle suscite aussi les convoitises du roi de France qui acquiert la collection après 1492. Au XVIe siècle, les quelque deux cents volumes portant les armes de Gruthuse recouvertes des armes de France représentent la moitié des collections de la librairie royale de Blois. Quarante-huit manuscrits seulement datent d'avant 1450, et la plupart sont en français, ce qui implique des commandes massives aux artisans de Bruges[25].

Le degré d'intimité entre le libraire et le prince étant difficile à cerner avec précision, la dédicace de la *Pénitence d'Adam*, dans laquelle Colard Mansion qualifie Louis de Bruges de « compère » a été amplement commentée afin d'étayer l'étude de cette relation. Si l'idée selon laquelle le gouverneur de la ville aurait été le parrain d'un fils du scribe est maintenant considérée avec prudence, le terme évoque bien une forme de connivence intellectuelle entre le commanditaire et l'écrivain[26]. De la même manière, le fait qu'un tiers des éditions de Mansion ait été établi à partir de copies appartenant à Louis de Bruges ne signifie pas que l'imprimeur avait accès à l'ensemble de la bibliothèque princière[27]. Ce constat implique cependant un intérêt partagé pour les textes littéraires et leur diffusion. Dans le manuscrit français 1837 de la Bibliothèque nationale de France, qui porte les armes du seigneur de la Gruuthuse (recouverte des armes de France), la miniature liminaire – dans laquelle Louis de Bruges, son fils et Colard Mansion contemplent les souffrances d'Adam et Ève – met en scène cette proximité entre les deux hommes (**Fig. 2**)[28]. Le manuscrit de la *Pénitence d'Adam* de Louis de Bruges est donc un témoin particulièrement précieux des réseaux de diffusion de textes en français autour de la cour de Philippe le Bon. La provenance du manuscrit de la collection Ritman reste incertaine, même si l'hypothèse formulée par Ariane Bergeron-Foote et Sandra Hindman, selon laquelle Louis de Bruges aurait détenu un second manuscrit d'une version plus étoffée de la *Pénitence d'Adam* (augmentée de *La Légende du Bois de la Croix*) est séduisante. Quel que soit le nom du destinataire de ce second manuscrit copié dans l'atelier de Colard Mansion, il ne peut s'agir que d'un homme fortuné gravitant dans l'entourage du gouverneur de la Venise du Nord.

La provenance du manuscrit de la bibliothèque de l'Arsenal nous informe sur la façon dont les hommes promus par Philippe le Bon imitaient les habitudes culturelles princières. Ainsi Jan III de Baesnt, échevin de Bruges et conseiller du duc, commande-t-il une copie de la version longue de la *Pénitence d'Adam* ornée d'une miniature réalisée par le même artiste que celui ayant œuvré pour le gouverneur de la ville (**Fig. 3**). L'aspect maladroit de cette seconde miniature s'explique peut-être par un moindre financement. Comme Louis de Bruges, Jan III de Baesnt, emprisonné deux fois en 1477, appartient à une élite culturelle fragilisée par la mort de Charles le Téméraire[29]. Jan III de Baesnt a enfin l'honneur d'être cité dans le prologue de l'édition anglaise du *Mirroir du Monde* par William Caxton ce qui indique, encore une fois, l'existence d'un réseau restreint de gens du livre et de lecteurs liés par une culture littéraire francophone[30].

… suscitant la passion d'un savant

Colard Mansion, pionner de l'imprimerie brugeoise, a fasciné son compatriote, Joseph Van Praet, fondateur de la Réserve de la Bibliothèque nationale de France. Cet érudit lui a consacré une notice biographique complète[31], et a pris la peine de transcrire le manuscrit de la *Pénitence d'Adam* conservé à la bibliothèque de l'Arsenal, afin d'assurer une postérité à cette traduction de la *Vita Adae*, dont il avait identifié la source mais ne connaissait pas d'autre version française. Cette transcription, témoin de la réception d'un texte manuscrit rare par un spécialiste de l'imprimerie, a été acquise par la Bibliothèque royale de Belgique[32].

Poussé par un désir de collectionneur, le très sérieux garde de la bibliothèque n'a pas hésité à en commander un fac-similé auprès d'un habile faussaire, Lesclabart. Ce dernier a réalisé trois copies, l'une a été donnée par Van Praet à la Bibliothèque nationale de France et est aujourd'hui conservée au département des Manuscrits sous la cote Français 13257. La deuxième se trouve également au département des Manuscrits, dont elle est devenue le manuscrit NAF 1556. La troisième serait le manuscrit Douce 206 de la Bibliothèque bodléienne d'Oxford[33]. Ces copies sont aisément identifiables. Le manuscrit Français 13257 a été orné d'une miniature reprenant tous les éléments de celle du manuscrit Français 1837, mais dont les tons et le visage poupon des

Fig. 3. Maître brugeois de 1482, *Adam et Ève chassés du Paradis ; Adam plongé dans le Jourdain et Ève dans le Tigre*. Colard Mansion, *La pénitence d'Adam*, Bruges, vers 1472-1484. Paris, BnF, Arsenal, ms. 5092, f. 5v.

personnages suffisent à distinguer une copie du XVIIIe siècle (**Fig. 4**). Pour les autres copies (sans enluminures), les spécialistes ont remarqué une mise en page suspecte : Pascal Schandel indique « la disposition des mots sur la page, ligne à ligne, trahissant l'application d'un copiste moderne et la médiocrité des initiales champies ». L'écriture elle-même est moins ample[34]. Il est également possible de s'appuyer sur la qualité du parchemin du XVIIIe siècle qui n'est pas traité de la même manière qu'au XVe siècle : il a donc tendance à gonfler, à être pelucheux, rugueux ou épidermé. Le texte, enfin, confirme les suspicions : ces trois copies reprennent toutes la version courte contenue dans le Français 1837 mais quelques mots ont parfois été ajoutés de façon à rendre la phrase compréhensible en français moderne.

Le manuscrit Français 1837 a donc davantage été considéré comme un objet de collection, comme une œuvre d'art unique ou le témoin des derniers feux du Moyen Âge[35] ou d'une Renaissance nordique[36] (selon l'évolution des paradigmes de l'historiographie) que comme un livre renfermant un texte. Selon la définition de l'objet de collection proposée par l'historien de la connaissance Kryszoft Pomian[37], sa valeur symbolique dépasse sa valeur d'usage. En effet, le contenu du manuscrit Français 1837 n'a pas suscité autant d'intérêt que sa dédicace[38]. La *Pénitence d'Adam* de Colard Mansion est passée inaperçue auprès des savants modernes (à l'exception de Van Praet, séduit par l'étrangeté du texte) comme des lecteurs médiévaux (seuls trois manuscrits sont actuellement recensés). Signe de ce désintérêt critique, cette traduction de la *Vita Adae* par Colard Mansion semblait être la seule version française inédite, jusqu'aux travaux récents de Sylviane Messerli et la découverte d'une traduction inconnue réalisée dans les années 1450 pour le Grand Bâtard de Bourgogne par Isabelle Fabre[39]. Si le texte a de quoi dérouter un lecteur moderne (ce qui explique peut-être une relative indifférence), le récit apocryphe est conçu pour répondre, de manière très pédagogique, aux questions des lecteurs quant aux origines de l'humanité.

Un apocryphe déroutant proposant une interprétation eschatologique des origines de l'humanité

La Pénitence d'Adam est un récit étrange qui vient s'insérer entre le troisième et le quatrième livre de la Genèse. Par-delà les péripéties de la vie terrestre d'Adam et Ève, ce petit apocryphe propose une relecture de la Chute à la lumière de la Rédemption promise par la tradition chrétienne qui se fixe entre le Ier et le IVe siècle de notre ère. Selon Jean-Daniel Kaestli, la *Vita Adae* consiste en « un enchaînement d'intrigues épisodiques au service d'une intrigue unifiante[40] ». Si la gravité de leur péché prévient toute réintégration des humains dans le jardin d'Éden, la relation entre l'Homme et Dieu n'est pas brisée par Satan. Les anges promettent la venue d'un Rédempteur et la résurrection de la chair à la fin des temps. Afin de saisir l'intérêt didactique et les fondements théologiques de ce texte, il est nécessaire de détailler les aventures attribuées à Adam[41]. Certains thèmes reviennent de façon récurrente dans la *Vita Adae* : sanctions divines contre le couple, découverte des rigueurs de la vie terrestre (et en particulier de la douleur), imputation du péché à Ève, triomphe de la miséricorde divine sur la colère du Créateur.

L'échec de la Pénitence

Chassé du jardin d'Éden, le couple pécheur se révèle incapable de survivre par ses propres moyens. Ève, qui a bien assimilé qu'elle était cause d'un grand malheur mais n'a pas encore compris que sa faute condamnait toute l'humanité, supplie alors Adam de l'achever :

> « O mon trés honnoré seigneur, a ma volenté fust que je fust morte. Par aventure derechief te remetteroit Dieu en paradis ton royame car pour moy et par ma coulpe est Dieu courroucié contre toy. Se te veulx, occis moy, je te prie comme celle qui l'ay desservi car je suis cause du pechié et non pas toy[42]. »

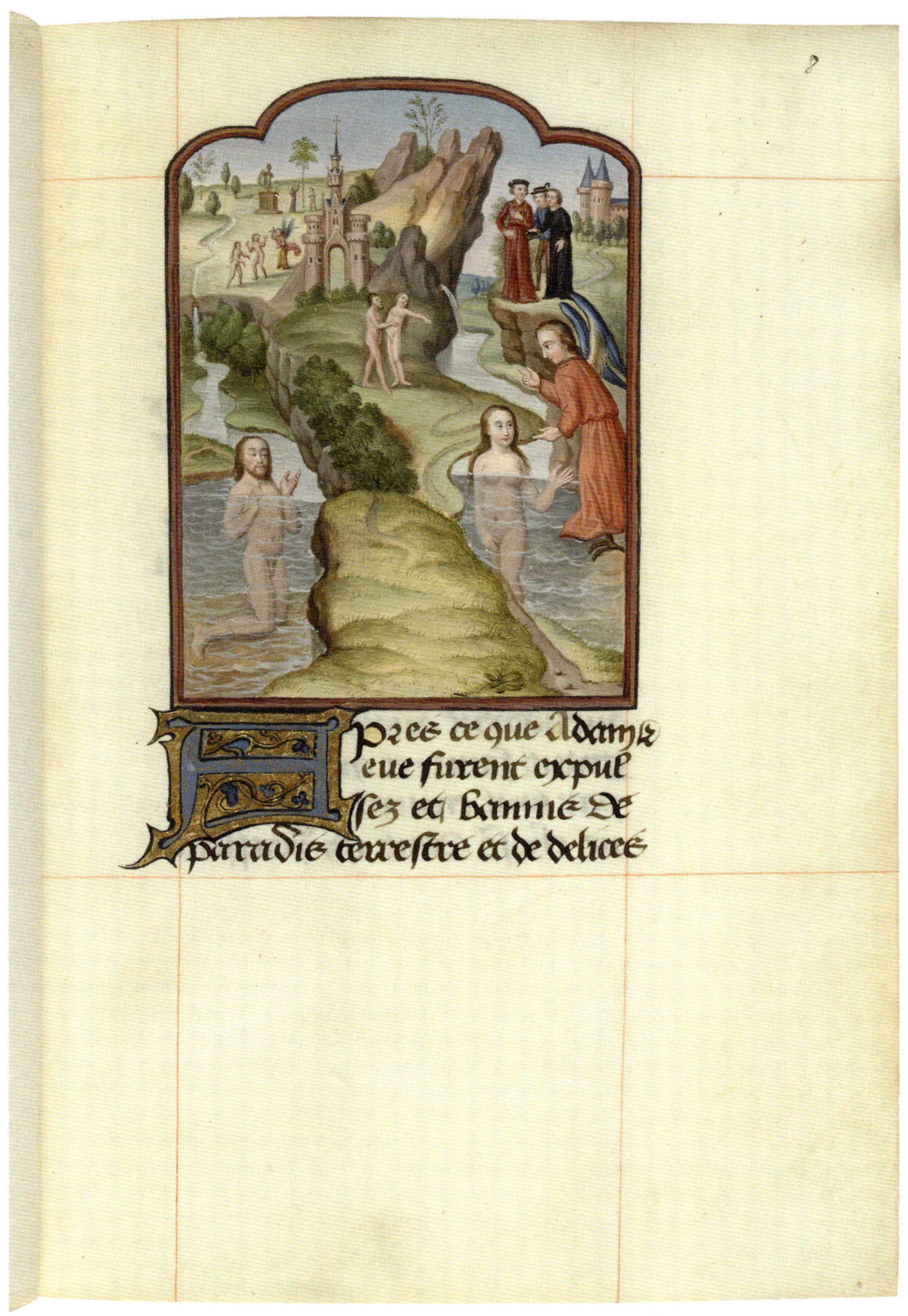
8

Apres ce que Adam et
eue furent expul
sez et bannie de
paradis terrestre et de delices

Fig. 4. *Louis de Bruges, son fils et Colard Mansion contemplent les souffrances d'Adam et Ève*. Colard Mansion, *La pénitence d'Adam*, France, vers 1790. Paris, BnF, ms. Français 13257, f. 8.

Son époux refuse et propose une pénitence dans l'espoir d'obtenir le pardon divin. Ève, plus jeune[43], plus faible et probablement déjà enceinte[44], doit rester immergée dans le Tigre pendant trente-trois jours et Adam dans le Jourdain pendant quarante[45]. À la demande d'Adam, le fleuve cesse de couler. Cet épisode évoque un autre texte apocryphe, l'Évangile de Nicodème, selon lequel le Jourdain aurait interrompu sa course lors du baptême du Christ[46]. Lucifer, sous l'apparence d'un ange, assure qu'il apporte le pardon divin et parvient à convaincre la malheureuse de rompre sa pénitence. Il est néanmoins démasqué par Adam qui le contraint à lui faire le récit de sa chute pour expliquer sa haine du genre humain :

> « Lors le Dyable en gemissant respondy : "Adam, saches que toute mon innimistié, mon envie et toute ma paine vient de toy. Car pour toy suis expulsez de la gloire et clarté et alienez de l'abitation laquele j'avoie es cieulx ou moien des angeles et pour toy je suis dejectez en terre."
> A ce respondy Adam et dist : "O Dyable mauvais ! Et quele chose t'ay je fait ou quele est ma coulpe en toy ? Ou comment es-tu bleschiez par moy que tu nous ensiues ainsi et persecutes injustement ?"
> Lors dist le Dyable : "Certes Adam, de tout ce que tu as dit ne m'as fait aucune chose mais tant te dy que a ta cause je suis tresbuchiez et dejectez du hault du ciel ou parfont abisme d'Enfer. Car quant tu fus plasmé et fais de la main de Dieu, je fus lors deboutez de la face de Dieu et fus envoié hors de la compaignie et societé des angeles. Et quant Dieu eut insufflé et mis en toy l'esperit de vie et que tu fut fais a sa similitude et ymage, lors sainct Michel te mena en la presence de la Trinité, laquelle il te fist adorer." Et adont dist nostre Seigneur Dieu : "Vecy, regardez Adam que j'ay fait a la similitude et ymage de nous, sachans bien et mal." Aprés ces paraolles s'en issy sainct Michel et appella a soy tous les angeles et leur dist : "Venez et adorez l'ymage de Dieu en ceste similitude". Et lors je dys : "Et comment dois je adorer Adam ?" Et ainsi que sainct Michel l'archange me constraingnoit a ce faire, je lui dis en ceste maniere : "Michil a quoy me constrains tu de adorer cest homme ? Certes ja moindre que moy n'adoreray, et aincoires il qui est fait le derrenier de toutes creatures ! Car avant qu'il fust onques fais, j'estoie cree, et ainsi de raison il me deveroit adorer." Ces raisons entendans, les autres angeles assitans delez moy et qui soubz moy estoient ne le vouldrent adorer neiz que moy. Alors me dist sainct Michel par assez forte raison : "Adore ceste ymage de Dieu car se tu ne l'adores, saches qu'il se courroucera a toy ! Adont je respondy : "Et se Dieu se courrouche a moy, saches que je metteray mon siege par dessus les estoilles et me feray semblable au souverain !" Tantost que je eux dittes ce parolles, nostre Dieu se couroucha a moy et par sainct Michel me fist a force expulser ensemble tous mes adherens et ceulx qui estoient de ma sequele hors de paradis et nous priva de nostre gloire. Et ainsi nous bannis et exilliez en ceste maniere de noz habitations et dejettez en terre, tantost nous fumes en doleur indicible comme depouilliez de tant de grande gloire, et toy en tant de leeses et delices ne povoie tollerer ne veoir possesser, et pour ces causes et raison j'ai circumvenu et vaincu ta femme[47]. »

Cet épisode apporte des précisions quant au péché originel : il impute la responsabilité de la Chute à Satan (le serpent tentateur de Genèse 3 n'est que son complice[48]) et affirme sa détermination à perdre l'humanité, au travers de la seconde tentation d'Ève[49]. La culpabilité de la femme, décidément incapable de démasquer le démon ou de lui résister, est également soulignée. Comme le démontre Jean-Daniel Kaestli, cette analepse intègre dans le récit de la vie terrestre des événements antérieurs, non seulement à l'expulsion du jardin d'Éden mais aussi aux deux récits de la création de l'humanité présentés dans les premiers livres de la Genèse[50]. Elle repose sur l'une des deux versions de la chute de Satan, selon laquelle l'ange aurait péché, non par orgueil en voulant se faire l'égal de Dieu mais par jalousie envers Adam. Tout en affirmant que les attaches scripturaires de ce mythe sont difficiles à cerner, Jean-Daniel Kaestli[51] le met en relation avec divers textes aux origines du christianisme : l'exégèse chrétienne d'un passage du Livre de la Sagesse (*Invidia autem diaboli mors introivit in orbem terrarum*, Sagesse 2, 24), d'une part, un verset de l'Épître aux Hébreux (*Et cum iterum introducit primogenitum in orbem terræ, dicit : Et adorent eum omnes angeli Dei*, Hébreux 1,6), d'autre part.

La naissance de Caïn et le meurtre d'Abel

Une fois le tentateur repoussé par Adam, sa victime de prédilection, Ève, doit à son tour faire face aux terribles conséquences de son péché. L'épisode suivant, la naissance de Caïn, est la réalisation de la terrible sanction divine proférée à la fin du troisième livre de la Genèse (*Mulieri quoque dixit : Multiplicabo ærumnas tuas, et conceptus tuos : in dolore paries filios, et sub viri potestate eris, et ipse dominabitur tui*, Genèse 3, 16). Ressentant – enfin ! – le poids de sa faute, Ève se condamne à partir vers l'Ouest où les premières douleurs de l'enfantement la saisissent. Elle éprouve cruellement l'absence de son mari. Si Dieu reste sourd à ses lamentations (« Nostre Seigneur pour ceste priere ne voult oÿr Eve, ains souffry sa doleur acroistre[52] »), les prières d'Adam l'incitent à envoyer anges et Vertus pour l'assister. Ces derniers lui rappellent sans ménagement qu'ils ne sont là que par l'intercession d'Adam, soulignant le pouvoir absolu de « son seigneur » sur elle :

> « Eve, tu ez benoite de par ton seigneur Adam, car a ses prieres et oraisons nous sommes de par nostre Seigneur envoiez envers toy affin que tu prengnes nostre ayde. Lieve sus et si te prepare a delivrer de ton fruit duquel descendra le Sauveur du Monde[53]. »

Tous les éléments de la malédiction sont donc rappelés : la femme accouche dans la douleur, est portée vers son mari, dont elle ne peut supporter l'absence et dont elle dépend pour recevoir du secours[54]. Dans la traduction de Colard Mansion, Caïn est capable, dès sa naissance de marcher et de cueillir des herbes. Cette mention, dont le traducteur ne semble pas comprendre la portée, parce qu'il utilise une source simplifiée ou parce qu'il n'est pas capable d'en saisir le sens, est une réminiscence des versions antérieures dans lesquelles Caïn, conçu au Paradis, naît brillant et court immédiatement à la recherche d'herbes médicinales pour apaiser les douleurs de sa mère[55]. L'épisode vient rappeler l'aspect extraordinaire de la première naissance sur terre, celle d'un enfant conçu dans le jardin d'Éden qui ne saurait ressembler à un quelconque nouveau-né[56]. Il laisse également entrevoir une certaine interprétation du péché originel comme un péché de chair plutôt que d'orgueil[57] : Satan aurait physiquement séduit l'épouse d'Adam. Les caractéristiques surnaturelles de Caïn sont autant d'accusations d'adultère contre Ève.

À l'issue de sa pénitence, le couple s'est réconcilié et a obtenu, si ce n'est une réintégration au paradis, du moins le pardon divin. Il est désormais apte à survivre par ses propres moyens, puisque l'archange saint Michel est également dépêché pour enseigner l'agriculture à Adam. Le récit renoue ensuite avec la chronologie biblique, si ce n'est avec la lettre et l'esprit du quatrième livre de la Genèse en narrant l'épisode de Caïn et Abel. L'apocryphe en livre une version particulière : en cherchant à éviter l'accomplissement d'une prophétie, les malheureux parents scellent le destin de leurs enfants.

> « Par trait de temps, Eve conceut aincoires un filz qu'ilz nommerent Abel. Caÿm et Abel creurent a merveilles et demouroient ensemble en un lieu non loing de leurs pere et mere. Eve un jour dist a Adam : "Monseigneur, nagaires vey en mon dormant une vision moult triste car il me sembloit que le sang de

notre filz Abel estoit espandu par la main de Caÿm et lequel il devoroit et degloutissoit, dont et pourquoy je eus grant horreur." Lors respondy Adam : "Vraiement ma trés chiere compaigne, il sera ainsi comme tu l'as veu en vision car Caym occira Abel, je me doubte, mais une chose ferons s'il te plaist : nous les separerons l'un de l'autre et leur ferons a chascun une mansion particuliere. Et sy ferons Caym cultiveur de la terre et Abel ferons pasteur[58]." »

La spécialisation et l'éloignement des deux frères, prévus pour éviter les conflits, sont précisément à l'origine de la haine que Caïn conçoit envers son cadet : « *Et fuit Abel pastor ovium et Cain agricola. Factum est autem post aliquot dies ut offerret Cain de fructibus agri munus Domino. Abel quoque obtulit de primogenitis gregis sui et de adipibus eorum. Et respexit Dominus ad Abel et ad munus eius, ad Cain vero et ad munus illius non respexit. Iratusque est Cain vehementer, et concidit vultus eius.* » (Genèse 4, 2-5).

La prémonition d'Ève donne un aspect proprement inhumain, animal à Caïn, capable de marcher dès la naissance, se nourrissant d'herbe et se repaissant de sang humain. Dans les versions antérieures à celles de Colard Mansion, il s'agissait d'insister sur les origines démoniaques de Caïn qui déterminent son penchant pour le meurtre[59]. La *Légende du Bois de la Croix* selon Mansion donne à Adam l'occasion de blâmer Ève, dont le péché est source de tous les malheurs, non seulement pour le couple mais aussi pour sa descendance : « "Puis que tant de maulx me adviennent par ceste femme, vive Dieu que jamais ne la cognoistray !" Pour quoy il se abstint dela compagnye de Eve plus de cent ans[60]. »

Ces deux textes apocryphes contribuent donc à une interprétation du péché originel, non comme un péché de désobéissance commis par un couple mais comme une faute individuelle, spécifiquement féminine, et donc liée à la luxure[61] (bien que l'accusation de péché de chair ne soit jamais clairement formulée par Colard Mansion).

La *Vita Adae*, qui vient combler les silences de la Genèse, n'est pas une paraphrase biblique. Son auteur a choisi de ne pas s'étendre sur ces histoires connues de tous. Il procède plutôt par allusion, analepse (pour revenir avant la Chute sans reprendre directement le récit biblique) ou prolepse (pour évoquer le Nouveau Testament). Ainsi, après avoir détaillé le rêve d'Ève et la réaction d'Adam, se contente-t-il de noter sobrement : « Ainsi comme Adam l'avoit ordonné, ainsi fut fait. Mais ce nonobstant si occist Caym Abel son frere[62]. » Il poursuit ensuite avec la naissance de Seth, qui offre une réparation de la perte subie par le couple. Son nom signifie qu'il est un bienfait accordé par Dieu pour apaiser le chagrin : « *Cognovit quoque adhuc Adam uxorem suam : et peperit filium, vocavitque nomen ejus Seth, dicens : Posuit mihi Deus semen aliud pro Abel, quem occidit Cain.* » (Genèse 4, 25). *La Pénitence d'Adam* présente Seth comme une consolation mais c'est Adam, non Ève, qui le nomme. C'est encore Adam, et non Dieu, qui accorde ce bonheur à Ève :

« Adam pour ce meffait ploura l'espace de cent ans. Au debout duquel temps, il cogneut Eve sa compaigne en laquele il engendra un filz qu'il nomma Seth. Et lors dist Adam a Eve : "Ma compaigne, vecy je t'ay engendré cestui filz ou lieu de Abel que Caÿm nous occist[63]." »

La *Vita Adae* ne concorde pas toujours avec la Genèse, surtout lorsque Colard Mansion s'en mêle, nous le verrons ensuite. Peut-être est-ce ici une manière de revenir sur la dépendance d'Ève ?

L'huile de miséricorde et la promesse de rédemption

La naissance de Seth est un bienfait, non seulement pour ses parents, mais également pour l'humanité entière, puisqu'il est le point de départ de la lignée du Christ[64]. Il est celui auquel Adam confie ses visions annonçant le Déluge et l'Apocalypse[65]. Le récit d'Adam fait clairement référence à l'Apocalypse de saint Jean : sa prophétie, centrée sur l'histoire du Temple de Jérusalem, est d'ailleurs souvent nommée l'Apocalypse d'Adam. Parvenu à l'âge de neuf cent trente ans, Adam, sur son lit de mort, rassemble ses enfants pour leur raconter l'histoire de la chute. C'est l'occasion, une fois de plus, de dédouaner Adam en accusant Ève :

> « Puis divisa Dieu Paradis a moy et a vostre mere et me donna la partie d'orient et a Eve vostre mere la partie d'Occident vers Aquilon. Et oultre ce, nous donna deux angeles pour nous garder. Et quant l'eure fut venue que iceulx deux angeles devoient monter en hault pour adorer nostre Seigneur, tantost que le dyable nostre adversaire sceut leur departement, il vint au lieu en la partie d'occident ou vostre mere estoit. Et tant la tempta l'envieux serpent qu'elle menga du fruit illicite et deffendu. Et elle ainsi deceute me deceut. Et c'est la cause de ma doleur et pourquoy je suis consumez et me convient morir[66]. »

La partition du Paradis explique l'absence d'Adam. Il serait en effet tout aussi coupable que son épouse s'il n'avait pas une bonne excuse pour l'avoir laissée seule face au serpent[67]. Avant ce récit, il a déclaré être perclus de douleur, au grand étonnement de sa progéniture qui semble découvrir la sensation, tout comme leur mère l'avait découverte sans en comprendre la cause au terme de sa grossesse[68]. La grande lassitude et les douleurs qui accablent Adam au terme d'une vie de dur labeur doivent d'ailleurs être mis en relation avec les douleurs de son épouse à la naissance de Caïn. Il s'agit, en effet, de l'accomplissement de la malédiction divine visant spécifiquement l'homme[69].

Seth et sa mère se rendent alors au Paradis pour demander l'huile de miséricorde qui pourrait sauver Adam. En chemin, ils rencontrent le serpent qui blesse Seth au talon, même si ce dernier parvient à le mettre en déroute, alors qu'Ève assiste impuissante à la confrontation. Une fois encore, les rédacteurs de l'apocryphe ont mis en scène l'accomplissement de la malédiction divine proférée dans le troisième livre de la Genèse : « *Inimicitias ponam inter te et mulierem, et semen tuum et semen illius : ipsa conteret caput tuum, et tu insidiaberis calcaneo ejus.* » (Genèse 3, 15).

Au lieu d'huile de miséricorde, Seth obtient de saint Michel la promesse de la venue d'un Rédempteur qui fera miséricorde à l'humanité :

> « Seth et vous Eve, sachiez que je suis cellui qui suis constitué sur les corps humains, envoié de par Dieu le tout puissant a vous. Et a toy Seth, homme de Dieu, dys que tu ne vueilles plourer en adorant et depriant Dieu pour avoir l'oile de misericorde affin de enoindre ton pere a la refrigeration de ses doleurs. Car je te dy que nullement d'elle ne pués avoir jusques es temps novissimes, c'est assavoir quant .V.^{M} et .XX. ans seront passez et accomplis. Et adont vendra sur la terre le tresamé et desiré Jhesucrist, Filz de Dieu le vif, qui sera baptisié ou fleuve de Jordan. Et alors il enoindra de l'oile de sa misericorde tous ceulx qui en lui creront. Et sera l'oile de sa misericorde de generation en generation a tous ceulx qui seront renez de l'eaue ou Sainct Esperit en la vie eternele. Et adont descendra le tresamé Filz de Dieu es parties ou ton pere sera, lequel il introduira en emmenra en Paradis a l'arbre de misericorde eternele[70]. »

Cet épisode fait, une fois encore, référence à l'Évangile de Nicodème, principale source de la tradition (répétée dans le Credo) selon laquelle le Christ est descendu aux Enfers pour en sauver la descendance d'Adam[71].

Après la mort et les funérailles d'Adam, Ève qui sait qu'elle ne lui survivra pas plus de six jours[72], prophétise à son tour. Elle ordonne à ses enfants de fixer le récit de la Chute sur des tablettes de pierre et d'argile qui pourront résister respectivement au feu et à l'eau, ces deux désastres devant frapper la Terre[73]. Selon Jean-Marie Fritz, l'épouse d'Adam n'annonce pas l'Apocalypse et la Rédemption du genre humain mais des moments de l'histoire vétérotestamentaire : le jugement par l'eau (le Déluge) et le jugement par le feu (Sodome)[74]. Après le Déluge, seul le roi Salomon parvient à lire les tablettes.

Les ajouts : les paraphrases bibliques et un second apocryphe

Nous avons signalé que le rédacteur de la *Vita Adae*, souvent elliptique, évitait de réécrire les passages de la Bible. L'insertion, au début de certains exemplaires de la *Vita* ou de ses traductions vernaculaires, d'une paraphrase du deuxième livre de la Genèse sert parfois à contextualiser la pénitence d'Adam en rappelant le péché originel qui causa la Chute. C'est le cas, notamment, des éditions romaines imprimées du vivant de Colard Mansion par Johannes Gensberg vers 1473[75], par Bartholomaeus Guldinbeck vers 1475[76] et par Eucharius Silber entre 1483 et 1488[77]. C'est également le choix de Colard Mansion dans la version longue de *La Pénitence d'Adam*[78], contenue dans le manuscrit de la bibliothèque de l'Arsenal et dans le manuscrit provenant de la collection Ritman ; nous reviendrons sur la qualité de ce texte.

La fin du récit est parfois enrichie par l'interpolation ou l'ajout d'éléments de *La Légende du Bois de la Croix*[79]. Selon ce récit apocryphe, Seth revient du Paradis avec des rameaux ou des graines, selon les versions, qu'il plante dans la bouche d'Adam. Les arbustes sont extraits par Moïse et plantés sur sa tombe. David rapporte les rameaux en Israël. Ils se rassemblent alors en un seul arbre, que Salomon fait couper pour en faire une poutre porteuse du Temple de Jérusalem. Un premier miracle se produit lorsqu'une femme s'assied dessus et crie le nom de Jésus avant d'être mise à mort par la foule, devenant ainsi le premier martyre de la foi chrétienne, avant même l'Incarnation :

> « Advint un jour que innumerable multitude estoit venue ou temple pour adorer Dieu et le bois dominical honnourer. Entre laquelle estoit une femme nommee Maxilla quy incontinent s'assit sur le saint fust, les vestement de laquelle commencerent a bruler comme estoupes. Laquelle, espantee du feu, commença a crier a haulte voix comme propheticque : "*Deus meus et Dominus meus, Jhesus* !" "Mon Dieu et mon Seigneur Jhesus !" Quand les juyfz oÿrent celle femme ainsy cryer et appeler le nom de Jhesucrist, ilz l'appellerent blaspheme et hors de la loy, pour quoy ilz tantost le trairent hors de la cité et du temple et illec la lapiderent. Et ainsy fut celle femme la premiere martire quy souffry mort pour le nom de Jhesus[80]. »

Le tronc est ensuite jeté dans la piscine probatique avant de servir de pont sur lequel la reine de Saba refuse de passer par révérence :

> « Cestuy saint fust coucha illec en ruyne jusques atant que Sibile, royne de Sabba, vint en Jherusalem oÿr le sapience de Salomon. Et elle venant en la cité par celle part ou le saint fust gisoit, icelluy veu, les genoulz flechis s'agenouilla et l'adora. Et elle ses habitz troussez amont et nudz piez entra dans l'yaue et passa le torrent en l'honneur d'iceluy saint fust. Et lors fut que elle fist les vers de sa prophecie touchant l'advenement du filz de Dieu quy commencent : "*Judicii signum tellus sudore madescit, etc.*[81]" »

L'arbre sert enfin de croix au Christ, offrant ainsi un lien entre la mort d'Adam, signe de la faiblesse humaine et celle de Jésus, signe de grâce divine et promesse de vie éternelle[82]. L'interpolation ou l'ajout de *La Légende du Bois de la Croix* crée un lien physique entre l'Ancien Testament et le Nouveau Testament, entre la Chute et la Rédemption. Le péché originel devient alors une *felix culpa* puisqu'il permet l'Incarnation[83].

Le texte, qui délivre, grâce à une allégorie plaisante, un enseignement orthodoxe accessible à tout chrétien, ne peut donc, en lui-même, expliquer le faible écho de la traduction de Colard

Mansion. Le choix de cette intrigue, dont le succès est attesté dès les origines du christianisme, témoigne cependant d'une culture francophone propre aux Pays-Bas méridionaux, aux confins de l'Europe germanique et à l'espace des langues romanes.

Des origines du christianisme aux ateliers brugeois

La confidentialité des deux traductions de Colard Mansion ne doit pas nous induire en erreur : la *Légende du Bois de la Croix* et la *Vita Adae* étaient largement diffusées, en latin, dans les Pays-Bas méridionaux[84], même si les rares versions françaises n'ont eu aucune postérité. La commande de Louis de Bruges atteste ainsi son intérêt pour un texte, certes ancien, mais en parfaite cohérence avec les formes de piété christocentriques qui se développent au XVe siècle.

Un texte liant la tradition hébraïque et les prémisses du christianisme

Ce récit apocryphe de la vie des premiers pécheurs qui comble les silences de la Genèse est attesté dans toutes les langues du christianisme primitif : arménien, grec, syriaque, géorgien puis latin[85]. La question de ses origines et des relations entre les recensions dans les différentes langues n'a toujours pas été élucidée. Si la tradition judaïque semble la principale source d'inspiration de ce texte dans lequel les hébraïsmes sont nombreux[86], nous ne disposons pas d'un texte hébraïque ou araméen[87], tous les témoins datant de l'ère chrétienne[88]. Si Jean-Pierre Pettorelli considère que les insertions chrétiennes sont rares[89], la lecture des événements, profondément messianique, repose, nous l'avons vu, sur les Évangiles, l'Apocalypse et les exégèses chrétiennes[90]. Par tradition, l'hypothèse retenue était celle de la christianisation, a posteriori, d'un texte juif dont l'original aurait disparu. Les travaux récents penchent plutôt en faveur d'une rédaction chrétienne inspirée par la tradition juive.

La plus ancienne version connue, en grec, portant le titre trompeur d'*Apocalypsis Mosis*, se fixe entre le IIe et le IIIe siècle de notre ère[91]. Les vingt-cinq manuscrits recensés sont tous postérieurs[92]. Le texte grec a longtemps été reconnu comme l'origine commune des autres versions, dont la recension latine tardo-antique, intitulée *Vita Adae et Evae*[93]. Les liens semblent cependant moins étroits qu'il n'y paraît : dans la recension la plus commune, nommée Latin-V (pour Vulgate), la moitié des éléments de la version grecque sont omis et des éléments nouveaux représentent la moitié du nouveau texte. Contrairement à l'*Apocalypsis Mosis*, la *Vita* latine commence immédiatement après la Chute, reporte le meurtre d'Abel au vingt-deuxième chapitre, inclut l'épisode de la partition du Paradis entre l'homme et la femme et ne prête que peu d'intérêt au testament d'Ève[94].

Du latin aux langues vernaculaires

La *Vita Adae* se répand dans toute l'Europe médiévale. Les foyers de production des cent sept manuscrits recensés par Jean-Pierre Pettorelli se situent majoritairement en terres d'Empire et en Angleterre[95]. L'espace des langues romanes contraste avec le reste de l'Europe. Il y a peu de manuscrits contenant la *Vita* produits en France. Brian Murdoch en recense trois copies[96] et un fragment[97]. L'absence de succès de ce texte est commun aux langues vernaculaires. Brian Murdoch n'en recense que trois, dont celle de Colard Mansion. À cette liste s'ajoute désormais la traduction contenue dans le manuscrit 2680 de la bibliothèque de l'Arsenal, découverte, éditée et étudiée par Isabelle Fabre (**Fig. 5**)[98]. Ces traductions, restées confidentielles, ont toutes été réalisées dans des zones de contact avec l'Europe germanique, à l'exception de la nouvelle venue qui semble être issue d'une tradition insulaire[99].

La première, réalisée au XIIe siècle par un moine picard nommé Andrius, se trouve à la fin d'un recueil arthurien, le manuscrit Français 95 de la Bibliothèque nationale de France[100]. Le texte latin utilisé pour cette traduction contenait

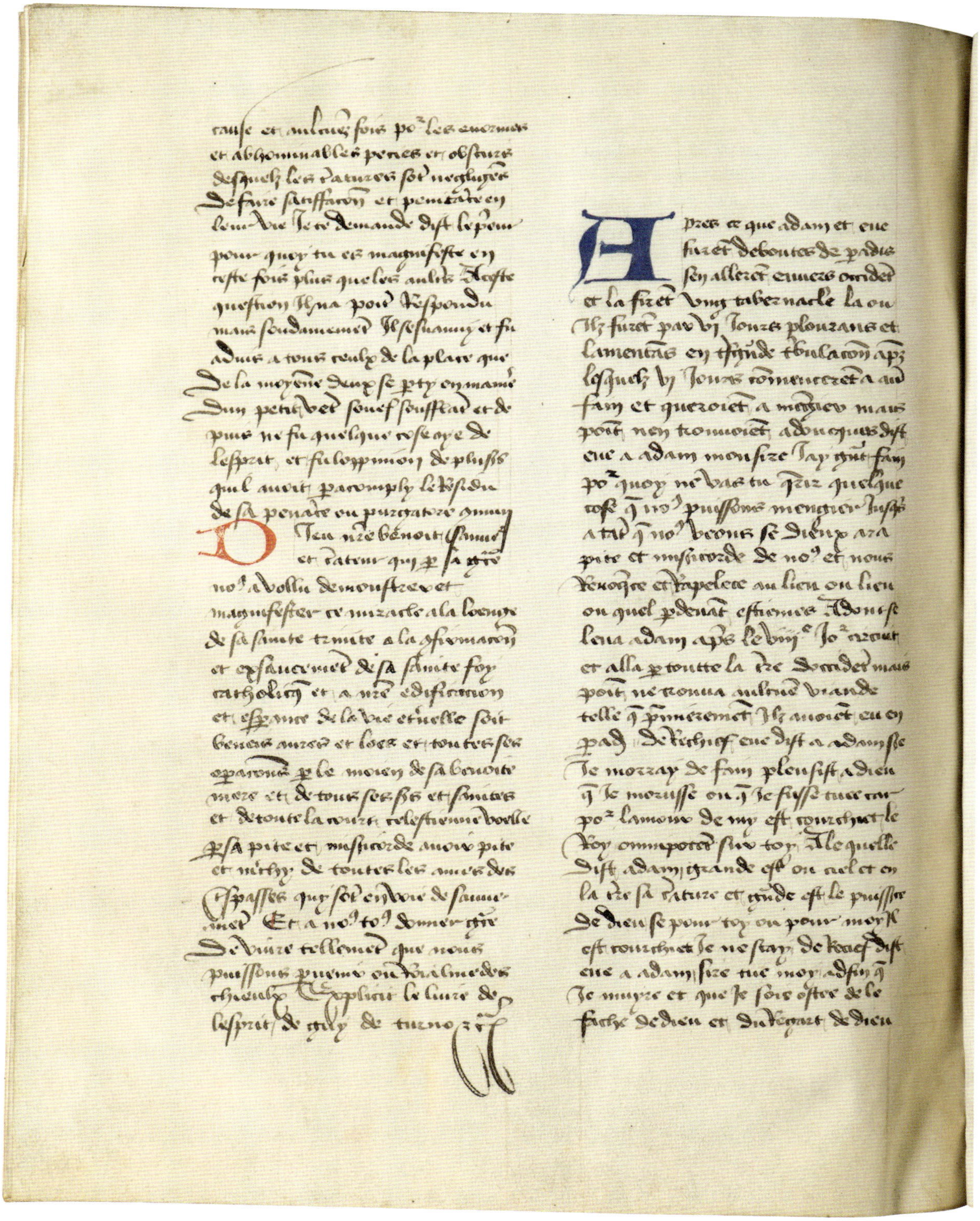

cause et aultres fois pour les enormes
et abhominables pechies et obscures
desquelz les creatures sont negligens
de faire satisfaction et penitance en
leur vie. Je te demande dist le per[e]
pour quoy tu es magnifeste en
ceste fois plus que les aultres. A ceste
question il n'a point respondu
mais soudainement [illegible] et fu
aduis a tous ceulx de la place que
de la moyenne d'eux se party en maniere
d'un petit vent souef soufflant et de
puis ne fu quelque chose oye de
l'esprit et fu l'opinion de plusieurs
qu'il avoit parempli le residu
de sa penance ou purgatoire. Amen.

Dieu nostre benoit createur
et sauveur qui par sa tres
[grant bonte] nous a volu demonstrer et
magnifester ce miracle a la louenge
de sa sainte trinite a la confirmacion
et exaucement de sa sainte foy
catholique et a nostre edification
et esperance de la vie eternelle soit
benois aourez et loez et toutes ses
operations par le moien de sa benoite
mere et de tous ses sains et saintes
et de toute la court celestienne vueille
par sa pitie et misericorde avoir pitie
et merchy de toutes les ames des
trespasses qui sont en lieu de saulve-
ment. Et a nous tous donner grace
de vivre tellement que nous
puissons pervenir ou royalme des
chieulx. Explicit le livre de
lesprit de guy de turno

Apres ce que adam et eve
furent deboutes de paradis
sen allerent envers orient
et la firent ung tabernacle la ou
ilz furent par vij jours plourans et
lamentans en grande tribulacion apres
lesquelz vij jours commencerent a avoir
fain et queroient a mengier mais
point nen trouvoient. Adoncques dist
eve a adam mon sire jay grant fain
pour quoy ne vas tu querir quelque
chose que nous puissons mengier jusques
a tant que nous veons se dieu par sa
pitie et misericorde de nous et nous
renvoyera et rapelera au lieu ou lieu
ouquel premierement estions. Adonc se
leva adam apres le viije jour et se mist
et alla par toutte la terre dorient mais
point ne trouva aultre viande
telle que premierement ilz avoient eu en
paradis de delices. Eve dist a adam sire
je morray de fain pleust a dieu
que je morusse ou que je fusse tuee car
pour lamour de moy est courouchie le
roy omnipotent sur toy. A laquelle
dist adam grande est ou ciel et en
la terre sa creature et grande est le puissance
de dieu se pour toy ou pour moy il
est courouchie je ne scay. De rechief dist
eve a adam sire tue moy adfin que
je muyre et que je soie ostee de la
face de dieu et du regart de dieu

Fig. 5. *Recueil* comprenant la *Vie d'Adam et Ève*, traducteur anonyme, anciens Pays-Bas méridionaux, vers 1450. Paris, BnF, Arsenal, ms. 2680.

une interpolation de *La Légende du Bois de la Croix*. Andrius se contente de la traduire et de l'étendre jusqu'à l'histoire de la Rome impériale[101]. La deuxième, réalisée par Jean des Preis (dit d'Outremeuse) à Liège au XIVe siècle, fait partie de sa chronique en prose, *Ly Myreur des histors*, qui intègre un certain nombre de légendes, dont celle du Bois de la Croix[102]. Pour rédiger sa traduction, Jean des Preis prend davantage de recul que son prédécesseur et confronte deux textes latins : la version la plus commune de *La Légende du Bois de la Croix* et celle que l'on trouve fréquemment interpolée dans la *Vita Adae*[103]. Cette traduction se trouve dans six manuscrits, tous conservés à la Bibliothèque royale de Belgique[104]. Dans ces deux premières traductions, la *Légende du Bois de la Croix* se substitue à la fin du texte. Colard Mansion prend le parti inverse : dans la troisième et dernière traduction en français médiéval, les deux textes sont juxtaposés et reliés par une brève introduction. Il semble donc avoir utilisé deux sources différentes, dont la première tenait sur « un petit cayer » fourni par Louis de Bruges, pour traduire la *Vita Adae*, d'une part, *La Légende du Bois de la Croix*, d'autre part.

Colard Mansion et ses sources

Nous disposons d'éditions des versions latines de la *Vie d'Adam et d'Ève* grâce à Wilhelm Meyer[105] et Jean-Pierre Pettorelli[106], ce qui permet de déterminer que le texte utilisé par Mansion pour sa traduction s'apparente à la version la plus courante de la *Vita*, nommée Latin-V, et plus précisément à la rédaction rhénane qui comporte tous les grands épisodes du récit apocryphe. Il est, en revanche, impossible de rattacher le travail du calligraphe à un manuscrit latin particulier que lui aurait fourni Louis de Bruges, aucun manuscrit latin de ce type n'étant recensé dans la collection du bibliophile.

Mansion étant davantage connu comme imprimeur que comme homme de lettres, la question d'un lien entre sa traduction et les premières éditions latines de la *Vita Adae* s'est posée. Les deux premières éditions, imprimées à Rome en 1473 et 1475, auraient pu se trouver entre les mains de Louis de Bruges avant 1484[107]. L'hypothèse est d'autant plus séduisante que les éditions occupent les sept premiers feuillets d'un in-octavo, ce qui pourrait correspondre au « petit cayer » auquel le prologue fait référence. L'idée selon laquelle Louis de Bruges se serait procuré les quelques feuillets de l'édition latine et les aurait transmis à son « compère » imprimeur ne résiste cependant pas à l'étude des textes. Comme le note Jean-Pierre Pettorelli : « La famille des incunables conserve la structure traditionnelle de l'apocryphe mais en propose un texte souvent allégé. Elle ignore le récit du voyage d'Adam dans les espaces célestes, [...] le récit concernant la fabrication par Seth des tablettes de pierre et d'argile et leur destinée ultérieure, elle omet également la rencontre entre Seth et le serpent[108]. »

En plus de ces omissions, le texte des incunables, qui descend d'une version latine tardive[109], donne une version souvent différente de la naissance de Caïn. Dans ces versions tardives, Ève, qui ignore tout de la maternité, demande à Adam de tuer l'enfant auquel elle vient de donner naissance :

> « *Eua uero ignorans quid hoc peperit, dixit ad Adam : "Domine mihi, interfice hoc, ne forte interficiamur per illud." Respondit Adam : "Nequaquam, quia caro et sanguis nostra est. Et uocatum est nomen eius Chaim. Angelus autem domini ostendit Euae qualiter puerum lactare et nutrire debet*[110]." »

Ce dialogue à la tonalité prémonitoire peut être lu comme une allusion aux sombres origines de Caïn, suivie d'une affirmation de la paternité d'Adam[111].

Comme la version longue de Colard Mansion, les éditions contiennent une paraphrase de la Genèse mais celle-ci correspond effectivement au récit biblique. La fin classique du texte latin est remplacée par un résumé de *La Légende du Bois de la Croix*, moins détaillé que le récit que nous livre Mansion dans la traduction, mais interpolé avec davantage de cohérence. Il ne peut donc pas avoir utilisé les éditions romaines comme source principale de sa traduction.

En revanche, il est possible que Colard Mansion ait utilisé l'une des éditions comme source secondaire. La version courte ne peut provenir que d'un manuscrit latin contenant la version la plus commune de la *Vita* sans *La Légende du Bois de la Croix*, ou du moins séparée de celle-ci. Si l'on suppose que cette traduction était réalisée lorsque le traducteur prend connaissance d'une édition intégrant une paraphrase de la Genèse et une autre fin, il aurait pu choisir de développer sa traduction. Mansion aurait alors forcément reconnu, dans le résumé contenu à la fin de l'édition, *La Légende du Bois de la Croix*, puisque le texte était largement diffusé en Flandre[112]. Plutôt que de réécrire son texte pour interpoler *La Légende du Bois de la Croix*, Colard Mansion aurait alors pu compiler les deux fins sans choisir.

Le livre qui se rapproche le plus de la source de Colard Mansion est un manuscrit conservé à Namur. Il s'agit du manuscrit 162 de la bibliothèque de la Société archéologique. Ce manuscrit composite contient une *Vita Adae*, intitulée *Penitentia Adae*, retranscrite sur un cahier de quatre feuillets (livret D) dont l'usure montre qu'il a eu une existence indépendante avant d'être relié avec les autres livrets, vers le milieu du XVe siècle[113]. Si sa provenance et certaines omissions suffisent à exclure ce manuscrit des sources probables de Colard Mansion, il témoigne des formes sous lesquelles la *Vita Adae* circulait dans les Pays-Bas méridionaux à l'époque de Colard Mansion. Outre le nouveau titre, cette copie de la *Penitencia Adae* atteste une licence créative dans le rapport entre les scribes et le texte apocryphe. Au sein de la famille rhénane, ce témoin appartient au groupe R1d, une réécriture stylistique qui incorpore tous les épisodes principaux[114]. C'est l'attitude qu'adopte, avec plus ou moins de succès, Colard Mansion lors de sa mise en français : tous les éléments sont là mais leur restitution peut être sujette à caution.

Des choix de traduction particuliers

Comme le rappelle Renaud Adam, Colard Mansion, dont le travail technique de calligraphe et d'imprimeur est digne de louanges, est considéré comme un piètre traducteur[115]. Les critiques lui reprochent sa traduction mot à mot, fidèle à la lettre mais inintelligente quant au sens du texte. L'usage de la technique du calque, fréquemment employée au XVe siècle, peut rendre le style particulièrement lourd pour un lecteur moderne. Il était cependant considéré comme un gage de fidélité au texte latin[116]. Colard Mansion va donc trop loin, et offre à son lecteur une traduction à la fois besogneuse et extravagante.

Une compilation peu cohérente

S'il est logique et courant d'ajouter une paraphrase biblique et un texte incitant à la vénération de la Croix à un récit célébrant l'Incarnation et le Sacrifice du Christ, Colard Mansion a une façon particulière de lier ces différentes unités. Alors que les traducteurs ou les compilateurs précédents avaient choisi d'interpoler des éléments de *La Légende du Bois de la Croix* au lieu de la fin de la *Vita Adae*, Colard Mansion laisse coexister deux fins alternatives pour la vie d'Adam. Il ne se contente pas de les juxtaposer, comme certains copistes, mais cherche à les lier par une transition assez bancale :

> « Vous avez bien cy dessus oÿ comment Adam par la transgression et prevarication du commandement de Dieu fut degetté et expulsé de Paradis terrestre et mis en vallee de Ebron avecq Eve sa femme vestus de feulles, en laquelle valee il receüpt moult de labeurs en la sueur de son corps et contrition de son cueur, pour quoy par la begninité de Nostre Seigneur, il eubt la promission tele que Nostre Seigneur en la fin des siecles luy donneroit l'oile de misericorde.
> Adam doncques ainsy estant en la valee de Ebron eubt de sa femme comme dit est deux

filz, c'est ascavoir Caÿn et Abel, dont l'ung par envie occist l'aultre pour quoy Adam moult dolant dist : "Puis que tant de maulx me adviennent par ceste femme, vive Dieu que jamais ne la cognoistray !" Pour quoy il se abstint dela compagnye de Eve plus de cent ans. Touteffoiz par le commandement de Dieu, il la cogneut derechief et eubt d'elle ung filz nommé Seth, moult bel et obeÿssant a son pere.

Quand Adam eubt vescu par l'espace de .IX.^{C} et .XXX. ans en la valee de Ebron comme il a esté dit, il moult traveillié de viellesse et aussy des serpens et aultres bestes quy toutes le contrairoient et infestoyent, commença a estre triste et penser de parfont cueur pour ce qu'il veoit moult de maulz soudre en ce monde de sa prosperité et lygnye. Lors luy commença sa vie estre annuyeuse, sy appella Seth son filz et luy dist :

"Mon filz, va, je te prye, en Paradis devers Cherubin celuy qui garde le pourpis du fruit de vie atout son glaive enflammé et ployant et luy dis que ma vie moult me deplaist et luy deprie qu'il veulle durant ma vie acertener de l'oile de misericorde que Dieu me promist lorsqu'il me banist de Paradis. Tu trouveras la voye vers orient ou chief d'une valee toute verde quy te menra droit en paradis, [...] car oncques puis n'y crut herbe verde tant furent noz pechiez grans et pervers."

Seth donq insy instruit de son pere s'en ala vers Paradis, moult doubteux toutesfoiz pour la grant resplendeur qu'il y veoit car il cuidoit que Paradis fust tout enflambé de feu. Mais par l'instruction de son pere il se seigna du signe de teta et ainsy sainement parvint en paradis[117]. »

La compilation qui en résulte manque de cohérence, d'autant que Colard Mansion ne semble pas prêter de réelle attention au message chrétien qu'il est censé transmettre. Le but d'un texte apocryphe est, en effet, de répondre aux questions des croyants (Pourquoi Satan s'est-il révolté ? Comment Dieu a-t-il pu laisser les humains succomber à la tentation ? Comment l'être humain peut-il obtenir le pardon de ses péchés ? Quelle est l'utilité de la confession et de la pénitence ?). Colard Mansion semble se poser de telles questions lorsqu'il évoque la question du pardon et de la pénitence dans son prologue :

« Mais laissons estre le secret divin et pourquoy il le fist et venons a parler a l'effect de nostre matiere subgette qui est a demonstrer de la grande penitance que Adam et Eve souffrirent pour satisfaire a leur createur de leur transgression. Et par maniere de question demandons que porront faire ceulx qui sont nez et conceus en pechié, ce que ne fut Adam, et qui sont engendrez et fais par la operation d'ouvriers pecheurs, ce que ne fut Adam, et qui font mille pechiez par mille manieres exquises et de corage avisé et endurcy obstineement, ce que ne firent Adam et Eve, et si cuident toutesfoiz estre la misericorde de Dieu si large que pour une trespetite penitance, aincoires venant d'une petite repentance, ilz soient et doivent estre sauvez. Certes trop se monstreroit Dieu excepteur de personnes s'il avoit souffert Adam pour un seul pechié estre en si longue penitance comme de XL jours et XL nuis estre en l'eaue jusques au col et estre absens par plus de V^{M} ans de sa gloire et vision divine, et ceulx du temps present qui font pechiez innumerables et execrables pour une petite repentance et brieve penitance obtenoient la gloire de Paradis si legierement comme ilz le cuident[118]. »

Colard Mansion paraît ici proche de douter de la miséricorde divine (une attitude peu recommandable s'il en est). Son style sans finesse transforme ses propos quant à l'urgence de se repentir en annonce de l'improbabilité de la Rédemption. Il oublie surtout que selon la religion chrétienne, la Rédemption a été offerte une fois pour toute par le sacrifice du Christ (et qu'elle concerne même les plus grands pécheurs). Selon les préceptes du christianisme, le chrétien médiéval n'est donc plus soumis aux mêmes rigueurs que les patriarches de la Genèse.

Une traduction qui s'écarte des saintes Écritures

Angélique Prangsma-Hajenius recense de nombreuses petites erreurs de traduction dans la mise en prose française de *La Légende du Bois de la Croix* contenue dans le manuscrit de la bibliothèque de l'Arsenal[119]. Mansion semble s'efforcer de donner une version authentique de sa source mais certaines coquilles indiquent que le traducteur ou son copiste était particulièrement inattentif. Les chiffres sont assez mal transcrits : dans la mise en prose française, les arbres ont trente-et-un ans au lieu de trente dans sa source. Cette incapacité à transcrire les chiffres est fâcheuse pour les nombres symboliques de la tradition biblique. Selon Mansion, Moïse erre pendant quarante-huit ans au lieu de quarante dans le désert, et la construction du Temple s'étend sur trente-quatre ans au lieu de sept. L'épisode de la pénitence d'Ève subit également une transformation : l'immersion dans le fleuve doit durer trente-trois jours au lieu de trente-quatre, ce qui n'a l'air de rien mais rompt la cohérence entre l'exégèse juive et la *Vita Adae*[120]. Créée six jours après son époux, la mère de tous les vivants a séjourné moins longtemps dans le jardin d'Éden, son inexpérience lui vaut donc un châtiment plus léger de six jours. Cette construction logique est rendue inopérante par une petite erreur numérique. Le texte se trouve donc amputé de sa portée symbolique.

La traduction littérale n'est pas gage d'exactitude. La légèreté du traducteur a d'autres conséquences vénielles : dans *La Légende du Bois de la Croix* selon Mansion, la Sybille et la reine de Saba se trouvent confondues, l'épisode de la concrescence des rameaux sous David est omis, de même que l'apposition d'anneaux d'argent autour de l'arbre (alors que la rubrique y fait référence). Plus grave, Mansion n'hésite pas à ajouter du sens au texte qu'il traduit, introduisant des rapports causaux qui n'existent pas et viennent contredire la Genèse[121]. Ainsi, l'huile de miséricorde est-elle offerte, non par la grâce du créateur mais par égard pour les souffrances d'Adam. Dans la *Pénitence d'Adam*, le traducteur décide, de son propre chef, que le Christ descend de Caïn, ce qui est en contradiction directe, non seulement avec sa source mais aussi avec les Évangiles[122]. Dans *La Légende du Bois de la Croix*, la lassitude d'Adam, au terme de sa vie, n'est plus seulement due au poids de l'âge mais aux serpents qui le tourmentent. Sylviane Messerli signale d'autres écarts avec le texte latin[123]. Notons une autre interpolation amusante, lorsque Dieu présente Adam aux anges, il annonce, nous l'avons déjà vu : « Vecy, regardez Adam que j'ay fait a la similitude et ymage de nous sachans bien et mal. » Or, l'homme ne connaît la différence entre le bien et le mal qu'après avoir mangé le fruit défendu, c'est d'ailleurs un argument du tentateur : « Scit *enim Deus quod in quocumque die comederitis ex eo aperientur oculi vestri et eritis sicut dii scientes bonum et malum.* » (Genèse 3, 5).

De manière générale, Colard Mansion, qu'il soit l'auteur de la paraphrase de la Genèse ou qu'il reprenne une source antérieure, semble prendre un certain nombre de libertés avec le texte biblique. Comme le signale Angélique Prangsma-Hajenius, dans *La Légende du Bois de la Croix*, la traduction des passages concernant la Crucifixion est pour le moins libre[124] :

> « Ce saint fust demoura illec gisant jusques au temps de Jhesucrist et de sa Passion. Et quand Jhesus fut jugié a morir en la Croix, l'ung des juyfz comme de bouche propheticque dist : "Prenez ce royal arbre quy gist dehor la cité et faittes la croix du roi des juyfz." A ce mot s'en alerent les juyfz prendre le saint fust et en firent la Croix de la longueur de sept cubites et de trois en travers, puis l'aporterent jusques au pretoire ou il la misrent depuis sur les espaules de Nostre Saulveur Jhesucrist quy longuement la porta pour nostre redemption jusques au Mont Calvaire. En laquelle Croix iceulz faulz et desloyaulz Juifz

le crucifierent pour le Salut de tous ceulz quy en luy croiront, auquel soit louenge, honneur et gloire. Amen[125]. »

La créativité de Colard Mansion s'exerce également dans sa (longue) restitution des versets 14 à 21 du troisième livre de la Genèse. Pour réécrire la Genèse, le traducteur s'inspire librement de la *Vita Adae*. Selon l'apocryphe, Adam n'est pas puni pour avoir mangé le fruit de l'arbre de la connaissance mais pour avoir écouté sa femme, inversant ainsi un ordre présenté comme naturel[126]. Mansion remanie donc sans scrupule le texte sacré :

« Le createur Dieu omnipotent auquel n'est auculne chose tant soit secrete ou occultement faitte qu'elle ne luy soit revelee comme presente, voyant la transgression et prevarication de son commandement faitte par sa nouvelle creature a laquelle tant de biens avoit appareilliez, vint et appella Adam comme le plusnoble et luy dist : "Adam, pour ce que tu as plustost creu a la suggestion de ta femme que a mon commandement, desormais saches que tu viveras de ton pain acquis a la sueur de ton visage." A Eve dist : "Eve pour ce que tu as pechié en deux manieres, c'est assavoir par orgueil, veullant estre pareille a moy et sy as mengié du fruit deffendu, scaches que pour le premier tu seras toujours soubz la voulenté et puissance de l'homme. Et pour le second, tu enfanteras tes enfans en doleur pareille de mort." Au serpent, dist Notre Seigneur : "Pour ce qu'en trois maniere tu as pechié, tu recevras trois sentence. C'est que pour envie, tu te traineras sur ta poitrine a la terre, pour le second que tu as menty, par la bouche tu mengeras terre, et pour le tiers que tu as deceupt mes esleuz et ceulz que j'avoye mis en ce lieu de delices adfin qu'ilz fussent participans de ma bonté, scaches que eulz a tousjours te auront en horreur et hayne et te debriseront la teste partout ou ilz te pouront attaindre[127]." »

« Les trois sentences ainsy proferees de la bouche du createur sur ses creatures, tantost et subitement l'angele Cherubin atout son fulminant glaive, comme ministre et executeur de la sentence de Notre Seigneur Dieu le Tout Puissant, subitement mist ces deux nouveaulz formez comme exilliez et bannis hors de leur royaulme et enchassa en terre basse ou val de Ebron, nudz et depourveuz de ayde[128]. »

Tous les défauts reprochés aux traductions de Colard Mansion se retrouvent dans ce passage : lourdeur des phrases, inversion de l'ordre symbolique donné dans le troisième livre de la Genèse (Dieu punit en premier le tentateur, puis sa victime directe et enfin celui dont le péché entraîne le châtiment l'ensemble de l'humanité), accroissement de sens par l'invention de rapports causaux et pour finir, transformation radicale du texte biblique. Colard Mansion supprime d'un mot (« nudz ») l'acte de miséricorde divine qui accompagne l'expulsion du jardin d'Éden. Avant de les renvoyer, Dieu prend le soin de fabriquer des vêtements de peau aux humains (Genèse 3, 21). Sans se soucier d'exactitude, le traducteur a donc préféré insister sur la colère que sur la bonté divine. Sylviane Messerli en conclut que ce type de faute est davantage attribuable à l'enthousiasme peu rigoureux du traducteur qu'à une volonté de créer une nouvelle théologie[129]. La répétition de ce type d'erreur dans un texte censé contribuer à l'élévation spirituelle de ses lecteurs est tout de même problématique.

Une allégorie dont le sens échappe en partie au traducteur

Ces choix de traduction difficilement justifiables nuisent non seulement à la cohérence interne du texte, mais également à la compréhension de l'enseignement dispensé sous forme d'allégorie.

Les négligences de Colard Mansion sont particulièrement criantes dans le traitement d'Ève. Le traducteur est en effet héritier d'une tradition de traitement sexué du péché originel. La *Vita* rendait déjà Ève seule responsable du péché dont Adam était dédouané[130]. Dès son prologue, Colard Mansion reprend clairement cette accusation d'Ève à son compte :

> « […] comment nostre Seigneur Dieu pour son premier euvre qu'il [de] ses propres et sacreez mains avoit fait et plasmé souffri endurer et porter si grande penitance a l'homme cree a son ymage et semblance pour une seule transgression et mesus d'un sien commandement, aincoires fait par la suggestion d'un tempteur et par la coulpe d'Eve qui lui en compaigne [avoit donné][131]. »

Le problème, c'est que la *Vita* s'écarte sur ce point d'une conception paulinienne et augustinienne du péché originel, selon laquelle Ève n'est pas responsable de la condamnation de toute l'humanité. Son péché est celui d'un individu abusé par le Diable. Contrairement à sa femme, Adam n'a pas été trompé mais a péché en toute connaissance de cause. S'il n'avait pas suivi Ève, elle aurait supporté seule le poids de sa faute. En la rejoignant, Adam implique l'ensemble de l'humanité et de la création[132].

Dans l'apocryphe, le traitement des deux protagonistes est cependant une allégorie plutôt que le seul reflet d'une misogynie médiévale, allégorie que Colard Mansion semble avoir quelques difficultés à saisir. Dans la *Vita Adae*, Robert Cousland relève un certain nombre de parallèles évidents[133] : comme le Christ, Adam est immergé dans le Jourdain, soumis à la tentation, jeûne pendant quarante jours et triomphe du Diable. À l'inverse, Ève représente l'humanité souffrante, condamnée à succomber et à transmettre ses péchés à ses descendants, une humanité qui a besoin d'être sauvée par le Christ[134]. À cet égard, il est intéressant de noter qu'Ève accomplit sa pénitence dans un fleuve qui coule à travers le jardin d'Éden, donc en lien avec la Création et la Chute, alors qu'Adam est immergé dans un fleuve de la Terre sainte, élément capital de la vie du Christ.

Le texte s'inscrit donc, sur ce point, dans la version paulinienne qui compare le mariage avec l'union du Christ et de l'Église. Ainsi, Ève n'est-elle sauvée que par l'intercession d'Adam, comme nous l'avons vu au moment de son accouchement. La réconciliation des époux, au moment de l'arrivée de leur descendance, me semble à cet égard capitale : l'humanité hérite de ses deux parents. D'autant que dans la version latine, contrairement à l'*Apocalypsis Mosis*, Adam n'est pas prévenu par les astres des souffrances d'Ève, il se soucie de son sort et craint que le diable ne la tourmente encore. Dans cette lecture allégorique, il est aisé de voir le parallèle entre Adam, gardien d'Ève, et le Christ, berger de l'humanité. Adam plus sage, plus ancien que son épouse et ses enfants, incarne ainsi la figure du prêtre qui guide sa communauté pécheresse[135]. La confrontation entre Seth et le serpent est, à cet égard, éclairante. Si le fils d'Adam et Ève est, lui aussi, assailli et blessé par le Tentateur, il est cependant capable de résister à la morsure et de mettre le diable en fuite, signe que l'humanité hérite de ces deux parents :

> « Adont, dist Seth au serpent. Ceste puissance te vueille Dieu oster ! Tais toy et clos ta bouche, maudit que tu ez et ennemy de verité ! Depars toy de la presence de l'ymage de Dieu jusques atant qu'il te vouldra produire en comparation de son jugement[136] ! »

Si Adam préfigure le Christ et la promesse de Salut, ce n'est pas uniquement par ses admirables qualités. Sa culpabilité et sa mort sont mises en parallèle avec la sainteté et la résurrection du Christ : « *Quoniam quidem per hominem mors, et per hominem resurrectio mortuorum. Et sicut in Adam omnes moriuntur, ita et in Christo omnes vivificabuntur.* » (Corinthiens 15, 21-22). À cet égard, les aveux de Satan apportent bien davantage que la réponse à la question de l'origine du mal dans l'humanité : ils définissent la place naturelle de l'homme auprès de Dieu et rappellent l'association entre le Christ et Adam établie dans l'Épître aux Romains : « *Propterea sicut per unum hominem peccatum in hunc mundum intravit, et per peccatum mors, et ita in omnes homines mors pertransiit, in quo omnes peccaverunt. Usque ad legem enim peccatum erat in mundo : peccatum autem non imputabatur, cum lex non esset. Sed regnavit mors ab Adam usque ad Moysen etiam in eos qui non peccaverunt in similitudinem prævaricationis Adæ, qui est forma futuri.* » (Romains 5, 12-14). Nouvel Adam, le Christ vient rétablir le statut glorieux de l'humanité avant la Chute[137].

De même, il est aisé de rapprocher la première pécheresse de celle qui porte la rédemption : si le lien entre la « mère de tous les vivants » et la « mère de Dieu », entre celle qui transmet une malédiction à sa descendance et celle dont « le fruit […] est béni » n'était pas suffisamment évident, l'image d'Ève prêtant l'oreille à Satan déguisé en ange suffirait à évoquer (en la distordant) l'image de Marie écoutant l'ange Gabriel lors de l'Annonciation[138]. Sylviane Messerli note également qu'il est aisé de faire le parallèle entre la nouvelle Ève, écrasant le serpent sous son pied, et la miniature liminaire montrant les pieds fourchus dépassant de la robe de l'ange qui trahissent sa véritable identité (**Fig. 2**)[139]. L'allégorie se déploie donc sur plusieurs niveaux d'interprétations que Colard Mansion ignore, volontairement ou non, pour se concentrer sur le niveau le plus littéral : raconter le roman d'Adam en reprenant tous les ressorts d'une tradition de misogynie comique, celle que l'on trouve dans la farce ou les fabliaux ou, pour prendre un exemple dans les succès de la littérature des Pays-Bas bourguignons, dans les *Cents nouvelles nouvelles*[140].

Comme le signale Éric Junod, certains éléments des textes apocryphes peuvent évoquer les textes à succès populaires ou même les « romans de gare[141] ». Il s'agit cependant de fonder un enseignement sur des récits d'aventure et un schéma narratif simple et récurrent. Persuadé de l'intérêt pédagogique des apocryphes, Matthew Roydon n'hésite pas, quant à lui, à qualifier la *Vita* « d'Évangile d'Adam et Ève[142] ». En se concentrant sur les éléments triviaux et humoristiques telles que les disputes, les périodes d'éloignement sexuel d'Adam et Ève et les petites pointes misogynes, Colard Mansion a bien intégré les éléments de littérature populaire qui font le succès des textes apocryphes, mais sa traduction n'a pas de réelle valeur pastorale ou pédagogique. Ces défauts expliquent peut-être pourquoi le texte ne s'est pas diffusé au-delà d'un cercle restreint.

Colard Mansion, modeste « escripvain », c'est-à-dire scribe et auteur, puis imprimeur ambitieux n'était pas, loin s'en faut, théologien. L'étrangeté du texte et des choix de traduction étonnants ne sont pas pour rien dans la séduction qu'il exerce sur le lecteur contemporain. Une lecture attentive de son « petit cayer » nous a cependant amenés à soulever des questions théologiques majeures. Les *Vita Adae* n'ont pas encore livré tout leur enseignement et des découvertes heureuses comme celle d'Isabelle Fabre sont encore à espérer.

Si la présentation des témoins existants peut nous donner l'illusion d'une connivence entre le fameux Brugeois et ses prestigieux commanditaires, il est difficile de saisir la façon dont ces derniers ont lu le texte. L'ont-ils perçu comme une lecture distrayante ou comme un texte didactique ? Le « petit cayer » à diffusion restreinte laisse une possibilité d'interprétation et de liberté, qui disparaîtra à mesure que l'impression en série diffusera le livre dans des cercles élargis et que les autorités religieuses et politiques comprendront la nécessité d'exercer leur contrôle sur la production. Dans le cas de Colard Mansion, le luxe déployé dans l'écriture et l'illustration, puis dans la typographie et les gravures, semble conférer une sorte de droit à l'erreur littéraire.

NOTES

1 Paris, BnF, ms. Français 1837, f. 1. S. MESSERLI (éd.), *De la pénitence d'Adam, Texte édité, présenté et annoté par Sylviane Messerli d'après les manuscrits Paris, BnF, 1837 et Paris, BnF, bibliothèque de l'Arsenal*, Paris, 2016, p. 79.

2 L. VANDAMME, « Colard Mansion, a Biography without Beginning or End », dans *Colard Mansion, Incunabula, Prints and Manuscripts in Medieval Bruges*, cat. exp. (Bruges, 2018), éd. E. HAUWAERTS, E. de WILDE et L. VANDAMME, Gand, 2018, p. 11-17.

3 G. ANDERSON, M. STONE et J. TROMP (éd.), *Literature on Adam and Eve. Collected essays*, Leyde, Boston et Cologne, 2000, p. 5-6 ; G. ANDERSON et M. STONE (éd.), *A Synopsis of the Books of Adam and Eve*, Leyde, Boston et Cologne, 2000 ; G. ANDERSON et M. STONE (éd.), *A Synopsis of the Books of Adam and Eve*, 2e éd., Atlanta, 1999 ; M. STONE, *A History of the Literature of Adam and Eve*, Atlanta, 1992 ; M. HALFORD, « The Apocryphal *Vita Adae et Evae* : Some Comments on the manuscript Tradition », *Neuphilologishe Mitteilungen*, 82, 4, 1981, p. 412-427, 83, 2, 1982, p. 222 ; M. de JONGE et J. TROMP, *Life of Adam and Eve and Related Literature*, Londres, 1997 ; Br. MURDOCH, *The Apocryphal Lives of Adam and Eve in Medieval Europe*, Oxford, 2009 ; D. ARBEL, J. COUSLAND et D. NEUFELD, *"...And So They Went Out". The Lives of Adam and Eve as Cultural Transformative Story*, New York, 2010 ; D. ARBEL, *Forming femininity in antiquity : Eve, gender, and ideologies in the Greek life of Adam and Eve*, New York, 2012.

4 J.-P. PETTORELLI, A. FREY, J.-D. KAESTLI et B. OUTTIER (éd.), *Vita Latina Adae et Evae*, Turnhout, 2012 (Corpus Christianorum Series Apocryphorum, 18) ; J.-P. PETTORELLI, A. FREY, J.-D. KAESTLI et B. OUTTIER (éd.), *Synopsis Vitae Adae et Evae*, Turnhout, 2012 (Corpus Christianorum Series Apocryphorum, 19).

5 *La Vie d'Adam et Ève et les traditions adamiques*, actes du colloque de Lausanne et Genève (2014), éd. Fr. AMSLER, A. FREY, J.-D. KAESTLI et A.-L. REY, Lausanne, 2017 (Publications de l'Institut romand des sciences bibliques, 8) ; MESSERLI, *op. cit* (notre note 1) ; I. FABRE, « Une version inédite de la *Vie d'Adam et Ève* (Paris, Bibliothèque de l'Arsenal, ms. 2680). Première partie », *Romania*, 135, 2, 2017, p. 363-393. La seconde partie, consacrée à l'étude des procédés de traduction doit paraître prochainement.

6 R. ADAM, *Imprimeurs et société dans les Pays-Bas méridionaux et en principauté de Liège (1473-ca 1520)*, thèse de doctorat inédite sous la dir. de C. Opsomer, Université de Liège, 2010-2011, 2 vol. ; S. HINDMAN et A. BERGERON-FOOTE, Flowering of Medieval French Literature. « Au parler que m'aprist ma mere », cat. exp. (New York et Paris, 2014), Londres, 2014, p. 220-231 ; E. HAUWAERTS, E. de WILDE et L. VANDAMME (éd.), *Colard Mansion, Incunabula, Prints and Manuscripts in Medieval Bruges*, cat. exp. (Bruges, 2018), Gand, 2018.

7 H. WIJSMAN, *Luxury Bound. Illustrated manuscript Production and Noble and Princely Book Ownership in the Burgundian Netherlands (1400-1550)*, Turnhout, 2010 (Burgundica, 16). G. SOUVEREYNS et L. VANDAMME, *Blauwdruk voor Brugge letterstad*, Bruges, 2013, p. 33.

8 Br. MURDOCH, *Hans Folz and the Adam-legends. Texts and studies*, Amsterdam, 1977 (Amsterdamer Publikationen zur Spracheund Literatur, 28).

9 G. ROCCATI, « Le roman dans les incunables », dans A. SCHOYSMAN et M. COLOMBO TIMELLI (éd.), *Le roman français dans les premiers imprimés*, Paris, 2016, p. 95-126.

10 L'idée d'une association a pour la première fois été formulée par l'imprimeur William Blades : W. BLADES, *The Life and Typography of William Caxton, England's first Printer, with Evidence of his Typographical Connection with Colard Mansion, Printer at Bruges*, Londres, 1861. Dans ses études récentes, Lotte Hellinga formule l'hypothèse selon laquelle les presses de Caxton auraient été installées à Gand, dans le cadre d'un partenariat avec David Aubert, avant d'être déplacées vers Bruges et confiées à Colard Mansion. Voir L. HELLINGA, « William Caxton, Colard Mansion, and the Printer in Type 1 », *Bulletin du bibliophile*, 1, 2011, p. 86-114 ; L. HELLINGA, *William Caxton and Early Printing in England*, Londres, 2010, p. 38-46. Les thèses de Lotte Hellinga sont reprises dans l'exposition « Haute lecture » dont le catalogue très érudit permet la confrontation à celles de Renaud Adam, voir R. ADAM, « Printing Books in Bruges in the Fifteenth Century » dans *Colard Mansion, Incunabula, Prints and Manuscripts in Medieval Bruges*, cat. exp. (Bruges, 2018), éd. E. HAUWAERTS, E. de WILDE et L. VANDAMME (éd.), Gand, 2018, p. 53-57 et L. HELLINGA, « William Caxton and Colard Mansion », *Ibid.*, p. 63-69. Dans sa belle thèse, dont nous attendons la publication, Renaud Adam insiste sur le rôle de Johann Veldener, l'imprimeur qui les a formés et a gravé leur matériel typographique : ADAM, *op. cit.* (notre note 6), vol. 1, p. 126.

11 R. ADAM, « Les livres imprimés en langue française dans les Pays-Bas méridionaux : réflexions sur leur mise en page », dans *L'écrit et le manuscrit à la fin du Moyen Âge*, actes du colloque du GRMF de Louvain-la-Neuve (2005), éd. C. VAN HOOREBEECK et T. VAN HEMELRYCK, Turnhout, 2006, p. 17-24, en particulier p. 21.

12 J. DEVAUX, « *Qui est notable et véritable exemple* : les *Cent Nouvelles nouvelles* et le didactisme bourguignon », dans *Autour des « Cent Nouvelles nouvelles » : sources et rayonnements, contextes et interprétations*, actes du colloque de Dunkerque (2011), éd. J. DEVAUX et A. VELISSARIOU, Paris, 2016, p. 41-52.

13 R. ADAM, « Colard Mansion, passeur de textes », dans A. SCHOYSMAN et M. COLOMBO TIMELLI (éd.), *Le roman français dans les premiers imprimés*, Paris, 2016, p. 14-24 ; ADAM, *op. cit.* (notre note 6).

14 Marie de Bourgogne mourut en 1482. Maximilien devint alors régent pour leur fils Philippe le Beau, comte de Flandre. La victoire finale de Maximilien sur les insurgés flamands est consacrée par la paix de l'Écluse (12 octobre 1492). *Ibid.*, vol. 1, p. 146.

15 *Ibid.*, vol. 1, p. 148 et 168. Voir aussi WIJSMAN, *op. cit.* (notre note 7), p. 78-79.

16 Anciennement le manuscrit 191 de la Bibliotheca Philosophica Hermetica : HINDMAN et BERGERON-FOOTE, *op. cit.* (notre note 6), p. 220-231 ; VANDAMME, DE WILDE et HAUWAERTS, *op. cit.* (notre note 6), n° 4, p. 21.

17 C. VAN HOOREBEECK, « La Ville, le Prince et leurs officiers en Flandre à la fin du Moyen Âge : livres et lectures de la famille de Baenst », *Le Moyen Âge*, 133, 1, 2007, p. 45-67.

18 Paris, BnF, Arsenal, ms. 5194-5195.

19 A. Dubois, « La bibliothèque de Philippe de Hornes, seigneur de Gaesbeek, et un *Valère Maxime* exécuté dans l'atelier de Colard Mansion », dans B. CARDON, J. VAN DER STOCK et D. VANWIJSBERGHE (éd.), « *Als ichcan* ». *Liber amicorum in Memory of Professor Dr. Maurits Smeyers*, Paris, Louvain et Dudley, 2002, vol. 1, p. 611-627.

20 Th. DELCOURT, B. BOUSMANNE et I. HANS-COLLAS (éd.), *Miniatures flamandes, 1404-1482*, cat. exp. (Paris, 2010, Bruxelles, 2011), Paris, 2011, p. 346-349.

21 E. HAUWAERTS, « Mansion's Manuscripts », dans *Colard Mansion, Incunabula, Prints and Manuscripts in Medieval Bruges*, cat. exp. (Bruges, 2018), éd. E. HAUWAERTS, E. de WILDE et L. VANDAMME (éd.), Gand, 2018, p. 93-95 ; pour la *Vie de saint Hubert*, voir *Ibid.*, n° 40, p. 99 ; pour le *Dialogue des créatures*, voir *Ibid.*, n° 1, p. 18.

22 ADAM, *op. cit.* (notre note 6). J. VAN PRAET, *Recherches sur Louis de Bruges, Seigneur de la Gruthuyse*, Paris, 1831 ; M.-P. LAFFITTE, « Les manuscrits de Louis de Bruges, chevalier de la Toison d'or », dans *Le Banquet du Faisan*, actes du colloque de Lille et Arras (1995), éd. M.-Th. CARON et D. CLAUZEL, Arras, 1997, p. 248.

23 MESSERLI, *op. cit.* (notre note 1), p. 51.

24 F. BAKKER et J. GERRITSEN, « Collecting Ships from Holland and Zeeland : A Caxton Letter Discovered », *The Library*, 7e ser., 5, 2004, p. 3-11. Nous remercions Lotte Hellinga de nous avoir signalé cet article.

25 WIJSMAN, *op. cit.* (notre note 7), p. 356-369.

26 « Ce puissant seigneur a également entretenu des liens avec Colard Mansion. En effet, la *Pénitence d'Adam* traduite par Mansion contient une dédicace à Louis de Gruuthuse dans laquelle il se présente comme *son compere et humble serviteur*. Depuis les travaux de Joseph van Praet, il est communément admis que le terme *compere* renvoie au parrainage par Louis de Bruges d'un des enfants de Mansion. Cependant, une certaine prudence s'impose tant la réalité médiévale est subtile. Le mot *compere* peut aussi bien désigner un parrain qu'un ami ou tout du moins un proche. La parenté spirituelle de Gruuthuse ne doit donc pas être acceptée d'emblée, même si aucun argument décisif ne peut lui être opposé. Sur ce point, nonobstant la difficulté de préciser la nature de leur relation, il est important de retenir l'existence de contacts privilégiés entre Louis de Gruuthuse et Colard Mansion. » ADAM, *op. cit.* (notre note 6), vol. 2, p. 330.

27 VAN HOOREBEECK, *op. cit.* (notre note 17), p. 52. L. et W. HELLINGA, *Colard Mansion. An Original Leaf from the Ovide Moralisé (Bruges 1484)*, Amsterdam, 1963, p. 7.

28 DELCOURT, BOUSMANNE et HANS-COLLAS, *op. cit.* (notre note 20) ; I. HANS-COLLAS, P. SCHANDEL, H. WIJSMAN et Fr. AVRIL (éd.), *Manuscrits enluminés des anciens Pays-Bas méridionaux*, t. 1, *Manuscrits de Louis de Bruges*, Paris, 2009, p. 200-203 ; MESSERLI, *op. cit.* (notre note 1), p. 13 ; VANDAMME, DE WILDE et HAUWAERTS, *op. cit.* (notre note 6), n° 77, p. 177.

29 WIJSMAN, *op. cit.* (notre note 7) p. 493.

30 William Caxton, *Myrrour of the worlde*, Westminster, William Caxton, 1481. ISTC im00883000 ; VAN HOOREBEECK, *op. cit.* (notre note 17), p. 47. Pour Hanno Wijsman, ce type de commande nous laisse entrevoir l'activité d'un cercle d'amateurs illustres, un groupe dans lequel tout le monde se connaissait : H. WIJSMAN, « Shifting Audiences for Luxury Books », dans *Colard Mansion, Incunabula, Prints and Manuscripts in Medieval Bruges*, cat. exp. (Bruges, 2018), éd. E. HAUWAERTS, E. de WILDE et L. VANDAMME (éd.), Gand, 2018, p. 163-167.

31 J. VAN PRAET, *Notice sur Colard Mansion, libraire et imprimeur de la ville de Bruges en Flandre dans le quinzième siècle*, Paris, 1829.

32 Bruxelles, B.R., ms. II 01620.

33 J.-M. FRITZ, « Mise en scène et *translatio* dans les *Vies* médiévales d'Adam et Ève », dans *La transmission des savoirs au Moyen Age et à la Renaissance. Du* XII*e au* XV*e siècle*, actes du colloque de Besançon et Tours (2003), éd. P. NOBEL, Besançon, 2005, vol. 1, p. 114.

34 HANS-COLLAS, SCHANDEL, WIJSMAN et AVRIL, *op. cit.* (notre note 28), p. 200-203.

35 J. VAN DER ELST, *The Last Flowering of the Middle Ages*, Doubleday, 1944.

36 H. WIJSMAN, « Northern Renaissance ? Burgundy and Netherlandish Art in Fifteenth-Century Europe », dans A. LEE, P. PEPORTE et H. SCHNITKER (éd.), *Renaissance ? Perceptions of continuity and discontinuity in Europe, c.1300-c.1550*, Leyde, 2010, p. 269-288.

37 Kr. POMIAN, *Collectionneurs, amateurs et curieux. Paris, Venise :* XVI*e*-XVIII*e siècles*, Paris, 1987.

38 ADAM, *op. cit.* (notre note 6), vol. 2, p. 345.

39 MESSERLI, *op. cit.* (notre note 1), p. 79 ; FABRE, *op. cit.* (notre note 5), p. 363-393.

40 J.-D. KAESTLI, « La Vie d'Adam et Ève. Un enchaînement d'intrigues épisodiques au service d'une intrigue unifiante », dans *Analyse narrative et Bible*, actes du deuxième colloque du RRENAB de Louvain-la-Neuve (2004), éd. C. FOCANT et A. WÉNIN, Louvain, 2005, p. 321-335.

41 G. ANDERSON, « The Penitence Narrative in the *Life of Adam and Eve* », dans G. ANDERSON, M. STONE et J. TROMP (éd.), *Literature on Adam and Eve. Collected essays*, Leyde, Boston et Cologne, 2000, p. 3-42, en particulier p. 5-6 ; ANDERSON et STONE, *op. cit.* (notre note 3).

42 Paris, BnF, ms. Français 1837, f. 7v-8. MESSERLI, *op. cit.* (notre note 1), p. 90.

43 Selon Jean-Pierre Pettorelli, la pénitence d'Ève était, dans les sources les plus anciennes, de trente-quatre jours, soit six jours de moins qu'Adam. La différence correspond à l'écart entre la création d'Adam et celle d'Ève selon la tradition exégétique juive. PETTORELLI, FREY, KAESTLI et OUTTIER, 18, *op. cit.* (notre note 4), p. 289.

44 La naissance de Caïn intervient à la suite d'une série d'épisodes dramatiques : péché originel, Chute, pénitence dans deux fleuves séparés et exil d'Ève.

45 « Ma compaigne, respondy Adam, force est que pour appaisier nostre Seigneur nous façons penitance mais tu ne la pues soustenir par tant de jours comme moy. Or fay doncques ainsi

comme je te enseigneray et tu seras sauvee. Je doy faire .XL. jours de j[e]une et toy lieve sus et t'en va au fleuve du Tygre et porte avec toy une pierre que tu meteras dedens le canal de l'eau sur laquelle seras en estant jusques au col et ne isse de ta bouche parolle aucune par l'espace de .XXXIII. jours. Car nous ne sommes pas dignes d'ouvrir la bouche pour deprier nostre Seigneur car noz levres furent faittes immondes et souilliés par l'atouchement du fruit a nous deffendu. Soies doncques par l'espace de .XXXIII. jours en l'eaue du fleuve du Tygre en la manière comme je le t'ay devisé. Et je m'en iray au fleuve Jordan ou je seray pareillement par l'espace de .XL. jours et par ceste maniere aura Dieu par aventure merci de nous. » Paris, BnF, ms. Français 1837, f. 9v-10v.

46 B. RAW, « Why Does the River Jordan Stand Still ? (*The Descent into Hell, 103-106*) », *Leeds Studies in English*, 23, 1992, p. 29-47.

47 Paris, BnF, ms. Français 1837, f. 14-16v. MESSERLI, *op. cit.* (notre note 1), p. 94-95.

48 *Sed et serpens erat callidior cunctis animantibus terræ quæ fecerat Dominus Deus. Qui dixit ad mulierem : Cur præcepit vobis Deus ut non comederetis de omni ligno paradisi ?* (Genèse 3, 1).

49 D. ARBEL, *op. cit.* (notre note 3), p. 18-20.

50 J.-D. KAESTLI, « Le mythe de la chute de Satan et la question du milieu d'origine de la vie d'Adam et Ève », dans D. WARREN, A. BROCH et D. PAO (éd.), *Early Christian Voices in Texts, Traditions and Symbols : Essays in Honor of François Bovon*, Boston et Leyde, 2003, p. 341-354.

51 *Idem.*

52 Paris, BnF, ms. Français 1837, f. 18v-19. MESSERLI, *op. cit.* (notre note 1), p. 96.

53 Paris, BnF, ms. Français 1837, f. 21. MESSERLI, *op. cit.* (notre note 1), p. 97.

54 KAESTLI, *op. cit.* (notre note 40).

55 Par exemple, dans la recension latine la plus fréquente, nommée Latin *V* dans l'édition de Jean-Pierre Pettorelli : « *Et peperit filium et erat lucidus. Et continuo infans exurgens cucurit et manibus suis tulit herbam deditque matri suae, et vocatum est nomen Cain.* » PETTORELLI, FREY, KAESTLI et OUTTIER, 18, *op. cit.* (notre note 4), p. 326.

56 *Idem.* Jean-Pierre Pettorelli établit un parallèle avec Noé dans les écrits intertestamentaires.

57 KAESTLI, *op. cit.* (notre note 40), p. 330. Dans certaines versions, les Vertus employées comme sages-femmes traitent ouvertement Caïn d'enfant adultérin, par exemple dans le ms. Latin 5327 de la BnF (manuscrit *P* dans l'édition de Jean-Pierre Pettorelli) : « *Illius enim orationes fecerunt ut acciperes auditorium nostrum. Nisi enim illius oratio intercederetur, nullo modo posses euadere dolores istos de conceptu adulterri.* » PETTORELLI, FREY, KAESTLI et OUTTIER, 18, *op. cit.* (notre note 4), p. 325-327 ; ARBEL, *op. cit.* (notre note 3), p. 19.

58 Paris, BnF, ms. Français 1837, f. 22-22v. MESSERLI, *op. cit.* (notre note 1), p. 98.

59 ARBEL, *op. cit.* (notre note 3), p. 20.

60 Paris, BnF, Arsenal, ms. 5092, f. 33v. MESSERLI, *op. cit.* (notre note 1), p. 110.

61 À ce sujet, voir C. CASAGRANDE et S. VECCHIO, *Histoire des péchés capitaux au Moyen Âge*, trad. P.-E. DAUZAT, Paris, 2002.

62 Paris, BnF, ms. Français 1837, f. 22v. MESSERLI, *op. cit.* (notre note 1), p. 98.

63 Paris, BnF, ms. Français 1837, f. 23. MESSERLI, *op. cit.* (notre note 1), p. 99.

64 « *Et ipse Jesus erat incipiens quasi annorum triginta, ut putabatur, filius Joseph, qui fuit Heli, qui fuit Mathat* [...] *qui fuit Henos, qui fuit Seth, qui fuit Adam, qui fuit Dei* » (Luc 3, 23-28).

65 Paris, BnF, ms. Français 1837, f. 23v-28v.

66 Paris, BnF, ms. Français 1837, f. 30v-31. MESSERLI, *op. cit.* (notre note 1), p. 103.

67 PETTORELLI, FREY, KAESTLI et OUTTIER, 18, *op. cit.* (notre note 4), p. 360 ; ANDERSON, *op. cit.* (notre note 41), p. 57.

68 Paris, BnF, ms. Français 1837, f. 29-29v.

69 « *Adæ vero dixit : Quia audisti vocem uxoris tuæ, et comedisti de ligno, ex quo præceperam tibi ne comederes, maledicta terra in opere tuo : in laboribus comedes ex ea cunctis diebus vitæ tuæ. Spinas et tribulos germinabit tibi, et comedes herbam terræ. In sudore vultus tui vesceris pane, donec revertaris in terram de qua sumptus es : quia pulvis es et in pulverem reverteris.* » (Genèse 3, 17-19).

70 Paris, BnF, ms. Français 1837, f. 33v-34v. MESSERLI, *op. cit.* (notre note 1), p. 105.

71 ARBEL, *op. cit.* (notre note 3), p. 31 ; R. GOUNELLE, « Pourquoi, selon l'Évangile de Nicodème, le Christ est-il descendu aux Enfers ? », dans J.-D. KAESTLI et D. MARGUERAT (éd.), *Le Mystère apocryphe : introduction à une littérature méconnue*, Genève, 1995, p. 72-79.

72 Ce qui correspond à leur différence d'âge, voir notre note 45.

73 Selon Jean-Marie Fritz, ces tablettes font référence aux *Antiquités judaïques* de Flavius Josèphe dans lesquelles les descendants de Seth dressent deux colonnes, l'une d'argile et l'autre de pierre, pour y inscrire l'histoire de l'humanité. FRITZ, *op. cit.* (notre note 33), p. 105-106.

74 *Idem.*

75 ISTC ia00041000.

76 ISTC ia00042000.

77 ISTC ia00043000.

78 Paris, BnF, Arsenal, ms. 5092, f. 5v-10v.

79 FRITZ, *op. cit.* (notre note 33), p. 102. Sur la légende du Bois de la Croix, voir A. PRANGSMA-HAJENIUS, *La Légende du Bois de la Croix dans la littérature française médiévale*, Assen, 1995. Les deux textes voisinent souvent dans les recueils, ce qui a pu inciter les copistes à les fusionner. PETTORELLI, FREY, KAESTLI et OUTTIER, 18, *op. cit.* (notre note 4), p. 536-537.

80 Paris, BnF, Arsenal, ms. 5092, f. 22-22v. MESSERLI, *op. cit.* (notre note 1), p. 118.

81 Paris, BnF, Arsenal, ms. 5092, f. 43-43v. MESSERLI, *op. cit.* (notre note 1), p. 119.

82 PETTORELLI, FREY, KAESTLI et OUTTIER, 19, *op. cit.* (notre note 4), vol. 2, p. 536-537.

83 Br. MURDOCH, *Adam's Grace : Fall and Redemption in Medieval Literature*, Londres, 2000, p. 41.

84 PRANGSMA-HAJENIUS, *op. cit.* (notre note 79).

85 ANDERSON, *op. cit.* (notre note 41), p. 57.

86 FRITZ, *op. cit.* (notre note 33), p. 100.

87 J.-P. PETTORELLI, « La *Vie* latine d'Adam et Ève », *Bulletin du Cange*, 56, 1998, p. 5-73, en particulier p. 5.

88 MURDOCH, *op. cit.* (notre note 8), p. 3.

89 PETTORELLI, *op. cit.* (notre note 87), p. 5, note 2.

90 M. de JONGE, « The Christian Origin of the Greek Life of Adam and Eve », dans ANDERSON, STONE et TROMP, *op. cit.* (voir notre note 3), p. 347-363.

91 ARBEL, COUSLAND et NEUFELD, *op. cit.* (notre note 3), p. 3.

92 FRITZ, *op. cit.* (notre note 33), p. 100.

93 La thèse selon laquelle la version grecque est à l'origine des autres versions vient de la thèse de M. NAGEL, *La Vie grecque d'Adam et Ève*, Strasbourg et Lille, 1974. La relation entre les recensions grecque et latine est réexaminée par J. TROMP, « Cain and Abel in the Greek and Armenian Recensions of the Life of Adam and Eve », dans ANDERSON, STONE et TROMP, *op. cit.* (notre note 3), p. 277-296 ; voir également p. 37-45.

94 ARBEL, COUSLAND et NEUFELD, *op. cit.* (notre note 3), p. 122.

95 PETTORELLI, *op. cit.* (notre note 87), p. 15.

96 MURDOCH, *op. cit.* (notre note 3), p. 209. Le manuscrit Latin 5327 de la BnF, datable du Xe siècle et provenant de l'abbaye de Saint-Amand-en-Pévèle contient la *Vita* (f. 81v-87, cf. J.-P. PETTORELLI, « *Vie* latine d'Adam et Ève. Familles rhénanes (2e partie) », *Archivum latinitatis medii aevi*, 60, 2002, p. 171-233, en particulier p. 224-233 ; PETTORELLI, FREY, KAESTLI et OUTTIER, 18, *op. cit.* (notre note 4), p. 68, 162 et 169). Provenant de la même abbaye, le manuscrit Latin 590 est postérieur (fin XIVe-début XVe siècles, cf. *Ibid.*, p. 81-82). La *Vita* commence au f. 163 et s'achève au f. 168v (cf. J.-P. PETTORELLI, « La Vie latine d'Adam et d'Ève. Analyse de la tradition manuscrite », *Apocrypha*, 10, 1999, p. 195-296, en particulier p. 232). Le manuscrit Latin 3832 de la BnF contient une recension proche des recensions arménienne et géorgienne (p. 181-192) rédigée au XIIe siècle en Normandie (cf. J.-P. PETTORELLI, « *Vie* latine d'Adam et d'Ève. La recension de Paris, BNF, lat. 3832 », *Archivum Latinitatis Medii Aevi*, 57, 1999, p. 5-52 ; J.-P PETTORELLI *et al.*, « Deux témoins latins singuliers de la *Vie* latine d'Adam et d'Ève, Paris, BnF, lat. 3832 et Milan, B. Ambrosiana, O 35 SUP », *Journal for the Study of Judaism*, 33, 1, 2002, p. 1-27). PETTORELLI, FREY, KAESTLI et OUTTIER, 18, *op. cit.* (notre note 4), p. 56-57. Le manuscrit 168 de la Bibliothèque municipale de Valenciennes semble avoir été copié en Espagne : *Ibid.*, p. 74. Le manuscrit Latin 3768 de la Bibliothèque nationale de France a, quant à lui, été copié en Angleterre : *Ibid.*, p. 97.

97 Il s'agit du dernier feuillet du manuscrit 1426 de la Bibliothèque municipale de Rouen. *Ibid.*, p. 95.

98 FABRE, *op. cit.* (notre note 5). Nous remercions chaleureusement Isabelle Fabre de nous avoir signalé sa découverte, réalisée grâce à la base Jonas de l'IRHT.

99 MURDOCH, *op. cit.* (notre note 3), p. 208-232. FABRE, *op. cit.* (notre note 5), p. 379.

100 Paris, BnF, ms. Français 95, f. 380-394v.

101 E. QUINN, *The Penitence of Adam, a Study of the Andrius Ms. (Bibliothèque Nationale fr. 95, folios 380r-394v), with a Transcription of the Old French and English Translation by Micheline Dufau*, Ann Arbor (Romance Monograph, 36), 1980.

102 A. BORGNET, *Ly Myreur des histors, chronique de Jean des Preis dit d'Outremeuse*, t. 1, Bruxelles, 1864, p. 308-328. « La vie d'Adam et la légende du Bois de la Croix ne sont pas intégrées dans le récit des origines de l'humanité. Elles constituent une digression au moment de la venue du Christ, qu'elles annoncent. Elles constituent donc bien un lien entre l'Ancien et le Nouveau Testament, présentant le Christ comme un nouvel Adam. » FRITZ, *op. cit.* (notre note 33), p. 112.

103 A. M. L. PRANGSMA-HAJENIUS, *op. cit.* (notre note 79).

104 Il s'agit des manuscrits 10455-10456, II 30291, 10463, 19303-19306, II 3030, et II 30292 de la Bibliothèque royale de Belgique.

105 W. MEYER, « Vita Adae et Evae », *Abhandlungen der königlichen bayerischen Akademie der Wissenschaften, philosophisch-philologische Classe*, 14, 3, 1878, p. 185-250.

106 PETTORELLI, FREY, KAESTLI et OUTTIER, 18, *op. cit.* (notre note 4), p. 137-151 ; PETTORELLI, FREY, KAESTLI et OUTTIER, 19, p. 441-544.

107 Comme le rappelle Renaud Adam, « les livres imprimés circulaient dans la Venise du Nord bien avant l'ouverture d'une officine ». ADAM, *op. cit.* (notre note 6), p. 11.

108 PETTORELLI, FREY, KAESTLI et OUTTIER, 18, *op. cit.* (notre note 4), p. 235.

109 *Ibid.*, p. 240-245.

110 PETTORELLI, FREY, KAESTLI et OUTTIER, 19, *op. cit.* (notre note 4), p. 661.

111 PETTORELLI, FREY, KAESTLI et OUTTIER, 18, *op. cit.* (notre note 4), p. 235.

112 Johann Veldener, l'imprimeur qui a probablement formé Caxton et Colard Mansion et leur fournissait leur matériel typographique (voir notre note 6) a notamment imprimé sa propre traduction flamande de *La Légende du Bois de la Croix* : *Dat speghel onser behoudenisse*, Culemborg, Johann Veldener, 27 septembre 1483. ISTC is00660000.

113 PETTORELLI, FREY, KAESTLI et OUTTIER, 18, *op. cit.* (notre note 4), p. 65-66.

114 *Ibid.*, p. 140-142.

115 « La qualité des traductions de Colard Mansion a été sévèrement jugée par les philologues. Dans son introduction à l'édition du *Dialogue des créatures*, Pierre Ruelle affirme ainsi qu'il est "malaisé de se faire, d'après une copie médiocre, une idée nette des qualités de traducteur de Mansion. Pourtant, on ne

risque pas de le calomnier en disant qu'il n'est ni scrupuleux, ni méticuleux. Sa traduction est tour à tour infidèle, inconséquente, embarrassée et aveugle." Maria Colombo Timelli abonde dans ce sens et prétend au sujet du *Donat esperituel* qu'il s'agit d'une "traduction « utilitaire » en somme, plutôt que littéraire, sans visée esthétique, ou presque. Une telle perspective explique certaines caractéristiques de la traduction de Mansion, parfois trop littérale – jusqu'à l'obscurité –, imprécise sinon maladroite, voire franchement erronée." ». ADAM, *op. cit.* (notre note 6), vol. 2, p. 349. P. RUELLE, *Le Dialogue des créatures : traduction par Colard Mansion (1482) du Dialogus creaturarum (XIVᵉ siècle)*, Bruxelles, 1985, p. 54 ; M. COLOMBO TIMELLI, « Le *Donat esperituel* de Colard Mansion. Étude et édition », *Memorie dell'istituto Lombardo – Accademia di Scienze e Lettere. Classe di Lettere – Scienze Morali e Storiche*, 40, 1997, p. 265.

116 QUINN, *op. cit.* (notre note 101), p. 32.

117 Paris, BnF, Arsenal, ms. 5092, f. 33-34v. MESSERLI, *op. cit.* (notre note 1), p. 110-111.

118 Paris, BnF, ms. Français 1837, f. 2-3. MESSERLI, *op. cit.* (notre note 1), p. 80.

119 PRANGSMA-HAJENIUS, *op. cit.* (notre note 79), p. 156-160.

120 CCSA 18-19, *op. cit.* (notre note 4).

121 PRANGSMA-HAJENIUS, *op. cit.* (notre note 79), p. 127.

122 CCSA 18-19, *op. cit.* (notre note 4).

123 MESSERLI, *op. cit.* (notre note 1), p. 39-40.

124 PRANGSMA-HAJENIUS, *op. cit.* (notre note 79), p. 127.

125 Paris, BnF, Arsenal, ms. 5092, f. 43v-44. MESSERLI, *op. cit.* (notre note 1), p. 119-120.

126 « Vecy Adam, saches que tu morras car dés ton commencement tu trespassas mon commandement et oÿs la voix de ta femme, laquele toutesfoiz je t'avoie donnee en ta puissance affin que tu feisse d'elle ta volenté et en fusses maistre et tu as mieulx amé obeïr a elle que a garder mon commandement. » Paris, BnF, ms. Français 1837, f. 24-24v. MESSERLI, *op. cit.* (notre note 1), p. 99.

127 Paris, BnF, Arsenal, ms. 5092, f. 9-9v. MESSERLI, *op. cit.* (notre note 1), p. 88-89.

128 Paris, BnF, Arsenal, ms. 5092, f. 10. MESSERLI, *op. cit.* (notre note 1), p. 88-89.

129 MESSERLI, *op. cit.* (notre note 1), p. 40.

130 ARBEL, COUSLAND et NEUFELD, 2010, *op. cit.* (notre note 3), p. 137. ARBEL, *op. cit.* (notre note 41), p. 20.

131 Paris, BnF, ms. Français 1837, f. 1v. MESSERLI, *op. cit.* (notre note 1), p. 79.

132 L. WAJEMEN, « Rien d'Adam en Adam il ne recognoist plus », dans A. PARAVICINI BAGLIANI (éd.), *Adam le premier homme*, Florence, 2012 (Micrologus Library, 45), p. 297-314.

133 ARBEL, COUSLAND et NEUFELD, 2010, *op. cit.* (notre note 3), p. 127.

134 *Ibid.*, p. 136.

135 MURDOCH, *op. cit.* (notre note 3), p. 42.

136 Paris, BnF, ms. Français 1837, f. 32v. MESSERLI, *op. cit.* (notre note 1), p. 103.

137 KAESTLI, *op. cit.* (notre note 50), p. 341-354.

138 QUINN, *op. cit.* (notre note 101), p. 45.

139 MESSERLI, *op. cit.* (notre note 1), p. 30.

140 J. DUFOURNET, « Les *Cent Nouvelles nouvelles*, emblème de la génération de Louis XI », dans *Autour des « Cent Nouvelles nouvelles » : sources et rayonnements, contextes et interprétations*, actes du colloque de Dunkerque (2011), éd. J. DEVAUX et A. VELISSARIOU, Paris, 2016, p. 15-30.

141 KAESTLI et MARGUERAT, *op. cit.* (notre note 71), p. 15-20.

142 ARBEL, COUSLAND et NEUFELD, *op. cit.* (notre note 3), p. 122.

Car ces subiectz se sentirent estre
Nulles ronces quel se vast monstrer
Vertu en scauoit dieu de gre
Fait le bien non pas le deuoir
Droicture non pas dignite
Non orgueil mais humilite
Il sen orgueillist pour sa hautesse
Et est vraie compaignie desprise

Guillaume Alecis. Une œuvre entre manuscrits et imprimés

Sylvie LEFÈVRE

Un grand inconnu et un texte célèbre. Petit détour par *Pathelin* pour commencer

Un prénom et un nom ne font pas moins de Guillaume Alecis un quasi inconnu. Comme pour bien d'autres auteurs, c'est au travers de ses textes ou des livres qui les conservent que des bribes de sa biographie semblent nous apparaître. Bien des zones d'ombre subsistent qui purent susciter des idées jugées aujourd'hui étonnantes.

Je pense à la paternité qui fut donnée à Guillaume Alecis d'un texte célèbre : la farce de *Pathelin*. Premier éditeur scientifique du texte, américain et ami de Mario Roques, Richard T. Holbrook s'était rallié aux hypothèses de Louis Cons et avait tenté de rendre plus sûres encore les preuves de cette attribution, soit des concordances d'idées ou de mots placées dans des vers identiquement numérotés dans la farce et dans l'œuvre du bénédictin normand[1]. Le savant français n'était pas convaincu du tout de la démonstration mais, fidèle à la mémoire de son ami, il réédita en 1937 un texte revu qui maintenait l'attribution à Alecis[2].

Richard Holbrook avait fondé son édition sur l'imprimé le plus ancien que nous ayons conservé, celui de Guillaume Le Roy à Lyon, datable de 1485-1486 par ses caractères (ISTC[3] ip00149600, un seul exemplaire incomplet à la BnF). L'édition parisienne de Pierre Levet est postérieure de quelques années, vers 1490-1491 (ISTC ip00149650, un exemplaire à la BnF). Un des éléments de datation de cette dernière tient à la fêlure observable sur le bois de la marque de l'imprimeur-libraire en page de titre. Ce même bois, intact, figure dans une édition du *Blason des fausses amours* de Guillaume Alecis, précisément datée du 20 octobre 1489 (ISTC ia00458060, un exemplaire à la BnF et un autre à la British Library). Le *Pathelin* est donc forcément postérieur.

Depuis, les spécialistes du *Pathelin* ont réhabilité le témoignage de deux des quatre manuscrits de la pièce[4]. Non seulement le manuscrit La Vallière (Paris, BnF, ms. Français 25467) et le manuscrit Bigot (Paris, BnF, ms. Français 1707 et ms. Français 15080) sont plus anciens que l'édition lyonnaise – datant tous deux de 1475-1480 – mais ils représentent une tradition du texte encore non figée. Ces copies, en effet, pourraient avoir vu le jour au moment où se séparait la troupe qui possédait en commun son répertoire. L'œuvre alors aurait été partagée entre les différents membres et mise en circulation jusqu'à atteindre un plus large public par l'impression. Il n'y a donc pas, à proprement parler, ni d'auteur unique du *Pathelin*, ni de texte unique – et le système des correspondances numériques s'en trouve encore dévalué. Démis de son éphémère autorité sur un texte devenu un des classiques de l'histoire du théâtre français, Guillaume Alecis est retombé dans l'oubli dont seuls quelques spécialistes de la fin du Moyen Âge et du début du XVIe siècle le tirent parfois[5]. Certains de ses textes pourtant ont connu une diffusion ancienne assez importante, grâce à l'imprimerie plus qu'aux manuscrits. Comme pour d'autres auteurs, les deux modes de publication ont pu être concurrents plus que successifs, rarement exclusifs l'un de l'autre.

1486, une année singulière : mort et renaissance imprimée d'Alecis

Une des deux œuvres les plus répandues de Guillaume Alecis ne nous est plus connue que par des imprimés. Déjà évoqué pour son édition chez Pierre Levet en 1489, le *Blason des fausses amours* connut une première impression datée du 8 novembre 1486 chez le même imprimeur-libraire (ISTC ia00458030 ; un exemplaire à la BnF). L'intitulé de début donne le nom et le statut de l'auteur : « [I]ci commence le blason de faulses amours compilé par frere Guillaume alexis, prieur de bury ».

D'autres imprimés nous apprennent que, religieux, Guillaume Alecis appartenait à l'ordre bénédictin et à l'abbaye normande de Lyre[6]. L'abbé Charles Guéry, auteur d'une biographie de notre auteur et d'une histoire de cette abbaye[7], ne peut pourtant que constater deux mystères. Il est impossible d'identifier l'écrivain avec aucun des moines connus par les archives du XVe siècle qu'il a consultées ; impossible également de savoir ce qu'il en est de ce prieuré de Bury ou Bucy, que quelques-uns ont situé dans le Perche[8], peut-être sur la foi d'un intitulé long que l'on rencontre dans certaines éditions du *Blason* : « Cy commence le blason de faulses amours, fait et composé par frere Guillaume alexis religieux de lyre et prieur de bussy. En parlant a ung gentilhomme de sa congnoissance, avec lequel il chevauchoit entre Rouen et verneul ou perche » (ISTC ia00458200 ; Pierre Le Caron, 1495-1500, un exemplaire à la BnF). Pourtant le poète a bien vécu dans cette abbaye. Il est toujours présent dans certains des livres de sa bibliothèque, aujourd'hui dispersée, par des mentions qu'il signe sous la forme *Alecis* et que parfois il date[9] :

« *Iste dyalogus beati Gregorii est de cenobio Lirensi, qui rapuerit aut furto eum abstulerit, sit anathema. Scriptum II idus iunii 1469. Alecis* » (Évreux, B.M., ms. 8, f. 165v).

« *Hic unus librorum est monasterii beate Marie de Lira, ordinis sancti Benedicti, dyoceseos Ebroycensis, 1472. Alecis* » (Rouen, B.M., ms. 1040, f. 1).

André Pottier, conservateur de la Bibliothèque de Rouen au XIXe siècle, notait en outre qu'avant de recevoir une nouvelle reliure, le manuscrit 1124 de la B. M. de Rouen portait sur ses gardes ces nom et prénom : *Guillermus Aleccis*.

Cette même identité se retrouve déclinée sous forme d'acrostiche dans deux textes. Le *Blason des fausses amours* dans ses nombreuses éditions se termine ainsi[10] :

« **G**ueres ne dure
Vaine verdure ;
Joyeuses flours
L'esté figure ;
L'yver procure
Tiltre de plours.
A plaisirs cours
Longues doulours.
Et ce voyant, je veuil conclure
Ce Blason de faulses amours,
Justement monstrant que leurs tours
Sont telz qu'on n'en doit avoir cure. »

Quant à la *Déclamation sur l'Evangile « Missus est »*, elle aussi imprimée en 1486[11], un des manuscrits qui la conserve fait figurer les vers en question sous une rubrique sans équivoque (Amiens, B. M., ms. 333, f. 24v, **Fig. 1**) :

« Le nom de l'acteur
Gref desespoir me tiendroit doulce dame,
Veu que je suis ainsy de corps et de ame
Ja tout pollu, ce n'estoit ton sainct nom,
Le nom portant de doulceur bruyt et fame,
Le nom plus beau que sauroit avoir femme,
Tiltre d'espoir, de confort et renom.
Ayde moy donc, doulce fleur souveraine,

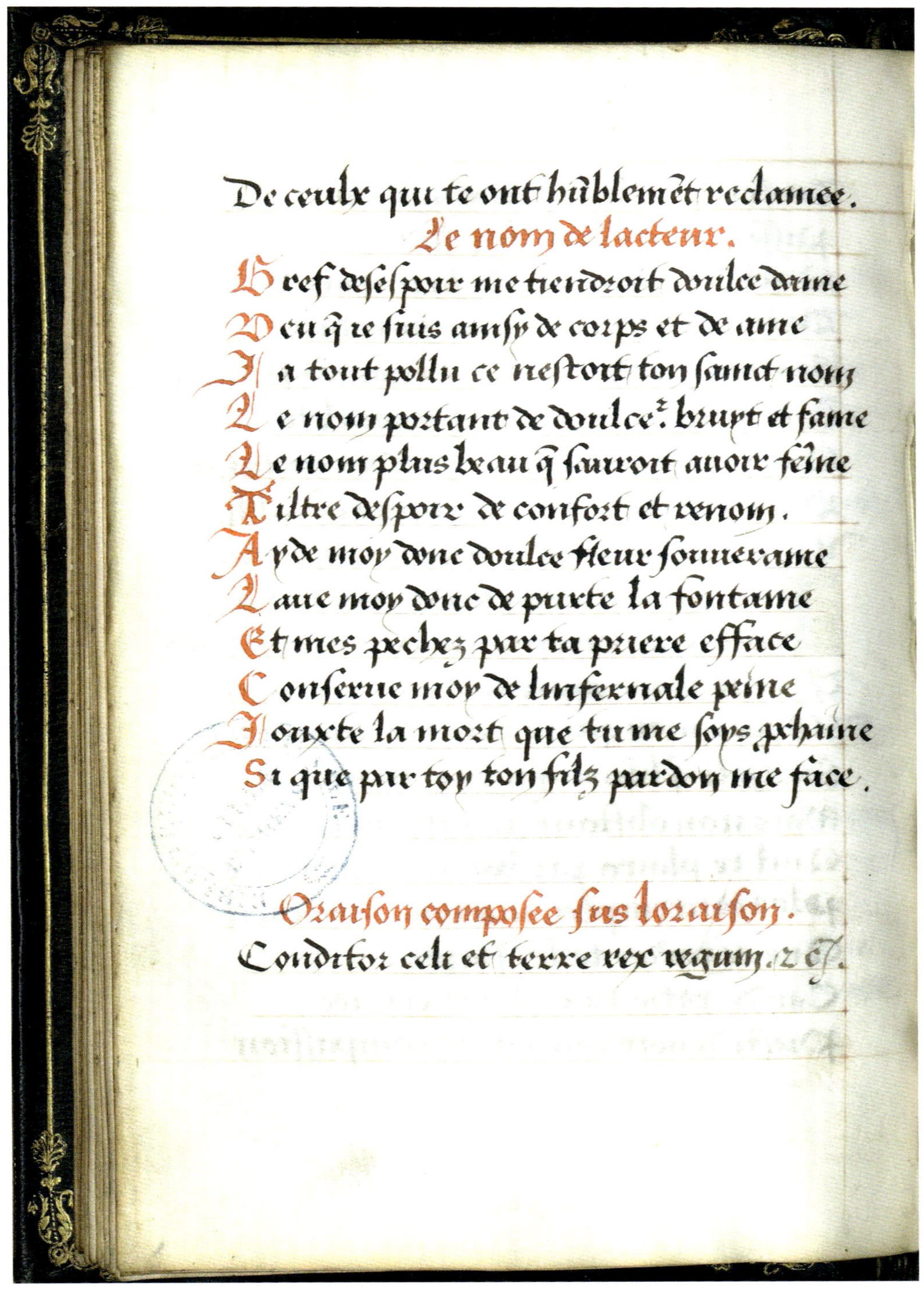
De ceulx qui te ont hu̅blem̅et reclamee.
Le nom de lacteur.
Bref desespoir me tiendroit doulce dame
Veu q̄ ie suis ainsy de corps et de ame
Ja tout pollu ce nestoit ton sainct nom
Le nom portant de doulceur bruyt et fame
Le nom plus beau q̄ sauroit avoir feme
Tiltre despoir de confort et renom.
Ayde moy donc doulce fleur souveraine
Laue moy donc de purte la fontaine
Et mes pechez par ta priere efface
Conserue moy de linfernale peine
Jouxte la mort que tu me soys prochaine
Si que par toy ton filz pardon me face.
Oraison composee sus loraison.
Conditor celi et terre rex regum. z c.

Fig. 1. *Recueil de poésies* comprenant Guillaume Alecis, *Déclamation sur l'Évangile* « Missus est », France, XVIe siècle. Amiens, Bibliothèque municipale, ms. 333, f. 24v.

Lave moy donc, de purté la fontaine,
Et mes pechez par ta priere efface ;
Conserve moy de l'infernale peine ;
Jouxte la mort que tu me soys prochaine
Si que par toy ton filz pardon me face. »

Guillet comme *Guillyt* est un diminutif de Guillaume ; la forme *Alecis*, qui peut être le génitif du latin *alec*, a fait penser que le nom français de l'auteur pouvait être Hareng, patronyme d'une famille très nombreuse dans l'Eure, originaire du village de La Chapelle-Hareng, parfois nommé La Chapelle-Alexis. De toute façon, en acrostiche, il aurait été impossible de commencer un vers par X…

Autre œuvre non conservée sous forme manuscrite, mais éditée dès 1486, ou plus précisément avant février 1487 : le *Martyrologe des fausses langues*, un prosimètre publié d'abord par Antoine Caillaut pour Antoine Vérard (ISTC ia00458670 ; un exemplaire à la BnF). Cette œuvre plus rare, qui ne sera imprimée que quatre ou cinq fois, ne comporte de poème acrostiche que dans l'édition la plus tardive, celle de Gillet Couteau, datable entre 1507 et 1512 (USTC 64047 ; un exemplaire à la BnF, Rothschild IV 4 47). Encore ce dizain apparaît-il comme mutilé et récrit aux deux éditeurs des œuvres d'Alecis, qui y trouvent pourtant confirmation de l'attribution de ce texte par Antoine du Verdier sur la foi d'une édition rouennaise par Jacques Le Forestier, dont aucun exemplaire n'est aujourd'hui localisable (USTC 80385)[12] :

« **F**aulx detracteurs, mençongiers raporteurs,
Qui sans cesser sur tous estatz mesdictes,
Et vous aussi, vilains blasphemateurs,
Grans seducteurs, des bons persecuteurs,
Voiez cy com, par leurs langues mauldictes,
Sont en enfer rosties, arses et cuytes
Maintz povres ames, et pendues a douleur
Par cruelz dyables, dont ont esté induictes
A tout mal dire, comme toy, flajolleur.
La langue monstre de l'homme la folleur. »

À partir de sept de ces dix initiales, dont l'ordre non perturbé assurerait le sens même de l'acrostiche, les éditeurs supposent ce texte original sur vingt vers : F[RER]E GV[ILLAV]M[E] AL[ECIS]. On aurait là une forme sensiblement différente des deux acrostiches déjà cités où le mot *Tiltre* séparait et articulait le diminutif du prénom et le nom, où n'apparaissait pas la qualité sociale. Pour donner à ce texte la qualité d'une résurgence, les éditeurs imaginent sa possible présence dans l'édition rouennaise mentionnée par Du Verdier ou dans une édition de Vérard autre que celle qu'ils connaissaient et dataient vers 1490 alors qu'aujourd'hui les bibliographes l'ont rajeunie[13].

Peut-être la fin du texte permet-elle de faire une hypothèse un peu différente. Après une délégation de parole à un *docteur* pour deux ballades, *l'acteur* reprend *in extremis* la main et l'écriture[14] :

« Moy, toutes ces choses veues et considerees, prins dilligentement ancre et papier pour rediger le vray de la matiere, ainsi que veue et entendue l'avoie. Et quant je euz tout ce fait et escript, je l'envoiay a ung marchant bon, juste et loyal, en la ville de Paris faisant residence, lequel marchant, apres ce qu'il eut la matiere veue, consideree et monstree a plusieurs nobles clercz bien expertz en toutes sciences, icelle estant par eulx suffisamment corrigee, ledit marchant l'a voulu pour perpetuelle memoire faire imprimer ainsi que vous voyez. »

De façon très exceptionnelle, le texte tel qu'il a été imprimé intègre donc le projet de sa publication ! Je serais tentée de voir derrière l'anonyme marchant parisien le célèbre imprimeur Guyot Marchant, prêtre et maître ès arts, dont la plus ancienne production date de 1483. Que ces dernières phrases du *Martyrologe* soient de Guillaume Alecis ou ajoutées par l'imprimeur-libraire – qui dans une de ses marques inclut un jeu de mots visuels pour faire allusion à son nom par une paire de chaussures figurée sur l'enseigne d'une boutique[15] –, elles pourraient témoigner d'une première édition disparue. Antoine Vérard, qui fit travailler comme imprimeurs aussi bien Caillaut que Marchant, n'efface d'ailleurs pas ces lignes dans son édition de 1486 mais les prolonge en donnant ses propres adresses de libraire[16] :

> « Et demeure ledit marchant sur le pont Nostre Dame en l'enseigne de l'image saint Jehan l'Evangeliste, ou au Palais devant la chapelle du roy nostre sire, ou on chante la messe de messeigneurs les presidens. »

D'autre part, un des livres les plus célèbres de Marchant, la *Danse macabre* illustrée (1e éd. 1485, 2e éd. 1486), a connu des imitations à Paris et Lyon, mais la meilleure serait celle que donnèrent en 1492 Gillet Couteau associé à Jean Ménard. Pourrait-il en avoir été de même pour le *Martyrologe* de Guillaume Alecis ?

Si 1486 a vu la parution de trois textes du moine bénédictin, cette année serait aussi celle de sa mort. Ou plutôt, c'est la date à laquelle il aurait écrit son *Dialogue du crucifix et du pelerin*, second prosimètre de son corpus. Les deux éditions conservées, celle de Jean Trepperel (datable de 1501-1503, ISTC ia00458335 ; un exemplaire à la BnF et un autre à la Colombina de Séville[17]) et celle de Guillaume Eustace (1521 ; un exemplaire à la BnF et un autre à l'Arsenal), affiche cette année dès leur titre :

> « Le Dyalogue du crucifix et du pelerin, composé en Hierusalem, l'an mil quattre cens quattre vingtz et six, par frere Guillaume Alexis prieur de Buzy a la requeste de aucuns bons pelerins de Rouen estans avec lui au sainct voiage. »

> « Le Dialogue du crucifix et du pelerin, composé en Hierusalem, l'an mil CCCC. IIII. vingtz et VI, par frere Guillaume Alexis, prieur de Buzy, a la requeste d'aucuns bons pelerins estans avec luy au bon voyage de Hierusalem. »

Seul le chartreux Destrées, démarquant le *Blason des fausses amours* dans son *Contreblason* de 1512, indique dans son prologue comment son modèle serait mort lors de ce pèlerinage[18] :

> « a la maniere, condicion et intention que jadis singulierement, advant son joyeux trespas, felice et tresglorieux martire pour nostre saincte foy catholique augmenter et soubstenir, en visitant les sainctz lieux jherosolimitains, ung tresvenerable homme de religion, nommé frere Guillaume Alexis, de Lyre natif, lors en son temps treshumble prieur du couvent et monastere de Bussy en Perche, au diocese d'Evreux, fit et compilla certain traicté de haulte reminiscence et fresche memoire tresrecommandee, intitulé *Le grant Blason de faulces amours* [...] »

Si on peut lui faire crédit d'une meilleure connaissance que la nôtre de la biographie de celui qu'il imite, il est également loisible d'imaginer que tout son savoir lui vient des livres publiés à sa disposition. Le *Dialogue du crucifix et du pelerin* offrait peut-être une trop belle fin, avec lieu et date, pour qu'un pieux lecteur et poète érudit passe à côté de l'occasion. Toutefois le *Dialogue*, texte profond et de grande tenue, pourrait être avant tout une expérience spirituelle, un pèlerinage en pensée[19].

Guillaume Alecis en manuscrit et en imprimé : lignes de partage et relations

Aucune copie manuscrite d'un texte isolé du corpus d'Alecis ne nous a été conservée alors même que certaines éditions de pièces courtes ne sont guère que des plaquettes : l'édition Trepperel de 1493 du *Debat de l'homme et de la femme* ne compte que six feuillets (ISTC ia00458300 ; un exemplaire à Chantilly et un autre à Nantes) ; l'unique impression conservée du *Passetemps des deux Alecis freres* – un dialogue en coq à l'âne entre le bénédictin et son frère cordelier, en trois-cent-seize vers – due au rouennais Jacques Le Forestier vers 1500, comporte huit feuillets (ISTC ia00458780 ; un exemplaire à la BnF). Toute généralisation est bien sûr impossible, mais il semble qu'à la fragilité particulière des livrets, quel que soit leur mode de production, ceux d'entre eux qui furent copiés à la main au temps d'une imprimerie naissante puis triomphante ont souvent ajouté une dangereuse dépréciation en valeur symbolique, plus encore qu'en valeur réelle. Ainsi Galliot du Pré, libraire juré de l'Université de Paris, estime-t-il en juin 1544 à un prix moyen ou médiocre (7 sous 6 deniers) un manuscrit sur parchemin du *Dialogue du crucifix*, qui faisait partie de la bibliothèque d'un maître des comptes, Jean de Badovilliers, seigneur d'Aunoy La Rivière[20]. C'est bien plus que les 7 sous attribués à un lot de sept « volumes en parchemin, escripts à la main, de diverses sciences », un prix égal à celui donné à certains des imprimés, dix fois plus nombreux dans cette collection que les manuscrits ; c'est donc une prisée qui semble prendre en compte la rareté de l'œuvre en question. Pourtant ce manuscrit n'est plus qu'un souvenir…

Quant au *Blason des fausses amours*, l'œuvre la plus célèbre d'Alecis, la seule trace qu'elle ait laissé dans un manuscrit s'entend précisément comme un écho de sa popularité : on en a copié trois strophes (1, 55 et 68), sur les contreplats du *Jouvencel* de Jean de Bueil (Paris, BnF, Arsenal, ms. 3059, manuscrit sur parchemin de la seconde moitié du XVe siècle, **Fig. 2**).

Parler des œuvres d'Alecis en manuscrits revient donc toujours à parler de recueils. Quatre de ces livres conservent d'un à quatre des textes qui lui sont attribués. Deux sont de petit format, qui se ressemblent par les corpus rassemblés : le Paris, BnF, ms. Français 25434 (132 f. de papier, filigranes des années 1480-1519, 133 × 95 mm)[21] et le BnF, ms. NAF 10032 (280 f. de papier, filigrane des années 1487-1500, 130 × 90 mm)[22]. Le premier s'ouvre avec le *Debat de l'homme mondain et du religieux* (f. 1-18), dont la paternité reste douteuse[23], mais qui me sert de pivot, puisqu'il se retrouve dans le second (f. 193-206v) avec d'autres textes partagés comme la *Danse macabre des hommes* et un poème de Pierre d'Ailly, *Les bienfaits de la souffrance*. Le second recueil s'achève avec les *Feintes* ou *faintises du monde*, poème le plus imprimé d'Alecis après le *Blason* (f. 259-279). De façon exceptionnelle, l'intitulé ici, sans dévoiler le nom de l'auteur, en établit l'autorité (f. 259) : « S'ensuit ung traictié par forme de quolibetz pour respondre a tous propos composé par ung poete en son vivant de grant renon. »

Plus haut, on trouve l'unique copie conservée du *Debat de l'homme et de la femme* (f. 251-257v), attribué à Guillaume à partir de l'édition Trepperel de 1493. Cette dispute, strophe par strophe, sur les défauts et vertus des femmes est suivie d'un rondeau marial bien particulier puisque la Vierge s'y exprime à la première personne (f. 257v-258). Une rubrique articule la pièce lyrique au poème du débat, au profit donc de la cause féminine : « Rondiau de Nostre Dame a ce propos ». Je reviendrai sur ce rondeau car il fait retour sous plusieurs formes, mais toujours comme une manière de signature de Guillaume Alecis.

C'est d'ailleurs le cas dans un des deux autres recueils, cette fois de grand format : le Paris, BnF, ms. Français 1642 (textes jusqu'au f. 463, papier, filigranes datables 1490-1510, 290 × 205 mm)[24]. Commençant comme une copie des « Faitz Maistre Allain Charretier » (f. 1, intitulé de la table[25]) et de ses imitateurs, le volume se poursuit avec des textes de Michault Taillevent, Pierre de Nesson, Jean Castel fils, Georges Chastelain, etc. On y retrouve aussi le *Debat de l'homme mondain et du religieux* (f. 375v-384), le rondeau marial sous le titre de « Oraison collaudative de Nostre Dame » (f. 330v) et enfin l'*ABC des doubles*, daté à la fin de 1451 (f. 309-325v).

En dehors de son format, le quatrième recueil, le ms. Français 24315, ne partage rien avec le précédent (160 f. de papier, filigrane datable des années 1518-1522)[26]. Il s'agit d'un volume qui réunit des épitaphes poétiques (de Charles VII,

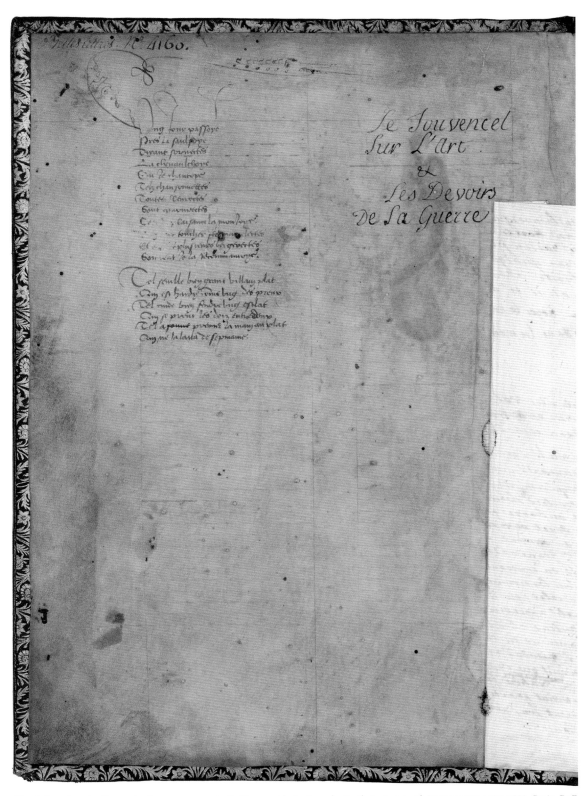

Fig. 2. Strophes du *Blason des fausses amours* de Guillaume Alecis. Jean de Bueil, *Le Jouvencel*, France, vers 1450-1500. Paris, BnF, Arsenal, ms. 3059, contreplat supérieur (str. 1, suivie d'une partie de la str. 17 des *Feintes du monde*).

Louis XI, Georges d'Amboise, etc.), des ballades de Chastelain, Christine de Pizan, Jean Trotier ou Bigot de Rouen entre autres ; il s'achève sur des poésies conceptionnistes du normand Guillaume Tasserye. Les feuillets 32-40 voient se succéder le *Passetemps des deux Alecis freres* (f. 32-37v) et le *Mireur des moines* (f. 38-40), unique témoin de cette courte critique de religieux dépravés. Supposant qu'il pourrait s'agir d'une œuvre tardive de notre bénédictin, A. Piaget et E. Picot l'ont accueilli dans le troisième tome de leur édition.

Alors que les manuscrits Français 1642, Français 25434 et NAF 10032 sont contemporains des premières impressions de Guillaume Alecis, le Français 24315 leur est postérieur. Sans le dire explicitement, la datation plus ancienne de l'unique édition du *Passetemps des deux Alecis* (vers 1500) semble avoir guidé les éditeurs dans le choix de leur texte de base puisque l'imprimé aussi bien que le manuscrit brouillent la répartition des quatrains entre les deux interlocuteurs. Comme dans les éditions du poète, l'intitulé du ms. Français 24315 identifie l'auteur : « Le passetemps du prieur de Busy et son frere le cordelier parlant chascun en quattre lignes ». Le manuscrit pourtant ne dépend pas de l'imprimé ou du moins pas de l'édition Le Forestier, et il m'a semblé que certaines de ses leçons étaient meilleures que celles de l'édition suivie par A. Piaget et E. Picot (ex. v. 8 : éd. *nouvelle* / ms. *joieuse* ; v. 124 : *a chanter* / *au chanter* ; v. 129 : *part la premiere* / *parle premiere* ; v. 156 : *toute sa* / *toute la*). La question se pose, en effet, des possibles relations entre témoins manuscrits et témoins imprimés, objets conservés et objets disparus. Sur un corpus comme celui de Guillaume Alecis, par la précision de ses informations, l'édition d'A. Piaget et d'E. Picot permet quelques premières réflexions.

Les *Feintes du monde*, copiées comme on l'a vu dans le ms. NAF 10032, sont également présentes dans trois autres manuscrits[27] : Paris, BnF, ms. Français 5036 (papier, fin du XVe siècle ; f. 140-155, [A] de Piaget-Picot), Londres, B.L., Lansdowne MS 380[28] (papier, début du XVIe siècle, 280 f. ; f. 116-134, [B] de Piaget-Picot), Paris, BnF, ms. Français 14979 (parchemin, XVIe siècle, 33 f. ; [C] de Piaget-Picot). Les éditeurs ont établi leur texte sur le ms. A, constatant que seuls A et B conservent cent-dix strophes, lorsque les éditions comme le ms. C n'en comportent que cent-six dans un ordre différent. Ainsi, à l'intérieur de la petite tradition manuscrite conservée, un livre s'oppose aux trois autres : ces derniers représentent une rédaction longue, réputée originale, tandis que le quatrième, semblable aux éditions publiées à partir des années 1490, pourrait dériver de l'une d'entre elles. À moins qu'il ne dépende d'une seconde rédaction manuscrite qui aurait fourni le modèle des impressions.

Un problème du même ordre se pose pour le *Blason des fausses amours* quoique nous n'en ayons conservé aucun manuscrit. Les deux premières éditions de Pierre Levet (1486 et 1489), comme leur réimpression par Antoine Caillaut (vers 1491, ISTC ia00458100 ; un exemplaire à la Bibliothèque Mazarine) et Jean Trepperel (vers 1492-1493, ISTC ia00458110 ; un exemplaire en mains privées), ne donnent que cinquante-huit strophes, la moitié exactement de ce que proposent les éditions de Jean Lambert (1493) ou Pierre Le Caron (vers 1495). Les éditeurs se demandent si Levet a eu sous les yeux un manuscrit mutilé ou mal relié, ou si encore il a choisi de ne donner que la moitié du texte. S'il est sans doute impossible de trancher, il me semble intéressant de constater que les imprimés à cinquante-huit strophes sont tous intitulés le *Blason*, tandis que ceux qui ont la version en cent-seize strophes de ce dialogue entre un jeune gentilhomme et un moine paraissent sous le titre de *Grant Blason*. Manifestement la différence des textes ne passait pas inaperçue pour ces imprimeurs-libraires, qui ont pu soit restituer une partie de l'œuvre supprimée par leurs prédécesseurs, soit bénéficier d'un autre modèle. L'argument publicitaire de la complétude du texte aurait toutefois pu être plus explicitement exploité.

Venons-en au cas de l'*ABC des doubles*. Jugeant excellent le ms. Français 1642, seul manuscrit qui en subsiste (**Fig. 3**), A. Piaget et E. Picot ont fondé dessus leur édition de ce qu'ils considèrent

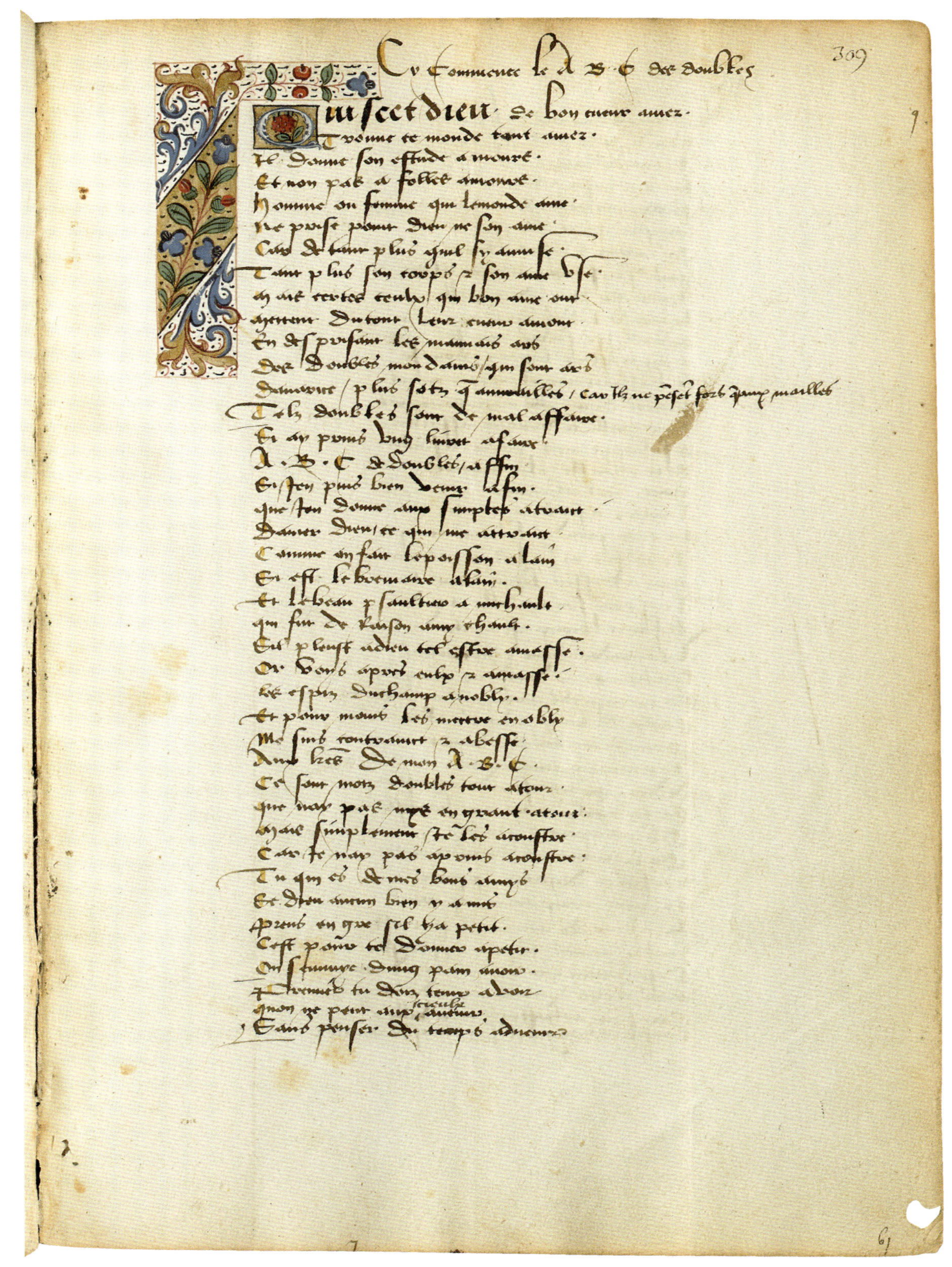

Fig. 3. *Recueil de poésies* comprenant Guillaume Alecis, *L'ABC des doubles*, France, vers 1490-1510. Paris, BnF, ms. Français 1642, f. 309.

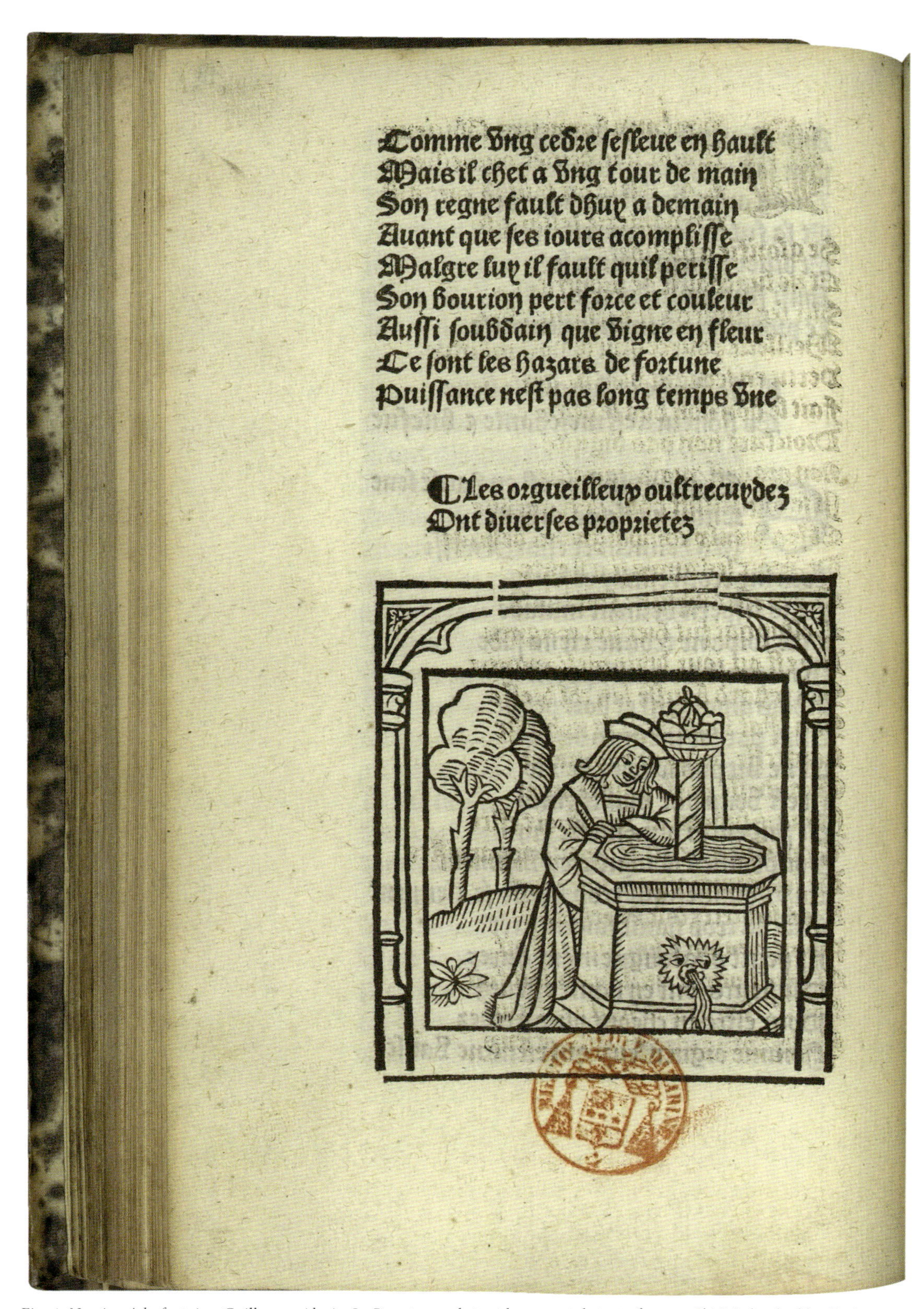

Comme vng cedre seleue en hault
Mais il chet a vng tour de main
Son regne fault dhuy a demain
Auant que ses iours acomplisse
Malgre luy il fault quil perisse
Son bourion pert force et couleur
Aussi soubdain que vigne en fleur
Ce sont les hazars de fortune
Puissance nest pas long temps vne

¶ Les orgueilleux oultrecuydez
Ont diuerses proprietez

Fig. 4. *Narcisse à la fontaine*. Guillaume Alecis, *Le Passetemps de tout homme et de toute femme ; L'ABC des doubles*, Paris, pour Antoine Vérard, 1505, f. N5v.

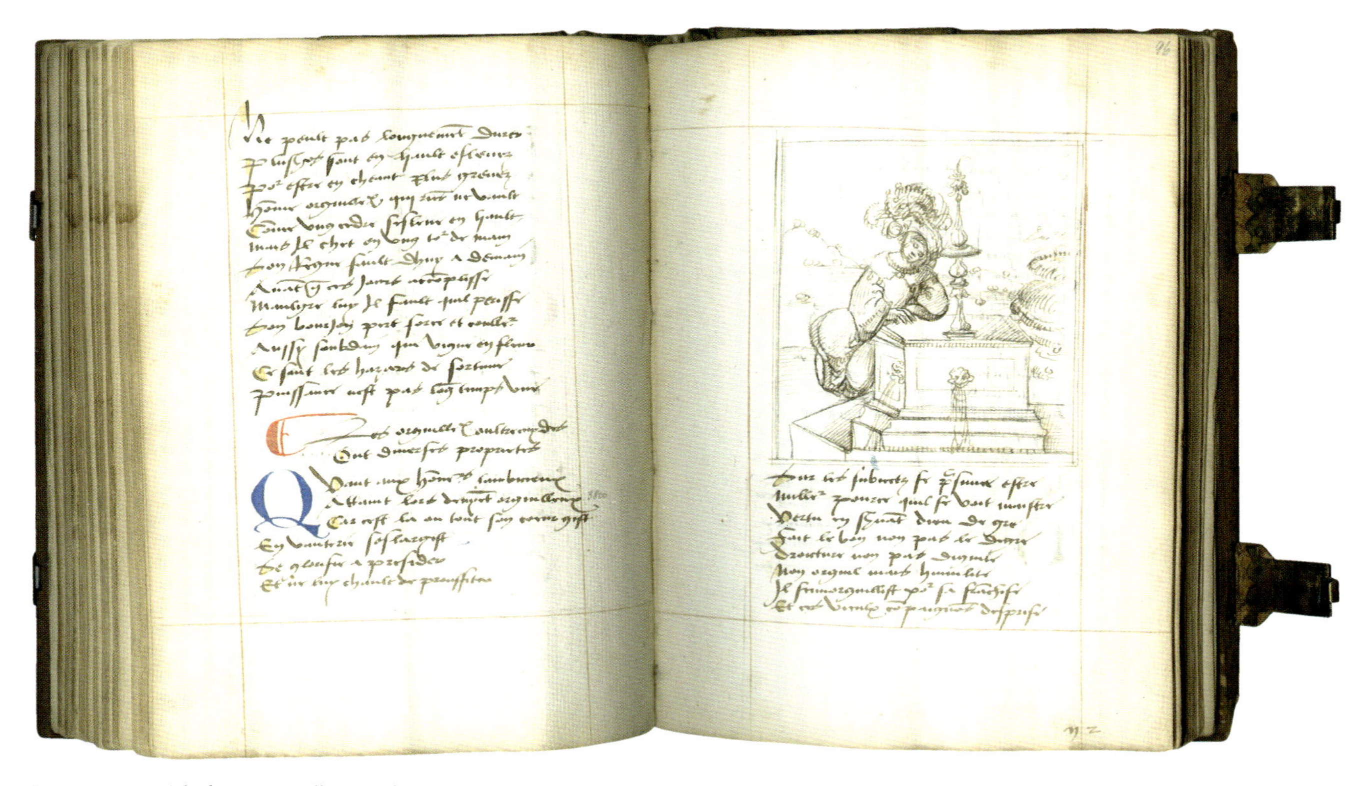

Fig. 5. *Narcisse à la fontaine*. Guillaume Alecis, *Le Passetemps de tout homme et de toute femme ; L'ABC des doubles*, France, vers 1525-1530. Collection privée, f. 95v-96.

comme la première ou une des premières créations littéraires d'Alecis puisqu'elle est datée dans les derniers vers de 1451. Seul autre témoin, l'impression Vérard redate *in fine* ce texte de 1505, soit l'année même de parution du volume qui conjoint le *Passetemps de tout homme et de toute femme* et l'*ABC* :

> « Dy leur qu'ilz regardent ces vers
>
> Escript l'an que sur terre vins
> Que le quart enchardit les vins,
> Mil CCCC unze et deux vingts.
>
> V : Escriptz
> V : Mil cinq cens et cinq que vers vins
> V : Tindrent foires plus de six vingts. »

Cette réunion est-elle une initiative du libraire ou découle-t-elle d'un modèle ? Impossible de le dire et le fait que les éditions suivantes réitèrent le geste de Vérard nous apprend seulement qu'elles se sont certainement servies de la première, comme c'était si souvent le cas. La longue adaptation en plus de cinq mille octosyllabes à rimes plates du *De contemptu mundi sive de miseria conditionis humanae* d'Innocent III a sauvé le court recueil d'avis contre la duplicité que donne l'*ABC* en strophes de vers équivoqués (les *doubles*) dont chacune s'achève sur des mots commençant par les lettres successives de l'alphabet. On a là deux tours de force bien différents, mais un projet moral comparable.

Au-delà du respect du modèle fourni par Vérard, on peut donc supposer que le copiste et/ou le commanditaire du manuscrit en mains privées a été sensible à la cohérence des deux œuvres, sinon à leur ressemblance stylistique[29]. La qualité de l'édition de 1505 avec son programme de vingt-et-une gravures, les trois exemplaires tirés sur parchemin qui en restent (Chantilly, Londres et Paris), dont l'un a été confié à un enlumineur comme le Maître de Philippe de Gueldre (trois des peintures du BnF, RLR, Vélins 2249 pour Louise de Savoie), témoignent assez de cette esthétique de l'imprimé-manuscrit qu'un libraire comme Vérard a particulièrement cultivée[30]. Que son édition de 1505 ait donné lieu à un manuscrit sur papier, datable autour de 1525-1530, illustré de vingt dessins à la plume dont le premier a été aquarellé, apparaît assez naturel (**Fig. 4 et 5**). D'ailleurs, ce phénomène de la production de manuscrits à partir d'imprimés, mieux reconnu aujourd'hui, est moins rare qu'on ne pourrait le croire.

Ce type de manuscrit restant un indice de luxe, peut-on y voir une manière d'hommage au normand Alecis puisque le papier du volume prouve qu'il a été réalisé en Normandie ? Un quatrain de la page de titre de l'édition Vérard, recopié ici, lui attribuait bien l'œuvre à la fois par son surnom et le renom de son texte le plus connu :

« Ceulx qui vouldront au long ce livre lire
Le trouveront bien fondé en raison.
Aussy le feist le bon moyne de Lyre
Qui d'amours faulces composa le blason. »

En revanche, tout en reproduisant le prologue de quarante-quatre vers qui permettait à Vérard d'offrir son impression à une noble princesse[31], sans s'attribuer la paternité du *Passetemps* mais seulement l'initiative de sa parution (en des termes d'écrivain cependant…), le copiste du manuscrit a effacé les mots *Anthoine Verard* et *libraire* (v. 19-30) :

« […] je, Anthoine Verard,
Humble libraire desirant trouver art
D'invencïon pour m'essayer a faire
Traicté plaisant et propre en cest affaire,
Ay fait bastir, filler, ourdir et tistre
Ce present livre appellé par son tiltre
Et baptisé *Le Passetemps de l'homme*
Et femme aussi, non extimant que l'on me
Doye imposer l'avoir de moy tyssu,
Car de la main d'ung ouvrier est yssu
Si tresparfait qu'entre autres il merite
Le vray loyer que sçavant homme herite. »

Assiste-t-on à une véritable réappropriation, tandis qu'inversement Vérard avait effacé le quatrain d'identification d'Alecis dans le livre préparé pour Louise de Savoie[32], soit l'exemplaire imprimé le plus proche d'un manuscrit ?

Pour conclure, les « signatures » de Guillaume Alecis

Dans son *Grant et vray art de pleine rhétorique* (Rouen, janvier 1522 [n. st.]), le Normand Pierre Fabri cite à plusieurs reprises l'exemple et l'autorité du « moyne Alexis » : pour les rimes croisées des *Feintes du monde* ; pour les vers sur cinq rimes à l'exemple du *Dialogue du crucifix* ; pour le douzain adapté de la strophe hélinandienne du *Blason des fausses amours*[33].

Cette dernière strophe constituée de huit quadrisyllabes et quatre octosyllabes, construite sur deux rimes (aabaabbbabba), inventée pour le *Blason*, imitée par Destrées dans son *Contreblason* et par un anonyme dans le *Loyer des folles amours*, peut être et fut considérée comme une « signature » d'Alecis (strophe 1)[34] :

« Ung jour passoye
Près la saulsoye,
Disant sornettes.
La chevauchoye,
Dont je chantoye
Telz chançonnettes :
"Toutes flourettes
Sont amourettes ;
C'est de plaisance la montjoye,
Bon fait toucher ces mamellettes."
Et, apres plusieurs bergerettes,
Souvent je la recommençoye. »

Toutefois le recueil qui a réuni à plusieurs

reprises un *Pathelin restitué à son naturel*, le *Blason* et le *Loyer* (Paris, 1532 ; Lyon, 1538, etc.) en a troublé l'origine[35]. Et comme Guillaume Crétin est un des rares à avoir usé de cette strophe dans son *Apparition du maréchal sans reproche* au moment du désastre de Pavie, on a pu lui attribuer et le *Blason* et le *Loyer*[36]. Aussi lorsque La Fontaine, dont on connaît le goût pour l'archaïsme et pour les formules strophiques, compose avec *Janot et Catin* des « stances en vieil style, à la manière du blason des fausses amours, et de celui des folles amours », c'est à ce dernier qu'il est tenté d'en attribuer la responsabilité, contre ceux qui songeaient à Saint-Gelais[37].

L'autre « signature » du bon moine de Lyre est ce rondeau marial déjà évoqué :

> « Vueillent ou non tous mauldictz envïeulx,
> Pucelle suys et demourray pucelle [...] »

Or ce texte se retrouve décliné en au moins trois versions différentes, venant signaler la présence de Guillaume Alecis dans différents recueils de textes[38]. Le regroupement le plus significatif ou le plus évident dans la perspective de la signature, puisque son premier élément, la *Déclamation sur le Missus*, s'achève par un acrostiche, associe à cette dernière la ballade « Trosne haultain et triclin virginal » et le rondeau. Cette suite figure dans un très intéressant livre de prières en français illustré du XVIe siècle, Paris, Bibliothèque Sainte Geneviève, ms. 2734 (f. 32v, f. 51v-53, f. 53, **Fig. 6**). Les rubriques attribuent ballade et rondeau au même auteur que la *Déclamation*. Cette même suite se retrouve dans l'édition déjà évoquée de la *Déclamation* par Pierre Levet et Jean Alissot. Et pourtant tandis que le manuscrit donne la forme 1 du rondeau (en cinq couplets, ce qui suppose la réunion de trois versions différentes de la troisième strophe), l'imprimé de 1486 offre la forme 2, un rondeau quatrain du type Abba abA abbaA.

Cette version, plus simple, plus courte et sans doute plus convenue, est celle qui réapparaît le plus souvent : avec la ballade citée dans le recueil des *Palinods de Rouen* publié par Pierre Vidoue vers 1525 (f. 62, 64) ; avec la prière attribuée à Alecis, *Soubz l'estandart de toy, vierge pucelle*, adaptation du *Sub tuum presidium*, dans un recueil imprimé élaboré par Vérard (vers 1503), dont le libraire offrit à Louise de Savoie un extrait manuscrit où figurent encore les deux textes (Paris, BnF, Français 2225)[39] ; seule, au milieu d'autres pièces lyriques, à la fin du *Vergier d'honneur* (Philippe le Noir, vers 1525)[40].

Pierre Fabri, tout en citant le rondeau entier sous cette seconde forme, considère toutefois que la troisième strophe n'est pas originale, mais le fait d'imitateurs[41] :

> « Nota que le moyne Alexis n'a point faict ce dernier couplet, mais aultres, en approchant au plus près, ont mis ceste clause. »

Or il existe bien une troisième version, un rondeau redoublé en cinq strophes, copié dans le BnF, ms. NAF 10032[42], comme on l'a vu, et qui précisément n'a pas la strophe « Il est mon filz, mon pere et Dieu des dieulx », troisième couplet de la forme 2 et cinquième couplet de la forme 1. Doit-on alors considérer cette version comme la seule signature autorisée de Guillaume Alecis ou accepter plutôt de prendre en compte toutes les variantes comme des témoignages de la persistance de la voix d'un poète singulier, à travers toute sorte de configurations textuelles, en manuscrits et en imprimés ? Ce que nous savons de l'auctorialité, de sa complexité, voire de ses complexes, entre XVe et XVIe siècles invite à choisir ce second mode de lecture, plus ouvert et plus riche. Dans le rondeau, aussi bien, le *je* du poète cède la parole à la Vierge.

Pour résumer dans l'état de nos connaissances, ce que fut la fortune des œuvres de Guillaume Alecis, il apparaît qu'elle emprunta simultanément les deux medium alors possibles : copie manuscrite et impression. Les deux textes les plus longuement répandus furent le *Blason des fausses amours* (une dizaine d'éditions entre 1486 et 1520) et les *Feintes du monde* (une douzaine entre 1490 et 1525-1530). Toutefois le second est également connu par quatre manuscrits, le premier par aucun sinon pour

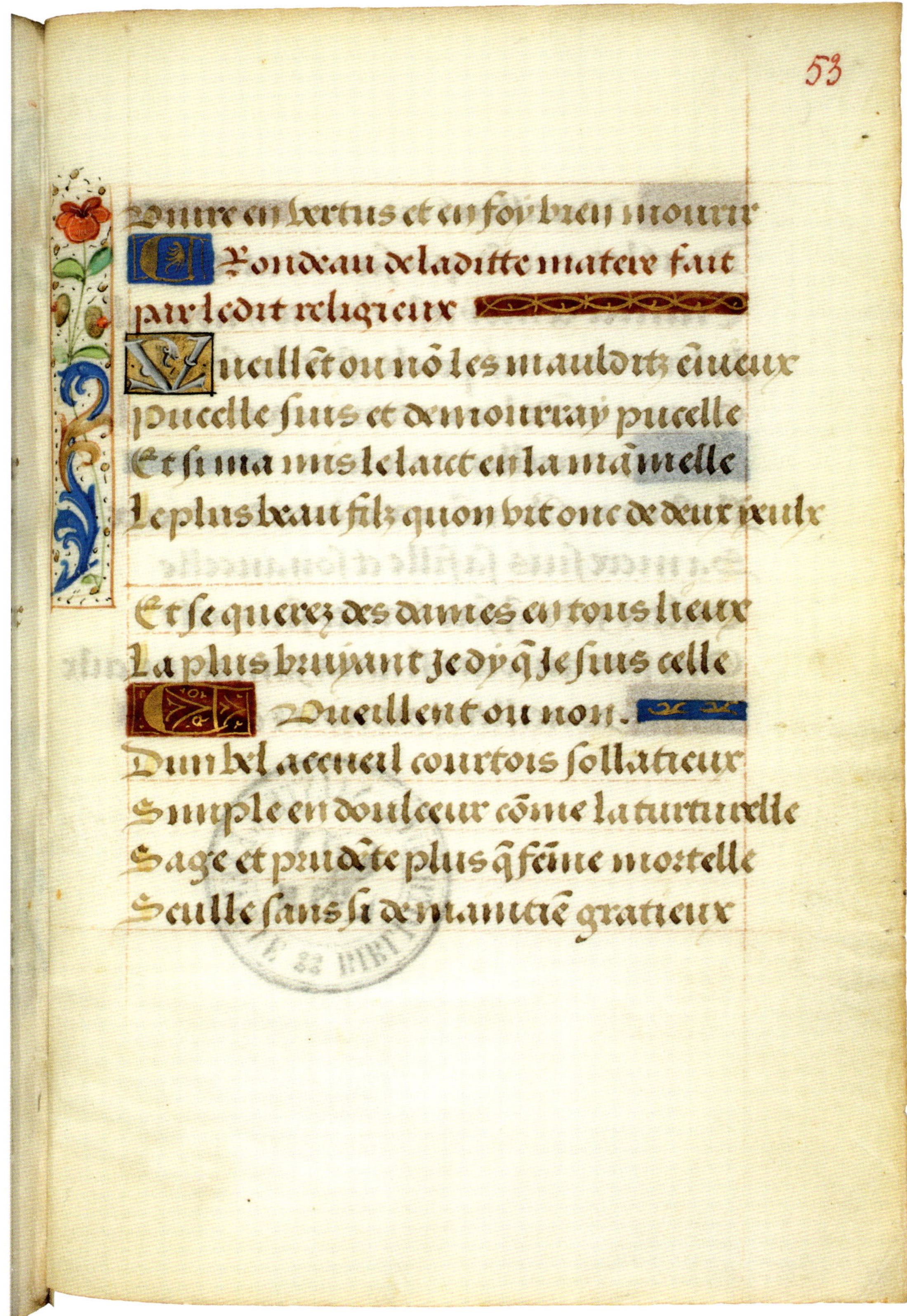

53

Viure en vertus et en foy bien mourir
Rondeau de ladite matiere fait
par ledit religieux
Vueillet ou nō les mauldictz envieux
Pucelle suis et demourray pucelle
Et si ma mis le laict en la mamelle
Le plus beau filz quon vit onc de deux yeulx

Et se querez des dames en tous lieux
La plus bruyant je dy q̄ je suis celle
Vueillent ou non.
Dun bel accueil courtois sollatieux
Simple en doulceur cōme la turturelle
Sage et prudēte plus q̄ fēme mortelle
Seulle sans si de maniere gratieux

Fig. 6. Début du rondeau. *Livre de prières*, France, XVIe siècle. Paris, bibliothèque Sainte-Geneviève, ms. 2734, f. 53.

les trois strophes, citées peut-être de mémoire et inscrites sur les contreplats. Des manuscrits ont disparu, nous laissant devant une tradition uniquement imprimée ; c'est peut-être le cas pour le *Martyrologe des fausses langues* (quatre éditions entre 1487-1487 et 1507-1512) ; c'est bien le cas du *Dialogue du crucifix et du pelerin*, puisqu'un exemplaire manuscrit se trouve répertorié dans un inventaire de 1544. Impossible pourtant de savoir si ce manuscrit témoignait d'un stade ancien de la tradition du texte ou bien dérivait d'une des deux éditions conservées, celle de 1501-1502 ou celle de 1521. L'*ABC des doubles* offre un tableau complexe : réputé texte le plus ancien de l'auteur (1451), il est conservé par deux copies. La plus ancienne (BnF, ms. Français 1642), mais qui ne remonte pas plus haut que les années 1490-1510, est indépendante de l'édition Vérard de 1505, tandis que la plus récente (en mains privées) dérive au contraire de cet imprimé. Comme dans l'édition, l'*ABC* y est donné après le *Passetemps de tout homme et de toute femme*, qui trouve ainsi sa seule version manuscrite connue à ce jour.

Un tel dossier invite au dialogue des spécialistes du manuscrit et du livre ancien ; il nous apprend ou nous rappelle que dans les études de tradition textuelle, on ne doit pas supposer toute copie manuscrite comme plus ancienne qu'un imprimé mais qu'on ne doit pas non plus écarter un témoin, manuscrit ou imprimé, au prétexte qu'il serait sans intérêt car le plus récent.

NOTES

1 L. CONS, *L'auteur de la "Farce de Pathelin"*, Paris et Princeton, 1926 (Elliott Monographs in the Romance Languages and Literatures, 17). On peut rappeler, toujours à titre de curiosité, qu'au XVIIe siècle, Urbain Chevreau croyant que Pathelin était lui-même l'auteur de la farce lui attribua le *Blason des fausses amours* d'Alecis, sans doute parce que ce poème se trouve parfois édité avec la pièce de théâtre. C'est le cas pour la première fois, semble-t-il, de l'édition parisienne pour Galliot du Pré de 1532 (USTC 57516 ; deux exemplaires à la BnF, un à Oxford et un autre à Charlottesville).

2 Cette seconde édition sera souvent réimprimée et sera l'édition classique ou de référence pour le texte.

3 Par commodité, je donne les numéros de l'ISTC (*Incunabula Short Title Catalogue*) ou de l'USTC (*Universal Short Title Catalogue*), deux bases de données de référence.

4 On pense en particulier aux travaux de D. SMITH dont son *Maistre Pierre Pathelin. Le Miroir d'Orgueil. Texte d'un recueil inédit du XVe siècle (mss Paris, B.N.F. fr. 1707 & 15080). Introduction, édition, traduction et notes*, Saint-Benoît-du-Sault, 2002. Voir aussi sa courte et dense introduction à une traduction de *La Farce de Maître Pathelin*, Paris, 2008.

5 Par exemple : Fr. CORNILLIAT, « Équivoques moralisées. Alexis, de l'*ABC des doubles* à l'*Histoire de Suzanne* », *Poétique*, 21, 1990, p. 281-304 ; M. BASSY, « Woman's Talk in *Le Debat de l'homme et de la femme* by Alexis », *Fifteenth-Century Studies*, 16, 1990, p. 23-41 ; S. LEFEVRE, « Le *Martyrologue des faulses langues* de Guillaume Alecis. Emblèmes et lieux de mémoire », dans M. ZINK et D. BOHLER (éd.), *L'Hostellerie de Pensée. Études sur l'art littéraire au Moyen Âge offertes à Daniel Poirion par ses anciens élèves*, Paris, 1995, p. 267-275.

6 En dehors des deux ou trois signatures par acrostiche dont il sera question, les textes attribués à Guillaume Alecis de façon assez systématique dans les intitulés des imprimés restent anonymes dans les manuscrits. Les deux éditeurs des *Œuvres poétiques de Guillaume Alexis, prieur de Bucy* (Paris, 1896-1901, 3 vol.), A. PIAGET et E. PICOT, ne rangent sous une rubrique « Poésies attribuées » que des textes qui ne lui ont jamais été anciennement attribués, tout en étant dans sa manière, dont le *Debat de l'omme mondain et d'un sien compaignon qui se vieult rendre religieux* (vol. 3, p. 127-162) et des *Oraisons à la Vierge* (vol. 3, p. 173-200). La question reste ouverte.

7 Abbé Ch. GUERY : *Guillaume Alexis dit le bon moine de Lyre, prieur de Bucy*, Évreux, 1907 ; *Histoire de l'abbaye de Lyre*, Évreux, 1917.

8 Voir par exemple G. NORTIER, *Les bibliothèques médiévales des abbayes bénédictines de Normandie*, Caen, 1966, p. 133-134. Elle propose d'identifier Bucy à Boissy-Maugis dans l'Orne, sans autre explication.

9 Voir les ouvrages de GUERY, *op. cit.* (notre note 7) et le *Catalogue général des manuscrits des bibliothèques publiques de France*, t. 1 (Rouen), 1886 ; t. 2 (Rouen et Évreux), 1888. NORTIER, *op. cit.* (notre note 8), cite une autre de ces annotations, intéressante car elle témoigne d'un échange de livres entre Alecis et la collection de son abbaye (Évreux, B.M., ms. 26, Priscien : « *Si mortem ad arbitrium Domini me contingat obire restituatur monasterio de Lira a quo illud mutuo accepi. Alecis* »).

10 PIAGET et PICOT, *op. cit.* (notre note 6), vol. 1, p. 248. L'acrostiche figure dès la plus ancienne édition conservée, celle de Pierre Levet en 1486. Cependant dans celle-ci, comme dans celle de 1489, l'œuvre est réduite à cinquante-huit strophes, sur les cent-vingt-six qui semblent nécessaires et sont présentes dans l'imprimé de Jean Lambert en 1493. En outre, dans l'édition Levet de 1486 comme dans sa réimpression par Jean Trepperel (vers 1495 ? ; siglée F par les deux éditeurs ; exemplaire personnel d'E. Picot), le troisième vers fautif : *Vieuses flours* ou *Vieil les fleurs*, détruit l'acrostiche.

11 Édition de Pierre Levet et Jean Alissot, « le dernier jour de febvrier Mil quatre cens quatre vings et cinq » [1486 n. st.], in-4 de 13 f. (ISTC im00855650). Un exemplaire à Chantilly (avec une autre impression de Levet de 1485, l'*Exposition sur le Pater* de Raoul de Montfiquet) ; un autre à Cape Town.

12 PIAGET et PICOT, *op. cit.* (notre note 6), vol. 2, p. 307. Le bois de l'édition de Gillet Couteau qui livre ce dizain est reproduit p. 305. Jacques Le Forestier, dont les plus anciennes impressions conservées sont datables autour de 1495, a publié *Le Passetemps des deux Alecis freres*, avant le 5 novembre 1500 (ISTC ia00458780 ; un exemplaire à la BnF).

13 *Ibid.*, vol. 2, p. 306.

14 *Ibid.*, vol. 2, p. 353.

15 Voir Ph. RENOUARD, *Les marques typographiques parisiennes des XVe et XVIe siècles*, Paris, 1926 et en ligne : la Base de typographie de la Renaissance (*BaTyR*) de l'Université de Tours. On remarquera en particulier la devise « Sola fides sufficit » qui utilise deux des moyens du rébus : les notes de musique (sol et la) ; la position des mots, l'un sous ou sur l'autre (fides su(r) ficit).

16 PIAGET et PICOT, *op. cit.* (notre note 6), vol. 2, p. 353. Mary Beth WINN dans son grand livre sur *Anthoine Vérard parisian Publisher 1485-1512. Prologues, Poems and Presentations*, Genève, 1997, fait une lecture très différente de cette fin du *Martyrologe*. Le début du chapitre *Contact with Writers : « perpetuelle memoire »* (p. 71-73) considère que le marchand évoqué anonymement ne serait autre que Vérard puisqu'il est reconnaissable à ses adresses. Soit Alecis lui aurait donc adressé son œuvre, soit le paragraphe aurait été rédigé par un des correcteurs de Vérard à titre de publicité pour son patron. Il semble cependant que lorsqu'il veut se mettre en avant, Vérard le fasse plus clairement, sans oublier son nom. Et lorsqu'il énumère ses titres, il est *marchant libraire* ou *libraire marchant*, et non simple *marchant* (p. 29-30).

17 Une annotation de Colomb en révèle le prix d'achat à la fin (f. 36) : « Este libro costo 10 dineros en leon por otubre de 1535 y el ducado vale 570 dineros ».

18 PIAGET et PICOT, *op. cit.* (notre note 6), vol. 1, p. 278.

19 Voir les lignes que lui consacre G. HASENOHR dans « Aspects de la littérature de spiritualité en langue française (1480-1520) », *Revue d'histoire de l'Église de France*, 77, 1991, p. 29-45, en particulier p. 41-42 ; voir aussi la lecture qu'en propose Ph. USHER dans un article à paraître : « Double-Je en terre sainte : le *Dialogue du crucifix et du pèlerin* (1486) de Guillaume Alexis », dans A.-S. de FRANCESCHI-GERMAIN (éd.), *Écrire sous le regard de Dieu*.

20 Baron J. PICHON et G. VICAIRE, « Documents pour servir

à l'histoire des libraires de Paris, 1486-1600 », *Bulletin du bibliophile et du bibliothécaire*, 1893, p. 110-134, en particulier p. 127-134 pour cet inventaire.

21 Ce recueil est répertorié par J. LAIDLAW dans *The Poetical Works of Alain Chartier*, Cambridge, 1974 : sigle *Bc*, p. 62. Un des filigranes identifiés est proche des Briquet 1743-44-45-46 (notice personnelle).

22 Pliage in-8 ; filigrane identifiable avec Briquet 1657 (notice personnelle).

23 Cette fois en effet les éditions anciennes n'attribuent pas plus le texte au bon moine de Lyre que les sept manuscrits répertoriés dont trois seulement m'intéresseront ici. Les quatre autres sont : Paris, Bibliothèque Sainte-Geneviève, ms. 2879 ; Tours, B.M., ms. 907 ; La Haye, K.B., ms. 71 E 49 ; Vatican, BAV, ms. Reg. Lat. 1720.

24 Ms. *Pd* de LAIDLAW, *op. cit.* (notre note 21), p. 104-106 ; in-folio de papier, filigranes identifiés de la même façon que J. Laidlaw (notice personnelle).

25 Ce titre même, outre des détails textuels, rapproche le livre de la première impression des *Faits* de Chartier par Pierre Le Caron en 1489.

26 In-folio. Filigrane proche de Briquet 9084 (notice personnelle).

27 Les éditeurs lors de la parution de leur volume 1 ne connaissaient pas le BnF, ms. NAF 10032, ancien manuscrit Ashburnham entré plus tard à la Bibliothèque nationale. Dans leur volume 3, ils donnent toutes les variantes de ce manuscrit pour tous les textes d'Alecis qu'il contient.

28 Sur ce volume, voir K. SEWRIGHT, « An Introduction to British Library MS Lansdowne 380 », *Notes*, 65, 2009, p. 633-736. Ce livre considéré jusqu'alors comme français est selon elle un volume de mélanges sans doute copié à Londres pour l'éducation d'une jeune femme, Elizabeth Kingston, épouse d'un homme d'Henri VIII.

29 Voir pour ce manuscrit la riche notice 16 de S. HINDMAN et A. BERGERON-FOOTE, *Flowering of Medieval French Literature.* « Au parler que m'aprist ma mere », cat. exp. (New York et Paris, 2014), Londres, 2014, p. 234-249.

30 À propos de cette édition du *Passetemps*, voir WINN, *op. cit.* (notre note 17), p. 384-394.

31 Ce texte tel que nous le citons est édité dans *Ibidem*, p. 384-385. Il figure dans tous les exemplaires de l'édition de 1505, puis dans les éditions de Jean de Saint-Denis, de Pierre Sergent. Celle de Guillaume Nyverd supprime les v. 19-20.

32 *Ibid.*, p. 387.

33 P.-A. HERON, *Le grant et vrai art de pleine rhétorique de Pierre Fabri*, Rouen, 1890, vol. 2, p. 33-40.

34 PIAGET et PICOT, *op. cit.* (notre note 6), vol. 1, p. 185.

35 Voir notre note 1.

36 C'est encore ce qui vaut à Crétin une attribution du *Blason* et du *Loyer* dans certaines notices du catalogue de la BnF...

37 Jean de la Fontaine, *Œuvres complètes*, éd. J.-P. COLLINET, Paris, 1991, p. 872.

38 Voir la belle étude sur ce rondeau de G. GROS, « Deux rondeaux marials (Jean Meschinot et Guillaume Alecis) », *Bien dire et bien aprandre*, 9, 1991, p. 115-131, en particulier p. 124-131.

39 M. B. WINN, « *Louenges* envers Louise : un manuscrit enluminé d'Anthoine Vérard pour Louise de Savoie », dans A.-M. LEGARÉ (éd.), *Livres et lectures des femmes en Europe entre Moyen Âge et Renaissance*, Turnhout, 2007, p. 119-131. *Déclamation* et *Soubz l'estendart* sont encore utilisés par Vérard à la fin de son édition de 1509 du *Renoncement d'amours*, texte attribué à Jean Blosset. Les deux oraisons françaises qui se trouvent prises entre ces deux textes sont publiées par PIAGET et PICOT, *op. cit.* (notre note 6), dans leur vol. 3. Cette association de la *Déclamation* et de *Soubz l'estendart* se retrouve dans deux volumes que D. HUE qualifie de livres d'heures en français : Rouen, B.M., ms. 1064 et BnF, Rothschild ; *La poésie palinodique à Rouen (1486-1550)*, Paris, 2002, p. 380-384.

40 Voir l'exemplaire numérisé de la Mazarine (à partir de Gallica) au f. V4 (témoin signalé par GROS, *op. cit.* (notre note 39)). On trouve là une recombinaison des vers des strophes 2 et 3 de la forme 2 selon cette succession : v. 7-8 refrain, v. 5, 6, 9, 10 refrain.

41 HERON, *op. cit.* (notre note 34), vol. 2, p. 67.

42 Le texte en est donné par PIAGET et PICOT, *op. cit.* (notre note 6), vol. 3, p. 210-211.

Index des noms de personnes et de lieux

Les notes de fin ne sont pas considérées.

Index des œuvres

Les notes de fin ne sont pas considérées.

Index des manuscrits et incunables

Notes sur les contributeurs

Elliot Adam est doctorant contractuel en Histoire de l'art à la faculté des Lettres de Sorbonne Université.

Maria Colombo Timelli est professeure de Littérature française médiévale à la faculté des Lettres de Sorbonne Université.

Mathieu Deldicque est archiviste-paléographe, docteur en Histoire de l'art et conservateur du patrimoine au musée Condé de Chantilly.

Nicholas Herman est docteur en Histoire de l'art et conservateur des manuscrits au Schoenberg Institute for Manuscript Studies, University of Pennsylvania Libraries, Philadelphie.

Maxence Hermant est archiviste-paléographe, docteur en Histoire de l'art et conservateur au département des Manuscrits de la Bibliothèque nationale de France, Paris.

Sandra Hindman est présidente de *Les Enluminures*, Paris, New York, Chicago, et professeure émérite en Histoire de l'art à la Northwestern University, Evanston, Illinois.

Olga Karaskova-Hesry est docteure en Histoire de l'art de l'Université Lille III-Charles de Gaulle.

Elizabeth L'Estrange est maîtresse de conférences en Histoire de l'art à l'University of Birmingham.

Thomas Le Gouge est doctorant en Philosophie à la Technische Universität de Dresde et doctorant en Histoire de l'art à l'Université de Bourgogne.

Sylvie Lefèvre est professeure de Littérature française du Moyen Âge à la faculté des Lettres de Sorbonne Université.

Anne-Marie Legaré est professeure en Histoire de l'art à l'Université Lille III-Charles de Gaulle.

Deborah McGrady est professeure de Littérature française à l'University of Virginia, Charlottesville, Virginie.

Delphine Mercuzot est archiviste-paléographe et conservateur au département des Manuscrits de la Bibliothèque nationale de France, Paris.

Patricia Stirnemann est conseillère scientifique de la section des Manuscrits enluminés de l'Institut de Recherche et d'Histoire des Textes, CNRS, Paris.

Marie-Hélène Tesnière est archiviste-paléographe et conservateur général émérite au département des Manuscrits de la Bibliothèque nationale de France à Paris.

Crédits photographiques

Amiens, Bibliothèques d'Amiens-Métropole : p. 273 (Fig. 1).

Archives de l'auteur : p. 116 (Fig. 5), p. 116 (Fig. 6).

Berlin, Kupferstichkabinett (SMPK) © BPK, Berlin, Dist. RMN-Grand Palais / Volker-H. Schneider : p. 166 (Fig. 5) ; p. 167 (Fig. 6) ; © BPK, Berlin, Dist. RMN-Grand Palais / Jörg P. Anders : p. 175 (Fig. 12) ; © BPK, Berlin, Dist. RMN-Grand Palais / image BKP : p. 193 (Fig. 5).

Berlin, Staatbibliotheek © BPK, Berlin, Dist. RMN-Grand Palais / image BPK : p. 28 (Fig. 11).

Bruges, Openbare Bibliotheek : p. 186 (Fig. 3).

Bruxelles, Bibliothèque royale de Belgique : p. 28 (Fig. 12) ; p. 82 (Fig. 4).

Chantilly, musée Condé : p. 100 (Fig. 11).

Charenton-le-Pont, Médiathèque de l›Architecture et du Patrimoine © Ministère de la Culture – Médiathèque du Patrimoine, Dist. RMN-Grand Palais / image RMN-GP : p. 112 (Fig. 2).

Chartres, Archives départementales d'Eure-et-Loir : p. 114 (Fig. 4).

Genève, Bibliothèque de Genève : p. 66 (Fig. 5).

Lennik, Kasteel van Gaasbeek © Lukas-Art in Flanders vzw, photographie Dominique Provost : p. 182 (Fig. 1).

La Haye, Koninklijke Bibliotheek : p. 228 (Fig. 3).

La Haye, Museum Meermanno, Huis van het boek : p. 42 (Fig. 6).

Lille, Bibliothèque municipale : p. 122 (Fig. 10).

Londres, British Library © British Library Board : p. 125 (Fig. 13).

Modène, Biblioteca Estense Universitaria : p. 31 (Fig. 15).

Montpellier, Bibliothèque interuniversitaire : p. 30 (Fig. 14).

New York, The Morgan Library & Museum : p. 46 (Fig. 10).

Oxford, Bodleian Library : p. 121 (Fig. 9).

Paris, Bibliothèque Mazarine : p. 113 (Fig. 3) ; p. 280 (Fig. 4).

Paris, Bibliothèque nationale de France : p. 14 ; p. 16 (Fig. 1) ; p. 17 (Fig. 2) ; p. 22 (Fig. 7) ; p. 23 (Fig. 8) ; p. 24 (Fig. 9) ; p. 25 (Fig. 10) ; p. 29 (Fig. 13) ; p. 34 ; p. 38 (Fig. 1) ; p. 40 (Fig. 2) ; p. 40 (Fig. 3) ; p. 40 (Fig. 4) ; p. 41 (Fig. 5) ; p. 44 (Fig. 7) ; p. 44 (Fig. 8) ; p. 45 (Fig. 9) ; p. 48 (Fig. 11) ; p. 50 (Fig. 12) ; p. 62 (Fig. 3) ; p. 63 (Fig. 4) ; p. 67 (Fig. 6) ; p. 72 ; p. 75 (Fig. 1) ; p. 77 (Fig. 2) ; p. 80 (Fig. 3) ; p. 86 (Fig. 5) ; p. 87 (Fig. 6) ; p. 92 (Fig. 7) ; p. 96 (Fig. 8) ; p. 97 (Fig. 9) ; p. 98 (Fig. 10) ; p. 108 ; p. 118 (Fig. 7) ; p. 123 (Fig. 11) ; p. 124 (Fig. 12) ; p. 128 (Fig. 14) ; p. 129 (Fig. 15) ; p. 138 ; p. 140 (Fig. 1) ; p. 141 (Fig. 2) ; p. 142 (Fig. 3) ; p. 144 (Fig. 4) ; p. 145 (Fig. 5) ; p. 146 (Fig. 6) ; p. 146 (Fig. 7) ; p. 147 (Fig. 8) ; p. 148 (Fig. 9) ; p. 149 (Fig. 10) ; p. 150 (Fig. 11) ; p. 151 (Fig. 12) ; p. 152 (Fig. 13) ; p. 154 (Fig. 14) ; p. 155 (Fig. 15) ; p. 160 ; p. 168 (Fig. 7) ; p. 170 (Fig. 8) ; p. 171 (Fig. 9) ; p. 172 (Fig. 10) ; p. 174 (Fig. 11) ; p. 180 ; p. 183 (Fig. 2) ; p. 207 (Fig. 4) ; p. 208 (Fig. 5) ; p. 211 (Fig. 6) ; p. 218 ; p. 222 (Fig. 1) ; p. 226 (Fig. 2) ; p. 229 (Fig. 4) ; p. 230 (Fig. 5) ; p. 240 ; p. 244 (Fig. 2) ; p. 247 (Fig. 3) ; p. 249 (Fig. 4) ; p. 256 (Fig. 5) ; p. 277 (Fig. 2) ; p. 279 (Fig. 3).

Paris, Bibliothèque Sainte-Geneviève : p. 284 (Fig. 6).

Paris, Gros & Delettrez : p. 120 (Fig. 8).

Paris, Les Enluminures : p. 162 (Fig. 1) ; p. 163 (Fig. 2) ; p. 164 (Fig. 3) ; p. 165 (Fig. 4) ; p. 202 ; p. 204 (Fig. 1) ; p. 205 (Fig. 2) ; p. 206 (Fig. 3) ; p. 243 (Fig. 1) ; p. 270 ; p. 281 (Fig. 5).

Paris, musée Marmottan Monet : p. 52 (Fig. 13).

Soissons, Bibliothèque municipale : p. 60 (Fig. 1).

Tours, Bibliothèque municipale : p. 18 (Fig. 3) ; p. 19 (Fig. 4) ; p. 20 (Fig. 5) ; p. 21 (Fig. 6).

Troyes, Médiathèque de Troyes Champagne Métropole : p. 58 ; p. 61 (Fig. 2).

Vienne, Österreichische Nationalbibliothek : p. 68 (Fig. 7).

Washington, National Gallery of Art : p. 192 (Fig. 4).